KB239926

新羅
신라 문화 연구
한강 유역을 중심으로
황보 경 지음
주류성

新羅
신라 문화연구
한강 유역을 중심으로

신라 문화 연구
-한강 유역을 중심으로-

2009년 10월 30일 초판 발행

지은이 _ 황보 경
펴낸이 _ 최병식
펴낸곳 _ 주류성출판사
서울특별시 서초구 서초동 1308-25 강남오피스텔 1309호
전화 : 02)3481-1024 / 전송 : 02)3482-0656
www.juluesung.co.kr
e-mail : juluesung@yahoo.co.kr

책값 18,000원
ISBN 978-89-6246-029-2 93900

한강 동쪽지역(서울 강동구, 구리시 일대)

한강 서쪽지역(서울 강서구, 고양시 일대)

아차산에서 바라본 하남시 일대

아차산에서 바라본 중랑천 일대

아차산성 서벽

남한산성 성벽

하남 덕풍골 2006-1호 석실분

하남 덕풍골 2006-2호 석곽묘

하남 광암동 7호 석곽묘

하남 광암동 9호 석곽묘

방이동 1호 석실분

천왕사지 심초석

약정사지 출토 명문와

황룡사지 목탑지

장의사지 당간지주

중초사지 당간지주

하남 춘궁동 401-8유적 건물지

하남 춘궁동 401-8유적 건물지 출토 쌍조문 수막새

하남 덕풍골 제의유구

하남 덕풍골 제의유구에서 출토된 신라 토기

新羅
신라 문화연구
한강 유역을 중심으로

차 례

Ⅰ. 머리말

1. 연구목적과 방법
2. 연구사 검토

Ⅰ. 머리말

1. 연구목적과 방법

신라(新羅)는 진흥왕(眞興王)대 한강(漢江)을 영유(領有)하게 됨으로써 삼국통일의 발판을 마련하였고, 한강 유역에 정착하는 과정에서 성곽과 고분, 불교유적 등 많은 문화유산을 남겼다. 한강은 한반도의 젖줄로 백제(百濟)와 고구려(高句麗), 신라가 치열한 격전을 벌였으며, 이를 차지했던 나라가 당대(當代) 전성기를 맞이했었음은 새삼 강조할 필요가 없을 만큼 잘 알려져 있는 사실이다.

삼국시대 한강을 가장 먼저 차지했던 나라는 백제였다. 백제는 기원전 18년부터 기원후 475년까지 한강 유역에 도성(都城)을 정하고 500여년이란 세월을 지냈으며, 오늘날에도 풍납토성(風納土城)과 몽촌토성(夢村土城)은 물론 석촌동 고분군 등이 남아 있다. 그러나 많은 유적이 조사가 이루어지기 전에 개발이라는 미명(美名)하에 사라져 버려 백제가 한강 유역에 남긴 문화를 살펴보기란 쉽지 않은 일이 되었다. 최근에는 서울과 인접한 하남지역에서 백제 석실분과 토광묘가 발굴되었는가 하면, 의왕 모락산성을 비롯한 군포 · 용인 · 여주 · 남양주 등에서 유적과 유물이 찾아져 한강 유역의 백제 문화를 연구하는데 좋은 자료를 제공해 주고 있다. 475년에는 고구려가 한강을 차지하게 된다. 고구려 장수왕(長壽王)은 평양(平壤)으로 도성을 옮긴 뒤, 적극적인 남진정책(南進政策)을 펼쳐 한강 유역을 점유함과 동시에 중원지방(中原地方)에까지 진출하였다. 고구려는 한강 유역을 경영하는데 있어 오늘날의 몽촌토성과 아차산 · 용마산 일원을 중심으로 보루 등의 군사시설을 갖추고 약 76년간 지배했다. 그들은 한강 유역을 거점으로 하여 백제와 신라를 압박하는 동시에 적지 않은 유적과 유물을 남겼다. 특히 최근 관심의 대상이 되고 있는 보루유적과 토기, 기와 등에 관한 연구는 백제는 물론 신라의 유적과 유물을 비교하는데 큰 도움이 되고 있다.

신라는 553년에야 비로소 한강 유역을 점유하게 된다. 처음에는 신주(新州)를 지금의 경기도 하남지역에 설치하고 이를 중심으로 한강 유역을 지배해 나갔다. 그리고 삼국통일을 이루고 난 뒤에는 한산주(漢山州)를 두고 제2의 수도로서 그 중요성이 부여되기도 했으며, 그에 걸맞는 신라의 많은 문화유산이 한강 유역에 남겨졌다. 그리고 신라가 멸망한 뒤에도 한강 유역에는 한동안 신라 문화의 맥을 잇는 문화가 뿌리 깊이 남게 되었다.

신라가 한강을 점유하는 과정에서 하남지역을 가장 먼저 점령한 이유는 이곳이 한강의 동쪽 편에 위치하여 한강 이북과 이남지역으로 진출할 수 있는 교통로의 중심지일 뿐만 아니라, 북한강(北漢江)과 남한강(南漢江)이 합수(合水)되어 수로(水路)를 이용하기에도 편리했기 때문이다. 또한 지형상으로 볼 때, 남한산성(南漢山城)이 자리한 청량산(淸凉山)을 중심으로 동쪽과 서쪽으로 객산(客山)과 금암산(金岩山)이 U자형으로 감싸고 있어 적으로부터의 침입을 방어하는데 유리했을 것이다. 그리고 이성산성(二聖山城)을 거점으로 한강 이북지역과 서쪽지역으로 진출하여 성곽을 축성하거나 점령하면서 그 영역을 확대해 나갔다. 점령지의 성곽 주변에는 점차 대규모의 고분군이 형성되었고, 사찰과 석조유물들도 조성되었으며 각종 건물지와 주거지, 생산시설들도 여러 곳에 들어서게 되었다. 따라서 신라의 문화는 성곽과 고분, 불교유적을 중심으로 한강 유역에 성립되어져 갔으며, 전쟁이 마무리된 후에는 불교문화가 꽃을 피우게 되었다.

신라는 통일을 이룬 뒤에 정치적인 안정화와 국경 확장의 필요성에 따라 성곽의 경영방법을 달리했고, 고분도 차츰 내륙지역으로 퍼져 가면서 축조되었으며 사찰은 각 지역마다 적극적인 포교(布敎)를 위해 창건되기도 했다. 이러한 과정을 통해서 신라 문화가 신주와 한산주의 치소가 있던 하남지역을 중심으로 어떤 형태로 발전해 갔는지 그리고 후삼국시대로 접어들면서 어떻게 변화해 나아갔는지를 알 수 있을 것이다. 이러한 연구 목적을 갖게 된 계기는 최근 서울지역 뿐만 아니라 남양주, 하남, 용인 등의 여러 곳에서 신라 유적과 유물이 찾아짐에 따라 백제 · 고구려인들이 남겨 놓은 문화와 어떤 공통점과 차이점이 있는지 알 수 있기 때문이다. 또한 신라 문화가 후삼국시대와 고려시대로 접어들면서 어떤 영향을 미쳤는지도 알아볼 필요성이 들었다.

이 책은 신라가 한강 유역으로 진출하게 된 배경과 점유 및 경영과정을 문헌(文獻)과 고고학적(考古學的) 자료를 바탕으로 살펴보고, 한강 유역에 남이 있는 문화유산, 특히 성곽, 고분, 불교유적을 중심으로 그들의 문화가 어떻게 성립되고 발전하게 되었는가를 연구하여 담아 보았다. 책에서 다루는 시간적 범위는 신라가 백제와 함께 북상한 6세기 중반부터 후삼국시대를 거쳐 본격적인 고려시대로 접어드는 10세기 중반까지를 대상으로 하고자 한다. 공간적 범위는 한강 본류와 지류에 분포되어 있는 성곽과 고분 · 불교유적을 중심으로 설정하고자 한다. 성곽은 한강 하류역의 중심지인 서울지역을 중심으로 양주의 대모산성을 최북단으로 하고, 용인 할미산성을 최남단으로 정하였다. 그와 같은 이유는 양주 대모산성이 한강과 임진강 사이의 중간에 위치해 있으면서 신라가 한강을 사수하는데 있어 주요 교통로에 위치해 있기 때문이다. 또한 할미산성은 한강과 합류되는 경안천의 상류지역에 위치하여 육상 교통로상에서 광주, 이천지역과 인접해 있음은 물론 축성주체가 신라뿐이었다는 조사결과가 최근 밝혀지게 되어 분석에 도움이 되기 때문이다. 고분은 하남지역의 덕풍골 · 수리골 · 광암동 고분군과 광주 대쌍령리, 용인 보정리 · 소실, 파주 법흥리 · 성동리, 군포 산본동 고분군 등 밀집 분포지역을 그 대상으로 하였다. 그러나 남한강 유역의 여주 하거리 방미기골이나 상리 · 매룡리 등의 고분군은 한강 본류와 떨어져 있고, 서울지역에서 발굴된 가락동이나 방이동 고분군은 축조주체에 대한 이견(異見)이 분분한 관계로 분석대상에서 제외하였으나 구조와 속성에 대해서는 상호 비교하는데 참고하였다. 그렇지만 한강 유역 고분을 다루는데 있어 이들 고분군이 중요한 만큼 고분의 구조 및 축조시기에 대해서는 앞으로 심화된 연구가 필요하다고 생각된다. 불교유적은 성곽과 고분의 분포범위 안에 위치한 장의사지를 비롯하여 암사지, 하남지역의 동사지 · 천왕사지 등의 사지와 태평2년명마애약사불좌상(太平二年銘磨崖藥師佛坐像)에 대해 살펴보고자 한다. 아울러 용인지역의 마북리사지 등에서도 신라 유구와 유물이 출토되어 당시의 불교문화를 엿볼 수 있으며, 안성천지역의 봉업사지와 석조유물들을 한강 유역의 것들과 비교해 보고자 한다.

연구방법은 삼국간의 전쟁 뿐만 아니라 삼국통일 이후 지방통치를 하는데 있어 가장 절대적으로 필요했던 성곽과 그 과정에서 조성된 고분에 대해서 중점적으로 살펴보고, 그들이 불교를 수용한 이후 꽃피운 한강 유역의 불교문화에 대해서도 다루어 보고자 한다. 한강 유역의 성곽은 삼국시대에서 가장 격동의 시기라고 할 수 있는 6세기 중반부터 7세기 중반사이에 활용되었을 뿐만 아니라, 신라인들의 활동범위를 알 수 있는 가장 중요한 유적이다. 아울러 한강 유역에 분포한 성곽과 주변지역의 성곽들을 지리적 위치와 입지조건, 성곽의 형식과 규모, 축성방법 및 구조 등의 특징을 살펴보고, 조사된 자료와 출토유물을 통해 축성시기도 함께 분석해 보고자 한다. 이렇게 비교해 봄으로써 신라의 성곽 축성술 발달과정이나 특징을 살필 수 있을 것이다. 고분은 형식과 구조분석을 통해 그 특징을 살펴보고, 언제부터 신라인들의 고분이 한강 유역에 조성되기 시작했는지에 대해서도 논해 보고자 한다. 고분의 특징을 살피기 위해서는 역시 지리적 위치와 입지, 장축과 두향, 구조와 축조방법, 시상 및 부장품을 두는 위치 등을 파악하는 것이 중요하다. 또한 고분에서 출토되는 토기류와 철기류 등의 유물은 피장자의 신분을 추정해 보는데 도움을 줄 뿐만 아니라 토기 생산집단간의 교역관계나 생산지를 살필 수 있다. 특히 토기는 기종(器種)과 기형(器形)을 통해서 경주지역(慶州地域)이나 북진 경로상의 유적들과 비교해 볼 수 있으며 한강 유역에서만 확인되는 특징이 찾아질 것으로 사료된다. 이러한 고분의 구조적인 자료와 유물을 바탕으로 축조시기를 추정해 보고, 주변에 위치한 성곽과 상호관련성도 비교해 보고자 한다. 마지막으로 사찰과 석조유물을 통해 왕경인 경주지역의 사지와 한강 유역의 사지가 어떤 공통점과 차이점이 있는지 살펴보고, 석탑이나 석불 등을 통해 당시의 조각양식과 그 흐름도 파악해 보고자 한다. 특히 하남지역에 밀집되어 있는 사지와 석조유물은 신라 불교문화의 시대적 흐름을 파악하는데 큰 도움을 줄 것으로 기대된다. 이렇게 추출된 성곽 · 고분 · 불교유적의 특징은 한강 유역에 있어서 신라 문화가 성립되게 된 과정과 발전양상을 밝히는 가장 유용한 자료가 될 것이다.

2. 연구사 검토

한강 유역에 남겨진 신라의 문화유산에 대하여 관심을 갖기 시작한 것은 그리 오래된 일은 아니다. 그러한 이유는 신라라고 하면 대개 천년고도(千年古都) 경주(慶州)를 떠올릴 뿐만 아니라 많은 왕릉과 황룡사지, 석굴암 등

신라의 유적 · 유물이 무척 잘 알려져 있다는 점 때문일 것이다.

반면 한강 유역만을 놓고 생각한다면 흔히 백제를 떠올리게 되는데, 백제에 대한 관심은 일찍이 다산(茶山) 정약용(丁若鏞)으로부터 비롯되었다고 해도 과언이 아니다. 정약용은 『與猶堂全書』를 통해 백제사에 대하여 특별한 관심을 보이는 한편, 위례성(慰禮城)과 한산(漢山)에 대한 위치와 지명연구에 심혈을 기울였다. 지명이나 그 지역의 역사에 대해서는 조선시대 왕조실록을 통해서도 적지 않게 찾아볼 수 있다. 예를 들면, 남한산성에 대한 증 · 개축을 논의하는 과정에서도 성의 처음 축성집단과 내력에 대해서 언급하거니와[1] 홍경모(洪敬謨)의 『重訂南漢志』에는 보다 상세한 역사적 내용이 수록되어 있다. 물론 『三國史記』가 편찬되는 과정에서도 김부식(金富軾)을 비롯한 집필자들은 한강 유역 특히 신라의 역사부분에 대하여 적지 않은 관심을 가지고 연구를 진행했던 것 같다. 또한 일연(一然)의 『三國遺事』는 신라가 불교를 수용하는 과정과 불사를 일으키는 배경 등에 대해서 여러 가지 단초를 제공해 주고 있다.

삼국시대 한강 유역의 경영과 진퇴(進退)에 대해서는 여러 학자들이 관심을 갖고 연구가 진행되어져 왔다. 그러나 대개는 백제의 웅진천도나 고구려를 중심으로 한 한강 유역 진출과 상실에 대한 논의가 많고, 신라의 북진에 관한 연구는 상대적으로 적은 형편이다. 고구려의 한강 유역 진출과 상실에 대해서는 노태돈과[2] 이호영[3] 등에 의해 연구되어졌고, 신라의 북진과 교통로에 대해서는 신형식과[4] 이도학,[5] 서영일,[6] 심재연,[7] 홍보식[8] 등의

---

1) 『宣祖實錄』 卷24 宣祖 36年 2月 18日條 "備邊司啓曰 南漢山城形勢 本司亦有熟看之人 其中襟抱 宛作一都邑 西北有高峰 東西寬敞 有川流水田 曲曲深邃 自外無窺覘臨壓之處 昔爲百濟國都者 有由然矣 若於此處 築城鍊卒 一依禿城 内爲京都保障 外爲諸鎭控制 則允爲長算 聖慮所及 實出尋常萬萬…."

2) 盧泰敦, 1976, 「高句麗의 漢水流域 喪失의 原因에 대하여」, 『韓國史硏究』 13, 韓國史硏究會.

3) 李昊榮, 1984, 「高句麗 · 新羅의 漢江流域進出問題」,『史學志』18, 檀國大史學會.

연구가 있다. 그리고 신주의 위치에 대해서는 김병모와 심광주가 이성산성 발굴조사를 바탕으로 신주의 치소지로 지목하였고,[9] 필자가 하남시 교산동 일원으로 추정하기도 했다.[10] 또한 유물에 대한 분석도 활발하게 이루어졌는데, 대부분 백제 · 고구려의 토기와[11] 기와를[12] 중심으로 한 연구가 진행되었다. 최근에 와서는 신라 유적과 유물이 적지 않게 찾아져 그에 따른 연구도 발빠르게 이루어지고 있는 실정이다. 특히 성과 고분에서 출토된 토기에 대한 분석과 기와, 과대류에 대한 연구도 활발하게 진행되고 있다.[13]

---

4) 申瀅植, 1975, 「新羅軍主考」, 『白山學報』 19, 白山學會.
申瀅植, 1992,「新羅의 發展과 漢江」, 『韓國史研究』 77, 韓國史研究會.

5) 李道學, 1987, 「新羅의 北進經略에 관한 新考察」, 『慶州史學』 6, 慶州史學會.

6) 서영일, 2005, 「5~6세기 신라의 한강유역 진출과 경영」, 『博物館紀要』 20, 檀國大學校 石宙善紀念博物館.

7) 심재연, 2008, 「6~7세기 신라의 북한강 중상류지역 진출 양상」, 『新羅文化』 31, 東國大學校 新羅文化研究所.

8) 홍보식, 2008, 「고고자료로 본 신라의 한강유역 진출」, 『6세기의 한반도』 제18회 백제연구학술회의 자료집, 충남대학교 백제연구소.

9) 漢陽大學校, 1991, 『二聖山城』(三次發掘調查報告書).

10) 皇甫慶, 1999, 「新州 位置에 대한 研究」, 『白山學報』 53, 白山學會.

11) 安承周, 1995, 「土器」, 『百濟 考古學』, 民族文化社.
朴淳發, 1996, 「百濟의 國家形成과 百濟土器」, 『第2回 百濟史 定立을 위한 學術세미나 發表要旨文』, 百濟文化開發院.
朴淳發, 2001, 『漢城百濟의 誕生』, 서경문화사.
韓濬伶, 2002, 「百濟 漢城期의 土器 研究」, 檀國大學校大學院 碩士學位論文.
韓志仙, 2005, 「百濟土器 成立期 樣相에 대한 再檢討」, 『百濟研究』 41, 忠南大學校 百濟研究所.

12) 崔孟植, 1995, 「百濟 平기와 製作技法 研究」, 『百濟研究』 25, 忠南大學校 百濟研究所.
崔孟植, 1999, 「百濟 평기와 製作技法 一考」, 『文化史學』 11 · 12 · 13, 韓國文化史學會.

13) 李漢祥, 1999, 「7世紀 前半의 新羅 帶金具에 대한 認識」, 『古代研究』 7.
金有植, 2004, 「통일신라시대 기와연구의 현황과 과제」, 『통일신라시대고고학』, 韓國考古學會.
朴普鉉, 2004, 「統一新羅型 帶金具의 分布와 發生時期」, 『新羅文化』 23, 東國大學校 新羅文化研究所.
尹相悳, 2004, 「통일신라시대 토기의 연구현황과 과제」, 『통일신라시대고고학』, 韓國考古學會.
허미형, 2005, 「경기지역의 新羅系 평기와 小考」,『畿甸考古』 5, 기전문화재연구원.
홍보식, 2005, 「신라토기의 한강유역 정착과정에 대한 試論」,『畿甸考古』 5, 기전문화재연구원.
강진주, 2006, 「漢江流域 新羅 土器의 性格」,『先史와 古代』 26, 韓國古代學會.

한강 유역의 신라 성곽들에 대한 지표조사는 대부분이 개별적으로 이루어지기 보다는 지역단위로 이루어진 경우가 많다. 전국의 성곽에 대한 개설적인 보고서로는 한국보이스카웃연맹에서 간행한 책이 대표적이고,[14] 육군사관학교 육군박물관에서 한강 유역에 분포되어 있는 성곽에 대한 조사를 각 지역별로 비교적 정밀하게 실시하기도 했다.[15] 뿐만 아니라 1990년대 후반부터는 경기지역의 시 · 군단위 광역지표조사가 점진적으로 진행되어 성곽은 물론 고고 · 불교 · 유교유적에 대한 전반적인 조사가 이루어져 많은 성과를 올리기도 했다.[16] 광역지표조사에서는 기존에 조사된 유적은 물론이고 새롭게 찾아진 성곽이나 고분군, 사지 등이 돋보였는데, 특히 아차산 일원의 고구려 보루유적, 신라 성곽이나 하남지역의 금암산 · 객산 고분군 및 천왕사지 등의 여러 사지(寺址), 의왕의 모락산성 등이 학계에 보고

강진주, 2007, 「부가구연대부장경호를 통해 본 신라의 한강유역 진출」, 『경기도의 고고학』, 주류성.
변영환, 2007, 「주름문병에 대한 試考」,『研究論文集』 3, 中央文化財研究院.

14) 한국보이스카웃연맹, 1989, 『韓國의 城郭과 烽燧』 上 · 下.

15) 陸軍士官學校 陸軍博物館, 1994, 『京畿道 坡州郡 軍事遺蹟 地表調査 報告書』.
陸軍士官學校 陸軍博物館, 1995, 『京畿道 漣川郡 軍事遺蹟 地表調査 報告書』.
陸軍士官學校 陸軍博物館, 1998, 『京畿道 金浦市 軍事遺蹟 地表調査 報告書』.
육군박물관, 2003, 『남양주시의 국방유적』.
육군사관학교 육군박물관, 2005, 『경기도 양주시 군사유적 지표조사 보고서』.

16) 한국토지공사 토지박물관, 1998, 『양주군의 역사와 문화유적』.
世宗大學校 博物館, 1999, 『河南市의 歷史와 文化遺蹟』.
한양대학교 박물관, 1999, 『김포시의 역사와 문화유적』.
한국토지공사 토지박물관, 1999, 『고양시의 역사와 문화유적』.
한국토지공사 토지박물관, 1999, 『남양주시의 역사와 문화유적』.
단국대학교 매장문화재연구소, 2001, 『안양시의 역사와 문화유적』.
世宗大學校 博物館, 2001, 『議政府市의 歷史와 文化遺蹟』.
世宗大學校 博物館, 2001, 『儀旺市의 歷史와 文化遺蹟』.
한국토지공사 토지박물관, 2003, 『용인시의 역사와 문화유적』.
世宗大學校 博物館, 2004, 『軍浦市의 歷史와 文化遺蹟』.
한국토지공사 토지박물관, 2006, 『화성시의 역사와 문화유적』.

되었다. 한편 서울과 인천지역의 관방유적에 대해 연구된 논문으로는 백종오 등이 정리한 자료와[17] 신라 성곽에 대해 개설적으로 심광주가 정리하였고,[18] 박종익,[19] 백종오,[20] 권순진[21], 최병식[22] 등이 보다 심층적으로 연구한 바 있다. 이 밖에도 최근에 발간된 『서울소재 성곽조사 보고서』는 서울에 한정되기는 했지만, 한강 유역의 삼국시대 뿐만 아니라 조선시대의 성곽에 대한 실측조사가 이루어지기도 했다.[23] 또한 서울의 안산보루와[24] 임진강 유역에 분포되어 있는 신라 성곽 및 주거유적을 다루었거나 평택지역의 토성 축조방식에 대해서 연구된 것도 있다.[25]

한강 유역의 성곽 중에서 시 · 발굴조사된 예로는 한강 이북지역의 양주 대모산성과[26] 아차산성,[27] 행주산성,[28] 오두산성이[29] 있고, 한강 이남지역

17) 백종오 · 김병희 · 김주홍, 2001,「京畿 · 서울 · 仁川地域 關防遺蹟의 硏究 現況」, 『학예지』 8, 육군사관학교 육군박물관.
백종오, 2003, 「백제성곽」, 『京畿道의 城郭』, 경기문화재단.

18) 심광주, 2003, 「신라성곽」, 『京畿道의 城郭』, 경기문화재단.

19) 박종익, 2005, 「城郭遺蹟을 통해 본 新羅의 漢江流域 進出」, 『畿甸考古』 5, 기전문화재연구원.

20) 白種伍, 2006, 「신라 북진기 할미산성의 고고학적 검토」, 『新羅史學報』 6, 新羅史學會.

21) 權純珍, 2007, 「경기지역 新羅 '北進期城郭'에 관한 일고찰」, 『新羅史學報』 9, 新羅史學會.

22) 최병식, 2007, 「서울 대모산성의 역사 · 지리적 성격에 대한 연구」, 『경기도의 고고학』, 주류성출판사.

23) 서울시립대학교부설 서울학연구소 · 한신대학교 박물관, 2003, 『서울소재 성곽조사 보고서』.

24) 박상빈, 2005, 「안산보루의 채집유물과 기능에 대한 고찰」,『史學志』37, 단국사학회.

25) 김성태 · 허미형, 2005, 「임진강 유역의 新羅遺蹟」, 『畿甸考古』 5, 기전문화재연구원.
金虎俊, 2007, 「京畿道 平澤地域의 土城 築造方式 硏究」, 『文化史學』 27, 韓國文化史學會.

26) 文化財硏究所 · 翰林大學校 博物館, 1990, 『楊州 大母山城發掘調查報告書』.
翰林大學校 博物館, 2002, 『양주 대모산성-동문지 · 서문지』.

27) 명지대학교부설 한국건축문화연구소, 1998, 『아차산성 실측 및 수습발굴 조사보고서』.
서울대학교인문학연구소 등, 2000, 『아차산성 시굴조사보고서』.

28) 서울大學校博物館, 1991, 『幸州山城-整備復元을 위한 土城址 試掘調查報告書』.

29) 경희대학교 고고미술사연구소, 1992, 『오두산성 Ⅰ』.
한백문화재연구원, 2008, 『파주 오두산성 정밀지표조사 보고서』.

에서는 11차례나 발굴된 이성산성을[30] 비롯한 서울 대모산성,[31] 할미산성,[32] 호암산성,[33] 수안산성[34] 등이 대표적이다. 이들 성곽들에 대한 조사에서는 성의 전체적인 규모와 구조가 어느 정도 파악되었고, 동시에 명문기와나 목간 등의 각종 유물이 확보되었다. 이와 같은 자료는 성의 초축집단이나 활용시기를 어느 정도 추정해 볼 수 있는 단초가 되었고, 명문자료 중에는 성의 명칭이나 치소지명도 알 수 있게 해 주었다.

고분에 대한 자료는 대개 구제조사를 통해서 찾아진 예가 많고, 최근에 와서 학술조사가 부분적으로 진행되고 있다. 대표적인 고분 자료로는 한강 이북지역에서는 파주 법흥리와[35] 성동리[36] 고분군이 있고, 한강 이남지역

---

30) 漢陽大學校, 1987, 『二聖山城』(一次發掘調査 中間報告書).
漢陽大學校, 1988, 『二聖山城』(二次發掘調査 中間報告書).
漢陽大學校, 1991, 『二聖山城』(三次發掘調査報告書).
漢陽大學校, 1992, 『二聖山城』(四次發掘調査報告書).
漢陽大學校, 1998, 『二聖山城』(五次發掘調査報告書).
漢陽大學校博物館, 1999, 『二聖山城-6次 發掘調査報告書』.
漢陽大學校博物館, 2000, 『二聖山城-7次 發掘調査報告書』.
漢陽大學校博物館, 2000, 『二聖山城-8次 發掘調査報告書』.
漢陽大學校博物館, 2002, 『二聖山城-9次 發掘調査報告書』.
漢陽大學校博物館, 2003, 『二聖山城-10次 發掘調査報告書』.
漢陽大學校博物館, 2006, 『二聖山城-11次 發掘調査報告書』.

31) 漢陽大學校 博物館, 1999, 『大母山 文化遺蹟 試掘調査報告書』.

32) 京畿道博物館, 2005, 『龍仁 할미산성 試掘調査 報告書』.

33) 서울大學校博物館, 1990, 『한우물 虎岩山城 및 蓮池發掘調査報告書』.

34) 漢陽大學校博物館, 2003, 『守安山城 試掘調査 報告書』.

35) 한양대학교 문화인류학과 · 호암미술관, 1993, 『자유로 2단계 개설지역 문화유적 발굴조사 보고서』.

36) 경희대부설 고고 · 미술사연구소 · 고려대학교 고고미술사학과 · 전북대학교 고고인류학과, 1992, 『통일동산 및 자유로 개발지구 발굴조사 보고서』.

37) 明知大學校博物館 · 湖巖美術館, 1990, 『山本地區 文化遺蹟 發掘調査 報告書』.

38) 畿甸文化財硏究院, 2005, 『河南 德豊洞 수리골 遺蹟-시가지 우회도로확 · 포장공사구간내 시 · 발굴조사 보고서』.

에서는 군포 산본동 고분군을[37] 비롯하여 하남지역의 수리골[38] · 덕풍골[39] · 광암동[40] 고분군, 광주 대쌍령리,[41] 부천 고강동,[42] 용인 보정리 · 소실 고분군이[43] 있다. 이들 고분군에서 조사된 고분의 많은 수가 비록 도굴되거나 훼손되었지만, 남은 상태와 부장품 등을 통해서 축조시기는 물론 축조집단을 유추하는데 도움이 되고 있다. 특히 각 고분군과 성곽간의 관련성이 대두되는가 하면, 일반 가족묘역으로서 볼 수 있는 자료도 찾아졌다. 그리고 하남지역의 금암산과 객산 고분군은 이 지역이 장기간에 걸쳐 공동 묘역으로 이용되었다는 점을 알 수 있는데, 최근 조사를 통해 용인의 보정리 · 소실 고분군도 같은 성격의 고분군임이 확인되었다. 이들 자료와 서울지역의 방이동[44] · 가락동의[45] 고분자료를 바탕으로 신라 고분에 대해서 최병현,[46] 이남석,[47] 강봉원,[48] 윤형원의[49] 연구가 있고, 한강 유역에서 발견된

---

39) 세종대학교 박물관, 2006 a, 『하남 덕풍골 유적』.
세종대학교 박물관, 2007, 『하남 덕풍골 유적II』.

40) 세종대학교 박물관, 2006 b, 『하남 광암동 유적-덕풍-감북간 도로확 · 포장공사 4차구간 발굴조사 보고서』.

41) 畿甸文化財硏究院, 2008, 『廣州 大雙嶺里 遺蹟』.

42) 漢陽大學校博物館 · 文化人類學科, 1996, 『富川 古康洞 先史遺蹟 發掘調査報告書』.
漢陽大學校博物館/文化人類學科, 2000, 『富川 古康洞 先史遺蹟 第4次 發掘調査報告書』.
한양대학교 문화재연구소, 2002, 『부천 고강동 선사유적 제5차 발굴조사보고서』.

43) 畿甸文化財硏究院, 2005, 『龍仁 寶亭里 소실遺蹟 試 · 發掘調査 報告書』.

44) 趙由典, 1975, 「芳夷洞 遺蹟發掘報告」, 『文化財』 9, 文化財硏究所.
蠶室地區遺蹟發掘調査團, 1978, 「蠶室地區遺蹟 發掘調査報告-1976年度(第3次)」, 『韓國考古學報』 4.

45) 蠶室地區遺蹟發掘調査團, 1977, 「蠶室地區遺蹟 發掘調査報告-1975年度」, 『韓國考古學報』 3.

46) 崔秉鉉, 1991, 「新羅의 成長과 新羅 古墳文化의 展開」, 『韓國古代史硏究』 4, 지식산업사.
崔秉鉉, 1995, 『新羅古墳硏究』, 一志社.
崔秉鉉, 1997, 「서울 江南地域 石室墳의 性格」, 『崇實史學』 10, 崇實大學校 史學會.
崔秉鉉, 2001, 「新羅 初期 石室墳의 樣相」, 『韓國考古學報』 44, 韓國考古學會.

47) 李南奭, 2002, 『百濟墓制의 硏究』, 서경.

48) 姜奉遠, 2000, 「한강유역 횡혈식 석실분의 성격」, 『先史와 古代』 15, 韓國古代學會.

49) 윤형원, 2002, 「경기지역의 신라 분묘와 출토유물」, 『고고학』 1-1, 서울경기고고학회.

석실분이나 석곽묘에 대해서 홍보식을[50] 비롯한 필자,[51] 김진영[52] 등이 구조와 특징에 대해 다루었으며, 하남지역과 용인지역의 고분에 대해서는 필자와[53] 최형균의[54] 글이 있다. 한편 다른 지역이기는 하지만 신라 고분군의 지리적 위치와 공간조직에 관한 연구가 시도되기도 하였다.[55]

불교유적에 대해서는 그리 많은 유적이 조사되지 못한 실정이다. 그와 같은 이유는 서울지역에 있는 신라 사찰의 대다수가 현재에도 사찰이 경영되고 있어 현실적으로 조사가 어렵기 때문이다. 또한 지표조사를 통해서 찾아진 경우도 정밀조사가 제대로 이루어지지 못한 채 방치되는 예가 적지 않다. 그나마 강동구의 암사지나[56] 하남의 동사지(桐寺址)[57] · 천왕사지(天王寺址)[58] 등은 지표 및 시 · 발굴조사를 통해 창건시기나 경영시기를 파악하는데 적지 않은 자료를 제공해 주었다. 그리고 불상의 경우 하남의 태평2년명마애약사불좌상이 대표적인 작품으로 알려져 있고, 석탑의 경우는 어비리 3층 석탑, 당간지주로는 장의사지와 중초사지의 것이 대표적이다. 한편

---

50) 홍보식, 2005, 「한강유역 신라 石室墳의 受容과 展開」, 『畿甸考古』 5, 기전문화재연구원.

51) 皇甫慶, 2007, 「漢江流域 新羅 古墳의 現況과 特徵 硏究」, 『文化史學』 27, 韓國文化史學會.
황보경, 2008, 「한강유역 신라 고분의 제의유구에 대한 성격」, 『先史와 古代』 29, 韓國古代學會.

52) 김진영, 2007, 「한강유역 신라고분의 전개과정」, 『白山學報』 79, 白山學會.
김진영, 2007, 「한강유역 신라 석실묘의 구조와 성격」, 『先史와 古代』 27, 韓國古代學會.

53) 황보경, 2003, 「하남지역 고분 연구」, 『고고학』 2-2, 서울경기고고학회.

54) 최형균, 2004, 「용인 보정리 고분군」, 『제47회 전국역사학대회』.
최형균, 2006, 「경기도 지방의 신라고분 연구 시론」, 『서울 · 경기지역의 신라유적과 유물』, 서울경기고고학회.

55) 李盛周 · 孫徹, 2005, 「GIS를 이용한 新羅古墳群 空間組織의 分析」, 『韓國考古學報』 55, 韓國考古學會.

56) 文明大, 1991, 「廣州地域 寺址發掘의 성과와 의의」, 『佛敎美術』 10, 東國大學校博物館.

57) 文明大, 1988, 「廣州春宮洞桐寺址發掘調査報告書」, 『板橋-九里 · 新葛-半月間高速道路 文化遺蹟發掘調査報告書』, 忠北大學校 博物館.

58) 韓國文化財保護財團 · 河南市, 2001, 『河南 天王寺址 試掘調査 報告書』.
韓國文化財保護財團 · 河南市, 2002, 『河南 天王寺址 2次 試掘調査 報告書』.

천왕사지에서는 지표조사를 통해 목탑(木塔)의 심초석(心礎石)이 발견되어 유적의 성격규명을 위한 시굴조사가 이루어지기도 했다. 비록 심초석의 제작시기와 천왕사의 창건시기를 추정하는데 보다 명확한 자료가 찾아지지는 못했으나, 심초석을 통해서 목탑이 있었다는 것과 삼국시대로부터 조선시대에 이르기까지 천왕사가 경영되어진 사실은 주목받고도 남음이 있다.

이와 관련하여 고유섭이 사천왕사지(四天王寺址)와 망덕사지(望德寺址)의 목탑과 심초석에 대해서 간단한 그림과 함께 정리한 것이 있고,[59] 황수영이 황룡사지(皇龍寺址) 9층 목탑과 사리구에 대해 연구하였으며,[60] 주남철이 신라 목탑지를 중심으로 목탑의 구조와 심초석에 대해서 다룬바 있다.[61] 불상에 대해서는 정영호가 통일신라시대 석불에 대해 전반적으로 정리한 바 있고,[62] 마애불에 대해서는 박성상이 정리하여 시기별 특징을 연구했으며,[63] 태평2년명마애약사불좌상에 대한 조성시기를 김리나와[64] 김창겸,[65] 김춘실[66] 등이 다룬바 있다. 석탑에 대해서는 이기선과[67] 박경식이[68] 경기지역의 주요 신라 석탑을 논하였고, 당간지주에 대해서는 이호관과[69] 정영호,[70] 엄

59) 高裕燮, 1999, 『한국건축미술사 초고』, 대원사.

60) 黃壽永, 1973, 「新羅 皇龍寺 九層木塔 刹柱本記와 그 舍利具」, 『東洋學』3.

61) 朱南哲, 1984, 「木造塔婆의 硏究」, 『美術史硏究』 162 · 163, 韓國美術史學會.

62) 鄭永鎬, 2000, 「統一新羅時代의 石佛」, 『考古美術의 첫걸음』, 學硏文化社.

63) 朴聖相, 2004, 「統一新羅時代 磨崖佛像의 樣式 考察」, 『文化史學』 22, 韓國文化史學會.

64) 金理那, 1992, 「統一新羅時代 藥師如來坐像의 한 類型」, 『佛敎美術』 11, 東國大學校博物館.

65) 金昌謙, 2002, 「太平二年銘磨崖藥師佛坐像銘의 歷史的 考察」, 『韓國中世社會의 諸問題』, 韓國中世史學會.

66) 金春實, 2002, 「河南市 校山洞 〈太平 2年銘 磨崖藥師如來坐像〉의 造成時期 檢討」, 『미술사연구』 16, 미술사연구회.

67) 이기선, 1997, 「경기도의 불교미술」, 『경기도의 문화와 예술』, 경기도사편찬위원회.

68) 朴慶植, 1998, 「京畿道의 石塔에 關한 考察」, 『文化史學』 10, 韓國文化史學會.

69) 李浩官, 1983, 「統一新羅時代 幢竿支柱와 石橋」, 『考古美術』 158 · 159, 韓國美術史學會.

70) 鄭永鎬, 1991, 「韓國의 幢竿과 幢竿支柱」, 『古美術』 1991년 봄호.

기표가[71] 통일신라시대의 당간지주를 중심으로 연구한 바 있다. 아울러 필자는 하남지역의 불교유적을 정리하여 시기별 특징을 살펴보았고, 최근에 한강 유역에 분포된 신라의 불교유적을 정리 및 연구하였다.[72] 이밖에도 마을유적과 주거지 등 생활유적에 관한 조사보고서로는 포천 성동리 유적이 대표적이고,[73] 용인과[74] 오산,[75] 이천,[76] 여주지역[77] 등에서 조사되었으며 그에 대한 연구도 진행되고 있다.[78] 그리고 생산시설인 가마에 대한 조사보고서로는 서울 사당동 요지와[79] 용인 성복동 요지가[80] 있으며, 최근 서울 은평 뉴타운 도시개발사업지구에서 발굴된 요지[81] 등의 자료를 바탕으로 최근에 와서 분야별 연구가 활발하게 진행되고 있다.

한편 성곽과 고분, 불교 등 전 분야를 망라한 조사보고서로는 서울역사박물관에서 발간한 『서울특별시 문화유적 지표조사 종합보고서』가 대표적인 성과물이라 할 수 있고,[82] 지역단위가 아닌 한강 유역권을 조사한 『한강』

71) 嚴基杓, 1997, 「統一新羅時代의 幢竿과 幢竿支柱 研究」, 『文化史學』, 6 · 7, 韓國文化史學會.

72) 皇甫慶, 2000, 「河南地域 佛教遺蹟에 대한 研究」, 『古文化』 56, 韓國大學博物館協會.
황보경, 2004, 「河南地域 羅末麗初 遺蹟 研究」, 『先史와 古代』 21, 韓國古代學會.
皇甫慶, 2008, 「漢江流域 신라 佛教遺蹟의 현황과 특징」, 『新羅史學報』 12, 新羅史學會.

73) 李仁淑 · 宋滿榮, 1999, 『抱川 城洞里 마을遺蹟』, 京畿道博物館.

74) 畿甸文化財研究院, 2006, 「용인 삼막곡-연수원간 도로개설구간내 유적 발굴조사 약보고서」.

75) 기전문화재연구원, 2003~2005, 「오산 가수동 아파트 신축부지내 유적 발굴조사 지도위원회의 자료」.

76) 中央文化財研究院, 2007, 『利川 葛山洞遺蹟』.

77) 京畿文化財研究院, 2008, 『여주 교리 · 월송리 유적』.

78) 김성수, 2006, 「서울 · 경기지역의 신라 생활유적」, 『서울 · 경기지역의 신라유적과 유물』, 서울경기고고학회.
李尙馥, 2007, 『이천 갈산동유적의 통일신라시대 수혈주거지 연구』, 韓南大學校大學院 碩士學位論文.

79) 金元龍 · 李鍾宣, 1977, 「舍堂洞 新羅土器窯址 調査 略報」, 『文化財』 11, 文化財研究所.

80) 한신大學校博物館, 2004, 『龍仁 星福洞 統一新羅 窯址』.

81) 한강문화재연구원, 2008, 「은평 뉴타운 도시개발사업지구 3지구내 문화재 발굴조사 지도위원회」 회의자료.

82) 서울역사박물관, 2005, 『서울특별시 문화유적 지표조사 종합보고서』 제Ⅰ~Ⅲ권.

지표조사 보고서에는 한강 유역은 물론 인접한 시 · 군의 고고 · 불교 · 유교 자료가 수록되었다.[83)]

이상으로 신라의 한강 유역 진출과 경영 그리고 성곽 · 고분 · 불교유적 등의 고고학적인 측면에서 이루어진 연구사를 정리해 보았다. 그러나 이제까지의 연구는 주로 『三國史記』를 바탕으로 신라의 북진과 영역확장 과정이 중점적으로 다루어져 왔고, 고고학적인 연구에서도 일제강점기에 조사되어진 자료를[84)] 검토하거나 이를 다시 확인하는 정도에서 벗어나지 못하였다. 특히 각 유적이나 유물이 갖는 역사적 의의나 그 성격에 대해서는 적극적으로 연구되어지지 못하였다고 해도 과언이 아니다. 뿐만 아니라 신라가 한강 유역으로 진출한 이후 설치한 신주의 위치문제와 설치배경에 대한 연구는 관심 밖에 놓였었다. 그리고 신라가 삼국을 통일한 이후 당(唐)나라를 축출하는 과정에서 중심에 있었던 한강과 한산주에 대한 연구는 정치사적인 측면에서만 다루어졌을 뿐 고고학 자료의 해석과 그들의 문화 및 생활에 대해서는 심도있게 다루어지지 못하였다.

따라서 이 책에서는 앞에서도 언급한 바와 같이 신라가 한강 유역으로 진출하여 설치한 신주의 위치와 그 역할 그리고 각 유적이 갖는 의미에 대해서 논해 보고자 한다. 또한 이제까지의 연구경향과 달리 고고학 자료를 바탕으로 각 유적의 특성과 성격에 대해서 문헌자료와 비교하여 살펴보고, 이를 통해 신라의 문화가 한강 유역에 어떤 형태로 어떠한 과정을 거쳐 정착되고 발전해 왔는지 알 수 있는 계기가 될 것으로 보인다.

---

83) 경기도박물관, 2002, 『한강』.

84) 朝鮮總督府, 1917, 『大正五年古蹟調査報告書』.
朝鮮總督府, 1920, 『大正六年古蹟調査報告書』.

Ⅱ. 영역 변천과정

1. 신라의 한강 유역 점유와 신주 설치
2. 한산주에서 광주로의 개편

Ⅱ. 영역 변천과정

1. 신라의 한강 유역 점유와 신주 설치

신라가 한강 유역을 점유한 시기는 진흥왕(眞興王) 14년(553)이고, 현재의 하남(河南)지역에 신주(新州)를 설치한 것으로 추정되고 있다. 신주는 신라가 북진(北進)을 하기 위한 전초기지였을 뿐만 아니라 대중국 외교의 요충지로서 역할을 담당했던 곳이다. 여기에서는 신라가 한강 유역으로 진출하여 점유하는 과정과 신주를 설치하기까지의 과정과 역할에 대해서 살펴보고자 한다.

1) 신라의 한강 유역 점유과정

신라가 한강으로 진출할 수 있었던 것은 433년에 맺어진 나제동맹(羅濟

사진1. 한강 동쪽지역(서울 강동구, 구리시 일대)

同盟)에 의한 결실이라고 볼 수 있다.[85] 나제동맹은 553년까지 지속되었는데, 551년 백제는 한성(漢城) 등 6개 군(郡)을 얻고, 신라는 철령 등 10개 군을 획득하는 전과를 올렸다.[86] 그러나 신라는 백제가 회복한 한강 유역을 553년에 빼앗고 신주를 설치하여 김무력을 군주에 임명하기에 이른다.[87]

신라는 5세기 중반까지 고구려의 영향 아래에서 제도나 문물을 수용하였다. 그러나 신라는 소지왕대(炤知王代)로부터 진흥왕대에 이르기까지 내적인 체제정비 즉 불교공인과 독자적인 중국 외교를 꾀하는 한편 백제와의 동맹을 이용하여 탈고구려를 원하고 있었던 것이다. 이에 신라는 504년에 파리(波里)·미실(彌實)·진덕(珍德)·골화(骨火) 등 12성(城)의 축조를 끝으로 지방의 단위 통치구역으로서의 성곽축조를 완결지었다.[88] 이에 따라 신라는 505년부터 주군현제(州郡縣制)를 실시하고 이사부(異斯夫)를 실직주(悉直州)의 군주(軍主)로 파견하였다.[89] 이는 군사와 행정이 일치된 매우 효과적인 지방조직이었을 뿐만 아니라 중앙집권화를 촉진시키고 강력한 군사력을 결집시킬 수 있는 요체이기도 했다.[90] 이러한 일들은 지증왕대(智證王代)부터 내외적인 정비를 추진했기 때문에 가능했던 것이었다.

우선 내적으로는 왕위계승문제에 있어서 지증왕대에 부자상속제가 확립

85) 『三國史記』 卷3 新羅本紀3 訥祇痲立干 17年條 "秋七月 百濟遣使請和從之".

86) 『三國史記』 卷4 新羅本紀4 眞興王 12年條 "王命居柒夫等 侵高句麗 乘勝取十郡".

87) 『三國史記』 卷4 新羅本紀4 眞興王 14年條 "秋七月 取百濟東北鄙 置新興 以阿湌武力爲軍主".
『三國史記』 卷26 百濟本紀4 聖王 31年條 "秋七月 新羅取東北鄙置新州".

88) 『三國史記』 卷4 新羅本紀4 智證痲立干 5年條 "秋九月 徵役夫 築波里彌實珍德骨火等十二城".

89) 『三國史記』 卷4 新羅本紀4 智證痲立干 6年條 "春二月 王親定國內州郡縣 置悉直州 以異斯夫爲軍主 軍主之名 始於此".

90) 李道學, 1987, 앞의 글, 28쪽.

사진2. 한강 서쪽지역(서울 강서구, 고양시 일대)

되었고 왕비족(박씨)이 존재하여 왕통의 권위를 높혔으며, 신궁(神宮)을 설치함으로써 왕권의 권위를 높이기도 했다.[91] 외적으로는 한(漢)의 제도와 양식을 모방하여 국호를 '신라(新羅)'로 고쳤고, 상복법(喪服法)도 제정하였다. 또 주군현제는 물론 실직주와 소경(小京)을 설치했으며 우산국(于山國)을 복속시키기도 했다.[92] 법흥왕(法興王)은 율령 반포와 백관의 공복(公服)을 제정하고 불교를 공인했으며, 법흥왕 23년(536)에 '건원(建元)'이라는 연호를 썼다.[93] 그리고 불교공인을 통해 정치적 안정과 더불어 왕권강화를 이루어낸 법흥왕은 상대등(上大等)이었던 철부(哲夫)가 사망하자 그의 뒤를 이을 상대등을 임명하지 않음으로써 정치적 자신감을 보이기도 했으며, 금관가야를 정복하여 낙동강 유역 진출의 계기를 마련하기도 했다.[94] 이렇게 기

91) 신형식, 1985,『新羅史』, 이화여대출판부, 105쪽.

92)『三國史記』卷4 新羅本紀4 智證麻立干 4~6 · 13年條.

93)『三國史記』卷4 新羅本紀4 法興王 7 · 15 · 23年條.

94) 신형식, 1985, 앞의 책, 109쪽.

반이 닦인 뒤에 왕위에 오른 진흥왕은 545년에 『국사(國史)』를 편찬하였고, 551년에는 '개국(開國)' 이란 연호로 개칭하였으며 553년에는 새로운 궁궐을 짓고자 계획했다.[95)]

이러한 일련의 개혁은 진흥왕이 왕권강화를 위해 행한 것임을 알 수 있다. 특히 새로운 궁궐을 짓기 위해 현재의 황룡사지로 부지를 정했을 때, 그곳에서 황룡(黃龍)이 나타났다는 것은 종래에 있어 왔던 용에 대한 관념이 바뀌어진 것을 뜻하고 그 관념의 변용은 용신앙(龍信仰)이 불교의 호법용신앙(護法龍信仰)으로 승화되어졌음을 뜻하는 것이라 하겠다. 더불어 용신의 권능으로 국왕의 권위를 더욱 높이려 한 왕실의 강한 의지를 읽을 수 있게 되는 부분이기도 하다.[96)] 그러나 진흥왕 5년(544)에 완성된 흥륜사(興輪寺)는 법흥왕 14년(527)부터 시작되어 무려 18년만에 완공된 대역사였다. 그러한 대규모의 공사가 겨우 마무리된 상태에서 진흥왕은 황룡사 창건을 강행한다. 이는 재차 귀족세력들과의 마찰이 불가피했을 것이므로 새로운 사찰 조영을 생각했어도 무리가 따랐을 것으로 판단된다. 오히려 신궁의 조영이 그 면에서 보다 자연스러운 일로 여겨진다. 즉 신궁이 황룡사로 변하는데는 당시 불교신앙의 한 부분인 '왕즉불(王卽佛)' 의 호국적 신앙에서 비롯된 것으로 여겨지며,[97)] 황룡의 출현은 소위 제왕의 상징으로도 보여진다. 이를 계기로 신라 불교는 호국적인 성격이 강하게 되었다. 결국 법흥왕은 불교를 받아들이면서 흥륜사 창건을 시작했고, 진흥왕은 황룡사를 창건하여 국가와 왕권의 신장을 이룩했던 것이다. 이러한 과정을 거치면서 내적 안정을 이뤄낸 진흥왕은 영토확장으로 눈을 돌리게 된다.

---

95) 『三國史記』 卷4 新羅本紀4 眞興王 6 · 12 · 14年條.

96) 洪潤植, 1985, 『三國遺事와 韓國古代文化』, 圓光大學校出版局, 231~232쪽.

97) 李基白, 1975, 「新羅 初期佛敎와 貴族勢力」, 『震檀學報』 40, 震檀學會.

진흥왕의 영토확장을 상징해 주는 것은 신주와 하주(下州)·비열홀주(比列忽州)의 설치라고 볼 수 있다. 신주는 앞에서도 잠시 언급한 대로 신라 역사상 처음으로 한강 유역을 점령하여 설치한 치소의 의미도 지니고 있지만, 고구려와 백제의 공격을 이겨낼 수 있는 전초기지이기도 하다. 또한 신주를 거점으로 한강 유역권은 물론 서해를 통한 대중국 외교의 루트를 확보했다는 점에서 그 의의가 크다고 할 수 있다. 하주는 진흥왕 16년(555)에 설치되었는데, 이전까지 비사벌군(比斯伐郡) 또는 비자화군(比自火郡)이었던 것을 새롭게 주(州)가 설치되면서 명명된 것이다. 하주는 지금의 창녕(昌寧)으로 진흥왕이 561년 이곳에 창녕비(昌寧碑)를 세웠고,[98] 화왕군(火王郡)으로도 불렸다가 경덕왕대(景德王代)에 창녕군으로 되었다.[99] 창녕지역은 소위 대가야(大加耶) 정벌의 군사적 요충지로 낙동강 하류의 곡창지대를 손에 넣는 등의 의미를 담고 있는 곳이다.[100] 비열홀주는 진흥왕 17년(556)에 설치되었고 사찬(沙湌) 성종(成宗)으로 군주를 삼았다고 하는데,[101] 이 비열홀주는 본래 고구려의 비열홀군이었다.[102] 이 주는 오늘날의 안변(安邊)인데, 비리성(碑利城)이 그 중심지이고 황초령비(黃草嶺碑)와 마운령비(磨雲嶺碑)가 세워져 있다.[103] 이와 같이 진흥왕대는 함경남도와 강원도, 한강 유역, 낙동강 유역을 아우르는 넓은 영역을 확보하기에 이른다. 그러나 신라가 이 지역들을 모두 점령하여 지속적으로 유지했을런지는 의문시 되고 있다. 그

98) 『新增東國輿地勝覽』 卷27 昌寧縣條 "本新羅比自火郡(一云比斯伐)眞興王十六年置下州…".

99) 『三國史記』 卷34 雜志3 火王郡條 "本比自火郡 眞興王十六年 置州名下州 二十六年 州廢 景德王改名 今昌寧郡".

100) 盧鏞弼, 1996, 『新羅 眞興王 巡狩碑 硏究』, 一潮閣, 61~62쪽.

101) 『三國史記』 卷4 新羅本紀4 眞興王 17年條 "秋七月 置比列忽州 以沙湌成宗爲軍主".

102) 『三國史記』 卷35 雜志4 朔庭郡條 "本高句麗比列忽郡 眞興王十七年 梁太平元年 爲比列州置軍主…". 『新增東國輿地勝覽』 卷49 安邊都護府條 "本高句麗比列忽郡新羅眞興王十七年爲比列州置軍主…".

103) 盧鏞弼, 1996, 앞의 책, 11~15쪽.

같은 이유는 6세기를 전후한 시기에 고구려와 신라가 충북지역과 강원지역에서 적지 않은 공방전을 벌였고, 백제와도 관산성 전투를 치루는 등 그 경계가 유동적이었을 것이기 때문이다. 반면 단양적성비(丹陽赤城碑)의 건립연대가 6세기 중반경으로 인정되어지고,[104] 경북 영주 순흥 읍내리 고분군과 강원도 정선 고성리 산성, 삼척 사직동 고분군 등이 그러한 의문점을 어느 정도 해결해 주는 자료가 되고 있다.

순흥 읍내리 고분군중에서는 '어숙술간(於宿述干)' 묘와[105] '기미(己未)' 명 벽화고분이 발굴되었다.[106] 특히 '기미' 명 벽화고분은 579년이나 599년에 축조된 것으로 여겨지고 있는데,[107] 고분에 그려진 벽화가 고구려 벽화고분의 영향을 받았을 것으로 추정되고 있다. 이 고분을 통해서 6세기 전반경부터 신라의 중앙귀족들은 그들의 고유묘제였던 적석목곽분(積石木槨墳)에서 횡혈식(橫穴式) 석실분(石室墳)이라는 새로운 묘제를 받아들였음을 엿볼 수 있다. 그리고 6세기 중엽에 신라가 소백산맥을 넘어 한강 유역으로 진출하고 원산만 일대까지 올라가면서 고구려로부터 내려오는 신식(新式)의 방형궁륭식 석실분이 신라의 주묘제로 자리를 잡고 있었던 것이므로[108] 이 고분은 신라 영토안의 고분으로서[109] 순흥지방에 남아 있던 고구려의 후손이나 고구려인이 고분의 조영을 도왔을 것으로 생각된다. 정선 고성리 산성은 테뫼식 산성으로 둘레는 700m 정도로 남한강의 상류에 위치해 있다. 이

104) 邊太燮, 1978, 「丹陽 眞興王 拓境碑의 建立年代와 性格」, 『史學志』 12, 檀國大史學會, 35쪽.

105) 이화여대박물관, 1984, 『榮州 順興벽화고분 발굴조사보고서』.

106) 대구대학교 박물관, 1995, 『순흥 읍내리 벽화고분 발굴조사 보고서』.

107) 김창호, 1995, 「順興 己未銘 벽화고분의 축조연대」, 『순흥 읍내리 벽화고분 발굴조사 보고서』, 대구대학교 박물관, 204~215쪽.

108) 崔秉鉉, 1995, 앞의 책, 527~528쪽.

109) 김원룡, 1986, 「순흥벽화고분의 성격」, 『순흥읍내리벽화고분』, 문화재연구소, 59쪽.

곳은 영월-정선-강릉 · 삼척, 평창-태백-안동으로 통하는 교통의 요충지이며, 4개의 석축과 4개의 토루로 나누어져 있어 성의 구조가 특이한 것으로 주목받아 왔다. 성에 대한 조사결과, 구조와 토기 · 기와 등의 유물로 볼 때 6세기 이후 신라의 영향을 받아 축조된 것으로 파악되었다.[110] 그리고 삼척의 사직동 고분군과[111] 초당동 · 하시동 · 방내리 등에 분포된 고분들은 5~6세기에 축조된 것으로 조사되어[112] 신라가 일찍부터 순흥지역은 물론 정선과 삼척, 강릉지역으로 진출했음을 알 수 있다.

이 시기에 백제는 고구려와 힘겨운 전쟁을 치루고 있었다. 백제가 성왕(聖王) 28년(550)에 고구려의 도살성(道薩城)을 공격하여 함락하자, 같은 해 3월 고구려는 백제의 금현성(金峴城)을 공격하였다.[113] 이렇게 고구려와 백제사이에 치열한 공방전이 벌어져 적지 않은 희생이 발생되자 백제의 입장에서는 신라에 대하여 군사적 도움을 요청할 필요가 있었을 것이다. 그것은 성왕 26년(548)에 고구려가 독산성(獨山城)을 공격해 오자 신라군의 도움을 받아 물리친 적이 있기 때문이다.[114] 그러나 이번에는 상황이 달랐다. 신라는 양국의 전투가 소강상태로 접어든 사이를 이용하여 도살성과 금현성을 이사부로 하여금 빼앗아 두 성을 증축(增築)하고 군사 1천명을 주둔시켜 지키게 하였다.[115]

---

110) 江原文化財硏究所, 2006, 『旌善 古城里山城』.

111) 관동대학교 박물관, 1994, 『삼척 사직동 고분군 지표조사 보고서』.

112) 신호웅, 1995, 「영동지방의 고분문화」, 『제13회 한국상고사학회 학술발표회요지문』, 한국상고사학회, 67~71쪽.
李昌鉉, 2006, 「江陵地域의 新羅化 過程」, 『文化史學』 25, 韓國文化史學會, 67~86쪽.

113) 『三國史記』 卷26 百濟本紀4 聖王 28年條 "春正月 王遣將軍達巳 領兵一萬 攻取高句麗道薩城 三月 高句麗兵圍金峴城".

114) 『三國史記』 卷26 百濟本紀4 聖王 26年條 "春正月 高句麗王平成與濊謀 攻漢北獨山城 王遣使請救於新羅 羅王命將軍朱珍領甲卒三千發城之 朱珍日夜兼程 至獨山城下 與麗兵一戰 大破之".

115) 『三國史記』 卷4 新羅本紀4 眞興王 11年條 "春正月 百濟拔高句麗道薩城 三月 高句麗陷百濟金峴城 王乘兩國兵疲 命伊飡異斯夫 出兵擊之 取二城 增築 留甲士一千戍之".

이 사건은 나제동맹에 대하여 시사하는 바가 크다고 생각된다. 즉 두 나라 간의 동맹은 상호간에 무조건적인 공조를 원칙으로 한다기보다는 서로의 이익에 부합되는 선에서 타협적으로 이루어진 것으로 여겨지기 때문이다. 그러한 추측이 가능한 것은 백제가 동성왕(東城王) 23년(501)에 탄현(炭峴)에 책(柵)을 세워 신라의 침공에 대비했다거나[116] 무령왕대(武寧王代)에 보이는 고구려와의 모든 전투에서 신라군이 참전하거나 도움을 주지 않고 있다는 점이다. 이는 신라가 진정한 백제의 "경위강국(更爲彊國)"이 되기를 원치 않았을 것이기 때문이다.[117] 이와 같은 상황으로 미루어 생각건대 나제(羅濟) 간에는 항상 상호견제를 했던 것으로 보이며, 553년에 일어난 신라의 한강 유역 점령이 양국의 동맹을 깨트리는 결정적 계기가 된 것으로 생각된다.

고구려는 장수왕 이후 커다른 정치적 변화 없이 나제에 대한 견제만 해왔으며, 중국과의 관계도 비교적 긴밀했었다. 특히 6세기 초부터 중반까지는 양(梁)과 동위(東魏) · 북제(北齊)와의 교류가 유지되어 나제가 중국의 힘을 빌어 고구려에 대항하지 못하도록 하였다. 그러나 양원왕대(陽原王代)에 들어서면 북부지방에 위치한 백암성(白巖城)이나 신성(新城)을 개축하거나 보수한다.[118] 이는 양원왕 7년(551)에 일어난 돌궐(突厥)의 침입을 방어하기 위함이었다. 돌궐은 먼저 신성을 공격해 왔으나 이를 함락시키지 못하고 백암성으로 진로를 바꿔 공격하였다. 두 성은 환인(桓仁)과 집안(集安)으로 통하는 요로에 해당되는 곳이었다. 이에 양원왕(陽原王)은 두 성의 중요성을 감안하여 장군 고흘(高紇)과 1만의 병력을 보내어 돌궐을 격퇴시켰는데, 이 사이 나제동맹군은 한강 유역 등 16개 군을 점령하였다.[119] 이러한 상황에

116) 『三國史記』 卷26 百濟本紀4 東城王 23年條 "七月 設柵於炭峴以備新羅".

117) 金秉柱, 1984, 「羅濟同盟에 관한 硏究」, 『韓國史硏究』 46, 韓國史硏究會, 35~36쪽.

118) 『三國史記』 卷19 高句麗本紀7 陽原王 3年條 "秋七月 改築白巖城 葺新城".

서 고구려는 한강 유역에 대한 방어보다는 북부지역의 방어가 더욱 중대했으며, 내적인 요인에 의한 어려움도 있었다. 즉 왕실 외척세력간에 왕위를 둘러싼 갈등이 일어났기 때문이다.

『日本書紀』에 의하면, 안장왕(安藏王)이 피살된 일과 안원왕(安原王) 말에 외척인 중부인(中夫人)과 소부인(小夫人) 세력사이에 왕위계승 싸움이 일어나 2천여 명이 죽은 일이 있었으며,[120] 『三國史記』 거칠부전에 기록된 혜량법사(惠亮法師)의 말중에 "지금 우리나라의 정사(政事)가 어지러워 멸망할 날이 얼마남지 아니하니 귀지(貴地)로 데려가기 바란다"[121]는 말을 통해서 당시 고구려의 내부사정을 짐작해 볼 수 있다. 게다가 양원왕 13년(557)에는 환도성(丸都城)의 간주리(干朱理)란 자가 모반(謀叛)하려 했다는 것과[122] 안원왕(安原王)과 평원왕대(平原王代)에 홍수와 가뭄 등의 자연재해가 자주 일어나 피해를 입었다는 점 등은 고구려가 당시에 내외적으로 상당한 어려움에 처해 있었음을 알려주는 대목이다. 결국 고구려는 돌궐의 침입과 북제의 압박 등 외적인 문제와 왕위를 둘러싼 정치적 불안정 그리고 빈번하게 일어난 자연재해로 인하여 한강 유역을 사수하기에 어려웠을 것으로 생각된다.[123] 그러나 아무리 내우외환(內憂外患)의 어려움이 있었다 해도 고구려가 무척이나 방대한 지역을 쉽게 내어준 것은 여러 가지로 석연치 않은 점이 있다.

이러한 의문점은 『日本書紀』와 『三國遺事』를 통해 유추해 볼 수 있겠다.

---

119) 『三國史記』 卷19 高句麗本紀7 陽原王 7年條 "秋九月 突厥來圍新城 不克 移功白巖城 王遣將軍高紇領兵一萬 拒克之 殺獲一千餘級 新羅來攻取十城".

120) 『日本書紀』 卷19 欽明紀 7年條 "是歲 高麗大亂 凡鬪死者二千餘…".

121) 『三國史記』 卷44 列傳4 居柒夫傳條 "…今我國政亂 滅亡無日 願致之貴域…".

122) 『三國史記』 卷19 高句麗本紀7 陽原王 13年條 "冬十月 丸都城干朱理叛 伏誅".

123) 盧泰敦, 1976, 앞의 글, 38쪽.

먼저, 『日本書紀』에는 고구려와 신라가 552년 5월에 모종의 협상을 했던 것으로 기록되어 있다. 즉 "高麗與新羅 通和并勢 謀滅臣國與任那 故謹求請兵 先攻不意…"124)라고 하여 고구려와 신라가 연합하여 백제와 임나를 멸하려고 한다는 것이다. 이 기사는 고구려가 신라와 화해를 도모하는 한편, 고구려의 입장에서는 더 이상의 북진을 막아보려는 의도에서 비롯된 것이고, 신라의 입장에서는 10개 군을 얻었지만 배후에 백제를 두고 점령지역을 관할하기가 쉽지 않았을 것이다. 따라서 고구려만이라도 공격을 해 오지 않는다면 백제를 공격하여 한강 유역을 어렵지 않게 손에 넣음으로써 정복지를 보다 안정적으로 점령할 수 있다는 점을 감안한 것 같다.

한편, 『三國遺事』에도 551년과 552년 사이에 있었던 일을 기록하고 있다. 기록상으로는 백제가 신라와 더불어 고구려를 치려고 했다는 것인데, 이는 백제가 고토회복(故土回復)의 여세를 몰아 평양까지 공격하고자 하는 의도를 비췄던 것이다. 이에 진흥왕은 "나라가 흥하고 망하는 것은 하늘에 매여 있다. 만일 하늘이 고구려를 미워하지 않는다면 내가 어떻게 감히 고구려가 망하기를 바랄 수 있겠느냐"125)고 한 뒤 그 말을 고구려에 전하니 평화롭게 지냈다고 하였다. 즉 진흥왕이 밀사(密使)를 고구려로 보내 협상을 요구하게 된 과정을 간접적으로 알려주는 부분이라 생각된다. 이렇게 신라가 백제와의 고구려 공격을 망설인 까닭은 신라로서는 소기의 목적을 달성한 상황이었고, 고구려를 상대로 전투를 벌여 백제를 이롭게 하는 것보다 백제가 회복한 한강 유역을 얻는 것이 보다 가치가 있다고 생각했던 것이다. 따라서 신라는 고구려와 원만한 협상을 매듭지은 뒤 553년 7월에 한강 유

124) 『日本書紀』 卷19 欽明紀 13年條.

125) 『三國遺事』 卷1 眞興王條 "眞興曰 國之興亡在天 若天未厭高麗 則我何敢望焉 乃以此言通高麗 高麗感其言 與羅通好 而百濟怨之 故來爾".

역을 기습적으로 공격하여 신주를 설치하기에 이른 것이다.

이상으로 신라가 한강 유역을 점유하는 과정에 대하여 살펴보았다. 신라는 소지왕대부터 진행한 체제정비와 불교공인 등을 통해서 진흥왕대에 이르러 왕권을 강화하였으며 이를 바탕으로 영역확대를 점진적으로 해 나갈 수 있었다. 그리고 마침내 백제는 고토를, 신라는 10개 군을 획득하는데 성공한다. 당시 고구려는 돌궐과 북제로부터의 공격과 압력이라는 어려움을 겪는 한편, 왕위를 둘러싼 내분과 자연재해를 입어 안팎으로 어려움에 처해 있었다. 이 과정에서 백제는 고토회복이라는 목적을 달성하게 되었지만, 475년 개로왕이 피살을 당한 일에 대한 원한을 갚기 위해 신라에게 고구려에 대한 합동 공격을 요구하게 된다. 이 요구에 신라는 10개 군의 획득으로 만족하는 한편 고구려를 상대로 영역을 확대하는 것이 백제에게 보다 이롭다고 판단, 고구려와 모종의 협상을 거쳐 553년에 백제가 회복한 한강 유역을 기습하여 점령한다. 물론 신라의 입장에서 보면, 장기적으로 고구려를 상대로 적대관계를 갖기보다 배후의 백제를 견제하고 세력을 약화시키는 것이 유리했을 것이다. 그리고 550년에 있었던 도살성이나 금현성의 일에서 보듯이 백제와의 동맹은 서로의 이익에 따라 유동적이었음을 보여주고 있다. 결과적으로 신라는 한강 유역으로 진출함으로써 대중국 외교의 물꼬를 트게 되었고, 고구려를 상대로 하기보다는 백제의 세력을 약화시켜 정복지를 안정적으로 영유하는데 성공하게 된다.

2) 신주의 설치배경과 역할

신주는 소위 군사거점화 지역으로 고구려와 백제로부터의 공격을 방어하는 요충지이자 대중국 외교의 중심지로서 역할을 했던 곳이다.

신주가 설치된 배경과 목적은 국방상 즉 한강 유역을 적극적으로 방어하기 위한 것과 대중국 외교 관계를 진전시켜 나아가기 위한 것에 있다고 생각된다.[126] 먼저, 국방상의 목적은 신주를 설치한 한강 유역이 한반도의 중심지역으로서 고구려와 백제의 연계(連繫)를 막는 한편, 서해를 통한 고구려·백제의 침공을 막거나 사전에 차단하기에도 적합했다. 한편 백제는 어렵게 회복한 한강 유역을 신라의 배신으로 상실하게 되자 즉각적인 군사행동보다는 정치적 안정과 군사력의 재정비를 위한 시간이 필요하였다. 이에 성왕(聖王)은 자신의 공주를 진흥왕의 소비(小妃)로 보내는 등의 회유책을 써 보았다.[127] 그러나 이미 고구려와 협상을 했던 신라로서는 별다른 반응을 보이지 않는다. 따라서 성왕은 귀족들의 반대에도 불구하고 신라에 대한 보복을 감행하게 된다. 그 과정에서 신라도 신주의 김무력(金武力)과 삼년산군(三年山郡)의 고우도도(高于都刀)를 파견하여 백제군과 맞서 격전을 벌이게 된다.[128] 결국 이 전투에서 성왕은 전사(戰死)하고, 백제군 대부분이 궤멸당하게 됨으로써 웅진기 이후 강화해 왔던 왕권이 다시 약화되는 계기가 되었다.[129] 이 때 고구려는 신라와의 협상과 중국 제국들과의 관계, 내적인 정치불안으로 인해 한강 유역을 회복하거나 나제간의 전쟁에 개입하지 못하였다.

결국, 진흥왕은 관산성 전투가 벌어진 직후인 555년에 직접 북한산(北漢山)을 순행하여 순수비를 세워 신라의 영토임을 확고히 하게 된다.[130] 이는

126) 皇甫慶, 1999, 앞의 글, 220~223쪽.

127) 『三國史記』 卷26 百濟本紀4 聖王 31年條 "冬十月 王女歸于新羅".

128) 『三國史記』 卷4 新羅本紀4 眞興王 15年條 "秋七月 修築明活城 百濟王明禯與加良 來攻管山城 軍主角干于德 伊湌耽知等 逆戰失利 新州軍主金武力 以州兵赴之 及交戰 裨將三年山郡高于都刀 急擊殺百濟王 於是 諸軍乘勝大克之 斬佐平四人 士卒二萬九千六百人 匹馬無反者".

129) 김갑동, 1999,「新羅와 百濟의 管山城戰鬪」,『白山學報』 52, 白山學會.

130) 『三國史記』 卷4 新羅本紀4 眞興王 16年條 "冬十月 王巡幸北漢山 拓定封疆".

사진3. 아차산에서 바라본 서울 강동구 · 하남시 일대

곧 배후의 적이었던 백제가 성왕의 전사를 계기로 한강 유역을 위협하지 못하는 상황에 처하게 됨에 따라 이루어진 일이었다. 그리고 진흥왕 18년(557)에는 신주를 폐하고 북한산주(北漢山州)를 두었는데, 이는 잠재적 위협요소인 고구려를 견제하기 위한 포석으로 보인다.[131] 결과적으로 신라는 신주를 설치한 직후 고구려와 백제를 견제하고자 하는 일차적인 목적이 성왕의 전사와 고구려의 내외적인 어려움에 처한 것에 힘입어 달성되었던 것이다.

신라의 대중국 외교는 나제동맹이후 고구려의 간섭으로부터 벗어나 백제와 함께 대중국 외교에 임했는데, 법흥왕(法興王) 8년(521)에 신라의 사신이 백제 사신을 따라 양나라에 가서 방물(方物)을 바친 일이 계기가 된 듯하다.[132] 그 이후 신라는 법흥왕 15년(528)에는 양나라로부터 의복과 향 등을

131) 『三國史記』 卷4 新羅本紀4 眞興王 18年條 "…廢新州 置北漢山州".

132) 『三國史記』 卷4 新羅本紀4 法興王 8年條 "遣使於梁貢方物".

받아오고, 진흥왕 10년(549) 양나라의 사신과 함께 승려(僧侶) 각덕(覺德)이 불사리(佛舍利)를 가지고 귀국하여 이미 신라에서 양나라에 파견한 유학생이 있었음을 보여준다. 따라서 진흥왕이 한강 유역을 점령한 이후부터 중국과의 외교는 더욱 잦아졌을 가능성이 높다. 그러한 결과로 565년에는 진(陳)의 사신 유사(劉思)와 함께 명관(明觀)이 『釋氏經論』 1,700여권을 가지고 왔으며, 570년에도 안홍법사(安弘法師)가 호승(胡僧) 비마라(毗摩羅) 등과 함께 돌아와 『加經』·『勝鬘經』과 불사리를 가져오기도 했다.[133] 이와 같이 대중국 외교관계 기사는 비록 불교를 중심으로 한 교류에 국한되어 나타나지만, 정치와 경제적인 교류 또한 적지 않았을 것으로 여겨진다. 결국, 신라는 신주를 통해서 그 이전보다 중국과 잦은 교류를 가질 수 있었고 불교분야 뿐만 아니라 정치·경제적인 교류도 연계되었을 것이다.

이처럼 신주는 군사적인 목적과 대중국 외교라는 측면을 위해서 설치되었다고 볼 수 있다. 신주는 주로 6세기 중반부터 후반사이에 군사적으로 주된 역할을 담당했던 것으로 보인다. 일단 김무력이 이끄는 신주의 군대는 553년 백제군을 관산성에서 맞아 대승을 거두게 되는데, 그만큼 신주에 주둔하고 있던 병력의 기동력과 전투력이 뛰어났기 때문에 가능한 일이었던 것이다. 그 이후 신라는 고구려와 백제로부터 공격을 받게 됨에 따라 신주에 있던 주치소를 옮기게 된다. 먼저 557년에 신주를 폐하고 북한산주로 옮기는데, 이는 고구려와의 긴장관계가 다시 조성되었다고 보여지며, 한강 이북지역에 분포된 성곽을 재정비할 필요가 있었던 것 같다. 그러나 예상되던 고구려가 공격을 해 오지 않고 오히려 진흥왕 23년(562)에 백제가 신라의 국경을 침략한 일이 벌어지게 된다. 또한 같은 해 9월에 가야(加耶)가 배

133) 『三國史記』 卷4 新羅本紀4 眞興王 10·26·37年條.

반하자 북한산주를 한강 이남지역으로 옮길 필요성이 있었다.[134] 이에 진흥왕은 북한산주를 남천주(南川州)로 옮겼다.[135] 그와 같은 조치는 백제에 대한 견제를 목적으로 하였던 것인데, 이주(移州) 이후에도 백제는 신라의 변경지역을 계속해서 침범한다. 이러한 백제의 공격에 신경을 쓰고 있던 신라는 진평왕(眞平王) 25년(603) 고구려의 북한산성 공략에 타격을 받고 이듬해인 604년에 남천주를 다시 북한산주로 옮기게 된다.[136] 이러한 주치소의 이동은 바로 주치소가 군사적으로 중요한 지역에 거점화를 마련하기 위한 것이었음을 나타내주고 있다.

결론적으로 이 시기 신주설치를 기점으로 주치소(州治所)를 자주 이동시킨 것은 전쟁시 신속한 대응을 하기 위함이다. 그러나 신주의 경우는 비록 치소가 북한산주로 옮겨 갔어도 군사적 거점지역으로서의 기능은 크게 약화되지 않았던 것으로 보인다. 그것은 신주가 한강 이남지역에 위치해 있기 때문에 왕도인 경주로부터의 모든 명령체계가 이 지역을 통해 한강 이북의 국경까지 전달되었을 것이고, 각종 물자의 보급도 이루어졌을 것이다. 또한 대중국 외교관계를 원만하게 이뤄나가기 위해서는 신속한 정보전달과 상황판단이 필요했을 것이다. 따라서 신주의 기능적인 측면에서의 중요성은 지속되었다고 생각된다. 아울러 백제와 고구려의 협공은 신라로 하여금 한강 유역을 지켜내는데 여러 가지 어려운 상황을 만들었던 것 같다. 한 예로 진평왕 40년(618)에 북한산주 군주 변품(邊品)이 611년에 백제에게 빼앗긴 가잠성(椵岑城)을 회복하려 했으나 전사하는 일이 벌어졌는

134) 『三國史記』 卷4 新羅本紀4 眞興王 23年條 "九月 加耶叛 王命異斯夫討之…".

135) 『三國史記』 卷4 新羅本紀4 眞興王 29年條 "冬十月 廢北漢山州 置南川州…".

136) 『三國史記』 卷4 新羅本紀4 眞平王 25年條 "秋八月 高句麗侵北漢山城 王親率兵一萬 以拒之".
『三國史記』 卷4 新羅本紀4 眞平王 26年條 "…廢南川州 還置北漢山州".

데,[137] 이 때 진평왕이 상주(上州)·하주(下州)·신주(新州)의 군사를 이끌고 가게 했다는 기사가 주목된다.[138] 이로 보아 당시의 치소지는 북한산주였는데, 신주의 군대가 동원된다. 이는 신주가 정(停)으로서의 역할을 담당했음을 간접적으로 알려주는 대목이다. 또한 629년에는 고구려 낭비성(娘臂城)을[139] 대장군 용춘과 김유신 등을 보내어 함락하였다는[140] 일로 볼 때, 이 때도 신주에 주둔하고 있던 병력이 동원되었을 가능성이 높으므로 신주는 군사기지의 거점으로서 백제·고구려와의 전쟁시 주력부대이자 결정적인 역할을 했던 것으로 생각된다.

2. 한산주에서 광주로의 개편

한산주(漢山州)는 9주 가운데 가장 넓은 지역을 관할하였고, 당(唐)이나 발해(渤海)와 국경을 마주한 곳이었다. 그만큼 한산주가 행정상으로나 군사적으로 매우 중요한 위치에 놓여 있었으며, 북방진출로상의 전초기지이기도 했다.

여기에서는 한산주의 성립과 발전에 대하여 살펴보고, 나말여초시기 후삼국으로 편제되는 것과 한산주 영역이 광주(廣州)·양주(楊州)로 개편되는 과정도 함께 살펴보도록 하겠다.

---

137) 『三國史記』 卷4 新羅本紀4 眞平王 40年條 "北漢山州軍主邊品 謀復假岑城 發兵與百濟戰 奚論從軍赴敵 力戰死之 論 讚德之子也".

138) 『三國史記』 卷47 烈傳7 奚論傳條 "…眞平王命將 以上州下州新州之兵救之…".

139) 낭비성은 지금의 포천 반월산성으로 추정되고 있다(徐榮一, 1995, 「高句麗 娘臂城考」, 『史學志』 28, 檀國大史學會, 17~37쪽).

140) 『三國史記』 卷4 新羅本紀4 眞平王 51年條 "秋八月 王遣大將軍龍春舒玄 副將軍庾信 侵高句麗娘臂城…其城乃降".

1) 한산주의 성립과 발전

신라로서는 통일후 확대된 영역을 효과적으로 통치하기 위하여 새로운 지방통치체제가 요구되었으며, 이에 따라 신문왕(神文王) 5년(685)에 전국을 9주 5소경으로 편제하였다.

9주는 고구려·백제·신라의 각 지역에 3개 주씩 두었는데, 고구려 옛 땅에는 한산주(漢山州)·수약주(首若州)·하서주(河西州)를 설치하고, 백제의 옛 땅에는 웅천주(熊川州)·완산주(完山州)·무진주(武珍州)를 그 외 옛 신라지역에는 사벌주(沙伐州)·청주(菁州)·삽량주(歃良州)의 3주를 두었다. 이렇게 설치된 9주는 삼국시대의 주와는 현저한 성격차가 있었다. 즉 삼국시대의 주는 한 곳에 오랜기간 동안 고정되었다기 보다 상황에 따라 군사 근거지로서의 기능이 보다 중요시 되었다고 할 수 있다. 그에 비해 통일후에는 각 주가 고정된 지방행정구역으로서의 성격이 성립된 것이다. 따라서 주의 장관 이름도 삼국시대에는 군사적 성격이 강한 군주(軍主)라 일컬었는데, 무열왕(武烈王) 때에는 이를 중국식으로 고쳐 도독(都督)이라 하고, 그후 신문왕의 체제정비에 따라 총관(摠管)이라 했다.

한강 유역은 9주중 한산주에 속하는 지역이다. 과거 백제의 도읍지로 알려진 이곳은 고구려 장수왕에 의해 점령된 후 한산군(漢山郡)으로 개편되었고, 553년 신라 진흥왕이 한강 유역을 점령한 후에는 신주를 비롯한 북한산주, 남천주를 설치하여 한강 유역을 다스렸다. 통일후에는 한산주로 되었다가 경덕왕(景德王) 16년(757)에 한주(漢州)로 개명되기도 하였다. 한산주는 그 관할영역이 매우 넓었는데, 지금의 황해도·경기도·충청도 일부를 포괄하는 주로 군(郡)이 28개, 현(縣)이 49개에 이르러 9주중 가장 큰 규모였다. 이중 한산주의 총관이 직접 다스리는 영현(領縣)이 둘이었는데, 고구려의 남천현(南川縣)이었고 진흥왕대 남천정(南川停)을 두었던 곳인 황무현

(黃武縣-경덕왕대 개명, 지금의 이천)과 고구려의 구성현(駒城縣)이었던 거서현(巨黍縣-지금의 용인시 기흥구 일원)이었다. 한주로 개명된 후에는 군 27개, 현 46개로 다소 줄었다. 한편 이 시대에는 군사조직도 새로 정비되었는데, 9서당(誓幢)·10정(停)·5주서(州誓)·3신수(迅守)가 그것이다. 이러한 군사조직은 고구려계·백제계 유민들의 통합과 9주 5소경의 지방행정제도와 밀접한 관련을 가지면서 재편된 것이었다. 이 중 중앙군인 9서당을 제외한 나머지 군사조직은 모두 지방군사조직이었다.

먼저 10정은 지방에 배치된 가장 중요한 군사조직으로서 지방행정구역인 9주와 관련을 가져 각 주에 하나의 정이 설치되었다. 단 한산주만은 그 지역이 넓고 국방상 요지였기 때문에 2개의 정이 배치되었다. 10정은 지방의 정치적·경제적 중심도시인 주치소와 가까운 곳에 배치되었는데, 한산주의 2정은 남천정(南川停-지금의 이천)과 골내근정(骨乃斤停-지금의 여주)이다. 또 주 단위로 배치된 군대로서는 10정 이외에 5서당이 있었는데, 그중에 한산주서(漢山州誓)가 포함된다. 이 주서는 대개 주치소에 배치되었을 것으로 추측된다. 그리고 3신수는 국경 지방에 배치되는 순전한 국방군으로 생각되는데, 한산서(漢山迅)·우수주(牛首州)·하서서(河西迅)가 있다. 이렇게 볼 때 한산주에는 2개의 정과 하나의 주서·신수가 모두 배치되고 있는 점을 주목할 필요가 있다. 이것은 한산주가 북방의 가장 중요한 군사적 요충지였음을 의미한다. 즉 당나라 뿐만 아니라 말갈이나 거란 등의 침입에 대비할 필요가 있었기 때문이다.

한편 신라가 예성강 이북지역으로 진출하기 시작한 것은 8세기 전반 성덕왕대부터였다. 신라는 대외적으로 발해(渤海)가 세력을 확대하여 국경을 맞닿게 되자, 발해의 남하에 적극 대응할 필요가 있었다. 그리고 내적으로 8세기 초반의 잦은 자연재해로 농민들의 몰락과 유망이 증가되면서 국가의 재정수입이 감소한 관계로 북방지역 개척의 필요성이 절실이 요구되었던 것이다. 특히 패강지역(浿江地域)은 비교적 넓은 평야를 이루는 곡창지대였고, 또 신라의 지배력이 미치지 못했기 때문에 몰락한 농민들이 일찍부터 많이 유입되었다. 따라서 이 지역에 대한 개척사업은 바로 수취대상의 확대 즉 국가의 재정수입과 직결되었던 것으로 볼 수 있다.[141] 이때 설치된 군·현은 모두 한주에 소속되었기 때문에 패강지역은 자연스럽게 한주의 영역에 포함되었다. 비록 패강지역이 구서당이나 6정 혹은 10정 같은 순수한 군단조직은 아니었지만,[142] 한산주 관내에 여러 성을 축조했다는 사실로 볼 때 한산주 북쪽 변경지역에 대한 축성작업이 이루어졌던 것으로 추정된다.[143] 대표적으로 762년에는 멸악산맥에 인접한 오곡성·휴암·한성·장새 등 6곳에 성을 쌓아 방비를 강화하고, 그곳에 각각 태수를 파견하여 지키게 하였다.[144] 그리고 선덕왕(宣德王) 3년(782)에 한산주의 주민들을 패강진(浿江鎭)으로 옮겨 설치가 일단락 되었다.[145] 이후에도 한주 관내에는 흥덕왕(興德王) 4년(829)에 당은군(唐恩郡)이, 문성왕(文聖王) 6년(844)에는 혈구진(穴口鎭)을 두고 아찬 계홍(啓弘)으로 진두(鎭頭)를 삼았다.[146] 이렇게 해서 신라의 영토가 대동강 이남 지역까지 넓혀져 한산주 관내로 편입되었던 것이다.

그러나 8세기 후반 혜공왕대(惠恭王代)부터는 대공(大恭)의 난 등 귀족들간의 권력다툼이 일어났고 여러 지방에서 도적이 생겨나 민심이 흉흉해졌

141) 전덕재, 1997, 「한산주의 설치와 변화」, 『경기도 역사와 문화』, 경기도사편찬위원회, 73쪽.

142) 李基東, 1976, 「新羅 下代의 浿江鎭」, 『韓國學報』4, 一志社, 2~21쪽.

143) 『三國史記』 卷8 新羅本紀8 聖德王 17年條 "…築漢山州都督管內諸城".

144) 『三國史記』 卷9 新羅本紀9 景德王 21年條 "夏五月 築五谷鵂巖漢城獐塞池城德谷六城各置太守".

145) 『三國史記』 卷9 新羅本紀9 宣德王 3年條 "二月 王巡幸漢山州 移民戶於浿江鎭".

146) 『三國史記』 卷11 新羅本紀11 文聖王 6年條 "秋八月 置穴口鎭 以阿湌啓弘爲鎭頭".

다.[147] 게다가 헌덕왕(憲德王) 14년(822)에 일어난 김헌창(金憲昌)의 난은 왕실을 혼란에 빠트리는 결과를 낳기도 했다.[148] 그는 아버지 김주원(金周元)이 왕이 되지 못한 것을 원망하여 웅천주(熊川州)를 중심으로 난을 일으켜 국호를 장안(長安), 연호를 경운(慶雲)이라고까지 했다. 이때 김헌창의 난에 가담한 지역으로는 완산주와 무진주 등 주로 옛 백제권역이었으며 이는 곧 반신라적 정서가 강했음을 보여주는 것이다.[149] 이 때 한산주는 김헌창의 난에 직접 동참하거나 제지하는데 나서지 않았지만, 김헌창의 아들 범문(梵文)이 3년 뒤인 825년에 고달산의 도적 1백여 명과 함께 북한산주를 공격하자 한산주 도독 총명(聰明)이 군대를 출동시켜 이들을 잡아 죽이는 일이 있었다.[150] 이로 보아 이 때 출병한 군대는 남한산주(南漢山州) 즉 지금의 하남과 남한산성지역에 있던 군대로 추정된다.

후삼국시대로 접어들면, 한산주지역은 궁예(弓裔)의 지배하에 들어가게 된다. 특히 패서지역에서는 890년대부터 호족들과 반신라적 농민세력의 활동이 두드러졌는데, 이들 대부분은 진성왕(眞聖王) 9년(895)을 기점으로 궁예에게 합세하였고,[151] 896년에는 송악지방을 근거로 활동한 왕건(王建)이 항복함으로써 한주지역의 대부분이 후고구려의 지배 아래에 놓이게 되었다.

---

147) 『三國史記』 卷9 新羅本紀9 惠恭王 4年條 "秋七月 一吉飡大恭與弟阿飡大廉叛…".

148) 『三國史記』 卷10 新羅本紀10 憲德王 14年條 "三月 熊川州都督憲昌 以父周元不得爲王 反叛 國號長安 建元慶雲元年 脅武珍完山菁沙伐四州都督…".

149) 黃善榮, 1998, 「新羅 下代 金憲昌 亂의 性格」, 『釜山史學』 35, 釜山慶南史學會, 1~26쪽.

150) 『三國史記』 卷10 新羅本紀10 憲德王 17年條 "春正月 憲昌子梵文 與高達山賊壽神等百餘人同謀叛 欲立都於平壤 攻北漢山州 都督聰明 率兵捕殺之".

151) 『三國史記』 卷11 新羅本紀11 孝恭王 2年條 "浿西道十餘州縣 降於弓裔".

2) 광주 · 양주로의 개편

한산주(한주)지역은 고려시대로 접어들면서 광주(廣州)와 양주(楊州) · 견주(見州) 등으로 나뉘게 된다. 광주와 양주로 불려지기 시작한 때는 고려 태조(太祖) 19년(936)에 후삼국을 통일하고, 23년에 전국의 주(州) · 군(郡) · 현(縣)의 이름을 바꿀 때 부터였다.[152] 그 이전까지는 삼국시대에 한성(漢城) · 한산(漢山), 통일된 이후에는 한산주(漢山州) · 한주(漢州)로 불리웠다. 그러나 태조대의 주(州) · 부(府) · 군(郡) · 현(縣)의 개명은 단순한 명칭 변경에 불과한 것이었고, 그것이 곧 새로운 지방통치제의 정비 · 확립을 의미하는 것은 아니었다.

태조대 고려 정권의 성격은 호족연합정권의 범주를 벗어나는 것은 아니었다. 태조가 비록 고려 왕조를 개창하고 후삼국을 통일했다고 하나, 지방 각처의 호족들은 후삼국의 혼란시대와 다름없이 독자적 무력기반과 경제적 기반을 보유하며 독립된 상태를 유지하고 있는 상황이었다. 이 속에서 각 지방 주 · 부 · 군 · 현에 중앙 통치권력이 미칠 수 없음은 물론이고, 태조대의 행정개편은 형식적인 차원에 머무는 것이었다.[153] 당시까지는 각 지방의 유력한 호족들에게 자율적 통치가 맡겨져 있었으며, 중앙정부는 이들을 통해 간접적으로 통치하였을 뿐이었다. 이에 태조는 즉위 초부터 호족들을 회유 · 억압하면서 왕권의 안정에 많은 노력을 기울였다.

태조가 왕권강화를 위해 실행한 것 중 가장 대표적인 것이 혼인정책(婚姻政策)이었다. 『高麗史』 후비열전에 의하면, 태조는 6명의 왕후(王后)와 23명의 부인(夫人)을 맞고 있었는데, 이는 대체로 정략적인 결혼이었던 것이다.

---

152) 『高麗史』 卷56 志10 地理1 廣州牧條.

153) 나각순, 2001, 「고려시대의 하남」, 『역사도시하남』, 하남시사편찬위원회, 94쪽.

고려 초기에 있어서 광주지역(廣州地域)의 가장 유력한 호족은 왕규(王規)였는데, 그도 이러한 혼인 정책에 따라 두 딸을 태조의 15 · 16비(妃)로 들이게 되었다.[154] 또 혼인정책과 더불어 유력한 호족들에게 왕(王)씨 성(姓)을 하사하여 의열호족적(擬列豪族的) 관계를 맺음으로써 연합을 굳게 하는 사성정책(賜姓政策)도 주목된다. 대표적으로 명주장군(溟州將軍) 김순식(金順式)이 왕순식(王順式)이 되었다든가, 혹은 현종(顯宗) 때 청주(淸州) 호족 출신인 이가도(李可道)가 왕가도(王可道)가 된 사실 등이 그것이다. 따라서 광주지역 토성(土姓)중에는 왕씨(王氏)가 없으니, 아마 광주 호족인 왕규도 실은 태조에게 귀부하면서 하사받은 것이 아닌가 한다. 그렇다면 사성 받기 전의 왕규는 광주의 대표적인 토성인 광주(廣州) 이씨(李氏)일 가능성이 크다.[155] 그리고 이후에라도 광주 토성이 되지 못한 것은 왕규가 정종(定宗) 원년(946)에 역모(逆謀)로 종족이 모두 처형되어 그 후손과 친족이 없었기 때문으로 추정된다.

태조 이후에도 고려 왕실의 불안정은 계속되었는데 특히 그 중심세력이 왕규였다. 그는 자신의 손자 광주원군(廣州院君)을 왕으로 추대하기 위해 혜종을 암살하려 하였으나, 혜종의 입장에서는 왕규가 장인(丈人)이었고, 그를 제압할 만한 힘이 부족하여 이를 묵과한 일이 있었다. 결과적으로 왕규는 정종에 의해 제거됨으로써 광주를 기반으로 한 호족 세력이 크게 쇠퇴한 것으로 보인다. 한편 왕규와 관련 있는 유적으로는 하남 교산동 건물지와 동사지 · 천왕사지 등의 불교유적이 있다. 교산동 건물지는 4차례에 걸쳐 발굴조사가 진행되었다.[156] 건물지의 평면형태는 북쪽이 트인 'ㄷ' 자형 배치를

154) 『高麗史』 卷127 列傳 第40 叛逆1 王規.

155) 李樹建, 1976, 「後三國時代 支配勢力의 姓貫分析」, 『大邱史學』 10.

156) 畿甸文化財硏究院, 2000, 『河南 校山洞 建物址 發掘調査 中間報告書(1999)』.

이루고 있으며 그 바깥쪽으로 담장지가 확인되었다. 조사된 건물지중에서 서쪽 건물지의 조성시기가 통일신라시대로 추정되고 있어 주목된다. 서쪽 건물지는 최소 7동에서 9동의 건물이 있었던 것으로 확인되었고, 출토된 유물중에는 '成達伯○'·'成達'·'哀宣伯○'·'衆舍' 등의 명문와가 출토되어 축조시기를 가늠하는데 도움을 주고 있다. 이 건물의 성격은 명확하지 않지만 유물로 보아 통일신라말의 장군인 성달(城達)과 애선(哀宣) 등이 직·간접적으로 건물 조성에 관여했고, 왕규와도 깊은 관련이 있을 것으로 추정된다.[157] 그리고 동사지와 천왕사지는 사역의 규모와 오랜기간 법등이 이어진 것으로 볼 때, 왕규와 같은 호족세력의 뒷받침 없이는 경영이 어려웠을 것으로 생각된다. 이는 곧 한산주의 중심지인 하남지역이 왕규의 기반지역이었음을 어렵지 않게 생각해 볼 수 있는 측면이기도 하다.

양주지역은 궁예가 898년에 양주와 견주를 쳤다는 데서 그 명칭이 보이므로 일찍부터 궁예의 판도 내에 들어오게 되었던 것 같다.[158] 고려 건국 이후 양주는 일시 견훤에게 식읍으로 내려지기도 했지만, 실제로 지급한 것이라기 보다는 명예적이고 형식적인 수여에 불과하였다.[159] 그리고 양주라는 명칭은 정종대까지 유지되다가 문종 때부터 남경(南京)으로 불려지게 되었다. 한편 고려 성종(成宗)대에 이르러 중앙정부에서 지방관을 파견하기 시작했는데, 그 제도는 12목(牧)의 설치였다. 이는 최승로(崔承老)가 올린 시무책(時務策) 28조 중에 포함된 내용이기도 하다. 당시의 12목은 광주를 포

畿甸文化財硏究院, 2001, 『河南 校山洞 建物址 發掘調査 中間報告書 II(2000)』.

畿甸文化財硏究院, 2002, 『河南 校山洞 建物址 發掘調査 中間報告書 III(2001)』.

畿甸文化財硏究院, 2004, 『河南 校山洞 建物址 發掘調査 綜合報告書』.

157) 황보경, 2004, 「河南地域 羅末麗初 遺蹟 硏究」, 『先史와 古代』 21, 韓國古代學會, 223~258쪽.

158) 『三國史記』 卷50 列傳10 弓裔條 "光化元年戊午春二月 葺松岳城 以我太祖爲精騎大監 伐楊州見州".

159) 한국토지공사 토지박물관, 1998, 앞의 책, 45쪽.

함해서 양주(楊州)·충주(忠州)·청주(淸州)·공주(公州)·진주(晋州)·상주(尙州)·전주(全州)·나주(羅州)·승주(昇州)·해주(海州)·황주(黃州)이다. 따라서 광주와 양주는 통일신라시대 이래 고려 초기에 이르기까지 지방행정상의 요지가 되었던 것이다.

Ⅲ. 성곽의 분포양상와 특징

Ⅲ. 성곽의 분포양상와 특징

한강 유역에는 다른 어느 지역보다 많은 수의 성곽이 분포되어 있다. 특히 삼국시대에는 한강을 점유하기 위해 잦은 전쟁이 일어났고 그로 인해 많은 성곽이 축성되었다. 특히 백제가 건국되면서 축성한 성곽들이 가장 많고 고구려가 한성(漢城)을 공격하여 한강 유역을 점유했을 때에는 성곽보다는 보루(堡壘)를 중심으로 백제와 신라를 견제하였다. 가장 나중에 한강 유역을 점령한 신라는 백제가 축성한 성곽을 다시 이용하거나 새롭게 축성하여 백제와 고구려로부터의 공격에 대비했고, 삼국을 통일하는 과정에서는 이들 성곽을 바탕으로 당나라와 격전을 벌여 승리하였다.

이 장에서는 한강 유역에 분포되어 있는 신라 성곽중에서 한강 유역을 점령하는 과정이나 삼국통일을 이루는 과정에 주로 이용된 성곽과 통일이후 행정구역 개편과정에서 중요 기능을 한 성곽을 중심으로 살펴보고자 한다. 그리고 성곽의 분포현황을 구분하는데 있어서는 현재의 행정단위보다는 한강을 중심으로 한강 이북지역과 한강 이남지역의 지류를 따라 나누었으며, 동쪽지역부터 서쪽지역에 위치한 성곽들의 순서로 나열하였다.

1. 분포와 조사현황

여기에서는 한강 유역에 분포하고 있는 신라 성곽들을 한강 이북지역과 이남지역으로 나누어 시 · 발굴이나 지표조사의 결과에 의해 신라가 축성하였거나 신라 유물이 출토된 주요 성곽에 대하여 살펴보고자 한다. 아울러 의정부와 남양주 · 아차산 일원에 위치한 보루중에서 신라가 축조내지 활용한 보루들도 함께 다루어 보고자 한다.

1) 한강 이북지역의 성곽

한강 이북지역에는 동쪽의 왕숙천과 중랑천, 서쪽의 곡릉천〔공릉천〕 등을 따라 적지 않은 수의 성곽이 분포되어 있다. 그중에서 신라가 한강 유역으로 진출한 이후 한강 이북지역에서 이용한 성곽이나 새로 축성한 성곽으로는 아차산성과 퇴뫼산성, 행주산성, 양주 대모산성 등 8곳이 대표적이다.

아래의 〈표-1〉은 한강 이북지역에 분포한 신라성곽들에 대한 현황을 정리한 것이다.

〈표-1〉 한강 이북지역 신라 성곽 현황표

유적명 (지정사항)	형식	둘레(m)	해발(m)	·면적(㎡)	평면형태	축성재료	조사현황
퇴뫼산성	테뫼식	608	370.2	19,830	삼각형	석	지표조사
불암산성	테뫼식	221	509.7	3,097	방형	석	지표조사
아차산성 (사적 제234호)	포곡식	1,038	203.4	63,810	부정6각형	석	시굴조사
양주 대모산성 (경기도기념물 제143호)	테뫼식	1,400	212.9		장방형	석	발굴조사
북한산성 (사적 제162호)	포곡식	12,700	약 700		장방형	석	지표조사
행주산성 (사적 제56호)	포곡식	1,000	124.8	347,670	부정형	석+토	시굴조사
고봉산성	테뫼식	360	208.3		타원형	석	지표조사
오두산성 (사적 제351호)	테뫼식	1,200	119	456,388	ㄱ자형	석	발굴조사

위의 표에서 보는 바와 같이 시·발굴조사된 성곽은 4곳이고, 지표조만 이루어진 성곽도 4곳이다. 이중에서 성곽의 기능상 군사적으로 중요한 위치에 있거나 구

조적으로 중요하다고 판단되는 6곳의 성곽과 보루에 대하여 살펴보고자 한다.

① 남양주 퇴뫼산성

퇴뫼산성은 퇴뫼산의 북쪽 봉우리와 남쪽 봉우리를 연결하여 축조된 테뫼식의 산성으로 남양주시 별내면 광전리 산28-1번지에 위치해 있다.

성의 지리적 위치는 철원과 포천 등 경기 북부 및 강원 북부지역에서 서울로 진입할 수 있는 곳에 있으며, 국도 43호선과 47호선을 동시에 관측하는데 용이하다. 성의 동쪽 아래로는 왕숙천이 흐르고, 서쪽편으로는 용암천이 남-북 방향으로 흐르고 있다.

산성의 성벽은 북치(北雉) 일부와 북에서 남동쪽 정상부에 이르는 구간을 제외하면 거의 무너진 상태이다.[160] 성에서 수습되는 기와류로는 선조문이 가장 많고 승문과 격자문도 있으며, 토기류는 장경호와 단경호 · 편병류 · 주름무늬병이 있다.[161] 성에 관한 문헌기록으로는 『新增東國輿地勝覽』양주목조에 "풍양고성(豊壤古城) 고현(古縣)이 서쪽으로 1리이다"는 기록이 있고, 그 이후 퇴계원 북산성이나[162] 광전리성지(廣田里城址),[163] 테뫼산성, 이성산성(二城山城) 등으로 불려지고 있다.

② 남양주 불암산성

불암산성은 불암산(佛岩山)의 남쪽 1㎞ 정도 떨어진 봉우리(해발 420.3m)의 정상부에 축성된 테뫼식 산성으로 남양주시 별내면 화접리 산97번지 일

160) 육군박물관, 2003, 『남양주시의 국방유적』, 63~99쪽.

161) 한국토지공사 토지박물관, 1999, 『남양주시의 역사와 문화유적』, 247~251쪽.

162) 朝鮮總督府, 1916, 『朝鮮古蹟調査報告書』.

163) 한국보이스카웃연맹, 1989, 『韓國의 城郭과 烽燧』.
韓國精神文化硏究院, 1997, 『京畿地域의 鄕土文化』(下), 677쪽.

원에 해당된다.

성으로 오르는 길은 동쪽과 서쪽 사면이 험난하여 완만한 경사를 이루는 남쪽으로만 접근이 용이하고, 주변 조망은 서쪽으로 북한산이 남쪽으로는 아차산과 중랑천 일대가 보인다. 그러나 북쪽으로는 불암산 정상부에 가려 시야가 막혀 있다.

성의 평면형태는 네모꼴에 가깝고, 성벽중 동벽은 높이 2m, 길이 13.7m 정도가 남아 있으며, 성벽은 약간 다듬은 면석을 사용하여 외면의 평행선을 맞추되 서로 엇물리게 했다. 수습된 유물은 고구려 · 신라 토기류와 고려시대 도기편들이 수습되었다.[164] 성에 대한 문헌기록은 『新增東國輿地勝覽』양주목조에 "검암산고루(儉岩山古壘)는 산의 서쪽 봉우리 두 곳에 있으며, 선조(宣祖) 임진년(壬辰年)에 의병장(義兵將) 고언백(高彦伯)이 쌓은 것이다"라고 하였는데, 검암산은 지금의 불암산에 비정되고 있다. 그러나 최근 이루어진 조사결과에 의하면, 산성은 조선시대에 축성되기에 앞서 삼국시대에 축조되었을 가능성이 높은 것으로 밝혀졌다.[165] 한편 불암산성이 고구려 보루성의 하나로도 주장되고 있는데, 아차산에서 불암산을 거쳐 수락산으로 이어지는 종격실 상에 배치되었을 것으로 추정되기도 한다.[166]

③ 서울 아차산성

아차산성(峨嵯山城)은 아차산 줄기의 끝단에 축성된 포곡식의 산성으로, 행정구역상 서울시 광진구 광장동 산 31번지 일원에 위치해 있다. 산성은 서북단이 해발 203.4m로 가장 높고, 남문지쪽이 해발 122m로 가장 낮다.

164) 한국토지공사 토지박물관, 1999, 위의 책, 234~238쪽.

165) 육군박물관, 2003, 위의 책, 37~62쪽.

166) 구리시 · 구리문화원, 1994, 『아차산의 역사와 문화유산』, 187~191쪽.

성은 지리적으로 한강의 북안에 바로 접해 있고, 북쪽으로는 의정부까지 이어지는 산맥을 바라볼 수 있으며, 동쪽과 서쪽으로는 중랑천 일대와 구리시 · 하남시 일대를 조망할 수 있다. 남쪽으로는 천호대교와 올림픽대교 일대는 물론 한강 건너편 풍납토성과 몽촌토성 일원까지 시야가 확보된다. 성의 주변 능선에는 아차산 · 용마산 보루들과 고분, 사찰 등이 위치해 있다.

사진4. 아차산성 서벽

성에 대한 시 · 발굴조사에서는 건물지와 연지, 수혈주거지가 확인되었고, 성벽과 동문지도 그 위치와 규모가 어느 정도 파악된 상태이다. 체성의 내부는 주로 돌로 채웠으며, 성내측으로는 일정 높이까지 성토하여 다졌다.[167] 1999년에 이루어진 시굴조사에서는 B지구 성벽의 경우 외벽 높이가 7.33m, 내벽이 4.94m이며, 체성 기저부 폭이 7.3m, 성벽 최상부의 폭은 약 6m로 조사되었다. 그리고 동문지는 현문식(懸門式) 형태로 너비가 약 4.7m로 추정되고, 성외벽의 보축은 문지가 있는 지점에서 평면 부채꼴 형태로 마무리된다. 연지는 암반을 너비 약 12m, 깊이 5.2m로 크기로 굴토했고, 석축을 계단상으로 쌓아 올렸다. 석축의 지름은 7.4m이고, 바닥의 지름은 5.28m로 추정되었다. 초석 건물지는 평면 장방형으로 남-북 단축방향의 길이가 9.3m이고, 초석간의 간격은 1.21m이다. 동-서 장축방향의 길이는

167) 명지대학교부설 한국건축문화연구소, 1998, 『아차산성 실측 및 수습발굴 조사보고서』.

24.2m이고, 초석간의 간격은 1.74m로 조사되었다. 출토유물로는 토기류와 기와류, 철기류로 구분된다. 토기류는 12종 945점이 출토되었는데, 중요 기종으로는 고배류, 뚜껑류, 대부완류, 완류, 호 · 옹류 등으로 나누어진다. 철기류는 철촉과 철정, 보습, 쇠스랑, 철제 초두 등이다. 기와류는 전체 8,638점이 출토되었는데, 이중에서 선조문이 6,230점(72.1%)으로 대부분을 차지하고 무문>승문>격자문의 순으로 나타났다. 그리고 명문기와로는 '北漢' · '漢' · '漢山○' · '北北' · '受○' · '○蟹' · '官' 등이 있다.[168]

성의 축성시기에 대해서는 신라가 한강 유역에 진출한 이후인 7세기 전반경으로 편년되고 9세기 중엽 이후로는 폐기되어 더 이상 사용되지 않은 것으로 판단되었으며, 진평왕대의 북한산성(北漢山城)일 가능성도 제기되었다.

④ 양주 대모산성

대모산성(大母山城)은 분지형 산의 정상부(해발 212.9m)에 축조된 테뫼식 산성으로 경기도 양주시 어둔동 산99번지 일원에 자리해 있다.

성의 지리적 위치는 북한산 북쪽에서 호명산을 지나 대모산성을 거쳐 불곡산, 도락산으로 이어지는 지맥을 북서-남동쪽으로 소통시키는 얕은 목에 해당된다. 이곳은 문산과 적성방면에서 서울지역으로 진입하거나 연천에서 동두천을 거쳐 서울로 남하하려면 반드시 거쳐야 하는 교통의 요충지이기도 하다.

성의 평면형태는 남-북을 장축으로 하는 장방형이다. 성에 대한 조사는 모두 7차례에 걸쳐 이루어졌고, 그 결과 건물지 10여 곳과 북문지, 동문지, 서문지 등이 발굴되었다.[169] 북문지를 비롯한 동 · 서문지는 모두 현문식 구

168) 서울대학교인문학연구소 · 서울대학교박물관, 2000, 『아차산성 시굴조사보고서』.

169) 文化財硏究所 · 翰林大學校 博物館, 1990, 『楊州 大母山城發掘調査報告書』.

조이다. 체성은 내외협축으로 쌓았고, 외벽은 품(品)자형으로 축조했으며, 너비는 6.15~7.95m 정도로 조사되었다. 1981년에 조사된 건물지는 4채인데, 이중에서 제3건물지에서는 선문기와와 어골문기와, 유엽형 철촉, 청자 등이 출토되었다. 1982년에 조사된 건물지 1은 동-서 15m, 남-북 6.8m이고, 승석문과 선문, 격자문, 어골문이 시문된 기와가 출토되어 삼국시대부터 고려시대에 걸쳐 경영되어졌음을 알 수 있다. 건물지 2는 동-서 6.1m, 남-북 18.6m 규모이고 백제 승석문기와와 각종 철제 화살촉이 출토되었다. 이밖에도 1983년과 1984년에 조사된 건물지에서 삼국시대와 통일신라시대 토기와 철촉, 도자, 철낫 등이 수습되었다. 이밖에도 저장시설은 북문지 밖으로 연결되는 낮고 평평한 구릉에서 7기가 찾아졌는데, 평면은 원형이고 지름 230㎝, 길이 195㎝이며 백제 토기편이 출토되었다.

출토된 유물중 토기류는 삼족토기를 비롯하여 옹류와 호, 뚜껑, 완, 줄무늬병, 사면편호 등이 있고, 기와류는 문양이 없는 것과 승석문, 선문, 선문+격자문, 격자문, 어골문 등의 암·수키와가 있다. 명문와로는 '德部舍'·'德部'·'德'·'官'·'官草'·'富部'·'富'·'吉'·'上'·'大浮雲(?)寺' 등이 있다. 철제품류는 철촉과 철겸, 철못, 철판, 방형금구, 철제 증자, 철부 등이 출토되었다. 성의 축성시기에 대해서는 축성상태와 출토유물을 놓고 여러 의견들이 제기된 상태이지만,[170] 대체로 처음 이곳을 사용했던 나라는 백제이고 그 이후 신라에 의해 6세기중반부터 삼국이 통일되는 시기까지는 보다 적극적으로 활용되어졌던 것으로 보고 있다.

翰林大學校 博物館, 2002, 『양주 대모산성-동문지·서문지』.

170) 한국토지공사 토지박물관, 1998, 『양주군의 역사와 문화유적』, 402~405쪽.

沈正輔, 2001, 「百濟 石築山城의 築造技法과 性格에 대하여」, 『韓國上古史學報』 35, 韓國上古史學會, 126쪽.

沈光注, 2004, 「漢城時期의 百濟山城」, 『고고학』 3-1, 서울경기고고학회, 70쪽.

⑤ 고양 행주산성

행주산성(幸州山城)은 덕양산(德陽山)의 능선을 따라 축조된 포곡식의 산성으로 경기도 고양시 덕양구 행주내동 산 26번지 일원에 위치해 있다.[171] 산성에 대한 문헌기록은 『東國輿地志』[172]와 『輿圖備志』[173] 등에 전하고 있다.

성의 남쪽은 한강과 인접해 있고, 동남쪽으로는 창릉천이 성을 돌아 한강으로 유입되고 있어 자연적인 해자(垓子)의 역할을 하고 있다. 성의 동남쪽과 남쪽 일대는 경사가 급하여 접근하기가 어려운 지형이고, 조망은 사방이 막힘 없이 잘 보이는데, 특히 한강과 북쪽으로 통하는 길목을 한눈에 살필 수 있다.

성에 대한 시굴조사는 3개 지구로 나뉘어 진행되었는데, A지구에서는 2단의 기초석열을 쌓고 판축으로 성벽을 쌓아 올렸음이 확인되었다. 이 구간의 성벽 기저부 폭은 6.6m이고, 높이는 2.8m, 성벽 정상부 너비는 2.3m 정도이다. B지구는 자연경사면을 L자형으로 깎아내어 경사를 급하게 유지하고 있으며, 출입로도 확인되었다. C지구에서는 문지와 배수구가 확인되었으며, 문지 서벽 기부에서 통일신라시대 성토층이 확인되었다. 출토된 유물로는 토기류와 기와류가 있다. 토기류는 A지구의 성벽판축토 내에서 출토되었는데, 모두 11개 기종 186개체이다. 토기류중에서는 호와 옹류가 48점으로 가장 많고, 동이류와 파수부, 병, 완류, 고배류의 순으로 많은 비중

171) 산성의 형식과 축성재료에 관하여 시굴조사의 결과와 지표조사의 보고가 각기 달라 필자는 지표조사보고서의 일부분도 채용하였다(서울大學校博物館, 1991, 『幸州山城-整備復元을 위한 土城址 試掘調査報告書』:한국토지공사 토지박물관, 1999, 『고양시의 역사와 문화유적』, 346쪽: 경기도박물관, 2002, 『한강』 2, 950쪽).

172) 『東國輿地志』 卷2 京畿道 山川條.

173) 『輿圖備志』 京畿道 左道 高陽郡 武備 城池 "幸州古城 在山上 有土築遺址殊".

사진5. 양천고성에서 바라본 행주산성

사진6. 행주산성 성벽

사진7. 대첩비 주변 모습

사진8. 대첩비 주변 수습유물(신라 기와류)

을 차지한다. 기와류도 A지구에서 출토된 536개체분을 대상으로 분석해 본 결과, 민무늬>어골문>격자문의 순으로 많았고, 복합문과 선조문, 사선문이 나머지를 차지한다.[174] 시굴조사결과, 산성의 축조시기는 7~8세기경으로 추정되었으나 성의 입지적인 측면에서 볼 때 백제에 의해 초축되었을 가능성도 제기되고 있다.[175]

⑥ 파주 오두산성

오두산성(烏頭山城)은 오두산의 정상에 축조된 테뫼식 석축산성으로 파주시 탄현면 성동리 산86번지 일원에 위치해 있다. 성의 지리적인 위치는 한강과 임진강이 합류되는 지점에 자리해 있고, 서해에서 한강 혹은 임진

174) 서울大學校博物館, 1991, 앞의 책.

175) 경기도박물관, 2002, 앞의 책, 952쪽.

강을 따라 들어가는 관문에 해당된다. 성에서는 남서쪽으로 김포 일대가 보이고, 서북쪽으로는 개풍군 일대와 한강 하구지역이 조망된다.

성과 관련된 문헌으로는 『高麗史』[176]와 『世宗實錄』[177] 등에 성의 이름과 규모가 전해져 오고 있다. 성에 대해서는 부분적인 발굴조사가 이루어진 이후 최근에 정밀지표조사가 이루어져 내성과 외성의 존재가 확인되었다. 조사내용을 살펴보면, 산성의 둘레는 약 1,200m이고, 평면형태는 북쪽으로 꺾인 'ㄱ' 자형이다. 발굴조사는 성벽 일부와 추정 북문지에 대하여 이루어졌는데, 조사결과 성벽이 해발 80~100m 선을 따라가며 축조되었고, 바른층쌓기로 되어 있다. 추정 북문지의 성벽은 13~15단이 남아 있고, 부분적으로 자연암반을 그대로 이용하기도 했다.[178] 정밀지표조사에서는 외성 내부에 기존에 밝혀진 내성이 포개졌고, 내성의 둘레가 1,240m, 외성의 둘레가 1,228m로 파악되었다.[179] 한편 이 산성은 백제의 관미성(關彌城)으로 비정되고 있으나,[180] 출토된 기와중에서 '元泉' · '泉井' · '上草' · '草下' 자 등의 명문기와가 있어 신라가 676년 매초성 전투 직전, 당의 보급로를 차단하기 위해 전투를 벌였던 천성(泉城)일[181] 가능성도 있다.[182] 이밖에도 '官草' 자 명문기와와 삼국~고려시대로 추정되는 무문 · 격자문 · 선문 · 복합문 등의 평기와가 수습되었다. 토기류 중에는 대부완류와 유개합 등의 신라 토기류도 확인되어 성의 사용시기가 삼국시대로부터 통일신라, 고려를 거쳐

176) 『高麗史』 卷56 地理志 交河郡條 "顯宗9年來屬別號宣城有烏島城".

177) 『世宗實錄』 卷148 地理志 京畿 交河縣條 "烏島城 在縣西漢江臨津下流會于此".

178) 경희대학교 고고미술사연구소, 1992, 『오두산성 I』.

179) 한백문화재연구원, 2007, 『파주 오두산성』.

180) 尹日寧, 1990, 「關彌城位置考」, 『北岳史論』 2, 國民大學校 史學會.

181) 『三國史記』 卷7 新羅本紀7 文武王 15年條.

182) 심광주, 2003, 앞의 글, 217~218쪽.

조선시대까지 여러 차례 개축이 이루어졌던 것으로 추정되고 있다.

⑦ **보루유적**

보루(堡壘)는 의정부지역과 남양주, 아차산 일원에 분포되어 있는데, 그 중에서 신라 유물이 수습된 곳은 크게 3개 지역 10곳 정도이다.

가. 의정부지역 보루군

의정부지역은 한강 유역에서 중랑천(中浪川)을 따라 경기 이북지역으로 진출하는 주요 교통로상의 요충지이다. 의정부지역에서는 지표조사를 통해 많은 보루가 찾아졌는데,[183] 대개 백제와 고구려, 신라가 이용했던 것으로 추정된다.

의정부지역의 보루는 8개소가 찾아졌다. 그중에서 신라 유물이 수습되었거나 신라가 사용했을 것으로 추정되는 보루로는 부용산(芙蓉山) 보루와 사패산(賜牌山) 3보루, 장암동(長岩洞) 보루, 천보산(天寶山) 3보루 등이 있다. 각 보루별로 조사된 내용을 간략히 살펴보면, 부용산 보루는 부용산(해발 210.6m) 정상에 위치해 있고, 고산동 산57-1번지에 해당된다. 부용산 보루에서는 의정부시내 뿐만 아니라 천보산과 마주하고 국도 43호선의 길목에 자리해 있어 주변을 조망하기가 유리하다. 보루의 둘레는 94m 정도이고, 평면이 장타원형이며 북쪽의 능선부분에서 접근하는 쪽과 남쪽 사면에서 석축이 확인되었다. 석축은 20~30㎝ 크기의 할석으로 쌓았고 높이는 1~1.5m 정도 남아 있다. 사패산 3보루는 회룡사 남동쪽 450m 지점의 사패산과 도봉산의 주능선에서 동쪽으로 갈라진 봉우리(해발 234m)이다. 보

183) 심광주, 2001, 「관방유적」, 『議政府市의 歷史와 文化遺蹟』, 世宗大學校 博物館, 197~214쪽.

루의 평면형태는 북동-남서쪽으로 긴 타원형이고, 둘레는 200m 정도이다. 장암동 보루는 수락산에서 서쪽으로 연결되는 능선의 정상부(해발 155m)에 위치해 있다. 전체 둘레는 100m 정도이고 석축이 일부 드러나 있으며 경질민무늬토기와 타날문 토기, 회청색 경질의 완형토기 등이 수습되었다. 천보산 3보루는 백석이 고개에서 능선을 따라 북쪽에 위치한 정상부(해발 282m)에 있다. 평면형태는 긴 타원형이고, 둘레는 88m 정도이며 부분적으로 성돌이 노출되어 있다.

나. 남양주지역 보루군

남양주지역은 한강 유역에서 왕숙천(王宿川)을 따라 포천지역이나 경기 이북지역, 강원도로 넘어 가는 길목이며, 국도 43호선과 47호선이 남-북방향으로 연결되어 있다. 남양주지역에서는 국사봉(國賜峰) 보루와 안산(案山) 보루가 찾아졌으며, 그에 대한 조사내용을 정리해 보면 아래와 같다.

국사봉 보루는 남양주시 별내면에 있는 국사봉(해발 331m)에 위치해 있고, 행정구역상 광전리 산 92번지에 해당된다. 보루의 둘레는 130m 정도이고, 석축으로 되어 있으며 4단 정도의 체벽이 남아 있다. 체벽은 화강암을 주로 사용하여 바른층 쌓기를 했고, 지표조사를 통해 신라 유물과 토제마(土製馬)가 수습되었다. 안산 보루는 왕숙천 동쪽 국도 6호선의 남쪽에 있는 구릉(해발 128.8m) 위에 위치해 있고, 행정구역상 가운동 산50-1번지에 해당된다. 보루의 둘레는 148.2m이고, 평면이 동-서쪽으로 긴 타원형이다. 체벽은 구릉의 정상부를 돌아가며 쌓았는데 높이 1m 정도 남아 있고, 점토대토기와 삼국시대 단경호편이 수습되었다.[184]

184) 한국토지공사 토지박물관, 1999, 앞의 책, 239~242쪽.
육군박물관, 2003, 앞의 책, 152~167쪽.

다. 아차산 일대 보루군

아차산 일원에는 아차산성 외에도 16곳의 보루가 군을 이루고 있다. 보루의 대부분은 고구려가 한강 유역을 점유할 때 축성한 것으로 알려져 있지만,[185] 일부 보루에서는 신라 유물도 출토되어 신라에 의해 이용되었을 가능성이 있다. 대표적인 신라 보루로는 용마산(龍馬山) 3보루와 6 · 7보루, 아차산 5보루 등이 있다.

용마산 3보루는 평면이 장타원형으로 산의 정상부를 따라 구축되어 있고, 둘레가 216m, 면적이 1,605㎡이다. 유물은 정상부와 사면에서 주로 채집되는데, 인화문 토기합과 고배 뚜껑 등 신라 토기조각이 수습되었다. 용마산 6보루는 해발 230m의 봉우리에 위치해 있다. 평면은 장타원형이고 둘레는 123m, 면적은 810㎡이다. 석축은 고구려 보루들과 달리 많은 석재를 사용하고 있으며, 회청색을 띠는 경질토기조각이 수습되고 있다. 용마산 7보루

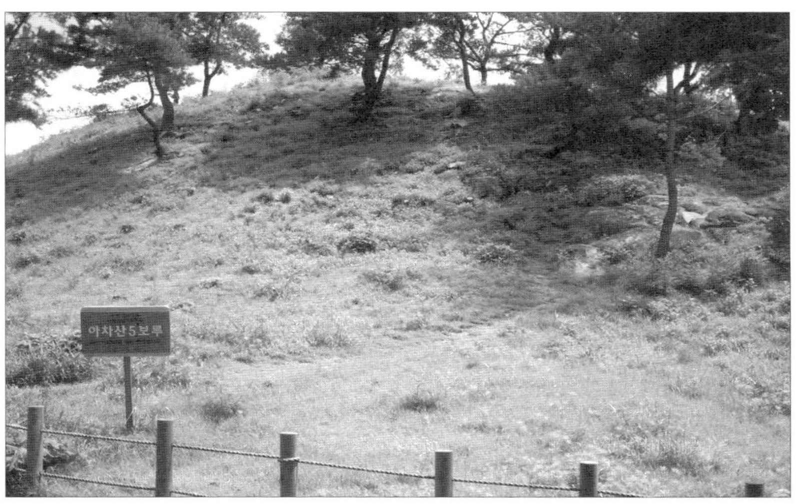

사진9. 아차산 5보루

185) 崔鍾澤, 1999, 「京畿北部地域의 高句麗 關防體系」, 『高句麗山城硏究』, 高句麗硏究會, 257~283쪽.

에서도 같은 종류의 토기조각이 찾아졌고, 보루 둘레가 40m로 적은 규모이다. 아차산 5보루는 아차산 1보루에서 등산로를 따라 약 150m 떨어진 봉우리(해발 268.1m)에 위치해 있다. 평면이 장타원형이고, 규모가 작은 편이다. 유물은 고구려 토기조각과 신라 토기조각이 수습되는 것으로 볼 때 당초 고구려 보루였던 것을 신라가 재사용한 것으로 추정된다.[186)]

라. 서울 안산 보루

안산(鞍山) 보루는 서대문구 봉원동과 홍제동 경계에 있는 안산(해발 295.9m)의 정상에 자리하고 있다. 이곳에서는 신라 토기류를 비롯하여 조선시대 기와와 백자, 청동기시대 민무늬토기 등이 수습되었다.

보루는 동봉과 서봉을 따라 축조된 것으로 추정되고, 서남쪽 능선방향에서 정상부로 오르는 등산로 끝에 6~7단 정도 석축이 남아 있는데, 길이가 7~8m, 높이 3m 정도이다. 규모는 둘레가 455m로 장축 160m, 단축 85m 정도이다. 수습된 유물은 투창고배와 대부완, 단각고배, 뚜껑, 합, 완, 호, 옹 등이다.[187)]

2) 한강 이남지역의 성곽

신라가 한강 이남지역에 축성하였거나 활용한 성곽으로는 이성산성과 남한산성, 호암산성, 수안산성 등 10곳이다. 여기에서도 한강 이남지역에 분포한 성곽 중에서 신라가 축성하였거나 신라 유물이 출토된 성곽들에 대하

186) 박상빈, 2005, 「新羅의 漢江 진출과 統一新羅時代의 서울」, 『서울특별시 문화유적 지표조사 종합보고서』 I, 서울역사박물관, 139~140쪽.

187) 서울역사박물관, 2005, 앞의 책 III, 587~589쪽.
박상빈, 2005, 앞의 글.

〈표-2〉 한강 이남지역 신라 성곽 현황표

유적명 (지정사항)	형식	둘레(m)	해발(m)	면적(㎡)	평면형태	축성재료	조사현황
이성산성 (사적 제422호)	포곡식	1655	209.8	128,890	오각형	석	발굴조사
남한산성 (사적 제57호)	포곡식	12,356	497	2,145,268	장방형	석	발굴조사
서울 대모산성	테뫼식	567	293	6,270	타원형	석	시굴조사
할미산성 (경기도기념물 제215호)	테뫼식	651	349		타원형	석	시굴조사
호암산성 (사적 제343호)	테뫼식	1,250	347	75,053	마름모꼴	석	발굴조사
양천고성 (사적 제372호)	테뫼식	218	74	29,370	장타원형	석	지표조사
계양산성 (인천광역시기념물 제10호)	테뫼식	1,180	394.9		마름모꼴	석	지표조사
북성산성	테뫼식	795	150		마름모꼴	석	지표조사
수안산성 (경기도기념물 제159호)	테뫼식	578.5	146.8		장타원형	석	시굴조사
동성산성	테뫼식	441	113		장타원형	석	지표조사

여 살펴보도록 하겠다. 〈표-2〉는 한강 이남지역에 위치한 신라 성곽에 대하여 그 현황을 정리한 것이다.

표에서 보는 바와 같이 시·발굴조사된 성곽은 10곳 중에서 6곳이고, 지표조사만 이루어진 성은 4곳이다. 이중에서 성곽의 기능상 군사적으로 중요한 위치에 있거나 구조적으로 중요하다고 판단되는 6곳의 성곽을 중점적으로 살펴보겠다.

① 하남 이성산성

이성산성(二聖山城)은 이성산(해발 209.8m) 정상에 위치해 있는 포곡식의 산성으로 행정상 경기도 하남시 춘궁동 산36번지 일원에 해당된다.

성의 지리적 위치는 북쪽으로 한강과 인접해 있고, 남쪽으로는 금암산(金

岩山)을 지나 남한산성(南漢山城)이 있는 청량산과 이어지며 동쪽으로는 객산(客山) · 검단산(黔丹山)과 마주하고 있다. 그리고 서쪽으로는 멀리 풍납토성과 몽촌토성까지 시야에 들어오고 북서쪽으로는 아차산성까지도 바라볼 수 있다. 성은 산의 정상부와 능선을 따라 축조되어 평면상으로는 북서-남동쪽으로 긴 오각형인데 북벽과 북서쪽 벽의 굴곡이 심한 편이다.

성에 대한 조사는 지표조사를 시작으로 2005년까지 11차에 걸쳐 발굴조사가 이루어졌고, 그 결과 많은 유구와 유물이 확인되었다. 조사된 내용을 정리해 보면, 성벽은 2차에 걸쳐 축조되었는데 주로 편축을 했고 남벽과 서벽 일부분을 협축하였다. 1차 성벽은 장방형의 돌로 거의 수직에 가깝게 쌓고, 2차 성벽은 기단부를 조성한 후 바닥에 지대석(地帶石)을 놓았으며 그 위에 표면과 모서리를 정교하게 다듬은 옥수수알 모양의 성돌로 쌓았다. 이 성벽은 퇴물림쌓기를 하여 1차 성벽에 비해 경사가 완만한 것이 특징이다.

성의 구조물로는 남문지와 동문지가 확인되었는데, 9차와 10차 발굴조사에서 동문지와 치성이 찾아졌다.[188] 남문지는 6차 조사 때 구조가 일부 밝혀졌지만 붕괴되거나 훼손된 부분이 많아서 제대로 조사되지 못하였다.[189] 다만 문지를 조사하는 과정에서 초축 성벽이라고 불리우는 성벽이 발견되어 7차 조사 때 성벽에 대한 조사가 본격적으로 이루어지기도 했다.[190] 동문지는 현문식의 구조를 갖춘 것으로 2차례에 걸쳐 개축되었음이 확인되었다. 1차 문지는 문의 중앙선을 기준으로 하여 대칭을 이루고 있지 않고, 성 안쪽 즉 서쪽으로 꺾이는 'ㄱ'자의 형태이다. 이는 북측 벽에 바로 연접하여 내옹성이 형성되어 있기 때문인 것으로 보고 되었다. 1차 문지의 측

---

188) 漢陽大學校 博物館, 2002, 앞의 책.
漢陽大學校 博物館, 2003, 앞의 책.
189) 漢陽大學校 博物館, 1999, 앞의 책.
190) 漢陽大學校 博物館, 2000, 앞의 책.

벽간 너비는 600~680㎝이고, 성 내부에서 외부로 갈수록 너비가 약간씩 벌어진다. 2차 문지는 문지 공석과 문비 고정석이 남아 있으며, 1차 문지에서 100~150㎝ 성 안쪽으로 들여 쌓았는데, 너비가 380㎝로 1차 문지에 비해 200㎝ 이상 축소되었다. 문지 바닥도 1차 문지보다 55㎝ 이상 높아진 점이 특징이다. 동문지에서 출토된 유물로는 벼루조각과 연화문 와당이 대표적이고, 그 밖에 합과 완류 등의 토기류, 격자문 등의 평와류가 수습되었다.

치성도 2차에 걸쳐 축조된 것으로 파악되었는데, 1차 치성은 1차 성벽과 마찬가지로 장방형으로 다듬어진 석재를 사용하여 성벽과 맞물려 각을 이루고, 2차 치성은 전면만 다듬은 석재로 기단부를 조성하였다. 규모는 1차 치성이 2×13.2×2m이고, 2차 치성이 3.43×24.5×5.1m로 이제까지 조사된 삼국시대 치성 중에서 규모가 가장 크다.[191]

성내에서 조사된 유구로는 크게 건물지와 저수지로 나누어 볼 수 있겠다. 건물지는 다각형 건물지와 장방형 건물지로 구분되는데, 다각형 건물지로는 8각 · 9각 · 12각이 있다. 특히 8각 건물지는 D지구에서, 9각 건물지는 각각 B지구와 E지구에서 찾아졌다. 12각 건물지는 C지구에 위치하고 C지구 저수지와 인접해 있다. 8각 건물지는 초석이 2열이고, 직경이 880㎝이며 면적은 약 62㎡(18.8평)으로 보고되었다.[192] B지구 9각 건물지는 중앙에 놓인 1기의 초석을 중심으로 4개의 초석과 9개의 초석 열이 돌려져 있다. 건물지의 직경은 1,024㎝이고, 면적은 약 82㎡(25.4평)이다. 출토된 유물로는 고배 뚜껑과 인화문 토기편, 편병 등이 있다.[193] E지구 9각 건물지는 직경이

191) 漢陽大學校 博物館, 2003, 앞의 책.

192) 漢陽大學校, 1988, 앞의 책.

193) 漢陽大學校, 1991, 앞의 책.

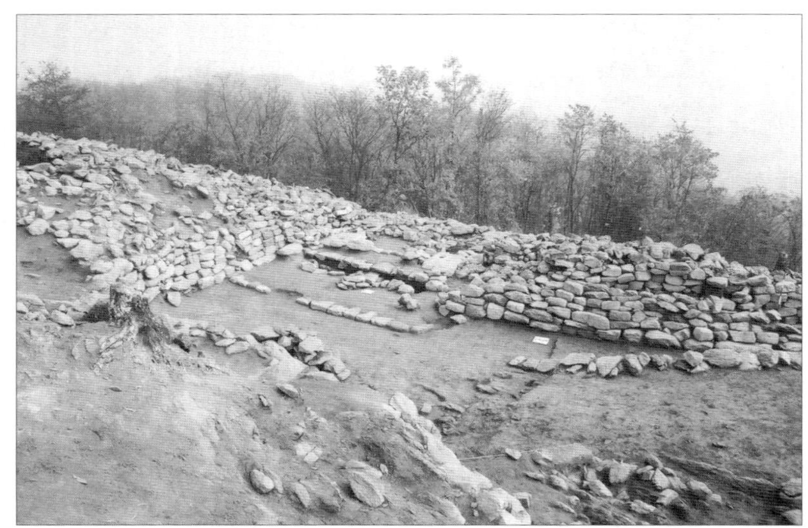

사진10. 이성산성 동문지

1,032㎝, 면적이 85.3㎡(25.8평)이고 B지구 9각 건물지와 마찬가지로 4개의 초석이 있으며, 중심부에서 270㎝ 거리에 9개의 초석이 190㎝ 간격으로 놓여 있다.[194] 12각 건물지는 초석이 3열로 돌려져 있고, 직경이 1,078㎝이며 면적이 91.2㎡(28.2평)이다. 출토유물은 편호와 골호, 고배류가 있다.[195]

그리고 C지구 건물지는 모두 3개 동으로 구분되는데, 건물지 1은 장방형의 부석건물지로 장축이 동-서쪽에 가깝지만 정확한 구조가 파악되지 못하였다. 건물지 2는 초석과 축대, 아궁이 시설이 갖추어진 것으로 조사되었다. 건물지 3은 담장시설과 온돌시설 등을 갖추었다.

저수지는 A지구와 C지구에 위치해 있다. 이중에서 A지구의 저수지는 1차와 2차에 걸쳐 축조된 것으로 밝혀졌는데, 1차 저수지의 경우 남쪽 성벽

194) 漢陽大學校, 1987, 앞의 책.

195) 漢陽大學校, 1991, 앞의 책.

앞의 계곡을 막아 만든 자연저수지로 평면형태는 타원형이다. 바닥까지의 깊이는 4.3m에 이르고, 전체적인 규모는 54×30m이며, 면적은 1,500㎡이다. 1차 저수지에서 출토된 유물로는 목간과 목제품 등이 있는데, 특히 '戊辰' 명 목간이 주목되는 유물이다. 2차 저수지는 평면형태가 장방형이고, 장축이 북동-남서쪽이다. 저수지의 규모는 둘레가 84.65m이며, 서안 석축 길이가 26.6m, 남안 석축 길이가 15.1m, 북안 석축 길이가 16.4m이다. 저수지 깊이는 평균 2m인 것으로 알려졌다. 출토유물로는 목제 인물상과 각종 토기류 등이 있다.

C지구 저수지는 6차와 7차 조사때 석축의 일부가 확인되었고, 8차 조사때 대략적인 규모와 축조방법을 알게 되었다. 저수지의 크기는 북벽의 동-서 길이가 21.35m, 서벽의 남-북 너비가 13.95m이다.[196] 이 저수지에서 출토된 유물은 소위 고구려의 유물이라고 알려진 나무 자(尺)와 묵서로 '褥薩'이 씌여진 목간 그리고 나무로 만들어진 요고(腰鼓) 등이 있어 주목 받고 있다. 이 성은 신라 진흥왕이 신주를 설치하는 6세기 중엽에 축성되어,[197] 9세기까지 이용되었던 것으로 추정된다.[198]

② 광주 남한산성

남한산성(南漢山城)은 청량산(淸凉山)을 중심으로 북쪽의 연주봉(해발 466m), 동쪽의 망월봉(해발 502m)과 벌봉(해발 514m), 남쪽의 몇 개 봉우리 능선을 따라 축조되었다. 행정구역상 광주시 중부면 산성리 산13번지 일원에 해당된다.

196) 漢陽大學校 博物館, 2000, 『二聖山城-第8次 發掘調査報告書』.

197) 漢陽大學校, 1991, 앞의 책.

198) 漢陽大學校 博物館, 2003, 앞의 책, 184~185쪽.

성의 지리적 위치는 북쪽으로 금암산을 지나 이성산성이 있는 이성산과 연결되며 멀리 한강 유역이 조망된다. 서북쪽으로는 풍납토성과 몽촌토성, 석촌동 고분군이 바라다 보이고, 동북쪽으로는 하남의 춘궁동, 하사창동 일원이 한 눈에 들어온다.

성벽의 외부는 급경사를 이루는데 비해 성 내부는 경사가 완만하고 넓은 구릉성 분지를 이루고 있다. 성에 대한 조사는 여러 차례 이루어졌는데, 지표조사는 성벽과 구조물에 대하여 이루어졌고,[199] 문화유적을 관리할 목적으로 종합지표조사도 이루어진 바 있다.[200] 또한 행궁터에 대한 시·발굴조사도 최근까지 실시되었으며,[201] 성곽보수를 위한 목적의 시·발굴조사도 진행되었다.[202]

행궁지에 대한 조사에서는 신라의 유구와 유물 뿐만 아니라 백제의 유구와 유물도 찾아졌고,[203] 최근 조사된 암문과 수구지에 대한 조사에서 통일신라시대로 추정되는 성벽과 유구가 찾아져 주목된다.[204] 행궁지에 대한 2차 발굴조사에서는 삼국시대와 통일신라시대의 선조문과 승문·격자문 암키와 등의 기와류가 출토되었으며, 7세기 말엽의 인화문 토기편, 고려시대 어골문 기와·청자편 등이 출토되었다. 그리고 4·5차 발굴조사에서는

199) 漢陽大學校 博物館, 1986, 『南漢山城 地表調査報告書』.

200) 한국토지공사 토지박물관, 2000, 『南漢山城 文化遺蹟 地表調査報告書』.

201) 한국토지공사 토지박물관, 1999, 『南漢山城 行宮址-試掘(發掘)調査報告書』.
한국토지공사 토지박물관, 2000, 『南漢行宮址-第2次 發掘調査報告書』.
한국토지공사 토지박물관, 2001, 『南漢行宮址-第3次 發掘調査報告書』.
한국토지공사 토지박물관, 2003, 『南漢行宮址-第4·5次 發掘調査報告書』.

202) 한국토지공사 토지박물관, 2002, 『南漢山城 發掘調査報告書』.

203) 한국토지공사 토지박물관, 2000, 앞의 책.
한국토지공사 토지박물관, 2003, 앞의 책.

204) 中原文化財研究院, 2007, 『南漢山城-암문(4)·수구지 일대 발굴조사』.

사진11. 남한산성 성벽

2~3세기에 해당되는 백제 주거지와 수혈유구가 찾아졌고, 그와 공반된 유물이 수습되어 백제인들의 활동 영역이었음을 알 수 있다. 그리고 최근에 진행된 7~8차 발굴조사에서는 통일신라시대의 대형 건물지가 찾아져 주목된다. 건물지는 정면 13~15칸이고 규모가 남-북 약 50m, 동-서 17.4m 정도로 조사되었으며, '村主' · '天主' 등의 명문와도 출토되었다.[205]

남한산성은 신라 문무왕 12년(672)에 주장성(晝長城)이라는 이름으로 축성되어 당의 남하를 막는 중요한 기능을 담당하였다.[206] 주장성의 둘레가 4,360보 즉 8,109m 정도라는 점에서 남한산성의 원성 둘레가 7,545m로 측량되어 그 규모면에서 거의 비슷하고, 행궁지에 대한 조사에서 당시의 유구와 유물이 찾아지고 있기 때문에 앞으로의 조사가 기대되고 있다. 또한

205) 한국토지공사 토지박물관, 2006, 「남한산성행궁지 8차 발굴조사 지도위원회의 자료」.

206) 『三國史記』 卷7 新羅本紀7 文武王 12年 8月條 "築漢山州晝長城 周回四千三百六十步".

고려시대에는 여러 문헌기록을 통해 볼 때, 광주성(廣州城)으로 불렸던 것으로 판단된다.

③ 서울 대모산성

대모산성(大母山城)은 대모산(293m)의 정상부에 있는 테뫼식의 산성으로 서울 강남구 일원동과 서초구 내곡동 경계에 위치해 있다. 지리적으로는 서남쪽의 구룡산과 더불어 동-서로 길게 뻗어 있고, 북쪽으로 평야지대가 펼쳐져 한강 유역이 한 눈에 조망된다. 성의 북쪽으로는 한강, 동쪽으로 탄천이 흐르며, 서쪽으로는 양재천이 흘러 성이 강에 둘러 싸인 형상을 하고 있다.

성벽은 대체로 편축의 방법으로 축성되어졌는데, 편축을 함에 있어서 암반의 수평을 맞추고 그 위로 성벽을 쌓는 방법을 이용하였으나 현재 대부분의 구간이 붕괴되어 뒷채움석만 남아 있는 구간이 많다. 성내에서는 단각고배류와 대부완, 개배류 등 주로 신라 유물이 수습되었으나 민무늬토기와 점토대토기 등이 출토되는 주거지가 확인되기도 했다.[207] 따라서 한강 유역이 삼국의 치열한 격전의 현장이었던 점과 주변에 삼국시대 성들이 분포해 있다는 점에서 대모산성 또한 삼국시대에 한강지역의 패권을 장악하기 위해 신라에 의해 축성내지 사용되어졌을 가능성이 있다.

④ 용인 할미산성

할미산성은 노고산성(老姑山城)·고모성(姑母城) 등으로 불려지고 있는 테뫼식의 석축산성이다. 성은 할미산(해발 349m)의 정상에 축조되어 있고, 행정적인 위치는 용인시 처인구 포곡읍 마성리 산23-1번지 일원에 해당된다.

207) 漢陽大學校 博物館, 1999,『大母山 文化遺蹟 試掘調査報告書』.

성의 지리적 위치는 경안천과 탄천을 연결하는 동-서방향의 교통로를 통제할 수 있으며, 아울러 한강 유역으로부터 광주-이천, 수원-평택으로 진출할 수 있는 남-북방향의 교통로도 이곳으로 지나고 있다.

성에 대한 조사는 지표조사와[208] 시굴조사[209] 등 여러 차례 이루어져 신라에 의해 초축되었음이 확인되었다. 성에 대한 문헌기록으로는 『增補文獻備考』에 노고성(老姑城)으로 나타나는데, 이미 폐성되었다고 전한다.[210] 그 외에는 일제강점기에 간행된 『朝鮮寶物古蹟調査資料』와 『文化遺蹟總攬』 등에 그 현상에 대하여 기록되어 있다.

성의 둘레는 651m 정도이고, 내외성 공유벽이라고 하는 것이 길이 180m 정도이며, 평면형태는 남-북방향으로 긴 타원형이다. 성벽은 산의 정상부와 능선을 따라 협축되고, 특히 외성의 외벽은 할석재로 바른층 막힌줄눈 쌓기로 축조되었다. 그리고 성벽을 쌓을 때 장방형 석재로 축조하는 방식과 장방형 석재로 층을 맞추고 그 위에 판상석을 올린 후 다시 장방형 석재를 쌓는 방식도 확인되었다. 또한 내벽에 붙어 너비 3m 정도의 내환도가 돌고 있으며, 외벽 밖으로도 외환도로 추정되는 너비 2m 정도의 평탄면이 부분적으로 확인되었다. 내외성의 공유벽은 동벽과 서벽을 중간에서 이어 성을 남-북으로 양분하는 형태의 성벽을 가르킨다.

이밖에도 성내에서는 수구지와 매납유구, 아궁이, 추정 저수유구, 수혈공 등이 찾아졌다. 출토유물로는 토기류와 철제류가 있는데, 토기류는 총 298점이 수습되었다. 토기류의 기종을 보면, 호 · 옹류가 가장 많고 뚜껑〉

208) 용인시 · 용인문화원 · 용인시사편찬위원회 · 충북대학교 중원문화연구소, 1999, 『용인의 옛성터』. 한국토지공사 토지박물관, 2003, 『용인시의 역사와 문화유적』.

209) 京畿道博物館, 2005, 『龍仁 할미산성 試掘調査 報告書』.

210) 『增補文獻備考』 卷26 輿地考14 關防2 城郭條.

고배〉완 등의 순이며, 부가구연대부장경호 · 접시 · 시루 · 파수부 등도 있다. 성의 축조시기는 출토유물로 볼 때 6세기 중후반에서 7세기 초에 해당되는 것으로 추정된다.

⑤ 서울 호암산성

호암산성(虎岩山城)은 호암산(해발 347m) 정상에 축조된 테뫼식 산성으로 서울 금천구 시흥동 산83-1번지 일원에 위치해 있다. 성의 동쪽은 삼성산과 관악산 등이 연결되어 있고, 서쪽으로는 안양천을 따라 평지가 펼쳐져 있다.

성의 평면형태는 북동-남서 방향으로 긴 마름모꼴이다. 성벽은 수직에 가까운 암벽을 제외한 부분에 축조되어 있고, 외벽만 정연하게 쌓았으며 뒷채움은 돌을 채워 편축법으로 축조했다. 건물지는 성 중앙부 대지상(臺地狀)의 지형에 위치하고 있으며, 한우물로 불리는 통일신라시대 연지는 17.8×13.6×2.5m 규모로 13단 정도 줄을 맞추어 쌓았다. 제2우물지는 한우물에 비해 세장한 형태로 남-북 18.5m, 동-서 10m 이상, 깊이 2m 정도로 밝혀졌다. 출토유물로는 신라 토기류 12개 기종 1,313 개체분과 기와, 명문이 있는 청동숟가락이 있다. 특히 청동숟가락에는 '仍伐內力只內末' 이라고 시문되어 호암산성이 고구려의 잉벌노현(仍伐奴縣)임을 뒷받침 해 주고 있다. 또한 경덕왕 16년(757)에는 곡양현(穀陽縣)으로 바뀌었고,[211] 조선시대에는 금천현의 치소로 이용되었음을 알 수 있다.[212]

호암산성의 축성시기는 출토된 토기류의 분석을 통해서 7세기 전반이후부터 8세기 중엽으로 추정되고 있으며,[213] 이성산성과 서울 대모산성 이후

211) 『三國史記』 卷35 志4 地理2 栗津郡條 "穀壤縣 本高句麗仍伐奴縣 景德王改名 今黔州".

212) 서울大學校博物館, 1990, 『한우물 虎岩山城 및 蓮池發掘調査報告書』.

사진12. 행주산성에서 바라본 양천고성

사진13. 양천고성 서벽 주변

사진14. 양천고성 수습유물

에 축성되었을 가능성이 높은 것으로 파악되고 있다.

⑥ 서울 양천고성지

양천고성지(陽川古城址, 이하 양천고성)는 궁산(宮山, 해발 74m)의 정상에 축조된 테뫼식 산성으로 서울시 강서구 가양동 산8-4번지 일원에 위치해 있다. 성의 북쪽으로는 한강과 인접해 있으면서 강 건너 행주산성과 마

213) 서울大學校博物館, 1990, 『한우물-出土 遺物에 대한 考察』.

주보고 있다. 남쪽으로는 강서구와 양천구 일원이 조망되고, 서쪽으로는 인천시 계양구 일원이 보인다.

성에 관한 문헌기록으로는 『新增東國輿地勝覽』에 성산고성(城山古城)이라 하여 둘레가 726척이라 되어 있고, 조선시대 초기에는 없어졌다고 하였다.[214] 성의 둘레는 379m 정도이고, 성벽은 노출되어 있는 석축렬 등으로 보아 석축으로 판단되나 대부분 토사로 덮여 있는 상태이다. 문지는 동쪽과 남쪽에서 2곳이 찾아졌는데, 동문지는 복원된 소악루에서 성 내부로 들어가는 도중에 있고 확돌 1기도 발견되었다. 남문지는 도로변에서 통나무 계단을 오르면 나타나는데 남아 있는 형태로 보아 현문지일 가능성이 있다.[215] 한편 망대지 2곳과 수구 및 집수지가 확인되었다.[216] 유물은 성 내부와 성벽에서 신라 토기와 기와조각이 수습되어 삼국시대부터 활용되었던 것으로 추정된다.

⑦ 김포 수안산성

수안산성(守安山城)은 수안산(해발 146.8m) 정상에 위치해 있는 테뫼식의 성으로 행정적인 위치는 경기도 김포시 대곶면 율생리 산117번지에 해당된다. 성의 지리적 위치는 한강 하류에서 동북쪽으로 직선거리 8㎞이고, 서쪽으로 5㎞의 거리에 강화도와 인접해 있다. 서쪽으로는 강화도 남동편의 길상면으로 연결되는 대명나루와 손돌목이 있으며, 동쪽으로 김포평야 일대가 조망된다. 주변 하천으로는 봉성천이 수안산 서쪽에서 발원하여 서북쪽으로 흘러 한강으로 유입되고 있다.

---

214) 『新增東國輿地勝覽』 卷10 陽川縣 古跡條.

215) 서울역사박물관, 2003, 『서울 한강이남 문화유적 지표조사 보고서』.

216) 한얼문화유산연구원, 2009, 『양천고성지 정비 기본계획 수립을 위한 학술연구』.

성벽의 기단부는 자연암반을 이용하였고, 내외협축으로 축성되었다. 지표조사에서는 문지 1곳과 치 2곳, 건물지 4곳, 봉수대지가 찾아졌고,[217] 시굴조사에서는 건물지 6곳과 봉수대지가 확인되었다.[218] 시굴조사된 건물지 2는 출토되는 토기 양상과 층위로 볼 때 불을 다루었던 건물로 추정되었다. 건물지 3에서는 수막새 1점과 암막새 4점이 출토되었고, 규모는 남-북 약 3m, 동-서 8m로 조사되었으며, 성내에서 비중있는 건물로 추정되고 있다. 출토된 유물로는 연화문 수막새와 당초문 암막새를 포함하여 격자문 · 능형문 · 어골문 등의 기와도 같이 출토되었다. 또한 고배와 완 · 장경호 · 회청색 타날문토기 등도 수습되어 성의 사용시기가 통일신라시대부터 고려시대에 이르는 것으로 파악되었다. 그러나 문헌의 기록과[219] 지표조사에서는 백제의 유물과 신라의 고식(古式) 기와가 수습되어 한성백제 말기에 처음 축조되어 주로 신라~통일신라시대에 사용된 것으로 추정되기도 한다.[220]

⑧ 보루유적

한강 이남지역의 보루는 하남의 객산(客山) 보루가 대표적이다. 객산 보루는 지표조사를 통해 망루지로 추정되었으나,[221] 위치와 규모로 보아 보루로 볼 수 있는 여지가 있다.

객산은 하남 분지의 동쪽에 위치한 객산(해발 291m)의 정상부에 있다. 평면형태는 원형에 가깝고, 둘레는 70m 정도이며 석축이 일부 드러나 있

217) 漢陽大學校 博物館, 1995, 『守安山城 地表調査 報告書』.
陸軍士官學校 陸軍博物館, 1998, 『京畿道 金浦市 軍事遺蹟 地表調査 報告書』.

218) 漢陽大學校 博物館, 2003, 『守安山城 試掘調査 報告書』.

219) 『三國史記』 卷35 雜誌4 地理2 長堤郡條 "戌城縣 本高句麗首尒忽 景德王改名 今守安縣".

220) 경기도박물관, 2002, 앞의 책, 836~880쪽.

221) 世宗大學校 博物館, 1999, 앞의 책, 100~101쪽.

다.[222] 이 곳에서는 북쪽의 한강과 서쪽의 이성산성을 포함한 덕풍천 일대 그리고 동쪽편 검단산 일원 및 광주로 나가는 국도 43호선이 조망된다. 지표에서는 회청색을 띠는 경질 토기조각과 직선문, 거치문 기와조각도 수습되었다.

사진15. 객산 보루

이상으로 한강 유역에 분포한 신라 성곽과 보루유적에 대하여 살펴보았다. 그 결과 한강 이북지역에는 8곳의 성곽과 3곳의 보루가 있고, 한강 이남지역에는 10곳의 성곽과 1곳의 보루가 있으며 대개 시 · 발굴조사와 지표조사를 통해 신라가 축성했거나 활용했음을 알 수 있었다. 따라서 이 자료들을 바탕으로 한강 유역에 분포한 성곽들의 특징과 성격에 대하여 살펴보도록 하겠다.

2. 특징과 활용시기

여기에서는 한강 유역에 위치한 성곽들의 분포와 조사현황을 바탕으로 몇 가지 특징과 그 성격에 대하여 살펴보고자 한다. 성곽의 특징으로는 형식과 그에 따른 규모를 파악해 보고, 입지조건과 분포양상, 축성방법과 구조적 특징 등을 분석해 보는 한편, 이들 성곽들의 활용시기와 그 성격에 대해서도 검토해 보고자 한다.

---

222) 경기도박물관, 2002, 앞의 책, 590~595쪽.

1) 성곽별 특징

한강 유역에 분포해 있는 신라 성은 18곳으로 주로 한강 본류와 그 지류를 따라 분포해 있는 점이 특징이다. 여기에서는 위에서 살펴본 성들의 조사내용을 바탕으로 몇가지 특징을 살펴보고자 한다.

먼저 형식과 규모는 한강 유역에 분포한 신라 성들이 그 형식에 있어서 테뫼식과 포곡식으로 구분되고 있으며, 둘레가 얼마만큼 되는지 파악해 보고자 한다. 성의 둘레는 성의 형식과도 관련성이 있으며 아울러 성의 기능과 군사적 역량을 간접적으로 알 수 있는 자료이기도 하다. 또한 성이 입지한 조건과 어디에 어떻게 분포되어 있는가의 양상도 살펴보고, 구조적인 면에서의 축성방법과 문지 및 저수시설 등에 대해서 면밀히 알아보고자 한다.

가. 형식과 규모

한강 유역의 신라 성들은 모두가 산에 축조된 산성이다. 이들 대부분의 산성은 6세기 중반이후에 새롭게 축성된 것이거나 일부는 백제나 고구려가 축조한 것을 증 · 개축한 것도 있을 것으로 추정된다. 그러나 18곳의 산성 중에서 시굴조사나 발굴조사가 이루어진 것이 10곳이고 나머지 8곳은 지표조사만 이루어져 처음 축성한 주체나 증 · 개축한 주체를 파악하기가 쉽지 않다. 이러한 경우에는 지표조사를 통해 수습된 유물로써 사용주체를 추정해 보는 정도이다.

성의 형식은 여러 종류로 나뉘어지는데, 한강 유역의 신라 성들은 테뫼식과 포곡식의 두 가지 형식으로 구분된다. 산의 정상부를 에워싼 모양의 테뫼식은 18곳중에서 13곳으로 전체의 72.2%로 가장 많고, 포곡식이 5곳으로 27.8%를 차지한다. 이것을 정리해 보면, 〈표-3〉과 같다.

〈표-3〉 성곽의 형식 · 지역별 분류

지역 \ 형식	테뫼식(%)	포곡식(%)	**합계(%)**
한강 이북지역	5(62.5)	3(37.5)	**8(100.0)**
한강 이남지역	8(80.0)	2(20.0)	**10(100.0)**
합계(%)	**13(72.2)**	**5(27.8)**	**18(100.0)**

〈표-3〉을 통해서 알 수 있는 사실은 한강 이북지역보다 이남지역에 산성의 수가 2곳 더 많다는 것과 형식상의 테뫼식 산성만 놓고 보았을 때, 한강 이남지역의 퇴뫼식 산성이 이북지역보다 3곳이나 많다는 것이다. 이같은 현상은 어떤 특별한 이유가 있기 보다는 산성을 축성할 때 지형적인 제한이 가장 큰 이유였던 것 같다. 즉 한강 이남지역의 산 지형이 포곡식 산성을 축조하는데 어려움이 따랐기 때문에 테뫼식을 선호했던 것이라 생각된다. 그리고 한강 이북지역의 성곽 수가 이남지역에 비해 적은 것은 교통로의 제한에 따라 성을 축조하여 활용하기 보다는 남양주지역과 의정부지역에 보루를 설치함으로써 이를 보충해 놓았다고 볼 수 있다.

다음으로 성의 규모를 살펴보면,[223] 둘레가 800m 이상인 것이 18곳중에서 9곳으로 전체의 50.0%를 차지하고, 둘레가 300~800m인 것이 7곳으로 38.9%이며, 둘레가 300m 미만인 것은 2곳으로 11.1%를 차지한다. 이를 정리해 보면 아래 〈표-4〉와 같다.

〈표-4〉를 통해서 알 수 있는 것은 한강 이북지역의 성 둘레가 형식에 상관없이 균등하게 나타나는 반면, 한강 이남지역의 성 둘레는 1,200m 이상

223) 남한산성과 북한산성의 둘레는 조선시대에 축성된 것을 기준으로 삼았기 때문에 문제의 여지가 있으나, 규모면에서 크기 때문에 성곽 둘레를 1,000m 이상으로 추정하기에는 무리가 없을 것으로 판단된다.

〈표-4〉 성곽의 규모별 분류

규모(m) / 지 역	1,200이상(%)	800~1,200(%)	300~800(%)	300미만(%)	**합계(%)**
한강 이북지역	2(25.0)	3(37.5)	2(25.0)	1(12.5)	**8(100.0)**
한강 이남지역	3(30.0)	1(10.0)	5(50.0)	1(10.0)	**10(100.0)**
합계(%)	**5(27.8)**	**4(22.2)**	**7(38.9)**	**2(11.1)**	**18(100.0)**

과 300~800m의 것으로 양분된다는 것이다. 이같은 현상은 성의 형식에 있어서 테뫼식과 포곡식의 차이점으로 볼 수 있다. 그리고 한강 유역에 분포한 성 중에는 둘레가 800m 이상인 것과 그 미만의 성이 같은 비율인 것으로 나타났고, 둘레가 300m 미만인 것으로는 불암산성과 양천고성 2곳이다.

이를 다시 13곳의 테뫼식 산성만을 가지고 둘레를 분석해 보면 아래 〈표-5〉와 같다.

〈표-5〉 테뫼식 산성의 규모별 분류

규모(m) / 지 역	1,200이상(%)	800~1,200(%)	300~800(%)	300미만(%)	**합계(%)**
한강 이북지역	1(20.0)	1(20.0)	2(40.0)	1(20.0)	**5(100.0)**
한강 이남지역	1(12.5)	1(12.5)	5(62.5)	1(12.5)	**8(100.0)**
합계(%)	**2(15.4)**	**2(15.4)**	**7(53.8)**	**2(15.4)**	**13(100.0)**

위의 〈표-5〉를 통해서 알 수 있는 것은 한강 이북지역의 테뫼식 산성 규모가 비교적 균등하게 나타났지만, 한강 이남지역의 테뫼식 산성의 경우 둘레가 300~800m인 것이 8곳중 5곳으로 나타났다. 이는 한강 이남지역의 테뫼식 산성이 포곡식을 축조하기 어려운 곳에 입지함에 따라 편중된 결과로 여겨진다. 그리고 테뫼식중에서 둘레가 800m 이상 되는 산성이 모두 4곳

(30.8%)으로 양주 대모산성과 오두산성 · 호암산성 · 계양산성이다. 이들 산성은 모두가 주요 교통로상에 있을 뿐만 아니라 전략적으로도 중요 요충지에 해당하며, 치소지로서의 기능도 겸한 곳이다. 따라서 포곡식 산성인 아차산성이나 북한산성 · 이성산성 · 남한산성 등과 같이 주요 거점성의 역할을 했던 테뫼식 산성들이 규모면에서 다른 산성들에 비해 규모가 큰 것은 오히려 자연스러운 현상으로 생각된다. 또한, 한강 이북지역의 테뫼식 산성의 평균 둘레는 757.8m이고, 한강 이남지역의 평균 둘레가 710.0m로 규모면에서 큰 차이가 없는 것으로 나타났다.

나. 입지조건과 분포양상

한강 유역의 신라 성들은 모두가 산의 정상이나 계곡부를 포함하고 있으며, 사방을 조망하기에 상대적으로 유리한 곳을 택하고 있는 점이 특징이다. 이들중 해발 300m 이상에 위치하고 있는 성곽은 18곳중 8곳(44.4%)에 불과하고 나머지 10곳(55.6%)이 해발 300m 미만에 자리해 있다. 아래 〈표-6〉은 테뫼식 산성의 해발관계를 나타낸 것이다.

〈표-6〉 테뫼식 산성의 해발 관계

해발(m) / 지역	500이상(%)	300~500(%)	300미만(%)	**합계(%)**
한강 이북지역	1(20.0)	1(20.0)	3(60.0)	**5(100.0)**
한강 이남지역		3(37.5)	5(62.5)	**8(100.0)**
합계(%)	**1(7.7)**	**4(30.8)**	**8(61.5)**	**13(100.0)**

위의 〈표-6〉에서도 알 수 있듯이 테뫼식 산성인데도 불구하고 해발 300m 미만에 위치해 있는 성곽으로는 양주 대모산성과 고봉산성, 오두산

성, 북성산성, 수안산성 등 8곳에 이른다. 포곡식의 성곽중에서도 해발 300m 미만에 자리한 것은 아차산성, 이성산성이 있다. 이러한 현상은 한강 유역 주변으로 확대될수록 확연하게 드러나게 된다. 즉 포천의 반월산성(半月山城), 파주의 칠중성(七重城), 화성에 있는 당성(唐城), 이천의 설성산성(雪城山城) 등도 해발 300m 미만에 입지해 있다.

이와 같이 성이 해발 300m 미만에 입지하게 된 것은 백제 산성이 넓은 평야와 하천을 끼고 있으면서 이들 평야와 하천방향으로 돌출한 지맥의 말단 봉우리에 축성되어 있다는 점에서 신라 성들도 같은 곳을 선택하게 되었다고 생각된다.[224] 또한 절대고도보다도 상대고도를 고려하여 신라 성들이 피난성(避難城)으로서의 기능보다는 전략적인 거점 및 행정적인 기능이 더 컸기 때문이라는 견해와[225] 신라 산성의 입지적 특징으로 보기도 하는 의견이 제시되어 있기도 하다.[226] 필자는 성이 입지하는 곳이 시야가 좋은 곳은 물론이고 하천을 감시할 수 있어야 한다는 점과 성이 입지한 상대고도 또한 고려되어야 할 대상이라 생각한다.

다음으로 성이 입지한 주변지역의 특징을 보면, 신라 성들이 한강을 중심으로 볼 때 하천 및 육상교통로와 인접해 있다는 점이다. 한강 이북지역의 성들은 북한산성을 중심으로 동쪽지역에 퇴뫼산성 등 3곳의 성과 보루군이 위치해 있고, 서쪽지역으로는 고봉산성 등 3곳의 성이 분포되어 있다. 그리고 양주 대모산성과 의정부지역의 보루군은 북한산성의 북쪽에 입지해 있고, 남동쪽 아래의 한강변에는 아차산성이 자리해 있기 때문에 군사적으로 밀집방어를 하기에 유리하다.

---

224) 白種伍, 1998, 「京畿南部地域의 百濟山城(Ⅰ)」, 『京畿道博物館年報』2, 京畿道博物館, 43~44쪽.

225) 심광주, 2003, 앞의 글, 223쪽.

226) 徐程錫, 2002, 『百濟의 城郭』, 學研文化社, 222쪽.

사진16. 아차산에서 바라본 중랑천 일대

각 성곽별 분포양상을 보면, 퇴뫼산성은 국도 43호선과 47호선을 관측할 수 있기 때문에 한강 유역에서 철원과 포천지역으로 통하는 남-북방향의 교통로를 통제할 수 있다. 아울러 왕숙천와 용암천도 육상교통로와 나란히 흐르고 있어 국사봉 보루와 함께 교통로를 통제하는 중요한 성이다. 불암산성은 해발이 높아 한강 유역의 아차산성과 북한산성 일대가 관측되고, 동쪽의 용암천과 서쪽의 중랑천을 조망할 수 있다. 이 성은 양주 대모산성을 지나 국도 43호선을 따라 남하해 오는 적을 2차적으로 막는 역할을 담당했을 것이다. 북한산성은 한강 이북지역의 성곽중에서 가장 높은 곳에 입지해 있고, 규모도 가장 크며[227] 한강 이남지역의 남한산성과 비견되는 중심성(中心城)이라 할 수 있다. 동쪽으로는 중랑천과 국도 3호선이 지나고, 서쪽으로는 국도 1호선과 창릉천이, 북쪽으로는 국도 39호선과 회룡천이, 남쪽으로 청계천과 서울 시내가 한 눈에 조망된다. 아울러 동쪽의 불암산성이나 퇴뫼산성, 북쪽의 양주 대모산성, 서쪽의 행주산성, 남동쪽의 아차산성과 인접해 있다. 양주 대모산성은 교통로의 요충지에 입지해 있는 점이 특징이다. 한강 유역에서 북쪽으로 이동하기 위해서는 국도 3호선과 국도 43호선을 주로 이용하게 되는데, 이들 교통로가 양주 대모산성의 남쪽에서 한데 모였다가 갈라지는 갈림길에 위치해 있기 때문이다. 뿐만 아니라 여러 지방도들이 성을 중심으로 동쪽과 서쪽, 북쪽으로 뻗어 있기 때문에 양주와 동두천, 연천지역으로 이동하기 위해서는 반드시 이 곳을 지나야 한다. 그리고 의정부지역의 보루들이 의정부지역을 통과하는 도로를 따라 분포해 있기 때문에 양주 대모산성의 기능을 한층 강화시켜주는 역할을 담당했던 것 같다.

아차산성은 백제의 도성으로 추정되는 풍납토성·몽촌토성과 한강을 사이에 두고 마주보고 있는 성이다. 이 성은 서쪽의 행주산성이나 양천고성, 오두산성과 마찬가지로 한강을 통해 깊숙이 들어온 적이 도하하는 것을 막고 육상교통로를 따라 북상하려는 적을 1차적으로 방어하기에 유리한 곳에 있다. 또한 국도 3호선과 43호선, 중랑천 등을 따라 내려오는 적을 방어하는데 있어 한강 이북지역중에서 동부지역의 최후 방어선 역할을 했다. 그리고 서울의 안산 보루는 한강에서 4㎞ 정도 떨어져 있기 때문에 적의 상륙을 직접적으로 방어하는 역할을 담당하지는 않았을 것으로 보인다. 다만 지형 조건상 북쪽에 대한 조망이 어렵다는 점으로 보아 임진강 하류를 건너 육로로 남하하는 적보다는 한강을 따라 수로로 남하하는 적을 방어하기 위

---

227) 북한산성의 성벽 둘레는 조선시대에 축조된 것이기 때문에 알 수 없는 상황이지만, 다른 성곽들에 비해 그 규모가 컸음은 짐작하고도 남음이 있다. 한편 삼국시대에 축조된 성은 현재의 북한산성이 아니라 외성에 해당하는 蕩春臺城으로 추정되기도 한다. 탕춘대성은 조선 숙종 때 축성되었으나 완공을 보지 못했는데, 산성의 둘레가 약 2,800m이고 3개의 문이 있는 것으로 알려져 있다(서울大學校 博物館, 1991, 『北漢山城 地表調査 報告書』).

하여 축조된 것으로 보인다.[228] 행주산성은 조선시대에 임진왜란(壬辰倭亂)을 겪으면서 널리 알려진 성곽이지만, 삼국시대에도 한강을 통해 도하하려는 적을 막는 역할을 담당했던 것으로 추정된다. 특히 이 성에서는 국도 39호선과 창릉천을 조망할 수 있고, 선박의 출입을 통제하는데 있어 한강 남쪽의 양천고성과 함께 중요 차단성(遮斷城)이라 할 수 있다. 서쪽에 위치한 고봉산성은 한강 유역에서 고양을 지나 동쪽으로 진입하는 2차 관문에 위치해 있다.[229] 이 성은 주로 육상교통로를 통제하는 기능을 했던 것으로 여겨진다. 오두산성은 한강에 인접하여 해상으로 접근하는 적을 차단하는 역할을 했고, 지방도 23호선과 곡릉천〔공릉천〕을 통제할 수 있다. 이 성의 남쪽 한강 건너편에는 동성산성이 마주하고 있다. 동성산성은 한강 이북지역에 위치한 성 중에서 북한산성을 제외하면 가장 큰 규모이고, 입지면에서도 임진강과 한강이 합수되는 지점이며 동시에 한강 유역으로 들어오는 첫 관문이다. 그만큼 군사적으로 중요한 곳이기 때문에 테뫼식 산성임에도 불구하고 규모가 큰 것으로 생각된다.

한강 이남지역의 성곽들도 한강 이북지역의 성곽들과 입지조건면에서 같은 분포양상을 보이고 있다. 즉 중앙의 호암산성을 중심으로 동쪽과 서쪽지역으로 구분되는데, 동쪽에는 남한산성을 중심으로 북쪽에 이성산성이, 서쪽으로는 서울 대모산성이 분포해 있고, 김포와 인천에 해당하는 서쪽지역에는 북성산성을[230] 중심으로 동쪽에 양천고성, 남쪽에 계양산성,[231] 서쪽에 수안산성과 동성산성이[232] 자리해 있다.

---

228) 박상빈, 2005, 앞의 글.

229) 한국토지공사 토지박물관, 1999, 앞의 책, 454~461쪽.
심광주, 2003, 앞의 글, 206~207쪽.

230) 경기도박물관, 2002, 앞의 책, 889~892쪽.

각 성곽별 분포양상을 보면, 이성산성은 한강과 인접해 있으면서 광주(廣州)로부터 강동구 · 송파구 일원으로 들어가는 길목에 위치해 있다. 남한산성은 북쪽과 서쪽, 동쪽으로 오르기 어려운 청량산에 입지하여 농성(籠城)하는데 유리한 성이다. 서울 대모산성은 양재천과 탄천이 합류되는 지점에 위치하면서 국도 47호선과 지방도 23호선이 교차되는 지점을 통제할 수 있다. 할미산성은 경안천과 탄천을 연결하는 동-서방향의 교통로를 통제하고, 아울러 광주-이천, 수원-평택으로 이어지는 길목을 장악할 수 있다. 호암산성은 국도 1호선과 안양천을 감시할 수 있어 남-북방향으로 이동하는 적을 감시하고 차단하는데 유리한 곳에 분포한다. 양천고성은 행주산성과 같이 한강을 통해 도하하려는 적을 막으며, 북성산성과 계양산성은 한강과 인접해 있으면서 내륙으로 진출하는 적을 막는데 그 기능을 했다. 특히 계양산성은 그 역할에 있어서 서쪽지역의 거점성(據點城)으로서의 기능도 겸했던 것으로 생각된다. 동성산성은 오두산성과 남-북쪽으로 마주하여 한강을 통한 적의 침입을 사전에 차단하는데 그 목적이 있었으며, 수안산성은 서해를 통해 김포지역으로 들어오는 적을 차단하는 역할을 했을 것이다.

따라서, 한강 유역에 입지해 있는 성들은 한강변에 인접해 있거나 육상교통로의 좌 · 우편에 위치해 있다는 점이 특징이다. 또한 한강 이북지역의 성들은 북한산성을 중심으로 동쪽과 서쪽, 북쪽지역으로 나뉘어 있고, 한강 이남지역의 성들은 호암산성을 중심으로 동쪽, 서쪽지역으로 나뉘어 분포되어 있다. 그리고 한강 서쪽지역의 오두산성과 동성산성은 한강을 따라

231) 仁川廣域市, 1997, 『桂陽山城 地表調査 報告書』.
인하대학교박물관, 1999, 『仁川地域 遺蹟 · 遺物 地名表(Ⅰ)』, 29쪽.
鮮文大學校 考古研究所, 2001, 『桂陽山一帶 文化遺蹟 地表調査 報告書』.
경기도박물관, 2002, 앞의 책, 906~939쪽.

232) 陸軍士官學校 陸軍博物館, 1998, 앞의 책, 74~80쪽.

진입하는 적을 1차로 차단하는 성이고, 수안산성과 북성산성은 서해를 통해 쳐들어 오는 적을 방어하는 역할을 담당했던 것 같다. 이에 비해 계양산성은 한강 이남지역중에서도 서부지역의 거점성으로 여겨질 만큼 입지면에서나 규모면에서 다른 성들과 차이가 있다. 즉 멀리는 수안산성과 가까이는 북성산성, 양천고성을 지원하고 해로와 한강, 육로로의 접근을 막는데 중추적인 역할이 강조되었던 것 같다. 그리고 한강을 따라 더 들어오게 되면 2차로 차단하는 행주산성과 양천고성이 서로 마주보고 있다. 양천고성은 그 규모가 작기 때문에 주역할은 행주산성이 담당했을 것이다. 동부지역중에서 한강 이북지역에는 양주 대모산성과 북한산성, 아차산성이 주요 거점성이었고, 한강 이남지역에서는 이성산성이 주요 거점성이었으며, 남한산성이 축조된 이후부터는 그 기능이 분담되었을 것이다.

다. 축성방법과 구조적 특징

한강 유역에 분포한 성들의 절반 정도는 시 · 발굴조사가 이루어져 축성방법과 구조적 특징이 일부나마 파악되었지만, 나머지 절반의 성들은 지표조사만 실시되어 축조상태를 살피는데 어려움이 따르고 있다. 여기에서는 시 · 발굴조사된 성들을 중심으로 축성방법과 구조적 특징을 살펴보고자 한다.

성을 축성하는 방법은 그 재료에 따라 흙으로만 쌓는 토축과 돌로만 쌓는 석축, 흙과 돌을 섞어 쌓는 토석혼축이 있으며, 이밖에도 목책과 같은 간단한 방어시설을 갖추기도 한다. 흙으로 쌓는 방법은 몇 가지로 구분된다. 먼저 단순히 흙을 쌓아 올리는 성토법(盛土法), 흙을 계획적으로 층층이 다져가면서 쌓아 올리는 판축법(版築法), 기존지형의 한쪽 면을 깎아내어 급한 경사를 이루게 하는 삭토법(削土法) 그리고 움푹 패인 곳을 메우는 보축법(補築法) 등이 있다.[233] 한강 유역에 분포한 성들중에서 순수 흙으로만 축조된 신라 성곽은 없고, 백제가 축조한 풍납토성과 몽촌토성이 대표적이다. 돌로 쌓는 석성은 협축(夾築)과 편축(片築)의 두 가지 방법이 있다. 협축은 성벽 안팎을 모두 돌로 쌓는 방법이고, 편축은 바깥쪽 성벽을 돌로 쌓아 올리고 그 안쪽으로는 차츰 작은 돌과 흙을 넣어 다진 것을 말한다.

한강 유역에 분포한 성의 대부분은 석축성으로 조사되었는데 전체 18곳중에서 17곳이 이에 해당된다. 석축성이 많은 이유는 이미 신라의 축성술이 발달해 있음을 보여주는 면이기도 하다. 신라의 석성 축성술은 자비왕(慈悲王) 13년(470)에 축성된 삼년산성(三年山城)을 통해 그 완성도를 엿볼 수 있고,[234] 문의(文義)의 일모산성(一牟山城 혹은 壤城山城)은 474년에 축성된 성으로 판암(板岩)이나 맥암계통(脈岩系統)의 할석으로 축조되었다. 이 두 성의 성벽은 기단보완석축이 있어서 특징적인데, 이런 특징은 백제지역에서 보이지 않고 있으며, 6세기 중후반을 넘어 확산되기 시작한 것으로 보기도 한다.[235] 따라서 신라 석성은 삼년산성이 축성되는 5세기 후반 이후부터 본격적으로 축성되었을 것으로 보기도 하지만,[236] 최근 '明活山城作城碑'를[237] 근거로 진흥왕 12년(551)에 처음 석축산성이 축조되었다는 견해와 대립되고 있으므로 아직까지 신라의 석성이 언제부터 축성되기 시작했는지 단정짓기 어려울 것 같다.[238]

---

233) 白種伍, 2004, 「百濟 漢城期 山城의 現況과 特徵」, 『白山學報』69, 白山學會, 163쪽.

234) 『三國史記』 卷3 新羅本紀3 慈悲麻立干 13年條 "築三年山城".

235) 盧秉湜, 2005, 「淸州地域 古代 城郭의 性格」, 『忠北史學』 41, 忠北大學校 史學會, 65쪽.

236) 忠北大學校博物館, 1983, 『三年山城-추정연못터 및 수구지 발굴조사 보고서』.
朴方龍, 1986, 「新羅 都城 · 城址」, 『韓國史論』 15, 國史編纂委員會, 387~389쪽.
忠北大學校 中原文化硏究所, 2001, 『三年山城-기본 자료 및 종합보존 · 정비계획안』.

237) 朴方龍, 1988, 「明活山城作城碑의 檢討」, 『美術資料』41, 國立中央博物館.

238) 沈奉勤, 1999, 「新羅 城과 高句麗 城」, 『高句麗山城硏究』, 高句麗硏究會, 491쪽.

한강 유역의 석성 중에서 협축의 방법으로 축성한 예를 보면, 양주 대모산성과 아차산성, 수안산성이 있고, 협축과 편축으로 함께 한 예로는 이성산성이 있다. 그리고 여주 파사성의 경우도 신라가 한강 유역 진출하는 과정에서 이용한 석성인데, 내외협축으로 축조되었음이 확인되어 한강 유역의 성들과 같은 축성법을 보이고 있다.[239] 그 외 석성들 대부분은 편축법으로 축조되었고, 흙과 돌을 섞어 축조한 예로는 행주산성이 대표적이다. 행주산성은 2단의 기초석렬을 쌓고 판축으로 성벽을 쌓아 올렸음이 확인되었다. 한편 성벽을 쌓는데 사용한 성돌은 6~7세기 중엽까지 두께와 너비의 비가 1:1.65~1:4 정도를 보이고, 7세기 중엽 이후의 성돌은 1:1.45~1:2.38로 성돌의 너비가 좁아져 정방형에 가까워지고 성돌이 더 정연하게 다듬어지는 경향을 보이고 있다.[240]

성의 구조물로는 문지와 치, 건물지, 저수시설 등이 있다. 문지는 일반적으로 평문식(平門式)과 현문식(懸門式)으로 구분되는데 대개의 성문은 평문식이 많고 현문식의 예는 그보다 적은 편이다. 보통 한 성에서 문지는 2~4곳이 확인되고, 그 중에서 현문식은 1~2곳이나 많게는 양주 대모산성처럼 3곳에 시설되기도 한다. 문지가 조사된 예로는 한강 이북지역의 성 중에서는 퇴뫼산성, 아차산성, 양주 대모산성, 행주산성, 오두산성에서 찾아졌고, 한강 이남지역의 성중에서는 이성산성, 양천고성, 계양산성, 수안산성에서 확인되었다. 이중에서 현문식의 문지가 확인된 곳으로는 아차산성 동문지와 양주 대모산성의 북 · 동 · 서문지, 이성산성 동문지, 양천고성의 남문지가 있다. 특히 현문식 문지는 체성벽을 일정한 높이까지 쌓은 후 성문을 만들고 사다리를 놓지 않고는 출입이 곤란한 구조로 방어에 유리한 점이 특

239) 기전문화재연구원, 2000~2003, 「여주 파사성 발굴조사 지도위원회의 자료」.

240) 심광주, 2000, 「二聖山城의 築城技法과 機能」, 『博物館誌』, 漢陽大學校 博物館, 24~30쪽.

징이며, 삼년산성과[241] 충주산성,[242] 왕검성 등 주로 신라 성곽에서만 조사되었다. 그러나 최근 백제 성곽으로 알려진 백령산성의 남문지에서도[243] 현문식 문지가 확인되어 신라 성곽에서만 나타난다는 기존의 주장과 달리 백제 성곽에도 시설되었음을 알 수 있는 계기가 마련되기도 했다.[244] 현문이 시설되는 이유는 옹성을 시설하기 힘든 산성에서 방어력을 높여줄 수 있는 구조로 삼국시대 세 나라에서는 모두가 방어상의 유리한 점을 고려하여 현문식의 문지를 시설했던 것 같다.[245]

치는 성벽의 일부를 돌출시켜 장방형 또는 반원형으로 쌓은 것으로 성벽으로 접근하는 적을 정면이나 측면에서 격퇴할 수 있도록 한 시설이다.[246] 치가 찾아진 성곽으로는 퇴뫼산성과 이성산성, 수안산성, 계양산성 그리고 이천 설봉산성, 여주 파사성, 평택 자미산성 등이 있다. 이 중에서 이성산성과 설봉산성 등의 치가 발굴조사 되었다. 특히 이성산성의 치는 동문지 옆에 위치하고, 2차에 걸쳐 축조되었다. 1차 치는 1차 성벽과 같이 만들어져 장방형의 석재를 사용하였고, 2×13.2×2m 크기이다. 2차 치는 전면만 다듬은 석재로 기단부를 조성하여 축조했는데, 규모면에서는 가장 큰 3.43×24.5×5.1m인 것으로 조사되었다.[247] 퇴뫼산성의 치는 북서쪽 능선 모서

241) 忠北大學校 博物館, 1983, 앞의 책.
　　忠北大學校 中原文化硏究所, 2001, 위의 책.
　　중원문화재연구원, 2006, 『보은 삼년산성-발굴정비 기초설계 보고서』.
242) 忠北大學校 中原文化硏究所, 1999, 『忠州山城 東門址 發掘調査 報告書』.
243) 충청남도 역사문화원, 2004, 「금산 백령산성 문화유적 발굴조사 현장설명회 자료」.
244) 徐程錫, 2002, 앞의 책, 233쪽.
　　심광주, 2003, 앞의 글, 226쪽.
245) 白種伍, 2004, 앞의 글, 170쪽.
246) 한국보이스카우트연맹, 1989, 앞의 책 上, 80쪽.
247) 漢陽大學校 博物館, 2003, 앞의 책.

〈표-7〉 성곽별 저수시설

특징 / 유적명	유구	축조재료	평면형태	규 모(m)	비 고
아차산성	연지	석	방형 또는 타원형	석축지름 7.4 바닥지름 5.28	계단식 축조 바닥과 벽에 뻘흙 바름
이성산성	A지구 1차저수지	자연저수지	장방형	54×30×4.3	계곡을 막아 만듬
	A지구 2차저수지	석	장방형	둘레 82.65 깊이 2	계단식 축조
	C지구저수지	석	장방형	21.35×13.95	석축 일부 확인
호암산성	연지(한우물)	석	장방형	17.8×13.6×2.5	13단 정도 남음
	제2우물지	석	세장방형	18.5×10×2	
양천고성		석	세장방형	20×10×1	지표조사시 발견

리에 위치하고, 기단석축부가 너비 3.5m 정도 남아 있고, 돌출부의 너비 8m, 길이 4m 정도로 조사되어 다른 성에도 치가 시설되었을 가능성을 보여주고 있다.

저수시설은 일반적으로 테뫼식 산성보다는 계곡부를 포함한 포곡식 산성에 축조하기가 용이하고, 신라 성곽에서 확인되는 것들은 주로 석축으로 축조되어 있다. 저수시설이 찾아진 성곽으로는 아차산성과 이성산성, 호암산성, 양천고성이 있으며, 조사된 내용을 정리해 보면 〈표-7〉과 같다.

〈표-7〉을 보면, 아차산성과 이성산성은 포곡식 산성이고 호암산성과 양천고성은 테뫼식 산성이다. 따라서 저수시설은 성의 형식에 영향을 받기 보다는 수원(水源)의 풍부성과 군대의 주둔기간 및 성곽의 역할에 따른 축조가 이루어졌을 가능성이 높다고 생각된다. 그리고 아차산성과 이성산성, 호암산성의 저수시설은 장기주둔과 치소지로서의 역할을 했던 만큼 계단식 석축으로 비교적 견고하게 축조된 점이 주목된다.

2) 활용시기 및 성격

한강 유역에 분포한 신라 성곽들의 축성과 활용시기를 파악하는데는 여러 가지 어려움이 따른다. 무엇보다 한강 유역의 성곽들을 축성한 주체가 삼국중 어느 나라였는지, 언제 어느 때에 점유자가 바뀌었는지 등이 우선

〈표-8〉 한강 이북지역 성곽의 출토유물 및 활용시기

유적명	주요 출토유물	초축시기	활용시기	비　고
퇴뫼산성	신라 고식기와류와 토기류, 고려시대 유물	삼국	삼국~고려	
불암산성	고구려 · 신라 토기류, 고려시대 유물	삼국	삼국~고려	고구려가 점유할 때에는 보루성일 가능성 있음
아차산성	명문기와류('北漢' · '漢' · '漢山○' · '北北 · 受○' · '○蟹' · '官')와 호 · 옹 · 동이 · 뚜껑 · 고배류 등의 토기, 무기류 등의 각종 철기류	삼국	삼국~통일신라	7세기 전반경 축성~9세기 중엽까지 사용, 진평왕대의 북한산성일 가능성
양주 대모산성	명문기와류('德部舍' · '德部' · '德' · '官' · '官草' · '富部' · '富' · '吉' · '上' · '大浮雲(?)寺')와 삼족토기, 호 · 옹 · 뚜껑 · 줄무늬병 · 편호 등의 토기, 철촉류 등의 각종 철기류, 백제 토기류	삼국	삼국~조선	백제 유구와 유물은 성 밖에서 출토, 성은 6세기중엽부터 적극적 활용
북한산성		삼국	삼국~조선	진흥왕 순수비
행주산성	어골문 · 민무늬 · 격자문 · 선조문 · 사선문 등의 기와류와 호 · 옹 · 동이류 · 고배 · 완류 등의 토기류	삼국	삼국~조선	초축이 7~8세기경으로 추정
고봉산성	신라 고식 토기류와 통일시라시대 토기류, 선조문 · 격자문 · 승문 등의 기와류, '高' 자명 기와	삼국	삼국~조선	6세기 중엽부터 9세기까지 활용되었을 가능성
오두산성	토기, 기와, 철제류 출토, 명문기와류('元泉' · '泉井' · '上草' · '草下')	삼국	삼국~조선	백제 관미성 또는 신라 천성일 가능성

〈표-9〉 한강 이남지역 성곽의 출토유물 및 활용시기

유적명	주요 출토유물	초축시기	활용시기	비고
이성산성	'戊辰年'·'褥薩' 명 목간, 신라 완·고배·합·호 등의 토기류· 선문·격자문·당초문·승문 등의 기와류, 요고 등의 목제품, 철제마 등	삼국	삼국~통일신라	1차 성벽은 6세기중엽~8세기 중엽, 2차 성벽은 8~9세기
남한산성	백제·신라 토기류, 신라 기와류	삼국	삼국~조선	행궁지에서 백제와 신라 유물 출토, 수구지에서 조선시대 이전에 축성한 성벽 일부 확인
서울 대모산성	고배·완·호 등의 통일신라시대 토기류 수습	통일신라	통일신라	초기철기시대 주거지와 토기 출토
할미산성	호·옹·뚜껑·부가구연대부장경호 등의 통일신라시대 토기류 수습	삼국	삼국~통일신라	신라 토기류만 출토됨
호암산성	'仍伐內力只內末' 이 새겨진 청동숟가락, 완·동이·호·옹류 등의 신라 토기류, 민무늬·어골문·평행선문 등의 기와류	삼국	삼국~통일신라	仍伐奴縣, 穀壤縣의 치소지일 가능성
양천고성	삼국~통일신라시대 토기류 수습	삼국	삼국~조선	
계양산성	삼국시대와 통일신라시대, 고려시대 토기·기와류, '主夫吐' 명문기와 출토	삼국	삼국~고려	'主夫吐郡' 의 치소지일 가능성
수안산성	고배·완·장경호 등의 통일신라시대 토기와 고려시대 토기·격자문·능형문·어골문 등의 기와류, 연화문 수막새, 당초문 암막새, 백제 토기류	삼국	삼국~조선	김포 백석산 봉수와 강화 대모산 봉수를 연결하는 제5거의 연변봉수지로 추정
동성산성	완·호·뚜껑·시루 등의 신라 토기류, 격자문·사격자문·사선문 등의 신라 기와류, 백제, 고려시대 토기류	삼국	삼국~조선	童子忽·童山縣·童城縣과 관련될 가능성

적으로 풀어야 할 숙제이기 때문이다.

신라는 진흥왕 14년(553)에 백제가 회복한 한강 유역을 공격하여 빼앗는 과정에서 여러 성곽을 점령하거나 새롭게 축성했을 것이다. 그러나 신라가 한강 유역으로 진출하기 직전까지는 고구려가 475년부터 551년까지 점유하고 있었고, 그들은 주로 몽촌토성과 아차산 · 용마산 일원, 의정부지역을 중심으로 보루성을 축성하면서 군대가 주둔하고 있었다. 물론 백제가 한강 유역을 상실하는 475년 이전까지 약 500년 동안 지배하면서 많은 유적을 남겼음은 자명한 사실이다. 신라는 진흥왕 12년(551)에 10개 군을 획득하고 난 뒤, 한강 유역으로 진출하기 위해 추풍령로를 따라 충주를 거쳐 이천→광주→하남지역으로 공격해 왔을 가능성이 가장 높다.[248] 이 때 한강 유역에서 가장 먼저 점령한 성이 바로 이성산성이었을 것이고, 이곳을 발판으로 한강 이남은 물론 이북지역의 여러 성을 획득해 나갔을 것이다. 여기에서는 한강 유역 성곽들의 축성시기와 활용했던 시기에 대하여 살펴보고자 한다. 먼저, 각 지역별 성곽의 주요 출토유물들과 활용시기를 〈표-8〉과 〈표-9〉로 정리해 보았다.

위의 〈표-8 · 9〉에서 보는 바와 같이 성의 초축시기가 삼국시대이거나 삼국시대로 추정되는 성은 18곳중 17곳이고, 대부분의 성곽에서 백제나 고구려 유물이 신라 유물과 함께 공반 출토되고 있다는 점이 특징이다. 그리고 삼국시대부터 통일신라시대까지만 사용된 성은 아차산성과 이성산성, 할미산성 등 4곳 뿐이고 나머지는 고려나 조선시대까지 피난성 또는 봉수지로서 활용되었음을 알 수 있다. 한강 이북지역 성곽중에서 시 · 발굴조사를 통해 초축시기와 그 주체를 비교적 자세히 알 수 있는 성으로는 아차산성과

248) 서영일, 1999, 앞의 책, 233쪽.

양주 대모산성, 행주산성, 오두산성이 있고, 한강 이남지역 성곽중에서는 이성산성과 할미산성, 호암산성 등이 있다. 아차산성은 발굴조사를 통해 7세기 전반경에 축성되어 9세기 중엽까지 시용된 것으로 파악되었으며, 조사결과 신라 토기류와 기와류, 철기류 등이 출토되었다. 출토된 유물중에서 가장 주목되는 것은 명문기와들로 아차산성의 당시 성명(城名)을 알 수 있게 해 주는 중요한 단초를 제공해 주었다. 명문기와로는 '北漢'·'北'·'漢'·'漢山○'·'北北'·'受○'·'○蟹'·'官' 자가 시문된 것이 있는데, 이를 통해서 아차산성이 북한산성(北漢山城)일 가능성을 제시해 주고 있다.[249] 그러나 『三國史記』를 참조해 보면, 진평왕(眞平王) 25년(603)에 고구려가 침공해 온 것을 신라가 군사 1만으로 막았고,[250] 그로부터 1년 뒤인 604년에는 남천주(南川州)를 폐하고 북한산주(北漢山州)가 설치된다.[251] 따라서 아차산성이 북한산성이라면 이 때의 정황으로 보아 603년 이전에 이미 축성되어 있어야 한다. 그러나 출토된 유물과 성벽 등의 구조물로 볼 때 7세기 전반경에 축성되었을 것으로 추정되고 있다. 그리고 아차산성에서 출토된 '受○' 자와 '○蟹' 자의 명문와는 포천 반월산성에서 출토된 '馬忽受解空口草' 자 기와와[252] 암사동 점촌 마을 주변에서 수습된 '北漢受國蟹口船' 자,[253] 선리에서 수습된 '北漢受○○', '○○受國蟹' 자[254] 기와와 비교될 수 있다. 물론 이들 기와들의 명문을 두고 해석하는 바가 다소 차이가 있지만, 하나

249) 서울대학교 박물관, 2000, 앞의 책, 210~212쪽.

250) 『三國史記』 卷4 新羅本紀4 眞平王 25年條.

251) 『三國史記』 卷4 新羅本紀4 眞平王 26年條.

252) 단국대학교 문과대학 사학과, 1996, 『포천 반월산성 1차 발굴조사보고서』, 41~47쪽.
徐榮一, 1996, 「抱川 半月山城 出土〈馬忽受解空口單〉銘 기와의 考察」, 『史學志』 29, 檀國史學會, 7~35 쪽.

253) 李炳燾, 1985, 「慰禮考」, 『韓國古代史硏究』, 博英社, 496~497쪽.

254) 서울대학교 박물관, 2002,『서울대학교박물관 소장 명문기와』, 15~20쪽.

의 공통점은 글자체가 동일하진 않지만 모두 '○○受蟹(解)○' 가 들어가 있다는 점이다. 이는 선리를 중심으로 한[255] 한산주(漢山州)에서 생산한 기와를 국영 집단이 받았다고 보는 의견이 제시된 가운데,[256] 필자도 그 의견에는 동의하고 있으며 기와를 생산한 지역은 하남지역의 항동이나 춘궁동 일원일 가능성을 제시해 보고자 한다. 그러한 근거로는 현재까지 정확한 기와가마의 위치를 확인하지 못했지만, 지표조사와 시굴조사를 통해 '춘궁동 유물산포지 7' 에서 '草' 자와 '官' · '新' · '壬戌' 자 등의 여러 명문기와가 출토되었고,[257] 주변지역에 대한 시굴조사에서는 가마의 도구로 쓰이는 유물들과 소토가 확인되기도 했다.[258] 그리고 항동에서는 비록 고려시대로 추정되기는 하지만 기와가마터가 발견되어 천왕사(天王寺) 등의 주변 사찰과 관용 건물에 공급한 것으로 여겨지고 있다.[259] 따라서 춘궁동과 항동 지역에는 신라~통일신라시대에 경영되었던 가마터가 분포되어 있을 가능성이 매우 높을 뿐만 아니라 이곳에서 생산된 기와나 토기들이 이성산성이나 아차산성 등에 보급되었을 가능성이 높다고 생각된다.

양주 대모산성은 아차산성과 같은 시기이거나 약간 먼저 활용되었을 것으로 여겨지고 있으며, 통일신라시대는 물론 고려~조선시대까지도 때에 따라 이용되었다. 성의 구조물중에는 현문식의 동 · 서문지가 있고, 유물로는 승석문, 선문, 격자문 등의 기와들과 뚜껑 · 고배류 등의 신라 토기가 많은 비중을 차지하고, 철제 화살촉류가 있다. 양주 대모산성은 아차산성보다 북

255) 서울대학교 박물관 보고서를 참고해 보면, 선리 즉 지금의 하남시 선동에서 가장 많은 종류의 명문기와가 출토되었다고 하여 그 점을 근거로 추정한 결과이다.

256) 서울대학교 박물관, 2002, 앞의 책, 27~30쪽.

257) 世宗研究院, 1996, 앞의 책, 78~105쪽.

258) 세종대학교 박물관, 2002, 『하남 물류창고부지 시굴조사 보고서』.

259) 황보경, 2004, 앞의 글, 251~252쪽.

쪽에 위치하면서 임진강에서 한강에 이르는 길목을 차단할 수 있는 곳에 위치해 있다. 즉 이 성은 고구려의 남진을 염두에 둔 차단성의 역할과 함께 한강 이북지역의 거점성으로서 기능을 했을 것이다. 그와 같은 추정이 가능한 이유는 첫째, 신라는 백제로부터 한강 유역을 획득한 뒤 북진과 서진을 준비했을 것이다. 따라서 북진경로는 이성산성을 거점으로 마련한 뒤, 한강을 건너 아차산성을 지나 양주 대모산성 방면으로 진출했을 것이고, 이곳에서 교두보를 확보한 후 다시 임진강 유역으로 나아가고자 했을 것이다. 만일 양주 대모산성이 고구려에 의해 함락되면 고구려는 바로 남쪽에 위치한 북한산성 방면이나 동남쪽의 퇴뫼산성 · 불암산성, 서남쪽의 고봉산성 방면으로 우회할 수도 있기 때문이다. 이와같은 상황에 대처하기 위해서 신라는 양주 대모산성을 아차산성보다 먼저 축성했거나 수리했을 필요가 있었을 것으로 생각된다. 둘째는 성의 규모와 구조적인 면이다. 앞에서도 살펴보았듯이 양주 대모산성은 테뫼식 산성임에도 불구하고 한강 이북지역에서 가장 큰 규모에 속한다. 그만큼 많은 병력의 주둔이 필요했음을 증명해주는 부분이며, 구조적인 면에서 현문식 문을 갖추고 있다. 현문식 문을 갖추고 있다는 것은 전투시 방어에 있어 유리하도록 하기 위함이다. 따라서 이 성은 적으로부터의 공격을 방어하는데 비중을 두었다고 볼 수 있다. 그리고 675년의 매초성(買肖城) 전투가 양주 대모산성과 직 · 간접적으로 연관될 수 있겠다. 비록 산성에 대한 조사를 통해 양주 대모산성이 매초성으로 볼 수 있는 근거가 있는 것은 아니다. 다만 지리적인 위치로 볼 때 당시의 전투에 있어서 배후의 지원성으로서의 역할을 담당했을 것이다. 675년의 매초성 전투는 같은 해 2월에 당나라군이 임진강 유역의 칠중성을 공격하여 남진의 발판을 마련한 뒤, 같은 해 9월에 이근행(李謹行)이 이끄는 20만 대군이[260] 매초성에 내둔(來屯)하자 신라군이 대응하여 승리를 거둔 결정적 전투이다.[261] 이 전투가 벌어진 곳이 현재로서는 그 위치를 명확히 하기 어려우나 현재의 임진강 유역일 가능성이 적지 않은 편이다. 즉 675년 2월에 당병이 이미 칠중성을 공격하여 승리하였다는 것은 임진강 유역의 방어선이 무너졌음을 의미하고, 매초성 전투가 일어나기 직전에 설인귀(薛仁貴)가 천성(泉城)을 공격해 왔다는 것으로 보아 천성으로 추정되는 오두산성이 위치한 임진강으로도 공격해 왔음을 알 수 있다.[262] 따라서 양주 대모산성이 칠중성과 오두산성 사이의 중간에 놓이게 된 것이다. 이러한 정황으로 볼 때 양주 대모산성이 매초성 전투시 배후의 지원성으로서의 역할을 했을 것으로 생각된다.

행주산성은 한강변에 위치해 있으면서 한강 남쪽의 양천고성과 마주보고 있는 차단성의 역할을 했을 것이다. 무엇보다 지리적 입지면에서 한강을 거슬러 올라오는 적을 방어할 수 있는 적절한 위치를 점유하고 있기 때문에 삼국시대 뿐만 아니라 조선시대까지도 활용되었다. 반면 강 남쪽의 양천고성의 경우는 비록 지표조사 이루어져 그 활용시기를 추정하는데 어려움이 있지만, 주로 통일신라시대까지 유지되었던 것으로 보이므로 행주산성이 보다 중요한 곳이라 하겠다. 오두산성도 행주산성과 마찬가지로 한강은 물론 임진강, 서해를 한꺼번에 통제할 수 있는 위치에 있다. 이 성은 백제의 관미성(關彌城)이나[263] 신라의 천성(泉城)으로 추정되고 있는데,[264] 백제나 신

260) 이호영은 李謹行이 이끈 당군 20만명에 대해서는 과장된 것이라 하고 2만명으로 추정하기도 한다(李昊榮, 1997, 『新羅三國統合과 麗·濟敗亡原因研究』, 書景文化社, 254~255쪽).

261) 『三國史記』 卷7 新羅本紀7 文武王 15年條 "秋九月…二十九日 李謹行率兵二十萬 屯買肖城 我軍擊走之 得戰馬三萬三百八十匹 其餘兵仗稱是".

262) 심광주, 2003, 앞의 글, 217~218쪽.

263) 尹日寧, 1990, 앞의 글.

264) 심광주, 2003, 앞의 글, 217~218쪽.

라 모두 이 성을 점유하지 않고서는 해로나 강을 이용하지 못했을 것이므로 축성시기는 출토유물을 차치하고서라도 삼국시대로 보는데 큰 어려움이 없으며, 고려와[265] 조선시대까지[266] 그 성명(城名)이 전해오는 것으로 보아 시대를 불문하고 군사적으로 매우 중요한 곳이었음을 알 수 있다. 그리고 한강 이북지역의 보루유적은 크게 아차산 · 용마산과 남양주, 의정부지역으로 나누어지는데, 아차산 · 용마산 보루는 고구려군이 활용하던 것으로 신라군이 일부 재사용한 흔적이 확인되었다. 따라서 보루들의 활용시기는 6세기 중반부터 7세기 후반까지로 볼 수 있지만 일부는 통일신라시대까지도 기능을 담당했던 것 같다. 특히 남양주와 의정부지역의 보루는 주로 신라군이 축조하여 활용했던 것으로 보이는데, 그 이유는 양주 대모산성을 지나 남양주쪽으로 남하해 오는 적을 막는데 의정부지역에서 1차로 차단하고 남양주지역에서 2차로 차단할 목적에서 축조되었던 것이다. 그러나 이들 보루들은 주력 부대가 상주할 수 없는 규모의 유적이므로 감시와 함께 주변성으로의 상황보고를 위한 역할을 주로 담당했을 것이며, 만일 양주 대모산성이 제대로 역할을 하지 못했을 경우에는 아차산성 정도가 방어하는 거점성이었을 것이다.

이성산성은 11차에 걸친 발굴조사의 결과로 볼 때, 6세기 중엽에서 9세기까지 활용된 것으로 보고 있다. 다만 축성주체에 대한 문제가 남아 있는 상태이지만, 신라가 한강 유역으로 진출할 때 가장 먼저 선점(先占)했을 것으로 보는데는 별다른 이견(異見)이 없는 것 같다. 이성산성에서는 여러 다각형 건물지를 비롯하여 현문식 문지, 저수지 등의 유구와 '戊辰年' · '褥薩' 명 목간, 신라 기와 · 토기류가 출토되어 활용시기를 추정하는데 도움

265) 『高麗史』 卷56 地理志 交河郡條 "顯宗9年來屬別號宣城有烏島城".

266) 『世宗實錄』 卷148 地理志 京畿 交河縣條 "烏島城 在縣西漢江臨津下流會于此".

을 주고 있다. 이 성은 양주 대모산성과 비견될 수 있을 정도의 중요 거점성으로 여겨지는데, 첫째 '戊辰年' 명 목간의 내용을 통해 이성산성이 608년을 전후한 때부터 남한성(南漢城)으로 불렸을 가능성이 높고 아울러 553년에 설치된 신주(新州)의 치소지로도 보는데 별다른 무리가 없을 것 같다. 둘째 성의 규모와 구조면에서 양주 대모산성과 매우 닮은 점이 특징이다. 따라서 이성산성은 한강 이남의 성곽중에서 가장 중심이 되는 군사 · 행정상의 거점성으로 여겨지는데, 양주 대모산성과 다른 점은 양주 대모산성이 적의 남진(南進)을 차단하는데 1차적 목적이 있다면 이성산성은 한강 유역 인근의 성곽들을 지휘하고 통제하는 역할을 주로 담당했던 것에서 차이가 있다. 또한 이성산성의 중요성은 건물지와 저수지 시설을 통해서도 엿볼 수 있다.

이성산성에서 조사된 건물지는 장방형의 일반 건물지와 다각형 건물지로 나누어 볼 수 있다. 장방형 건물지는 지휘본부나 사무 또는 숙박을 하기 위한 용도였던 반면, 다각형 건물지는 제사와 관련된 것이다. 특히 8각과 9각 건물지는 제사와 관련된 것으로 여겨지고 있으며, 철제 마 등의 유물이 출토되었다. 이들 건물지와 유물은 이곳에서 제사가 이루어졌음을 뜻하는 것으로 다른 성에서 찾아볼 수 없는 구조물과 유물들이다. 그렇다면 왜 신라인들은 이 성에서 제사를 지냈던 것일까? 그 이유는 『三國史記』에도 설명되어 있는 바와 같이 차차웅(次次雄) 혹은 자충(慈充)이 무(巫)를 일컬으며 세인들이 귀신(鬼神)을 섬기고 제사를 지냈다는 것에서 신라인들이 일찍부터 샤머니즘과 깊은 관련이 있고,[267] 한편으론 왕이 무(巫)의 기능을 갖는 존재로서 제사장으로 보는 의견도 참고가 된다.[268] 보다 자세한 내용

267) 『三國史記』 卷1 新羅本紀1 南解次次雄 元年條.

268) 李基東, 1997, 「新羅人의 信仰과 宗敎」, 『慶州史學』 16, 慶州史學會, 52~53쪽.

은 신궁(神宮)을 소지왕대(炤知王代)나[269] 지증왕대(智證王代)에 세우고 제향(祭享)했다는 것과 선덕왕(宣德王) 때 사직단(社稷壇)을 세워 명산대천(名山大川)에 제사를 지냈다는 기록을 통해서 알 수 있다.[270] 물론 신궁의 설치를 놓고 마립간기 김씨 왕실에 의한 독보적 왕권의 성장 내지 확립이라는 사회 · 정치적 측면의 변화와 비교해 볼 때, 사상적 측면으로는 천신신앙(天神信仰)을 지배이념으로 삼던 건국기나 연맹사회단계에서 벗어나기 못한 것이라 볼 수도 있다.[271] 그만큼 천신이나 샤머니즘에 대한 의례행위가 줄곧 이루어져 왔고 이를 공식적으로 지냈음을 알 수 있다. 특히 이 신궁은 소지왕대에 설치되어 제사를 지냈으나 제도적으로 보장되지 못하다가 지증왕대부터 왕이 즉위 직후부터 신궁에 대한 제사를 지냈으며 제도적으로 정착되었다고 볼 수 있으며, 중앙통치력 확대과정의 일환으로 볼 수 있다.[272] 그러나 진흥왕대에는 신궁에서의 제사가 이루어지지 않았다. 그것은 불교를 공인한 후 흥륜사(興輪寺)를 준성하였고, 황룡사(皇龍寺)를 새로 창건하는 마당에 천신에 대한 제사를 지낸다는 것은 왕권 확립에 위배되는 행위로 간주될 수 있기 때문이었는지도 모른다. 또한 법흥왕대(法興王代) 어렵게 이루어낸 불교공인을 지증왕대의 상황으로 되돌리고 싶지 않았을 것이다. 그러나 진지왕은 즉위후 바로 신궁에서 다시 제사를 지내게 되는데,[273] 이런 맥락에서 보면 비록 최전방에 위치한 이성산성에 제사를 위한 건물이 조성되는 것은 오히려 자연스러운 현상으로 볼 수 있겠다. 즉 당시의 불교공인은 정치적인 측면에서 해법을 찾고 왕권강화를 위한 수단이

269) 『三國史記』 卷3 新羅本紀3 炤知麻立干 9年條 "春二月 置神宮於奈乙 奈乙始祖初生之處也".

270) 『三國史記』 卷32 雜志1 祭祀條.

271) 김병곤, 2003, 『신라 왕권 성장사 연구』, 학연문화사, 267쪽.

272) 최광식, 1994, 『고대 한국의 국가와 제사』, 한길사, 198~209쪽.

273) 『三國史記』 卷4 新羅本紀4 眞智王 2年條 "春二月 王親祀神宮…".

었다면, 한편으로는 신궁에서의 제사도 병행되었던 것임을 볼 수 있다. 따라서 이성산성의 다각형 건물지와 유물들은 제사를 지내기 위해 만들어진 것이고, 이러한 건물이 성내에 있다는 것으로 볼 때 성의 위상이 다른 성들에 비해 높음을 엿볼 수 있겠다. 또한 저수지에서 출토된 목간을 통해서 볼 때 이성산성이 수시로 다른 성들과 소식을 주고 받으며 명령을 하달하기도 했기 때문에 여러 종류의 목간이 출토되는 것은 자연스런 현상이라 여겨진다.[274] 특히 553년에 설치된 신주의 치소지였을 뿐만 아니라 한산주 시기에도 중요 성으로 이용되었기 때문에 건물지와 다각형 건물지 그리고 목간들이 출토되는 것이라 생각된다.

남한산성은 초축이 정확히 언제 이루어졌는지 단정하기 어려우나 삼국시대부터 이용되었던 것으로 추정되고 있으며, 주장성(晝長城)으로 보는데는 무리가 없다. 또한 축성시기에 해당되는 유물과 건물지는 물론 백제시대 유구와 유물, 조선시대 이전의 성벽 일부도 확인되어 그러한 가능성을 뒷받침 해 주고 있다. 그렇다면 신라가 남한산성을 축성한 배경은 무엇일까? 신라는 문무왕(文武王) 11년(671)에 당이 평양(平壤)에 4만의 병력을 주둔시키고 남진 준비를 하자 이에 대응할 필요성이 생겼다. 무엇보다 임진강을 건너 한강마저 빼앗길 경우에는 왕성인 경주까지도 위태로워 질 수도 있었기 때문이다. 이에 문무왕은 이듬해인 672년부터 673년 사이에 주장성을 비롯한 경주지역이나 주요 거점지역마다 서형산성(西兄山城)과 사열산성(沙熱山城) 등의 10여 성을 대대적으로 축성하게 된다. 더불어 대아찬(大阿湌) 철천(徹川) 등을 시켜 병선(兵船)을 서해로 보내 제해권(制海權)마저 장악함으로써 당과의 일전을 준비하게 된다.[275] 이런 상황에서 주장

274) 李道學, 1993, 「二聖山城出土 木簡의 檢討」, 『韓國上古史學報』12, 韓國上古史學會, 190~192쪽.
275) 『三國史記』 卷7 新羅本紀7 文武王 13年條 "…王遣大阿湌徹川等 領兵船一百艘鎭西海…".

성 즉 남한산성은 도강(渡江)하는 적을 방어하는 중추적인 역할을 하게 되는 것이다. 673년 당군은 신라군이 예측한 대로 임진강 유역인 호로(瓠瀘)와 한강 유역의 왕봉(王逢)으로 공격해 왔는데, 이미 만전을 기한 신라군에게 대패하게 된다. 이 때의 『三國史記』기록을 보면, "당병이 말갈병과 계단병으로 더불어 북변을 내침하여 9번이나 싸웠는데, 아병이 승리하여 적수 2천여급을 베고, 당병중에 호로 · 왕봉의 두 강에 빠져 죽은 자가 이루 다 셀 수 없었다…"[276]라고 전하고 있다. 따라서 당병은 임진강 유역의 칠중성 등에서 신라군과 격전을 치뤘고, 한강 유역으로 공격해 온 당병들은 서해를 통해 들어왔지만 한강 유역에 분포되어 있는 행주산성 등에서 저지당했던 것이다. 결국 당병은 이 때의 전투에서 패배한 이후 기수를 돌려 고구려 영역이었던 우잠성(牛岑城) · 대양성(大楊城) · 동자성(童子城)을 멸하는 것으로 만족해야 했다.[277] 따라서 남한산성이 이 때의 전투를 승리로 이끄는데 있어서 주요 역할을 했음을 알 수 있겠다.

호암산성도 축성상태와 저수시설, 출토유물로 볼 때 7세기 전반이후에 축성되어 8세기 중엽까지로 남한산성과 거의 같은 시기에 활용되었다. 이 성도 남한산성과 더불어 당의 남진에 대비하여 축성되었을 가능성이 높다고 생각되며, 당과의 전쟁이 마무리된 이후부터는 안양천 일원을 관할하는 곡양현(穀陽縣)의 치소지로 이용되었던 것 같다. 할미산성은 지정학적 위치와 출토된 유물로 보아 신라가 한강 유역으로 진출한 시점에 축성되어 활용되었던 성곽이다. 이 성은 축성방법과 출토된 유물로 보아 6세기 중후반에서

---

276) 『三國史記』 卷7 新羅本紀7 文武王 13年條 "唐兵與靺鞨契丹兵來侵北邊 凡九戰 我兵克之 斬首二千餘級 唐兵溺瓠瀘王逢二河 死者不可勝計".

277) 『三國史記』 卷7 新羅本紀7 文武王 13年條 "冬 唐兵攻高句麗牛岑城 降之 契丹靺鞨兵 攻大楊城童子城 滅之".

7세기 초에 주로 이용되었는데, 신라의 북진로에서 다소 벗어나 있다는 점으로 볼 때 신라가 이성산성을 점령한 이후 서쪽과 남쪽으로 진출하기 위한 교두보로 볼 수 있겠다. 아울러 진흥왕 15년(554)에 백제와 관산성(管山城)에서 전투가 벌어졌을 때 신주(新州)의 김무력(金武力)이 주병(州兵)을 이끌고 참전하는데, 당시 신라 영토의 최북단이었던 신주의 병력이 충북 옥천지역까지 이동할 수 있었던 배후에는 용인 등 신주에 인접한 군현지역의 여러 성들이 백제의 위협을 막아낼 수 있는 방어선의 역할을 했기 때문이다.[278] 그리고 성 주변에서 대규모 고분군이 발견되지 않은 점으로 볼 때, 성과 직선거리로 6~7㎞ 정도 떨어져 있는 용인 보정리 고분군과 마북동 일대의 신라 유적들이 할미산성 축조집단과 어느 정도 관련이 있을 것으로 생각되므로 할미산성은 용인지역을 백제로부터 방어하는 것을 주목적으로 축성되었음을 알 수 있겠다.

수안산성은 한강 하류지역과 강화도 일원을 통제할 수 있는 위치에 있다. 비록 성곽의 규모는 그다지 큰 규모가 아니지만 그 위치의 중요성 때문에 백제는 물론 신라에 의해서도 이 성이 활용되었다. 뿐만 아니라 조선시대에는 봉수로서의 기능도 갖고 있었기 때문에 지리적 위치가 매우 중요했음을 알 수 있다. 이 성도 신라가 한강 유역을 진출한 6세기 중반부터 당과의 격전을 치루는 시기에 서해를 통해 인천지역으로 침입해 오는 적을 방어하는 역할을 담당했을 것이다. 특히 오두산성이 무너질 경우 한강을 통해 김포·인천지역으로의 진출을 막아내는 역할을 했을 것이며, 계양산성(桂陽山城)이 거점성으로서 뒷받침을 해 주었을 가능성이 높다. 계양산성은 계양산(해발 394.9m)의 동쪽 봉우리(해발 203m)에 축조된 테뫼식 석축성으로

278) 경기도박물관, 2005, 앞의 책, 152쪽.

지리적 위치는 한강 하류의 서편에 펼쳐진 평야지대의 중심부에 해당된다. 이 성은 『新增東國輿地勝覽』[279]과 『東國輿地志』 등에 삼국시대에 축성되었다고 전하며, 성의 둘레는 1,180m, 평면 형태는 북서-남동쪽으로 긴 마름모꼴이다. 문지는 3개소가 확인되었고, 건물지는 6개소가 찾아졌으며 유물은 삼국시대부터 고려시대에 이르는 기와와 토기류가 수습되었다.[280] 한편 계양산성의 축조목적에 있어서는 성의 입지로 볼 때, 서해안으로 접근하는 적을 막기보다는 나머지 방향에서 접근하는 적을 경계하고 방어하기 위해 축성되었을 가능성이 높고,[281] 김포 · 인천지역의 신라 성곽 중에서 가장 규모가 큰 것으로 보아 배후의 거점성이었을 가능성이 높다. 그리고 오두산성과 남쪽으로 마주보고 있는 동성산성의 경우 동쪽의 행주산성과 양천고성이 마주보고 있듯이 서해를 통해 침입한 적을 남쪽과 북쪽에서 협공할 수 있는 위치에 있다. 이 성은 평면 장타원형의 퇴뫼식 석성으로 둘레가 441m이다.[282] 성내에서 수습되는 유물로는 크게 토기와 기와류로 구분되나. 토기류는 완과 호, 호의 대각, 뚜껑, 시루조각 등이고, 기와류로는 격자문, 사격자문, 사선문, 능형문 등이 시문된 암 · 수키와가 있다.[283]

동성산성의 축조시기 문제에 대해서는 이곳의 고대지명이 고구려 때 동자홀(童子忽) · 동산현(童山縣), 신라 때 동성현(童城縣)인 점과[284] 백제의 유

279) 『新增東國輿地勝覽』 卷9 富平都護府 古跡條.
『東國輿地志』 富平都護府 古跡條.

280) 仁川廣域市, 1997, 『桂陽山城 地表調査 報告書』.
인하대학교박물관, 1999, 『仁川地域 遺蹟 · 遺物 地名表(Ⅰ)』, 29쪽.
李亨求 · 金瑛洙, 2001, 앞의 책.
경기도박물관, 2002, 앞의 책, 906~939쪽.

281) 인천광역시립박물관, 2004, 『仁川北部 綜合學術調査』, 154~158쪽.

282) 陸軍士官學校 陸軍博物館, 1998, 앞의 책, 74~80쪽.

283) 한양대학교박물관, 1999, 앞의 책, 364~369쪽.

물은 물론 신라~고려시대 유물이 수습되고 있다. 따라서 이 성은 동성현성(童城縣城)으로 김포 북부지역을 관할하는 행정의 중심지였고, 삼국시대부터 통일신라시대에 북방으로 진출하기 위한 전초기지의 성격을 가진 교두보의 역할을 했던 것으로 추정된다.[285] 한편, 이 성의 입지와 역할은 남양만의 당성(唐城)과 비교해 볼 수 있을 것 같다. 당성은 『三國史記』에 있는 당항성(党項城)으로 선덕왕(善德王) 11년(642)에 백제 의자왕이 신라의 40여 성을 공취할 때 빼앗은 곳 중에 하나이다. 이 성은 신라가 당과의 군사적 외교를 위한 중심지 역할을 했던 곳으로,[286] 그 중요성 만큼이나 내성(內城)과 외성(外城), 자성(子城)을 갖춘 복합식 산성임이 확인되었다. 특히 외성이 7세기를 전후한 때에 축조된 것으로 조사되었고, 본성으로 추정되어온 포곡식 성이 9세기경에 축성되어 장기간 대중국(對中國) 외교와 서해를 지키는 역할을 담당하였다.[287] 물론 동성산성을 당성과 직접적으로 비교해 보기에는 다소 무리가 있는 점도 있다. 그것은 동성산성이 규모가 작고 지리적 위치로 볼 때 대규모의 왕래나 무역을 할 수 있을 정도가 아니기 때문이다. 다만 임진강과 한강으로 진출입을 할 수 있는 나들목에 해당되므로 전쟁시 뿐만 아니라 평상시에도 그 역할적인 면에서 동성산성이 중요했을 것이다.

마지막으로 한강 이북의 고봉산성(高峰山城)과 한강 이남의 북성산성(北城山城)은 한강과 인접해 있으면서도 직접 통제하기 보다는 도강하는 적을 섬멸하는 역할을 했던 것으로 보인다. 고봉산성은 고봉산(해발 208.3m)의 정상에 축조된 테뫼식의 석축산성으로 비교적 해발이 높지 않은 산에 있지

284) 『三國史記』 卷35 雜誌4 地理2 長堤郡條 "童城縣 本高句麗童子忽 景德王改名 今因之".

285) 경기도박물관, 2002, 앞의 책, 807~835쪽.

286) 皇甫慶, 1999, 앞의 글, 228~229쪽.

287) 漢陽大學校 博物館, 1998,『唐城-1次 發掘調査報告書』.
漢陽大學校 博物館, 2001,『唐城-2次 發掘調査報告書』.

만 평야지대에 자리하여 주변을 살펴보기에 적합하다. 성의 남쪽과 서쪽으로는 한강이 보이고, 북쪽으론 파주 조리읍과 교하읍이, 동쪽으로는 고양시 덕양구와 멀리로 북한산까지 살펴볼 수 있다. 이 성은 비록 조사가 제대로 이루어지지 못했지만, 지표조사를 통해 평탄화 된 정상부의 둘레가 150m 정도이고, 북동쪽 지역에서 길이 약 3m, 높이 2m 정도의 성벽이 확인되었다. 성벽은 바른층 쌓기로 정연하게 쌓아 올라갔고, 성돌은 크기 30~40㎝ 정도이다.[288] 그리고 성내에서는 신라 토기류가 수습되었고, 기와류 중에는 선조문이 주류를 이루는 가운데 격자문과 승문이 시문된 것도 있다. 또한 '高' 자가 시문된 명문 수키와도 1점 수습되어 고봉현의 치소지로서의 가능성을 뒷받침해 주고 있다. 고봉현에 대한 문헌기록으로는 『世宗實錄』지리지와[289] 『新增東國輿地勝覽』[290], 『東國輿地志』에 삼국시대 고봉현의 치소가 있었다고 하며, 성에 대한 기록은 『輿圖備志』[291]와 『大東地志』[292]에 간략히 전하여 참고해볼 만하다. 북성산성은 장릉산(해발 150m)의 정상부에 축조된 석축성으로 북쪽으로 김포시 일대가 보이고, 서쪽으로는 인천 서구 일대가 동쪽으로는 김포와 한강이 한눈에 들어오며 한강 너머로는 고양시 일산지역이 조망된다. 지류하천으로는 북쪽으로 나진포천(羅津浦川)과 남쪽의 계양천(桂陽川)이 한강으로 유입되고 있다. 이 성에 대한 문헌기록으로는 『增補文獻備考』[293]와 『大東地志』[294]가 있는데, 둘레가 2,650척이라

288) 한국토지공사 토지박물관, 1999, 앞의 책, 454~461쪽.

289) 『世宗實錄』 148卷 地理志 楊州都護府 高陽縣條.

290) 『新增東國輿地勝覽』 卷11 京畿 古跡條.

291) 『輿圖備志』 京畿道 左道 高陽郡 武備 城池 "高峯古城在山上 有石築有志".

292) 『大東地志』 卷3 京畿道 13邑 高陽 城池條.

293) 『增補文獻備考』 卷26 輿地考14.

294) 『大東地志』 卷4 金浦 城池.

하여 795m 정도로 추정되고 있다. 성은 강안에 인접하여 한강을 통해 서울 남서지방으로 진입하려는 적을 방어하기 위한 목적과 한강에서 김포반도의 평야지대로 진출하려는 적을 막기 위한 전초기지의 역할을 담당했던 것으로 추정되지만,[295] 이제까지 정밀조사가 이루어지지 못하여 축성시기와 사용시기를 파악하는데 어려움이 따르고 있다.

이상으로 한강 유역에 분포되어 있는 신라 성곽들의 활용시기와 그 성격에 대하여 살펴본 결과, 몇 가지 특징을 알 수 있었다. 첫째, 한강 유역에 분포된 성곽들은 대개 6세기 중반부터 7세기 사이에 축성되었거나 활용되었다는 점이다. 이 시기는 신라가 한강 유역으로 진출한 직후부터 대(對) 고구려와 백제를 견제하고 당과의 매초성 전투를 승리로 이끌면서 통일제국을 이룩한 때이다. 6세기 중반 신라는 지금의 하남지역에 신주를 설치하고 이성산성에 치소를 두었으며, 이를 발판으로 삼아 한강 이북지역의 양주 대모산성, 불암산성 등을 점령하였던 것으로 보인다. 그리고 서쪽으로는 고봉산성을 지나 오두산성까지 진격했고, 한강 이남지역에서는 경안천지역에 할미산성을 축성하고 서쪽의 수안산성 · 동성산성까지 진출함으로써 한강 이북과 이남지역을 모두 점유하여 한강은 물론 임진강과 서해를 장악했다. 그 직후에 신라는 아차산성과 행주산성 · 호암산성 · 계양산성도 7세기 초반에 축성내지 개축하여 거점화 해 나갔다. 이 시기는 고구려와 백제의 총공세가 이루어졌던 때로 고구려는 603년에 북한산성까지 공격해 왔으며, 백제도 610~630년 사이에 신라의 영역을 지속적으로 공격해 왔다. 또한 661년에는 고구려가 술천성(述川城)에 대한 공격이 실패하자 북한산성을 공격한 일이 있다.[296] 따라서 고구려가 공격한 북한산성은 지금의 아차산성으

295) 경기도박물관, 2002, 앞의 책, 889~892쪽.

로 추정되는 만큼 이 시기의 국경선은 한강을 경계로 수시로 변화가 있었음을 알 수 있으며, 한강 이남지역도 백제가 당항성 등 40여 성을 공취한 것으로 볼 때 그 영역의 경계가 유동적이었다고 볼 수 있다. 그러나 신주가 설치된 이성산성이 위치한 하남지역은 신라의 거점지역으로 남아 있었다.

둘째로는 8세기 초부터 9세기 초에 걸쳐 한강 유역의 성곽들이 적지 않게 폐기되거나 그 역할이 크게 약화되었다는 사실이다. 7세기 중반 이후에는 당나라와의 전쟁이 시작되면서 경주 뿐만 아니라 전국의 주요 지역에 대하여 축성사업을 활발하게 진행하게 된다. 특히 672년을 기점으로 한강 유역에 주장성을 축성하여 신라로서는 배수진을 치게 된다. 아울러 각 성곽을 수리하고 많은 병력을 임진강 유역의 칠중성과 포천의 반월산성 등에 집결시키고 675년 매초성 전투에서 승리하게 된다. 이 때를 계기로 이후부터는 한강 유역 뿐만 아니라 전국적으로 성곽의 축성이나 증·개축이 현저하게 줄어들게 된다. 그리고 당이 물러가고 난 뒤에는 한강 유역 성들의 역할이 점차 약화되고 몇몇 성들은 폐성(廢城)되기에 이른다. 특히 혜공왕(惠恭王) 4년(768)에 일어난 대공(大恭)의 난으로부터 혜공왕 10年(774)에는 양상(良相)이 상대등에 올라 권력을 잡았으며,[297] 헌덕왕(憲德王) 14년(822)에는 김헌창(金憲昌)의 난 등이 일어난다. 이 시기는 진골 귀족들간의 갈등과 왕위를 둘러싼 내분이 끊임없이 일어났으며 골품제 사회가 무너지는 현상이 신라 사회전반에서 일어나게 된다. 따라서 각 지방의 성곽들은 중앙의 혼란에 따른 영향을 받았을 것이고 그의 여파로 경제적·정치적 어려움을 겪게 되었을 것이다. 이때 지방의 성들은 운영에 어려움이 컸을 것으로 여겨

296) 『三國史記』 卷5 新羅本紀5 武烈王 8年條 "五月九日 高句麗將軍惱音信與靺鞨將軍生偕 合軍 來攻述川城 不克 移攻北漢山城…".

297) 『三國史記』 卷9 新羅本紀9 惠恭王 10年條 "秋九月 拜伊湌良相爲上大等".

지는데, 한강 유역의 성곽중에서도 9세기 무렵 폐기된 성이 적지 않다. 대표적으로 아차산성을 비롯한 고봉산성, 이성산성, 호암산성, 할미산성 등이 있는데, 이 중에서 아차산성이나 고봉산성 · 이성산성 · 호암산성 등은 치소로서의 기능도 있었던 만큼 이 시기를 전후하여 크게 약화되었던 것으로 생각된다.

Ⅳ. 고분의 현황와 축조시기

1. 유적현황
2. 특징과 축조시기

Ⅳ. 고분의 현황와 축조시기

한강 유역에 분포한 신라 고분은 최근에 와서야 본격적으로 조사되고 있다. 고분은 성곽과 마찬가지로 6세기 중반 신라가 한강 유역을 진출한 이후부터 축조되기 시작하고, 통일신라시대로 접어들면서 그 수가 많아졌을 것이다.

이 장에서는 최근에 발굴조사된 하남과 광주 · 용인 · 부천지역의 고분군을 중심으로 기존에 조사된 파주 법흥리와 성동리, 군포 산본동 등의 유적에 대하여 살펴보고, 고분의 특징과 축조시기에 대해서도 알아보고자 한다.

1. 유적현황

한강 유역의 고분은 한강 이북지역보다 한강 이남지역에서 더 많이 찾아졌거나 발굴되었다. 특히 하남지역에서는 이성산성(二聖山城)의 주변에 위치한 금암산(金岩山)과 객산(客山)에서 대규모 고분군이 찾아졌고, 용인지역의 보정동에서도 많은 수의 고분이 지표조사를 통해 찾아졌거나 일부가 발굴되었다. 참고로 최근 신라 고분에 대한 발굴조사 자료가 정리된 바에 의하면, 30개소에서 약 276기가 조사되었다고 하며 향후 그 수는 많이 증가될 것으로 예상된다.[298] 여기에서는 각 고분군의 현황을 살펴보고자 한다.

1) 한강 이북지역의 고분

한강 이북지역의 신라 고분유적으로는 파주 법흥리와 성동리 고분군이 대

298) 황보경, 2009, 앞의 글, 124~128쪽.

표적이고, 최근 아차산 · 용마산 일원의 보루유적을 발굴하는 과정에서 신라 고분이 확인되었다. 파주지역의 고분들은 학술적으로나 역사적으로 중요한 자료로 평가받고 있으며, 신라 고분의 특징을 잘 보여주고 있기 때문에 조사된 내용을 정리해 보고자 한다.

(1) 파주 법흥리 고분군

법흥리(法興里) 고분군은 파주시 성동리에서 문산읍 임진각을 연결하는 자유로 2단계지역에 대한 발굴조사를 통해 찾아졌다.[299] 고분군은 행정구역상 파주시 탄현면 법흥4리 산 11번지 일원에 해당되고, 조사결과 A지구에서는 5기의 고분이 B지구에서는 3기의 고분이 발굴되었다. 조사된 내용을 정리해 보면 아래 〈표-10〉과 같다.

A지구 1호 묘는 횡구식 석실분으로 남벽 우측에 입구가 마련되어 있고, 시상은 4개의 판석을 등간격으로 놓은 점이 특징이다. 부장품은 피장자의 머리쪽인 북단 서편에 유개파수부호(有蓋把手附壺)와 유개대부완(有蓋大附宛) 2점을 놓았고, 북동벽에는 호와 완, 인화문 개(蓋)가 든 발, 인화문(印花文) 개 1점이 있었다. 2호 석곽묘의 벽석은 종평적을 기본으로 하고 수직으로 쌓았으며 북단벽과 동장벽을 서로 엇물리게 축조했다. 시상은 할석 7매를 횡으로 맞붙여 놓았고, 석곽의 서북단에서 1m 떨어진 곳에 호석으로 추정되는 돌이 있다. 3호 석곽묘는 소형으로 유아장(幼兒葬)일 가능성이 있는데, 시상은 묘실 전면에 시설되었고, 벽석은 장방형의 할석을 사용했다. 4호 석곽묘는 횡구식으로 남벽에 입구가 마련되어 있고, 호석은 남-북 지름 580㎝, 동-서 지름 550㎝ 정도로 조사되었다. 벽석은 5~7단 정도가 남았

299) 한양대학교 문화인류학과 · 호암미술관, 1993, 『자유로 2단계 개설지역 문화유적 발굴조사 보고서』.

고, 종평적을 했으며 북벽을 제외한 나머지 벽석을 수직으로 쌓았다. 천정부는 보강석을 일정한 규칙성 없이 쌓았으며, 시상은 판석 3개를 등간격으로 배치했다. 5호 석곽묘도 횡구식일 것으로 추정되고, 벽석은 북단벽과 측벽이 서로 엇물리게 하거나 맞붙여 축조했다. 시상은 묘실 중앙에 판석 3매를 등간격으로 배치해 놓았고, 부장품으로는 청동제 교구와 과대금구, 관정 등이 출토되었다.

B지구 1호 석곽묘는 벽석이 1단씩만 남아 있고, 시상도 잔존상태가 좋지

〈표-10〉 파주 법흥리 고분 현황

호 수	장축방향(등고선)	묘광과 묘실 크기 및 장단비(길이×너비×깊이㎝)				해발(m)	시상 크기(길이×너비㎝)	출토유물(점)	특 징
		묘광	장단비	묘실	장단비 및 면적(㎡)				
A지구-1호 석실분	남-북(직교)	384×265×47	1.45:1	230×145×68	1.59:1 3.33	49.0		유개파수부호1, 유개대부완2, 호1, 완1, 발1, 개1, 과대금구, 철제도자1, 관정	우편재 입구, 시상
A지구-2호 석곽묘	북서-남동(직교)	300×150×40	2.00:1	234×91×44(?)	2.57:1 2.13	50.0	길이 165(?)	과대금구, 철추1	시상, 호석(?)
A지구-3호 석곽묘	북동-남서(직교)			87×45×20(?)	1.93:1 0.39	53.0	87×45		시상
A지구-4호 석곽묘	북서-남동(직교)	315×160×40	1.97:1	220×93×86(?)	2.37:1 2.05	53.5		과대금구, 관정	시상, 호석
A지구-5호 석곽묘	북서-남동(직교)	280×165×45	1.70:1	206×93×98	2.22:1 1.92	63.0		과대금구, 관정	시상
B지구-1호 석곽묘	남-북(직교)			197×78	2.53:1 1.54	49.8		과대금구	시상
B지구-2호 석곽묘	북동-남서(직교)			254×130×100	1.95:1 3.30	42.7		유개합1, 과대금구, 관정	시상
B지구-3호 석곽묘	남-북(직교)			215×88×30(?)	2.44:1 1.89	40.6		과대금구, 관정	시상

못하다. 2호 석곽묘의 남은 상태가 좋지 못한데, 바닥에 시상이 시설되었던 것으로 추정되고, 부장품은 인화문유개합과 과대금구, 관정이 출토되었다. 3호 석곽묘는 벽석이 2단 정도만 남아 있고, 넓적한 판석을 주로 사용했으며 다듬어진 면을 안쪽으로 향하도록 놓았다. 시상은 길이 30㎝ 이상 되는 판석 5매를 등간격으로 놓았고, 과대금구와 관정이 북벽과 피장자의 머리쪽에서 출토되었다.

법흥리 고분군의 축조시기는 A지구의 고분들에서 출토된 토기류와 과대금구류로 볼 때, 7세기 말에서 8세기 전반경으로 추정되고, B지구의 고분들도 A지구 고분군과 큰 차이 없는 8세기 경으로 추정되었다.

(2) 파주 성동리 고분군

성동리(城洞里) 고분군은 통일동산 조성사업부지에 대한 발굴조사를 통해 찾아졌다.

조사는 3개 대학이 나누어 실시했는데, 고분은 경희대학교가 담당한 지역에서 석실분 4기, 석곽묘 5기를, 전북대학교 지역에서 석실분 1기와 석곽묘 8기를 발굴하였다.[300] 조사된 내용을 정리해 보면 〈표-11〉와 같다.

경-석실 1호분은 남벽에 입구가 갖추어진 횡구식으로 천정석과 호석이 남아 있다. 벽체는 넓적한 판석으로 수직이 되도록 쌓고, 천정석은 6매의 판석을 가지고 덮었다. 바닥은 몇 차례 다진 흔적이 있고, 시상이 있으며 남벽의 서쪽 구석에 배수구가 마련되어 있다. 호석은 평면 원형으로 지름이 약 13m이며 전체의 1/5 정도가 유실되었다. 경-석실 2호분은 수혈식으로 벽체를 수직으로 쌓았고, 천정석과 시상, 두침, 호석 등이 있다. 천정석은

300) 경희대부설 고고미술사연구소 · 고려대학교 고고미술사학과 · 전북대학교 고고인류학과, 1992, 『통일동산 및 자유로 개발지구 발굴조사 보고서』.

〈표-11〉 파주 성동리 고분 현황 301)

호 수	장축방향 (등고선)	묘광과 묘실 크기 및 장단비 (길이×너비×깊이㎝)				해발 (m)	출토유물(점)	특 징
		묘광	장단비	묘실	장단비 및 면적(㎡)			
경-석실 1호분	남-북 (평행)	470×230	2.04:1	440×190×140	2.32:1 8.36	45.2	요패1	천정석, 시상, 호석
경-석실 2호분	남-북 (평행)	480×130	3.69:1	340×105×124	3.24:1 3.57	46.7	은제귀걸이1쌍,장경호2, 고배9,고배개10,단경호3	시상, 두침, 호석
경-석실 3호분	북서-남동 (평행)			260×105×110	2.48:1 2.73	51.5	은제귀걸이1,철기2,장경호2,단지2,고배개9,고배8	시상
경-석곽 4호분	북서-남동 (평행)			150×77×30(?)	1.95:1 1.16	43.9	병1,고배1,개1,완6	시상
경-석곽 5호분	북서-남동 (평행)			208(?)×74×27(?)	2.81:1 1.54	45.5	개조각	시상(?)
경-석곽 6호분	북서-남동 (평행)			280×85×7(?)	3.29:1 2.38	41.8	완2,고배2,장경호1	시상
경-석곽 7호분	북서-남동 (평행)			200×89×28(?)	2.25:1 1.78	44.6	토기편	시상
경-석실 8호분	북서-남동 (평행)			242×87×66(?)	2.78:1 1.89	50.5	고배개5,고배2,병1,완8, 합개 1,장경호1,방추차1	시상
경-석곽 9호분	북서-남동 (평행)			135×63×36	2.14:1 0.85	48.5	병1,완4,고배3, 고배개2,투각호1	시상
전-석실분	북서-남동 (평행)			335×145×120	2.31:1 4.86		장경호3,단경호1, 파수부잔1,고배 및 개15, 방추차1, 금동관1, 금동교구,철제막대 1	시상, 호석
전-1호 석곽묘	북서-남동 (평행)			230×55×70	4.18:1 1.27		장경호2,단경호1, 고배 및 합6, 철도자2	시상, 호석
전-2호 석곽묘	북서-남동 (평행)			130×50×20(?)	2.6:1 0.65		완 등 4	시상
전-3호 석곽묘	북서-남동 (평행)			140×65×20(?)	2.15:1 0.91		병2,완4	시상
전-4호 석곽묘	북서-남동 (평행)			170×50(?)×40	3.4:1 0.85		파수부호1,완7, 방추차1	시상
전-5호 석곽묘	북서-남동 (평행)	230×110	2.09:1	153×52×20(?)	2.94:1 0.79		단경호1,유개고배2, 고배2, 완2,개1	시상
전-6호 석곽묘	북동-남서 (평행)	330×160	2.06:1	248×90×20(?)	2.76:1 2.23		병1,잔10,고배9,완4, 개3,유개고배3,철제막대1, 금동제품	시상, 호석
전-7호 석곽묘	남-북 (평행)			280×126×75	2.22:1 3.53			시상
전-8호 석곽묘	북서-남동 (평행)			250×110×80	2.27:1 2.75			시상, 호석

6매의 판석으로 이루어져 있고, 시상은 부장품을 둔 일부분을 제외한 나머지 부분에 시설되었던 것으로 보인다. 두침은 시상의 북쪽 끝부분에 놓여 있고, 호석은 평면이 원형이지만 동쪽으로부터 절반 정도만 남아 있으며, 지름이 10.3m이다. 부장품은 북벽에서 토기류 24점과 은제 귀걸이 1쌍이 발견되었다. 경-석실 3호분은 남벽에 입구가 있는 횡구식이다. 벽체는 얇고 넓적한 판석들로 수직에 가깝도록 축조했고, 경-석곽 5호분은 석실 1호분의 호석 안쪽에 축조되어 축조시기가 석실 1호분보다 늦다. 경-석곽 6·7호분은 남은 상태가 좋지 못하지만, 시상이 일부 남아 있고 부장품이 출토되었다. 경-석실 8호분은 남벽에 입구가 달린 횡구식이고, 시상은 묘실 전체에 얇고 넓적한 판석을 가지고 3~4겹으로 깔았으며, 부장품은 북벽에서 출토되었다. 경희대학교 박물관에서 발굴조사한 고분은 7세기 초로 추정되었고, 소형 석곽묘가 일반 석곽묘보다 나중에 축조된 것으로 보았다.

전-석실분은 천정석과 시상, 호석이 비교적 양호하게 남아 있고, 금동관 등 많은 부장품이 출토되었다. 벽체는 남벽을 제외한 세 벽이 모두 안쪽으로 15° 정도 기울어 있고 시상은 크기가 일정하지 않은 판석을 깔았다. 호석은 평면이 원형이지만 1/2 정도만 남아 있으며 풍화암반층 위에 축조되었다. 호석의 높이는 40㎝ 정도지만 일정하지 못하고, 지름은 11.8m 정도로 추정된다. 부장품 중에서 가장 주목되는 것은 금동관(金銅冠)으로 묘실의 동북쪽 모서리에서 출토되었고, 폭이 넓은 대륜이 있으며 그 대륜에 몇 개의 입식이 T자형으로 있다. 형태로 보아 '山' 자형으로 추정된다.[302] 전-

301) 고분에 대한 호수는 발굴조사 보고서를 그대로 인용하였으나 필자가 기관명을 앞에 붙여 구별하였다. 예를 들면, '경-1호 석실분'은 경희대학교가 발굴한 1호 석실분을 가리키는 것이다.

302) 兪在恩, 1999, 「경기도 파주군 성동리 고분 출토 금동관 조사」, 『文化史學』 11~13, 韓國文化史學會, 875~902쪽.

1호 석곽묘는 횡구식으로 추정되고, 묘실 전체에 시상이 만들어져 있으며 벽체는 수직이거나 안쪽으로 약간 경사져 있다. 호석의 지름은 6m 정도이고 1~3단으로 쌓았다. 전-2호 석곽묘는 북벽과 동벽, 서벽의 일부만 남아 있고 남벽은 유실되었다. 바닥에는 시상이 판석으로 시설되었고, 부장품은 북벽에서 출토되었다. 전-3호 석곽묘는 벽석이 1~2단만 남아 있어 그 구조를 파악하기 어려우나 남벽의 남은 상태로 볼 때 횡구식으로 추정된다. 전-5호 석곽묘도 남벽에 입구가 달린 횡구식으로 추정된다. 바닥에는 판석을 전면에 깔았고, 부장품은 북벽과 동벽 모서리쪽에서 출토되었다. 전-6호 석곽묘는 호석이 갖추어져 있지만 동벽쪽 주변만 남아 있다. 호석은 풍화암반을 5~10㎝ 깊이로 파내고 할석을 원형으로 돌려 만들었으며, 지름은 320㎝ 정도이다. 전-7호 석곽묘도 남벽에 입구가 달린 횡구식으로 바닥에 시상이 마련되어 있다. 전-8호 석곽묘는 호석이 갖추어져 있는데, 크고 작은 할석을 사용했으며 지름은 480㎝ 정도이다. 시상은 판석을 사용해 만들었다.

성동리 고분군 중 전북대학교 박물관에서 발굴한 고분들은 전-석실분부터 전-6호 석곽묘까지 부장품과 묘실의 장단비로 보아 7세기 전반경으로 추정되고, 전-7 · 8호 석곽묘는 비록 부장품이 없었지만 구조로 볼 때 7세기 후반에서 8세기로 편년되었다.

(3) 아차산 · 용마산 고분군

아차산(峨嵯山)과 용마산(龍馬山) 고분군은 아차산성을 중심으로 분포해 있는 각 보루와 용마산 보루 주변에 수십 기가 위치해 있는 것으로 알려져 있다.[303] 최근 각 보루에 대하여 발굴조사가 활발하게 이루어지고 있는데,

303) 建國大學校 博物館, 1998,『서울 廣津區 峨嵯山 · 龍馬山地域 文化遺蹟 地表調査 報告書』.

〈표-12〉 홍련봉 제1보루 고분 현황

호 수	장축방향 (등고선)	묘광과 묘실 크기 및 장단비 (길이×너비×깊이㎝)				해발 (m)	출토 유물(점)	특 징
		묘광	장단비	묘실	장단비 및 면적(㎡)			
1호 석곽묘	남-북 (직교)	368×180	2.04:1	240×96×72	2.5:1 2.30	115.0	유개합2	
2호 석곽묘	북동-남서 (직교)			120×64×18(?)	1.88:1 0.77	115.0		바닥에 고구려 기와를 깔았음
3호 석곽묘	북동-남서 (직교)			100(?)×52	1.92:1 0.52	115.5		

그 과정에서 신라 고분도 발굴되고 있다. 여기에서는 홍련봉 제1보루에서 발굴된 신라 석곽묘 3기에 대하여 살펴보도록 하겠다.[304)]

석곽묘들은 모두가 홍련봉 제1보루의 안쪽에 위치해 있는데, 1호와 2호 석곽묘는 보루의 북쪽에 서로 인접해 있고, 3호 석곽묘만 보루 중앙부에 떨어져 있다. 전체적으로 석곽묘의 남은 상태가 좋지 못한데, 1호 석곽묘의 경우 네 벽이 비교적 잘 남아 있고 동·서 장벽이 안쪽으로 약간 기울어 쌓아졌다. 그리고 부장유물로는 유개합 2점이 북벽 가까이에서 출토되었다. 2호 석곽묘와 3호 석곽묘는 훼손이 심한 편인데, 2호 석곽묘의 바닥에는 고구려 기와를 깔은 점이 특징이다.

이상으로 한강 이북지역의 고분들에 대하여 살펴보았다. 세 유적에서 조사된 고분은 모두 29기이고, 그중에서 석실분이 5기이며 석곽묘는 24기이다. 석실분의 특징은 대개 입구만 달린 횡구식이라는 것과 시상이 마련되

304) 高麗大學校 考古環境硏究所, 2007, 『紅蓮峰 第1堡壘 發掘調査綜合報告書』.

어 있다는 점이다. 그리고 묘실 주변에 호석을 설치해 놓은 점도 하나의 특징이라 볼 수 있다. 석곽묘는 횡구식과 수혈식이 혼재하고 시상이 갖추어진 예가 많으며, 부장품은 파주지역 고분군이 한강 이남지역의 고분들보다 많이 출토되었다. 이런 현상은 축조집단의 차이에서 비롯된 것이 아닐까 한다.

사진17. 아차산 고분군 1

사진18. 아차산 고분군(영화사 주변)

2) 한강 이남지역의 고분

한강 이남지역의 고분유적으로는 최근 발굴조사를 통해 찾아진 하남의 덕풍골 고분군을 비롯한 광주 대쌍령리, 부천 고강동, 군포 산본동, 용인 보정리 · 소실 고분군 등이 있다. 특히 하남지역에서 발굴된 신라 고분군으로는 이성산성내에서 발굴된 고분과[305] 덕풍동 수리골유적[306] · 덕풍골유적

305) 漢陽大學校, 1987, 앞의 책.
漢陽大學校, 1988, 앞의 책.
漢陽大學校 博物館, 2006, 앞의 책.

306) 畿甸文化財研究院, 2005, 『河南 德豊洞 수리골 遺蹟』.

307) · 덕풍–감북간 도로확 · 포장공사구간에서 찾아진 광암동유적[308] 등이 있다. 그리고 지표조사를 통해 신라 고분이 분포되어 있는 것으로 추정되는 곳으로는 금암산 · 객산 · 이성산 고분군 등도 있다.[309] 여기에서는 발굴조사된 고분을 중심으로 살펴보도록 하겠다.

(1) 하남 이성산성내 고분

이성산성(二聖山城)은 최근까지 11차에 걸친 발굴조사가 이루어졌는데, 성내에서 발굴된 신라 고분은 석곽묘 4기와 옹관묘 1기, 여러 개의 골호가 있다.[310] 이중에서 석곽묘과 옹관묘에 대해 살펴보면, 석곽묘 4기중 3기는 1 ·

〈표-13〉 하남 이성산성내 고분 현황

호 수 (조사연도)	장축방향 (등고선)	묘광과 묘실 크기 및 장단비 (길이×너비×깊이㎝)				위치	출토 유물 (점)	특 징
		묘광	장단비	묘실	장단비 및 면적(㎡)			
1호 석곽묘 (1987)	북동–남서 (직교)			228×60 ×60	3.80:1 1.36	D지구		개석, 남벽 일부 유실
2호 석곽묘 (1987)	북동–남서 (직교)			100×30 ×40	3.33:1 0.30	D지구		묘실 바닥에 암키와조각을 깔았음, 남벽 유실
옹관묘 (1987)	북동–남서	220×120 ×80(?)	1.83:1			D지구	개3	
석곽묘 (2005)	동북–서남 (직교)			210×110 ×40	1.90:1 2.31	I지구		개석 일부 남음, 시상

307) 세종대학교 박물관, 2006a, 『하남 덕풍골 유적』.

308) 세종대학교 박물관, 2006b, 『하남 광암동 유적』.

309) 世宗大學校 博物館, 1999, 앞의 책.
世宗大學校 博物館, 2005, 앞의 책.

310) 漢陽大學校, 1987, 앞의 책.

2차 발굴조사 때 조사되었고 나머지 1기는 11차 발굴조사에서 확인된 것이다. 고분의 조사된 내용을 정리해 보면 위의 〈표-13〉과 같다.

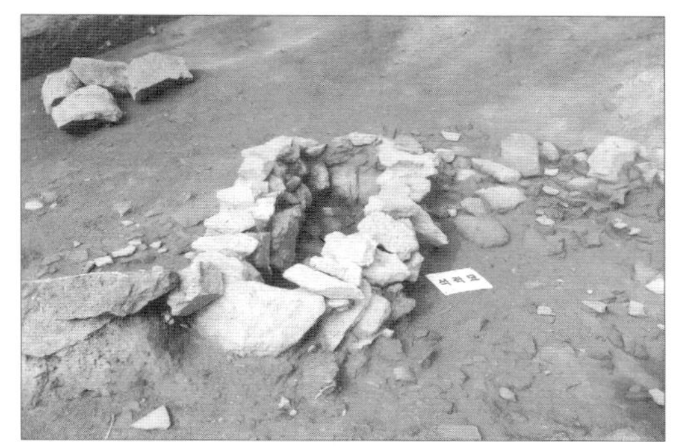

사진19. 이성산성내 석곽묘(2005년)

위의 표에서 보는 바와 같이 석곽묘 3기 중 2기는 D지구 8각건물지 옆에서 찾아졌고, 2005년도에 조사된 석곽묘는 I지구에서 발굴된 것이다. 3기의 석곽묘는 비교적 남은 상태로 양호하다. 특히 1호 석곽묘와 2005년에 조사된 석곽묘의 경우 개석과 네 벽면이 잘 남아 있어 고분 구조를 살피는데 도움이 되고 있다. 그러나 고분에서 출토된 부장품이 없기 때문에 축조시기를 가늠하는데 있어서 어려움이 따르고 있다.

1호 석곽묘의 경우 개석과 네 벽이 잘 남아 있는데, 20~30㎝ 크기의 강돌과 할석으로 5단 정도 쌓았다. 돌은 종평적 한 것이 횡평적 한 것 보다 많으며, 묘실에는 특별한 시설이 없다. 2호 석곽묘는 1호 석곽묘와 50㎝ 정도의 간격을 두고 있으며, 벽체가 3단 정도 남았다. 돌은 대개 종평적을 한 것이 많고, 가장 윗단만 횡평적을 했다. 묘실 바닥에는 적갈색을 띠는 암키와조각을 깐 것이 특징이다.

2005년에 조사된 석곽묘는 4매의 개석으로 덮여 있었고, 개석 사이의 빈 공간을 작은 돌들로 채웠다. 벽체는 1단에 제법 큰 돌을 두었고, 위로 갈수록 작고 거칠게 다듬은 돌을 사용했으며 횡평적을 많이 했다. 묘실

漢陽大學校, 1988, 앞의 책.

漢陽大學校 博物館, 2006, 앞의 책.

바닥에는 돌을 전체적으로 깔았고, 단벽인 동벽이 서벽보다 너비가 줄어든다.

(2) 하남 수리골 고분군

수리골 고분군은 하남시의 시가지 우회도로 확장공사구간에서 찾아졌고, 행정적인 위치는 하남시 덕풍동 산24-1번지 일원에 해당된다. 조사결과, 유적에서는 신라 석곽묘 5기를 비롯하여 백제 토광묘 2기, 고려시대 이후 토광묘 · 회곽묘 등 29기, 청동기시대 주거지 등이 발굴되었다.[311] 조사된 유구중에서 신라 석곽묘에 대한 조사된 내용을 정리해 보면 아래의 〈표-14〉와 같다.

〈표-14〉 하남 수리골 고분 현황

호 수	장축방향 (등고선)	묘광과 묘실 크기 및 장단비 (길이×너비×깊이㎝)				해발 (m)	출토유물 (점)	특 징
		묘광	장단비	묘실	장단비 및 면적(㎡)			
1호 석곽묘	남-북 (직교)	232×128 ×39(?)	1.81:1	180×80× 45(?)	2.25:1 1.44	54.8	과대금구4	시상 남음, 남 · 동벽 유실
2호 석곽묘	남-북 (직교)	106× 105(?)	1.00:1	85×50× 15(?)	1.7:1 0.42	54.0		시상 남음, 남벽 유실
3호 석곽묘	북동-남서 (직교)	200×165 ×40(?)	1.21:1	110×65× 50(?)	1.69:1 0.71	52.8		남벽 유실
4호 석곽묘	북동-남서 (직교)	330×190 ×70	1.73:1	200×90× 50	2.22:1 1.80	53.8	합1, 대부병 1, 완1	시상 남음, 남벽 일부 유실
5호 석곽묘	북동-남서 (직교)	360×230 ×50(?)	1.56:1	300×150× 16(?)	2.00:1 4.5	51.0		시상 유실, 북 · 남벽 유실

311) 畿甸文化財硏究院, 2005, 앞의 책.

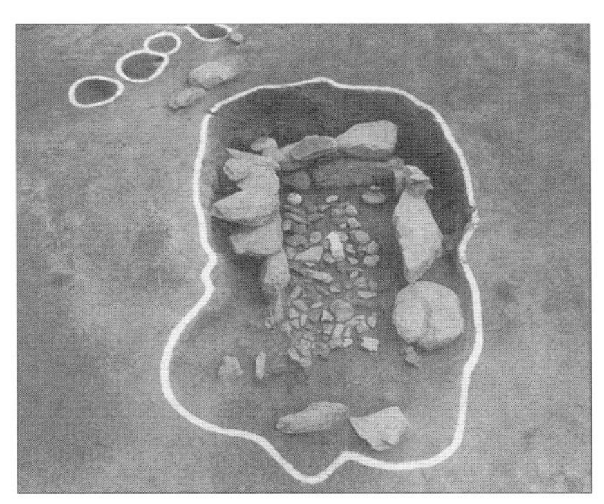

사진20. 하남 수리골 4호 석곽묘

사진21. 하남 수리골 4호 석곽묘 출토 대부병

수리골 고분군의 신라 석곽묘는 대개 도굴이 되었거나 후대의 묘를 조성 과정에서 훼손된 것이 많았기 때문에 그 속성을 파악하는데도 많은 한계가 있다. 그러나 부장품이 출토된 1호와 4호 석곽묘를 통해 석곽묘의 조성시기가 7세기 후반에서 8세기 전반으로 파악되었다.

1호 석곽묘는 북벽과 서벽만 남아 있다. 북벽은 돌을 수적(垂積)했고, 서벽의 돌들은 종평적을 하였다. 묘실 바닥에는 시상이 일부 남아 있고, 과대금구는 서벽쪽에서 출토되었다. 2호 석곽묘의 벽석은 1~2단만 남아 있고, 돌은 종평적을 했으며 바닥에는 시상을 만들었던 돌이 깔려 있다. 2호와 3호 석곽묘는 남은 상태가 좋지 못하며, 2호 석곽묘에는 시상의 일부가 남아 있다. 4호 석곽묘는 벽석이 4단까지 남아 있고, 벽석은 주로 종평적으로 했으며 3단 일부분은 횡평적을 했다. 바닥에는 시상을 만들어 놓았는데 북·동벽과 약간의 간격을 두었다. 유물은 북벽과 동벽에서 합 1점과 대부병 1점 그리고 퇴적토내에서 완 1점이 출토되었다.

(3) 하남 덕풍골 고분군

덕풍골 유적은 하남시 덕풍동 산64번지 일원에 위치해 있고, 1차와 2차

조사에서 석실분 3기와 석곽묘 15기를 비롯한 청동기시대 주거지와 제의유적이 발굴조사되었다. 그리고 유적의 산줄기에 대한 지표조사를 통해 50여기의 고분이 분포해 있는 것으로 파악되었다.[312] 덕풍골 고분군에서 조사된 신라 고분을 정리해 보면 아래의 〈표-15〉와 같다.

덕풍골 고분들은 일제강점기에 대부분이 도굴된 상태인데, 발굴된 고분 중 비교적 잔존상태가 양호한 2005-1호 석실분과 2006-1호 석실분, 2005-1·3·4호, 2006-1·2호 석곽묘의 특징을 살펴보면 다음과 같다.

2005-1호 석실분은 평면이 방형이고 입구가 가운데에 마련된 횡구식이다. 벽석은 최고 3단까지 남아 있는데, 1단은 기본적으로 얇고 넓적한 장방형의 돌을 옆으로 세웠으며 2단은 종평적과 횡평적을 했다. 입구가 있는 남벽은 가운데의 입구를 중심으로 양쪽에 벽석을 세웠고, 개석을 올려 놓았다. 벽석을 놓은 차례는 묘광을 마련한 후 북벽→서벽→동벽→남벽의 순서로 축조했다. 유물은 서벽쪽의 시상 옆에서 개 2점과, 합 2점, 유개고배 2점이 출토되었다. 2006-1호 석실분은 횡혈식으로 평면이 장방형이고, 동벽과 서벽이 암반에 의지하여 축조되었다. 개석 1매가 남아 있고, 시상도 있으며 고분 북쪽 옆에 제의유구로 추정되는 소형 석곽이 있다.

2005-1호 석곽묘의 벽석은 2~3단 정도가 남아 있고 시상의 평면은 장방형이며, 북벽에만 돌이 맞대어 있을 뿐 동벽이나 서벽과는 10~15㎝ 정도 떨어져 있다. 2005-3호 석곽묘 벽석은 4~5단 정도가 남아 있고, 시상의 북쪽 끝부분에는 크기 30×20×15㎝의 두침 1매를 놓았다. 입구는 남벽에 마련해 놓았는데, 장방형의 돌(70×25×20㎝) 1매를 두었다. 시상은 평면이 장방형으로 북쪽 끝부분을 북벽에 맞대었고, 동·서벽과는 15㎝ 정도의 간격

312) 세종대학교 박물관, 2006a, 앞의 책.
세종대학교 박물관, 2007, 앞의 책.

〈표-15〉 하남 덕풍골 고분 현황

호 수	장축방향 (등고선)	묘광과 묘실 크기 및 장단비 (길이×너비×깊이㎝)				해발 (m)	시상 크기 (㎝)	출토유물 (점)	특 징
		묘광	장단비	묘실	장단비 및 면적(㎡)				
2005-1호 석실분	북동-남서 (평행)	430×380	1.13:1	260×250×110	1.04:1 6.5	106.6	250×85×25	개2, 합2, 유개고배2, 관못1	입구에 개석, 시상
2005-1호 석곽묘	북서-남동 (직교)	305×215	1.42:1	250×95×60	2.63:1 2.37	103	210×75×8		시상
2005-2호 석곽묘	동-서 (평행)	160×130	1.23:1	85×75×35	1.13:1 0.63	107.5			시상
2005-3호 석곽묘	북동-남서 (직교)	235×160	1.47:1	205×82×85	2.5:1 1.68	109.5	100×50×10		시상, 두침
2005-4호 석곽묘	남-북 (직교)	190×160	1.18:1	160×90×55	1.78:1 1.44	108.8		유개고배1, 단경호1	시상, 묘실내 석렬시설, 남·동벽 일부 유실
2005-5호 석곽묘	남-북 (직교)	195×125	1.56:1	140×65×55	2.15:1 0.91	101.5	140×60×7		두침, 시상, 서·남벽 유실
2005-6호 석곽묘	북동-남서 (평행)	200×90(?)		180×150×30(?)		110.0			서벽과 시상 일부만 남음
2005-7호 석곽묘	북동-남서 (평행)	255×150(?)		215×43(?)		109.5	70×60×8(?)		서벽과 시상 일부만 남음
2006-1호 석실분	남-북 (평행)	408×320	1.27:1	212×140×100~120	1.51:1 2.97	111.5	204×88×16~25	과대교구3, 철정1	개석, 시상, 제의유구
2006-2호 석실분	남-북 (직교)	393×252	1.55:1	308×132×128	2.33:1 4.06	103.0		관고리3, 철정 15	개석
2006-1호 석곽묘	북서-남동 (직교)	368×236	1.55:1	208×124×72	1.67:1 2.57	112.0			시상
2006-2호 석곽묘	북서-남동 (직교)	325×264	1.23:1	196×112×120	1.75:1 2.19	98.7			시상, 호석, 제의유구
2006-3호 석곽묘	북서-남동 (직교)	400×288	1.38:1	260×120×60	2.16:1 3.12	112.2		관고리4, 철정4	시상
2006-4호 석곽묘	북동-남서 (직교)	164×110	1.49:1	130×68×22	1.91:1 1.50	106.0			시상
2006-5호 석곽묘	남-북 (직교)	220×166	1.89:1	160×94×40	1.70:1 1.50	105.3			시상
2006-6호 석곽묘	북서-남동 (직교)			110×70×35(?)	1.57:1(?) 0.77	108.0			시상
2006-7호 석곽묘	남-북 (직교)	210×140	1.50:1	154×82×45	1.87:1 1.26	105.7	150×60		시상
2006-8호 석곽묘	북서-남동 (직교)			130×40×70	3.25:1 (0.52)	97.5	120×35		시상

사진22. 하남 덕풍골 2005-1호 석실분

사진23. 하남 덕풍골 2005-1호 석실분 출토유물

을 두었다. 2005-4호 석곽묘는 암반을 깨서 축조되었고, 벽석 중에서 북벽의 서쪽편과 서벽을 암반에 잇대어 수직에 가깝도록 쌓았고, 벽석은 종평적과 횡평적을 함께 했다. 시상의 서쪽 옆에 놓인 석렬은 길쭉한 돌 6개 정도가 일렬로 놓여 있고, 그 안쪽에서 유개고배 1점과 단경호 1점이 출토되었다.

2006-1호 석곽묘는 횡구식으로 서벽을 먼저 축조하고 북벽과 동벽, 남벽의 순서로 만들었다. 입구인 남벽에는 돌 1매를 가로놓기 한 후 서벽 옆으로 장방형의 돌 1개를 세웠으며 동벽 옆으로 돌 2개를 쌓아 막았다. 그리고 막음돌 밖으로 연도를 나타내듯 돌 몇 개를 덧붙여 놓았다. 시상은 묘실 바닥 전체에 시설되었고, 두향은 북서쪽이다. 2006-2호 석곽묘도 횡구식으로

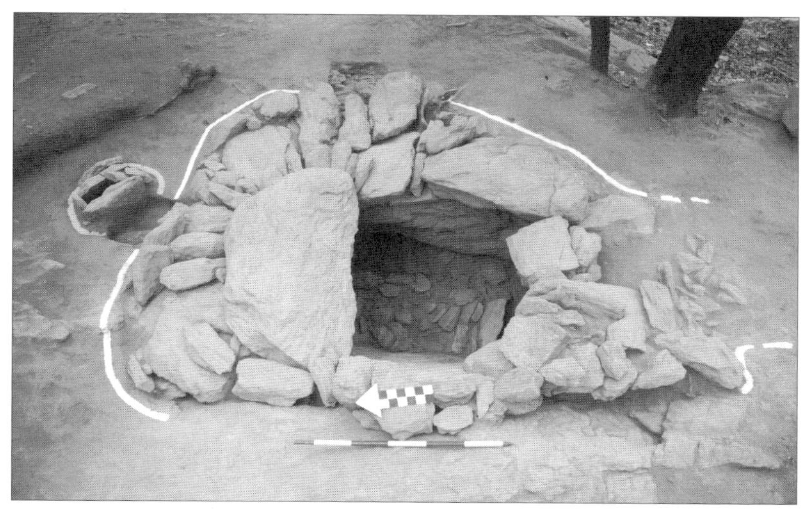

사진24. 하남 덕풍골 2006-1호 석실분

사진25. 하남 덕풍골 2006-2호 석곽묘

시상의 잔존상태로 보아 추가로 사용되었다. 입구인 남벽은 할석 2매로 가로놓아 막았고, 서벽과 동벽의 벽체가 막음돌 밖으로 일부 나와 있어 연도를 표현하고자 한 것임을 알 수 있다. 그리고 호석의 일부가 남아 있으며, 고분의 북벽 위에 작고 넓적한 돌로 만든 제의유구가 있다.

(4) 하남 광암동 고분군

광암동(廣岩洞) 고분군은 하남시 광암동 산24-1번지에 위치해 있고, 덕풍-감북간 도로확포장공사의 4차구간에 해당되는 곳이다. 조사결과, 신라 석곽묘 9기와 백제 석실분 2기 등이 발굴되었다.[313] 이 유적에서 조사된 신라 석곽묘를 정리해 보면 아래 〈표-16〉과 같다.

〈표-16〉 하남 광암동 고분 현황

호 수	장축방향 (등고선)	묘광과·묘실 크기 및 장단비 (길이×너비×깊이㎝)				해발 (m)	시상 크기 (㎝)	출토 유물 (점)	특 징
		묘광	장단비	묘실	장단비 및 면적(㎡)				
1호 석곽묘	북동-남서(직교)	140×120×20	1.16:1	110×55×40	2.00:1 0.60	83.6	70×40×6		시상, 개석 남음
2호 석곽묘	북동-남서(직교)	80(?)×90×25	0.88:1	76×40×25	1.90:1 0.30:1	83.3			남벽 유실, 개석 남음
3호 석곽묘	북동-남서(직교)	140(?)×105×32	1.33:1	90(?)×52×32	1.73:1 0.46	82.0	76×52×8		시상, 남벽 유실
4호 석곽묘	북동-남서(직교)	175×110×35	1.59:1	103×50×35	2.06:1 0.65	81.0	90×50×7	합1	시상, 서벽 일부 유실
5호 석곽묘	북-남 (직교)	280×186×50	1.55:1	190×80×70	2.37:1 1.52	79.0	170×74×10		개석 남음, 시상
6호 석곽묘	북동-남서(직교)	350×250×20(?)	1.40:1	240×135×35(?)	1.77:1 3.24	82.8	190×135×10(?)		시상, 서·남벽 유실
7호 석곽묘	북동-남서(직교)	390×220×70	1.77:1	220×120×100	1.83:1 2.64	75.0	210×60×18	유개합1	개석 남음, 시상, 연도
8호 석곽묘	북동-남서(직교)	190×175×30(?)	1.08:1	152×80×70(?)	1.90:1 1.21	79.5	145×70×12(?)		시상, 서·남벽 유실
9호 석곽묘	북동-남서 (직교)	430×190×50	2.26:1	210×100×80	2.1:1 2.10	73.0	200×70×8	개1, 대부병1, 합2	호석, 시상, 연도
10호 석곽묘	남-북 (직교)	220(?)×160×35	1.37:1	170(?)×73×50	2.32:1 1.24	70.0	170(?)×73×8	개3, 고배1, 합1, 대부병1	시상, 남벽 유실
11호 석곽묘	북동-남서(직교)	190×120×30(?)	1.58:1	120×70×30(?)	1.71:1 0.84	84.0			서·남벽 유실 심함

1~4호 석곽묘는 규모가 작은 소형 석곽묘이고, 6·8·11호 고분은 훼손이 심한 상태이다. 따라서 조사된 고분 중에서 묘실이 비교적 잘 남아 있는 5·7·9·10호 고분에 대해 살펴보면 다음과 같다.

313) 세종대학교 박물관, 2006b, 앞의 책.

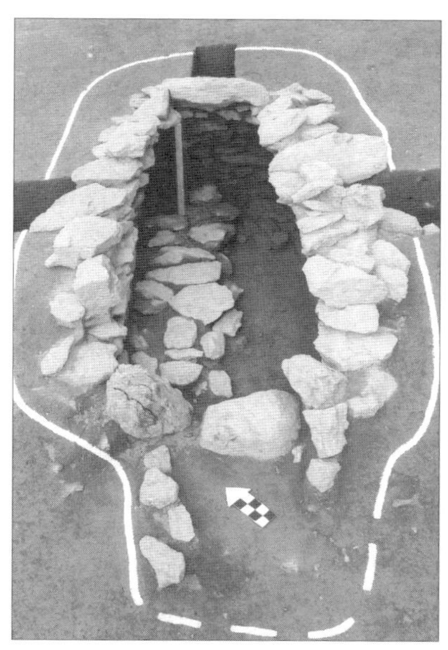
사진26. 하남 광암동 7호 석곽묘

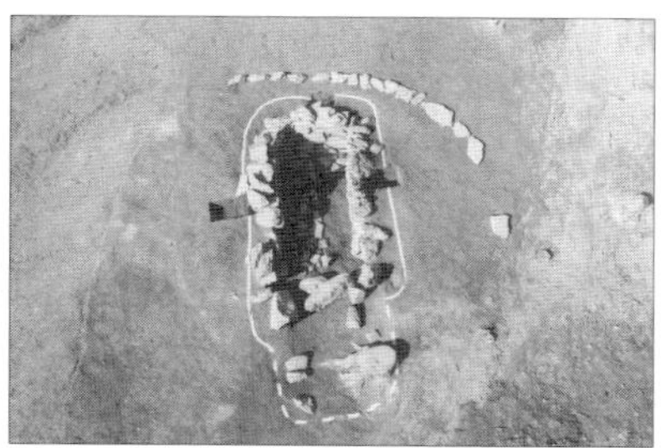
사진27. 하남 광암동 9호 석곽묘

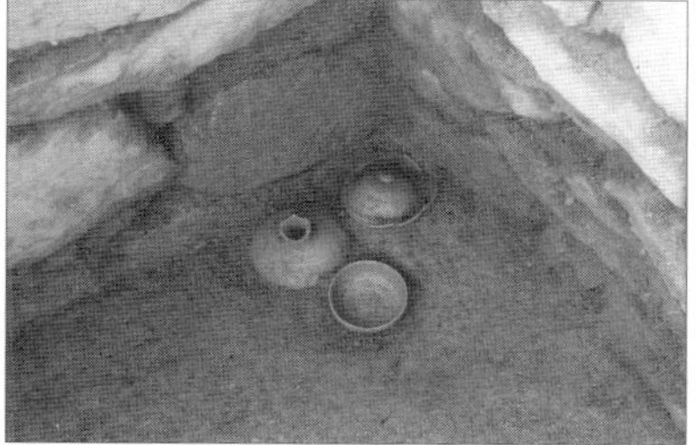
사진28. 하남 광암동 9호 석곽묘 출토유물

5호 석곽묘는 개석 일부와 벽석의 남은 상태가 양호하고 시상이 마련되어 있다. 벽석은 5~7단 정도가 남아 있고, 안쪽으로 약간 경사져 있으며 큰 할석을 1단에 놓고 2단부터는 얇은 판석들로 쌓아 올렸다. 시상은 지름 10㎝ 정도 되는 작은 돌로 1겹만 깔아 만들었다. 7호 석곽묘는 입구로 여겨지는 남벽이 비교적 완전하게 남아 있고, 묘도를 형식적으로 표현한 석렬이 일부 남아 있는 것이 특징이다. 시상은 묘실의 절반정도 공간을 이용하여 서벽쪽에 2단으로 쌓아 만들고, 시상의 북벽 바로 옆에는 부장품을 놓을 수 있도록 돌 몇 개를 두었다. 벽석을 쌓는데 사용된 돌은 대개 작은 할석들로 종평적과 횡평적을 했으며, 가장 윗단은 주로 횡평적을 많이 했다. 9호 석곽묘는 묘실 위쪽에 호석이 갖추어져 있고, 7호 석곽묘와 같이 시상 서벽에 덧대어 마련되었다. 또한 부장품을 두기 위해 북벽쪽에 몇 개의 돌을 바닥에 깔아 놓았고, 대부병(臺附甁)과 개 등이 출토되었다. 입구로 여겨지는 남벽에는 장방형의 돌 2개를 가지고 1개는 가로로 다른 1개는 세로로 세워서 막았다. 그리고 남벽 바깥쪽에 7호 석곽묘와 같이 연도를 형식적으로 표현하듯이 석렬을 2열로 만들어 놓은 것도 특징이다. 10호 석곽묘는 남벽과 서벽이 유실되었지만 부장품이 출토되었다. 벽석은 2~4단 정도가 남아 있고, 종평적을 기본으로 했으며 가장 윗단만 횡평적을 했다. 시상은 바닥에 전체적으로 깔려 있고, 부장품은 북벽과 서벽 사이 모서리에 두었다.

광암동 고분군의 조성시기는 부장품중 대부병이 함께 출토된 9 · 10호 석곽묘로 볼 때 수리골 유적의 고분과 같은 7~8세기로 추정된다.

(5) 광주 대쌍령리 고분군

광주 대쌍령리(大雙嶺里) 고분군은 광주시 초월읍 대쌍령리 산2-8일대에 위치하고, 조사결과 석곽묘 14기를 비롯하여 회곽묘 2기 등이 발굴되었다.[314] 이 유적에서 조사된 신라 석곽묘를 정리해 보면 아래 〈표-17〉과 같다.

석곽묘들은 4지점과 5지점에 위치해 있는데, 1~6호 석곽묘와 7~14호 석곽묘들이 각각 밀집되어 있는 점이 특징이다. 조사된 고분중에서 규모를 알 수 있는 것은 1 · 3 · 8 · 9 · 12호 석곽묘 정도이고, 나머지 고분은 벽체가 부분적으로 유실된 상태이다. 여기에서는 비교적 상태가 양호한 석곽묘에 대해 간략히 살펴보고자 한다. 1호 석곽묘는 횡구식으로 추정되고, 묘실 전체에 시상이 설치되어 있으며 피장자의 머리쪽에 천석을 이용해 만든 두침석(40×90×6~8㎝)이 있다. 부장품은 두침석 주위에서 출토되었고, 과대금구류는 피장자의 왼쪽에 해당되는 동벽 주위에서 출토되었다. 3호 석곽묘는

314) 畿甸文化財硏究院, 2008, 『廣州 大雙嶺里 遺蹟』.

〈표-17〉 광주 대쌍령리 고분 현황

호 수	장축방향 (등고선)	묘광과 묘실 크기 및 장단비 (길이×너비×깊이cm)				해발 (m)	시상 크기 (cm)	출토유물 (점)	특 징
		묘광	장단비	묘실	장단비 및 면적(㎡)				
1호 석곽묘	북서-남동 (직교)	321×227	1.41:1	244×97×76	2.51:1 2.37	104.0	244×97×10	대부병1, 대부완1, 과대금구	시상, 두침
2호 석곽묘	북서-남동 (직교)	100×80	1.25:1	77(?)×36×20	2.14:1 0.28	102.2	77×36	대부완1	1/2정도 유실, 시상 잔존
3호 석곽묘	북서-남동 (직교)	285×156	1.83:1	157×76×70	2.07:1 1.19	99.0		장동병1	요갱, 바닥 점토다짐, 묘도
4호 석곽묘	남-북 (직교)			116(?)×65×20	1.78:1 0.75	100.7		병1, 완2	1/2정도 유실, 시상 잔존
5호 석곽묘	서북-동남 (직교)	244×121	2.02:1	210(?)×50×2040	4.20:1 1.05	98.5		철도자1, 바늘1	남벽 유실
6호 석곽묘	동-서 (직교)			180(?)×69×40	2.61:1 1.24	97.5			서벽 및 벽체 유실 심함
7호 석곽묘	북서-남동 (직교)	335×225	1.49:1	268(?)×99×94	2.71:1 2.65	104.5		완1, 과대금구, 미상철기1	시상, 남벽 유실
8호 석곽묘	남-북 (직교)	175×132	1.33:1	135×40×40	3.38:1 0.54	98.5			시상
9호 석곽묘	북서-남동 (직교)	321×202	1.59:1	229×111×70	2.06:1 2.54	105.5	165×106	방울류5, 대부병1, 완2, 개2, 과대금구류, 철도자4, 철정1, 미상철기1	시상
10호 석곽묘	북서-남동 (직교)	329×200	1.65:1	250(?)×77×88	3.25:1 1.93	104.5		철제과대금구, 철도자1, 미상철기1	남벽 유실
11호 석곽묘	북서-남동 (직교)	245×185	1.32:1	150(?)×73×45	2.05:1 1.10	105.5	150×53×10		시상, 남벽 유실
12호 석곽묘	북서-남동 (직교)	123×86	1.43:1	86×35×35	2.46:1 0.30	103.8			
13호 석곽묘	북동-남서 (직교)	281×168	1.67:1	250(?)×70×75	3.57:1 1.75	97.0			시상, 남벽 유실
14호 석곽묘	남-북 (직교)	349×181	1.93:1	276(?)×91×40	3.03:1 2.51	98.7			남벽 유실

사진29. 광주 대쌍령리 9호 석곽묘

사진30. 광주 대쌍령리 9호 석곽묘 출토 방울 명문

시상이 없는 대신 묘실 바닥에 점토다짐을 했으며 바닥 중앙부에 지름 25㎝, 깊이 25㎝의 요갱을 만들어 병 1점을 매납하였다. 그리고 횡구부로 추정되는 남벽에는 묘도가 있는데, 잔존 길이는 105㎝ 정도이다. 9호 석곽묘는 부장품이 가장 많은 고분으로 방울 5점을 비롯하여 대부병, 완, 과대금구류, 철도자 등 20여 점이 출토되었다. 묘실 바닥에는 시상이 전체의 2/3정도 있고, 벽석은 수직에 가까우나 위로 올라갈수록 약간 내만한다. 특히 이 고분에서 출토된 유물 중 청동제방울 1점에는 '南漢山助舍' 라고 새겨져 있으며, 대부병 바닥에 '干' 자가 시문되어 있다. 부장품의 출토위치는 토기류가 피장자의 머리쪽에서 나머지 과대금구류와 방울류는 허리쪽인 동벽과 서벽쪽에서 출토되었다.

(6) 부천 고강동 고분군

부천 고강동(古康洞) 고분군은 부천시 오정구 고강동 산93번지 일원에 위치해 있고, 조사결과 청동기시대 제의유적과 주거지, 신라 석곽묘 10기가 발굴되었다. 석곽묘에 대한 조사내용을 정리해 보면 다음 〈표-18〉와 같다.

1호 석곽묘는 1차 발굴조사에서 찾아졌다. 석곽묘는 2호 주거지내의 북서쪽에 위치해 있고, 벽석은 2~4단이 남아 있다. 장벽은 20~45㎝ 크기의 돌로 정연하게 평적하여 쌓았고, 시상은 교란된 것으로 추정되었다.[315] 3호 석곽묘부터 6호 석곽묘는 4차 발굴조사에서 찾아졌으며, 6호 석곽묘에서 부장품이 출토되어 축조시기를 알 수 있다.[316] 3호 석곽묘는 10호 주거지의 동벽에 조성되었는데, 대체로 4단으로 축조되었고, 횡구식일 가능성이 있다. 그리고 묘실 내부에 길이 50㎝, 너비 60㎝, 깊이 15~20㎝ 크기의 수혈을 만들어 놓아 유물을 매납하기 위해 만든 것으로 추정되었다. 4호 석곽묘는 호석이 갖추어져 있는데, 잔존상태로 보아 원형으로 추정되고, 남벽의 막음처리로 보아 횡구식으로 추정된다. 호석의 지름은 300~320㎝ 정도로 추정되며,[317] 북벽 위에 방형의 단을 만들어 놓아 제사와 같은 의례적인 행위가 이루어졌을 것으로 여겨졌다. 6호 석곽묘는 벽석이 3~4단 정도 남아 있고, 북벽의 최하단석은 길이 30㎝ 이상의 큰 돌을 사용했다. 그리고 북벽 굴광선 외부에 서쪽으로 약간 치우쳐서 돌이 규칙적으로 놓여져 있어 유구와 관계된 제사 등의 의례행위가 이루어졌을 가능성이 제기되었다.

5차 발굴조사에서는 4기의 석곽묘가 발굴되었다.[318] A지구 4호 석곽묘는

315) 漢陽大學校 博物館, 1996, 『富川 古康洞 先史遺蹟 發掘調査報告書』.

316) 漢陽大學校 博物館, 2000, 『富川 古康洞 先史遺蹟 第4次 發掘調査報告書』.

317) 호석의 지름은 필자가 보고서의 도면을 참고로 하여 측정한 것이다.

318) 한양대학교 문화재연구소, 2002, 『부천 고강동 선사유적 제5차 발굴조사보고서』.

〈표-18〉 부천 고강동 고분 현황

호 수	장축방향 (등고선)	묘광과 묘실 크기 및 장단비 (길이×너비×깊이cm)				해발 (m)	시상 크기 (cm)	출토 유물 (점)	특 징
		묘광	장단비	묘실	장단비 및 면적(㎡)				
1호 석곽묘	남-북 (평행)	280×170	1.64:1	190×80×60	2.37:1 1.52	66.6			시상 교란
2호 석곽묘	북동-남서 (직교)			80×30×25	2.66:1 0.24:1	85.8			남벽유실, 유아장 또는 2차장 가능성
3호 석곽묘	북동-남서 (직교)			145×60×45	2.41:1 0.87	86.4			시상 일부 훼손, 두침, 매납구덩
4호 석곽묘	북서-남동 (직교)			140×48×70	2.91:1 0.67	83.6			시상, 호석시설, 방형의 단
5호 석곽묘	북서-남동 (직교)			180×80×57	2.25:1 1.44	87.6			
6호 석곽묘	북동-남서 (직교)			210×70×68	3.00:1 1.47	83.8		개2,잔1	남벽 유실, 개석
A지구 4호 석곽묘	동북-서남 (직교)			360×120	3.00:1 4.32	34.0	360×120	유개고배1,병1	시상, 부장공간(?)
B-Ⅱ지구 1호 석곽묘	북동-남서 (직교)			370×185×108	2.00:1 6.84	71.0		인화문병1,개2,합2,	개석과 입구 완전
B-Ⅲ지구 2호 석곽묘	남-북, (직교)			326×206×118	1.58:1 6.71	71.5	104×78	병1,완1	시상, 개석, 호석
B-Ⅲ지구 3호 석곽묘	남-북, (직교)			250×184×92	1.35:1 4.6	68.0		인화문병1,발1	시상

벽체가 1~2단 밖에 남아 있지 않지만 부장공간이 동벽쪽에 마련되어 있는 것이 특징이다. B-Ⅱ지구 1호 석곽묘는 횡구식으로 훼손 되지 않은 처녀분이다. 석곽 주위로 호석이 시설되어 있고, 지름은 530㎝ 정도이며 1열로 놓였다. 개석은 장방형의 자연석 4매로 덮었고, 입구인 남벽은 큰 돌로 막

고 뒷부분도 채웠다. 묘실 바닥에는 시상이 마련되어 있고, 부장품은 피장자의 머리쪽인 북벽에 인화문 병과 합 등을 두었다. B-Ⅲ지구 2호 석곽묘는 수혈식으로 추정되고, 개석은 3매가 남아 있다. 북벽과 동·서벽이 내경해 있고, 남벽은 수직에 가깝다. 시상은 작은 돌로 마련되었고, 석곽 주변에 원형의 호석이 둘러져 있으며 추정 지름은 600㎝ 정도이다. 3호 석곽묘는 남벽이 유실되었고, 벽석은 4~5단이 수직에 가깝게 축조되었으며, 부장품은 북벽쪽에서 인화문 병 1점과 발 1점이 출토되었다.

(7) 군포 산본동 고분군

군포 산본동(山本洞) 고분군은 1990년에 군포시 산본지구에 대한 택지개발에 따라 이루어진 발굴조사에서 찾아졌다.[319] 산본지역은 주산(主山)이라고 할 수 있는 수리산(修理山, 해발 474m)의 동쪽 기슭에 위치하고, 석곽묘들은 해발 40~65m의 낮은 구릉에 분포해 있다. 유적의 행정적 위치는 산본동 산1-2번지 일원이고, 조사결과 신라 석곽묘 9기와 고인돌 11기, 도요지 1개소가 찾아졌다. 여기에서는 신라 석곽묘 9기에 대하여 살펴보도록 하겠다.

1호 석곽묘는 수혈식이고, 분구가 일부 남아 있다. 석곽의 북쪽 분구기저부에는 반원형의 호석시설이 남아 있었는데, 지름이 680㎝ 정도로 추정되었다. 시상은 북벽과 동벽에 접해 있고, 비교적 큰 판석(80×60×15㎝) 2장을 길게 놓아 만들었으며, 북벽 앞에 판석을 깔고 그 위에 합과 완을 올려놓았다. 2호는 횡혈식 석실분으로 구릉의 중턱에 위치하고, 평면이 방형이며 남벽에 연도가 마련되어 있다. 석실을 중심으로 북벽 위로 호석시설이

319) 明知大學校 博物館·湖巖美術館, 1990, 『山本地區 文化遺蹟 發掘調查 報告書』.

〈표-19〉 군포 산본동 고분 현황

호 수	장축 방향 (등고선)	묘광과 묘실 크기 및 장단비 (길이×너비×깊이㎝)				해발 (m)	시상 크기 (㎝)	출토 유물 (점)	특 징
		묘광	장단비	묘실	장단비 및 면적(㎡)				
1호 석곽묘	북서-남동 (직교)			242×95×96	2.54:1 2.29	65.0	200×60 ×15	합 1, 완 1, 과대	호석, 시상
2호 석실분	북서-남동 (직교)			280×265×114	1.05:1 7.42	62.0	동-220×77 서-180×74	병 1	호석, 시상 2기
3호 석곽묘	남-북 (직교)	330×190×90	1.73:1	220×87×80	2.52:1 1.91	63.0	180×50	인화문병 1	시상
4호 석곽묘	북서-남동 (직교)	350×190×100	1.84:1	220×92×88	2.39:1 2.02	63.0	200×76		시상
5호 석곽묘	남-북 (직교)			235×90×98	2.61:1 2.11	61.0	210×90	단경호 1, 청동과대 조각	시상, 남벽 유실
6호 석곽묘	북서-남동 (직교)			260×110×106	2.36:1 2.86	58.0		토기조각, 청동과대 조각	시상 훼손,
7호 석곽묘	북서-남동 (직교)			250×80(?)×155		41.0			시상 훼손
8호 석곽묘	북서-남동 (직교)			212×73×64	2.90:1 1.54	63.0			남벽쪽에 돌 1개 놓임
9호 석곽묘	북서-남동 (직교)			210×70×55	3.00:1 1.47	57.0			

남아 있는데, 지름이 640㎝ 정도이다. 연도는 남벽 서측에 약간 치우쳐 시설되었으며 높이 73㎝, 길이 125㎝, 너비 84㎝이다. 시상은 화강암반을 평평하게 굴착한 후 중앙부에서 동벽에 치우쳐 2기가 마련되어 있다. 3호 석곽묘는 수혈식이고, 동벽과 서벽이 위로 올라가면서 내경해 있다. 특히 북벽의 1단에는 2개의 큰 막돌을 세워서 놓고 그 위로 넓적한 포개돌을 눕혀 쌓았다. 부장품은 북벽과 서벽 사이의 모서리에서 인화문 병 1점이 출토되었는데, 토기의 바닥에 'X' 자가 음각되어 있다. 4호 석곽묘도 수혈식이고,

사진31. 군포 산본동 2호 석실분

벽석은 3~5단까지 남았으며 시상은 방형의 돌을 1단으로 깐 다음 작은 돌로 채웠다. 5호 석곽묘는 벽석이 2~5단 정도가 남아 있고, 시상은 묘실 전체에 시설되어 있으며 부장품은 북벽과 서벽 사이의 모서리에서 단경호 1점과 중앙부분에서 청동과대조각이 출토되었다. 6호 석곽묘은 수혈식이고, 벽석이 위로 올라갈수록 내경해 있으며, 부장품은 시상에서 점열문 토기조각과 청동과대조각이 수습되었다. 8호 석곽묘는 네 벽체가 비교적 잘 남아 있는데, 북벽의 1단에는 제법 큰 돌을 두고 그 위로 얇고 넓적한 돌을 종평적으로 쌓았다. 시상은 시설되지 않았던 것으로 보이며, 남벽쪽에 20×15㎝ 크기의 판석 1매를 놓아 둔 점이 특징이다.

(8) 용인 보정리 고분군

보정리(寶亭里) 고분군(사적 제500호)은 용인시 기흥구 보정동 산120번지 일원에 위치해 있는 대규모 유적이다. 보정리의 동쪽편으로는 경부고속도로와 탄천(炭川)이 남-북방향으로 지나고, 서쪽으로는 소실봉(해발 188.2m)과 그 능선이 북서-남동방향으로 발달해 있다.

고분군에는 지표조사를 통해 100여 기의 고분이 분포되어 있는 것으로 알려져 있고, 이중에서 최근에 다-19호와 다-23호분에 대하여 발굴조사가 이루어졌다.[320)]

〈표-20〉 용인 보정리 고분 현황

호 수	장축방향 (등고선)	묘실 크기 및 장단비 (길이×너비×깊이㎝)		시상 크기 (㎝)	출토유물(점)	특 징
		묘실	장단비 및 면적(㎡)			
다-19호분	동북-서남(?), 평행	420×200×180	2.10:1 8.40			호석, 시상 3기, 두침, 개석
다-23호분	북동-남서(?), 평행	410×150	2.73:1 6.15	2차-길이 190, 높이 12	방추차1, 부가구연 대부장경호2, 단각 고배2, 개3, 철부2, 호3, 단경호2	호석, 시상 2기

다-19호분은 횡구식 석곽묘이고, 봉토가 남아 있으며 호석도 비교적 큰 돌들로 시설되어 있다. 개석은 4매의 큰 판석으로 덮었고, 시상은 최소 3회에 걸쳐 만들어졌지만 남은 상태가 좋지 못하며, 시상 동쪽 옆에서 두침 1매가 찾아졌다. 호석은 괴석으로 만들었고, 4단 정도로 높이는 82㎝, 지름은 13m 정도이다. 한편 횡구부 주변에서 보조석곽 1기가 확인되었는데, 크기는 107×40×33㎝이다. 다-23호분도 횡구식 석곽묘로 봉분과 호석이 남아 있다. 벽석은 10단 정도가 남아 있고, 개석은 4매가 있으며 시상은 동·

320) 최형균, 2004, 「용인 보정리 고분군」, 『제47회 전국역사학대회』, 43~63쪽.

서 장벽과 북단벽에 접해 시설되었는데 2차례에 걸쳐 만들어졌다. 호석의 지름은 630㎝ 정도로 조사되었고, 호석에 외접하는 추정 석단의 주변에서 철부 2점과 호 3점이 출토되었다. 그리고 호석 주위에서 단경호 1점이 거꾸로 매납되어 있었고, 호석 내면에도 단경호 1점이 비스듬하게, 또 매장주체부와 이 매납부분 사이에서 단경호 1점이 봉토상에 매납되어 있었다.

두 고분의 축조시기는 다-23호에서 인화문 토기가 출토되지 않은 점으로 볼 때 6세기 중후반대로 추정된다.

(9) 용인 소실 고분군

소실 유적은 공동주택 공사에 의한 지표조사와[321] 발굴조사를[322] 통해 찾아졌다. 유적의 행정적 위치는 용인시 기흥구 보정동 산93-9번지 일원으로 소실봉 동쪽의 가지능선과 그 사면 끝자락에 자리해 있다. 유적에 대한 조사결과, 신라 석실 및 석곽묘 22기, 고려시대 석곽묘 5기를 비롯하여 주거지 22기, 수혈유구 24기 등 총 127기의 유구가 조사되었다. 여기에서는 신라 고분에 대하여 살펴보도록 하겠다.

1호 석실분은 유적의 가장 북쪽 위에 위치하고, 봉토가 일부 남아 있으며 크기가 길이 540㎝, 너비 448㎝ 정도로 조사되었다. 남벽이 횡구부로 추정되며 북벽과 동 · 서벽의 모서리 각을 죽이면서 둥글게 쌓은 점이 특징이다. 그리고 동벽과 서벽은 4단까지 수직으로 쌓고, 그 위로부터 내경하도록 했으며 종평적을 주로 하면서 부분적으로 횡평적도 했다. 2-1호 석실분은 1호 석실분과 같은 횡구식이고, 벽석은 4단 정도만 남아 있으며 장벽과 단벽이 서로 맞물리게 쌓았다. 시상은 2번에 걸쳐 시설되었는데, 1차 시상은 북

321) 세종대학교 박물관, 2002, 『용인 수지빌라트 신축공사부지 문화유적 지표조사 보고서』.

322) 畿甸文化財硏究院, 2005, 『龍仁 寶亭里 소실遺蹟 試 · 發掘調査 報告書』.

〈표-21〉 용인 소실 고분 현황

호 수	장축 방향 (등고선)	묘광과 묘실 크기 및 장단비 (길이×너비×깊이㎝)				해발 (m)	시상 크기 (㎝)	출토 유물 (점)	특 징
		묘 광	장단비	묘 실	장단비 및 면적(㎡)				
1호 석실분	북동-남서 (직교)	431×235 ×65	1.83:1	325×125 ×131	2.60:1 4.06	90.4	263×125× 15	파수부배1, 호2, 방추차1	시상
2-1호 석실분	북동-남서 (직교)	438×236	1.85:1	363×135 ×43	2.68:1 4.90	90.5	1차-300×110 ×20 2차-340×110 ×45	1차-유개고배5, 방추차2, 유개합1, 2차-유개고배1, 개1, 고배1, 단경호1, 철겸1	시상 2기, 1차 시상 옆에 부장공간 마련
2-2호 석곽묘	북동-남서 (직교)			120×45× 22	2.66:1 0.54	90.5	120×45	대부장경호1	2-1호 석실분과 관련 가능성
3호 석곽묘	동북-서남 (평행)	315×165	1.90	260×100 ×40	2.60:1 2.60	88.5	210×75×15	유개고배2, 개1, 고배4, 단경호1	시상, 동벽 유실
4호 석실분	동-서 (평행)	392×240	1.63:1	323×135 ×80	2.39:1 4.36	87.0	170×55×25	고배1, 개1, 호조각	시상, 두침, 족좌
5호 석곽묘	북동-남서 (직교)	220×175	1.25:1	150×80× 80	1.87:1 1.20	84.0	140×65×30	대부장경호1, 유개고배2, 철겸1, 철도자1	시상
6호 석실분	동북-남서 (평행)	510×284	1.79:1	350×150 ×100	2.33:1 5.25	96.0	1차-288×110× 22 2차-279×157 3차-220×70	유개고배4, 고배1, 호1, 유개대부배1, 유개합1	시상 3기, 서벽에 횡구부
7호 석곽묘	북서-남동 (직교)	180(?)× 152	1.18:1	142(?)×60	2.36:1 0.85	94.0			시상 훼손
8호 석실분	북서-남동 (직교)	420×280 ×123	1.50:1	300×95× 115	3.15:1 2.85	94.0	220×85×20	고배1, 단경호1, 대부발2, 개1, 철도자1, 청동과대	시상, 추가장 1회가능성
9호 석곽묘	북동-남서 (평행)	190(?)× 124		85(?)×72 ×50		88.5			호석, 석곽 전체의 1/2 유실
10호 석실분	북동-남서 (평행)	314(?)× 197	1.59:1	275(?)× 101(?)×40	2.72:1 2.77	92.5	207×100×25		동벽·남벽 유실, 시상 일부 유실
11호 석실분	북동-남서 (평행)	427×220	1.94:1	300×105 ×70	2.85:1 3.15	92.0	1차-180×80×15 2차-183×40×30 3차-185×60×32 4차-140×60×10	고배1, 완1	시상 4기

12호 석실분	북동-남서 (평행)	348×220	1.58:1	292×125×30	2.33:1 3.65	95.2	1차-165×72 2차-53×85	병3, 대부완2, 옹1, 완4, 방추차1 단경호1, 개3, 고배1	시상 2기, 묘도, 배수로2기, 주구
13호 석곽묘	북서-남동 (직교)	176×170	1.03:1	113×71×45	1.59:1 0.80	98.0	105×62×10	완1, 대부완1	시상
14호 석실분	남-북 (평행)	433×216(?)		385×130×60	2.85:1 5.00	93.5	120×100×44	대부완1	시상 훼손, 동벽 · 남벽 유실
15호 석곽묘	남-북 (평행)	395×220	1.79:1	318×132×40	2.40:1 4.19	92.0	198×60×25		T자형 시상, 남벽 유실
16호 석실분	북동-남서 (평행)	420×160	2.62:1	330×102×30	3.23:1 3.36	95.5	200(?)×95×9	유개대부완1, 유개고배1, 옹1, 단경호1, 철겸1	시상
17호 석실분	동북-서남 (평행)	436×252	1.73:1	320×153×75	2.09:1 4.89	89.5	1차-202×86×28 2차-287×85×43	배1, 대부발1	시상 3기, 호석
18호 석실분	동-서 (평행)	332×200	1.66:1	242(?)×102×40	2.37:1 2.46	93.0	길이 195 높이 15	유개고배2, 철겸1	시상, 동 · 남벽 유실
19호 석실분	동북-서남 (평행)	425×246	1.72:1	326×124×75	2.62:1 4.04	98.5	1차-180×70×20 2차-222×57×24 3차-232×80×25		시상 3기, 2 · 3차 시상에 두침
20호 석실분	동북-서남 (평행)	337×147	2.29:1	254×111(?)×45	2.28:1 2.81	99.5	210(?)×70×20	고배1, 개2	주구, 시상
21호 석실분	동북-서남 (직교)	452×390	1.15:1	250×182×112	1.37:1 4.55	84.5			횡혈식

동모서리에 부장공간을 따로 마련해 둔 것이 특징이고, 남동모서리에도 부장품을 두었다. 4호 석실분의 벽석은 최대 6단까지 남아 있으며 남벽과 북벽은 동벽과 맞물리도록 쌓았다. 5호 석곽묘는 수혈식이고, 할석과 천석을 섞어 축조되었다. 북벽은 큰 할석을 최하단에 놓고 그 위로 작은 할석을 놓았으며, 남벽의 축조상태도 비슷하다. 부장품은 북서쪽 모서리에서 유개고배와 대부장경호가 출토되었고, 고배와 개는 서벽과 시상에 걸쳐 나왔으며 철도자와 철겸은 시상 중앙에서 수습되었다.

6호 석실분의 벽석은 주로 횡평적을 하고 종평적도 부분적으로 했으며, 2단부터 각 벽면간이 맞물려 모를 죽여 쌓았다. 시상은 3차례에 걸쳐 시설되었고, 횡구부는 서벽으로 추정된다. 8호 석실분은 남벽에 입구가 달린 횡구식으로 2차장을 했던 것으로 추정되었고, 호석이 일부 남아 있어 봉분의 크기가 420㎝ 정도이다. 11호 석실분은 남벽에 입구가 달린 횡구식으로 4차례에 걸쳐 시상이 시설되었다. 12호 석실분도 서벽에 입구가 마련된 횡구식이고, 묘실의 북서쪽 2m 거리에 주구가 있다. 주구를 통한 봉분의 지름은 약 750㎝로 추정되고 시상은 2기가 시설되었다. 그리고 서벽부분에는 배수로 2기와 묘도부의 흔적이 있고, 부장품은 주구에서 병 1점, 대부완 1점, 옹 1점이 출토되었다. 14호 석실분은 남벽에 입구가 달린 횡구식으로 시상은 북벽과 동벽에 잇대어 시설했고, 부장품은 시상의 북측 끝에서 대부완 1점이 출토되었다. 15호 석실분도 남벽에 입구가 달린 횡구식으로 추정되고, 시상은 북벽에 잇대어 중앙에 두었다. 시상은 북벽과 잇대어 중앙에 시설되었는데, 한가지 특징은 시상의 동 · 서 양쪽으로도 부장품을 놓기 위한 공간이 마련된 점이다. 17호 석실분은 호석이 시설되어 있고, 지름이 7.2m 정도이다. 시상은 3차례에 걸쳐 만들어졌지만 3차 시상은 유실이 심하고, 부장품중 배 1점은 1차 시상 북측 중간에서, 대부발은 3차 시상의 중간부분에서 출토되었다. 18호 석실분의 부장품은 동벽의 북측에서 유개고배 2세트가, 남측에서 철겸 1점이 출토되었다. 19호 석실분의 벽체는 북벽→동벽→남벽의 순서로 축조되었고, 시상은 3차례에 걸쳐 만들었는데 2차와 3차 시상에 두침이 마련되어 있다.

20호 석실분에는 묘실의 북동쪽 250㎝ 거리에 주구가 돌아가는데 너비가 130~175㎝이고, 깊이는 35~45㎝이다. 주구의 추정 지름은 500㎝로 봉분의 지름을 파악하는데 도움을 준다. 시상은 동벽에 잇대어 묘실의 중앙에 설치되어 있고 부장품은 피장자의 왼쪽 허리부분에서 출토되었다. 21호 석실분은 연도가 우편재된 횡혈식으로 연도의 잔존 길이가 190㎝, 너비 84㎝이며 개석 1매가 얹혀진 상태이다. 벽석은 동벽→남벽→서벽→북벽의 순서로 축조되었고, 뒷채움은 4~5단까지 흙으로 보강한 후 그 위로 할석을 잇대어 채웠다.

소실유적의 고분 축조시기는 부장품중에서 개와 고배, 대부완 등을 중심으로 살펴볼 때, 6세기 후반부터 8세기 전반대로 편년되었다.

(10) 용인 대덕골 고분군

대덕골 고분군은 죽전동와 보정동의 일부 지역을 포함하는 택지개발사업부지에 대한 지표조사와[323] 발굴조사를[324] 통해 찾아졌다. 유적은 죽전지구의 가장 북쪽으로 광주시 오포면의 문형산(해발 497m)을 주봉으로 해서 남서쪽의 가지능선 끝부분에 해당된다. 유적에 대한 발굴조사결과, 통일신라시대로 추정되는 석곽묘 3기 등 총 98기의 유구가 찾아졌다. 여기에서는 신라 석곽묘 3기에 대하여 살펴보도록 하겠다.

1호 석곽묘는 암반층을 L자형으로 파고 만들어졌으며, 북서와 북동 모서리는 모죽임 흔적이 있고, 바닥에는 시상이 설치되어 있다. 그리고 동벽쪽과 시상 사이의 공간은 부장칸으로 사용되었으며 파수부배 1점이 출토되었다. 또한 서벽과 묘광 사이에서도 철부 1점이 수습되었고, 북벽과 70㎝ 정도 떨어진 곳에 평면 'ㄷ' 자 형태의 매납유구가 시설되었는데, 내부에서 완 1점이 출토되어 제사행위와 관련된 유구로 추정된다. 2호 석곽묘도 암반층을 파고 만들었고 벽석은 2~3단이 남아 있으며, 바닥에는 할석을 전체적으

323) 한신大學校 博物館, 1999, 『龍仁市 竹田地區 文化遺蹟 및 民俗調査 報告書』.

324) 畿甸文化財研究院, 2003, 『龍仁 竹田宅地開發地區內 대덕골 유적』.

〈표-22〉 용인 대덕골 고분 현황

호 수	장축방향 (등고선)	묘광과 묘실 크기 및 장단비 (크기: 길이×너비×깊이)cm				해발 (m)	시상 크기 (cm)	출토 유물 (점)	특 징
		묘 광	장단비	묘 실	장단비 및 면적(㎡)				
1호 석곽묘	북동-남서 (직교)	245×142×61	1.72:1	182×67×61	2.71:1 1.21	96.5	182×52	파수부배1, 철부1, 완1	두침, 시상, 부장칸, 매납유구
2호 석곽묘	북동-남서 (직교)	161×112×36	1.43:1	92×80×50	1.15:1 0.73	89.0		호1	두침, 시상
3호 석곽묘	남-북, (직교)	142(?)×88×20	1.61:1	108(?)×76×30	1.42:1 0.82	92.0			남벽 유실

로 깔았다. 3호 석곽묘의 북벽은 할석 1매, 동벽은 천석 2매, 서벽은 할석 3매를 놓아 만들었고, 시상이나 부장품은 없었다.

(11) 용인 동백리 고분

동백리(東栢里) 고분은 횡구식 석실분으로 기흥구 동백동과 중동 일원에 대한 택지개발사업부지에 대한 지표조사와[325] 발굴조사에서[326] 찾아졌다.

석실분은 봉토와 호석이 일부 남아 있고, 북벽→동 · 서벽→남벽의 순서로 축조된 것으로 조사되었다. 벽석은 최고 8단 정도 남아 있고, 종평

〈표-23〉 용인 동백리 고분 현황

장축방향 (등고선)	묘실 크기 및 장단비 (길이×너비×깊이cm)		해발 (m)	시상크기(cm)	출토 유물 (점)	특 징
	묘 실	장단비 및 면적(㎡)				
북동-남서 (평행)	350×198×190	1.76:1 6.90	141.5	1차-350×85×30 2차-350×68 3차-200×85×40		호석, 시상 3기, 두침

325) 수원대학교 박물관, 1999, 『용인 동백지구 지표조사 보고서』.

326) 韓國文化財寶護財團, 2005, 『龍仁 東栢宅地開發事業地區內 龍仁 東栢里 · 中里遺蹟Ⅰ』.

적과 횡평적를 혼용했으며 위로 올라 갈수록 조금씩 내경시켜 쌓았다. 시상은 모두 3차례에 걸쳐 시설되었는데 2차 시상에서 두침이 찾아졌다. 횡구부는 남벽에 마련되어 있었고, 출토유물은 없었다. 호석의 지름은 11m 정도 된다.

(12) 하남 금암산 · 객산 고분군

금암산과 객산 고분군은 하남지역에서 발견된 고분군 중 가장 많은 수의 고분이 분포해 있다. 두 고분군은 지표조사를 통해 찾아졌는데,[327] 금암산 고분군은 금암산(해발 323.5m)의 정상부로부터 북쪽 산줄기를 따라 분포되어 있다. 고분의 분포범위는 크게 8개 지구로 나누어지고, 객산 고분군은 객산(해발 291.8m)의 정상을 중심으로 남쪽으로 뻗은 산줄기를 따라 분포되어 있다. 객산 고분군은 6개 지구로 나누어지는데, 일부는 산의 경사면상에 위치한 것도 있다.

금암산 고분군에는 석실분과 석곽묘가 밀집되어 있는데, 석곽묘는 평면형태가 장방형이고 석실분 중에는 방형도 있다. 형식에 있어서는 횡구식과 횡혈식 · 수혈식이 있으며 장축은 북동-남서쪽인 것이 많고, 북서-남동쪽 · 남-북쪽 · 동-서쪽인 것이 확인되었다. 객산 고분군에서는 주로 석곽묘만 찾아졌는데, 장축이 남-북쪽인 것이 많고 북서-남동쪽인 것도 있다. 고분과 주변에서 채집된 유물은 대개 인화문 토기류와 과대조각 등이 있다.

이상으로 한강 이남지역의 고분유적에 대하여 살펴보았다. 한강 이남지

---

327) 世宗研究院, 1996, 앞의 책, 288쪽.
世宗大學校 博物館, 1999, 앞의 책, 75~83쪽.
世宗大學校 博物館, 2005, 앞의 책, 88~89쪽.

사진32. 하남 금암산 고분

사진33. 하남 금암산 고분 수습유물

사진34. 하남 객산 고분

역에는 하남 덕풍골 고분군 등 11군데 유적에서 모두 98기가 발굴되었고, 그 중에서 석실분이 20기이고 나머지 78기는 석곽묘이다. 석실분은 입구의 구조에 따라 횡구식과 횡혈식으로 나뉘는데, 횡구식의 대표적인 예로는 하남 덕풍골 2005-1호 석실분을 비롯한 용인 소실 고분군의 석실분 등이 있고, 횡혈식은 하남 덕풍골 2006-1호 석실분과 군포 산본동 2호 석실분이 있다. 석실분의 묘실에는 시상이 대부분 갖추어져 있고, 호석이 있는 경우가 많으며 부장품은 한강 이북지역의 석실분보다 적은 편이다. 석곽묘는 수혈식과 횡구식이 섞여 있고 대개 잔존상태가 좋지 못하다. 묘실의 시상은 대부분 마련되어 있으며 부장품은 한강 이북지역에 비해 적다.

2. 특징과 축조시기

한강 유역에 분포한 신라 고분의 특징은 앞에서 살펴본 자료를 통해 분포양상과 구조적 특징을 살필 수 있다. 또한 출토유물 즉 부장품을 통해서는 신라인들의 매장풍습과 축조시기를 추정해 보고자 한다.

1) 분포양상과 구조적 특징

고분의 분포양상과 구조적 특징으로는 고분의 지리적 위치에 따른 입지와 분포에 대해 살펴보고, 장축과 두향(頭向)을 통해 고분의 방향성도 분석해 보고자 한다. 그리고 고분의 구조와 축조방법을 통해서는 신라인들의 고분 축조기술과 정형성, 지역성을 파악할 수 있으며 시상과 두침, 부장품이 놓인 위치에 대해서도 알아보고자 한다.

(1) 입지와 분포양상

고분의 입지는 같은 시기에 있어서 대개 신분에 따라 결정되기도 하고, 같은 신분끼리는 누가 먼저 좋은 자리를 선점하느냐에 따라 정해졌을 것이다. 그리고 상위 신분을 표시하는 분묘는 그것들끼리 군집화(群集化) 한다는 것을 일반적 현상으로 보기도 한다.[328]

328) 金龍星, 1999, 『新羅의 高塚과 地域集團』, 춘추각, 34쪽.

한강 유역에서 조사된 신라 고분들의 입지에 대해 살펴보면, 대개 산의 정상부와 줄기, 경사면에 자리한다는 것을 알 수 있다. 물론 각 고분군에 대한 전체적인 발굴조사가 이루어지지 못하고 대부분이 개발에 따른 구제조사의 일환으로 조사된 것이 많기 때문에 명확한 결론을 얻어내기란 어려운 형편이다. 여기에서는 발굴조사된 것과 지표조사 자료를 바탕으로 고분의 입지와 분포양상을 살펴보고자 한다.

먼저, 산의 정상부를 포함한 산줄기에 입지한 고분군으로는 하남 덕풍골 고분군, 광주 대쌍령리 고분군, 용인 보정리 고분군 등이 해당된다. 그 밖에도 비록 지표조사만 이루어졌지만 하남의 금암산 · 객산 고분군과 아차산 고분군이 비교적 높은 산줄기에 입지해 있다. 특히 하남의 금암산과 객산의 고분들은 산의 정상부를 중심으로 북쪽과 남쪽의 산줄기를 따라 군집을 이루며 분포되어 있다. 금암산의 일부 고분들은 정상에서 동쪽으로 내려가는 산자락 끝지역에까지 자리해 있기도 하지만 주로 정상부에서 뻗은 산줄기에 있는 것이 특징이다.[329] 하남 덕풍골 고분군은 이성산의 북쪽 산줄기를 따라 분포해 있는데, 일부는 산의 동쪽이나 동남쪽 경사면에도 위치해 있기 때문에 엄밀히 말하자면 산줄기와 경사면에 분포된 것이라 볼 수 있다.

산의 경사면에 고분이 입지한 경우는 파주 법흥리 · 성동리 고분군과 이성산성내 고분, 하남 수리골 · 광암동 고분군, 군포 산본동 고분군, 용인 소실 고분군 등 대부분의 고분군이 해당된다. 이들 고분들은 산의 남쪽 또는 동남쪽 경사면에 L자형으로 묘광을 파고 축조되었다는 공통점이 있다. 따라서 한강 유역의 신라 고분들은 대개 산의 정상부와 줄기보다 경사면을 선호하여 축조되었음을 알 수 있다. 참고로 남한강 유역에 위치한 여

329) 황보 경, 2003, 「하남지역 고분 연구」, 『고고학』 2-2, 서울경기고고학회, 25쪽.

주 하거리 방미기골 고분군과[330] 여주 상리 · 매룡리,[331] 중원(현 충주) 누암리 고분군,[332] 충주 단월동 고분군도[333] 산의 경사면을 따라 축조되어 한강 유역 뿐만 아니라 남한강 유역의 신라 고분들도 대개 산의 경사면에 축조되었음을 알 수 있다. 그리고 서울의 가락동과 방이동의 석실분도 산경사면에 입지해 있다.[334]

다음으로 고분의 분포양상을 보면, 대규모 고분이 분포하고 있는 하남 덕풍골 고분군과 하남 금암산 · 객산 고분군, 용인 소실 · 보정리 고분군 등은 대규모로 군집을 이루고 있다. 반면 용인 동백리 고분이나 파주 교하택지개발지구에서 찾아진 고분은 단독으로 있기도 하다.[335] 최근에는 신라 고분의 분포관계와 관련하여 GIS를 이용한 고분의 공간적인 조직과 변동과정을 연구한 예가 있어 주목된다. 이 연구에 의하면, 고분이 당시의 사회적 · 이념적인 의미를 가진 행위에 의해 형성되었다고 보고 집단의 사회조직에 있어서의 변화 대응에 따라 분포양상이 달라진다는 견해를 제시하기도 했다.[336] 물론 한강 유역의 신라 고분들이 이에 적용될 수 있을런지는 아직까지 확신하기 어려우나 어느 정도의 가능성은 엿볼 수 있을 것 같다. 특히 하남 덕풍골 고분군이나 하남 광암동 고분군, 하남 금암산 · 객산 고분군, 용인 보정동 고분군의 경우 밀집도가 높은 편이고 고분 종류도 다양하기 때

330) 경희대학교 박물관, 1999, 『여주 하거리 방미기골 고분』.

331) 畿甸文化財硏究院, 2000, 『驪州 上里 · 梅龍里 古墳群 精密地表調査報告書』.

332) 忠北大學校 博物館, 1993, 『中原 樓岩里 古墳群』.

333) 建國大學校 博物館, 1994, 『忠州 丹月洞 古墳群 發掘調査報告書』.

334) 蠶室地區遺蹟發掘調査團, 1977, 「蠶室地區遺蹟 發掘調査報告」, 『韓國考古學報』 3, 韓國考古學會.
蠶室地區遺蹟發掘調査團, 1978, 「蠶室地區遺蹟 發掘調査報告」, 『韓國考古學報』 4, 韓國考古學會.

335) 漢陽大學校 博物館, 2005, 『파주 교하 택지개발지구 시 · 발굴조사 보고서』.

336) 李盛周 · 孫徹, 2005, 「GIS를 이용한 新羅古墳群 空間組織의 分析」, 『韓國考古學報』 55, 韓國考古學會, 77~103쪽.

문에 앞으로의 발굴조사에 따라 분포양상이 보다 명확하게 드러날 것으로 보인다. 현재로서는 이들 고분들이 무작위로 분포되었다기 보다는 시간에 따라 또는 피장자의 신분에 따라 분포양상이 달라졌을 가능성과 고분의 종류 즉 석실분이 포함되어 있느냐 석곽묘들만 있느냐에 따라 그 양상이 다를 것으로 여겨진다.

예를 들면, 하남 덕풍골 고분 중 석실분들은 주로 산의 정상부와 줄기 중에서도 가장 높은 곳에 위치하고, 석곽묘들은 석실분과 약간의 거리를 두고 경사면쪽으로 내려가 있다. 그리고 하남 금암산의 석실분들도 하남 덕풍골의 석실분과 같이 입지가 가장 좋은 곳을 택해 있는 반면 석곽묘들은 그 주위에 분포되어 있다. 그러나 군포 산본동 고분군의 석실분은 경사면의 가운데에 자리해 있지만 석곽묘들은 그 북쪽 위나 동 · 서 · 남쪽으로 무질서하게 퍼져 있는 모습을 띠고 있기 때문에 반드시 석실분을 중심으로 어떠한 질서를 유지하고 있다고 보기가 어려운 예라고 할 수 있다. 파주 법흥리 고분군의 A지구 1호 석실분은 다른 석곽묘들보다 낮은 곳에 위치해 있어 반드시 석실분과 석곽묘의 관계를 신분이나 묘역의 선점으로 판단하기 어려운 경우도 있다.

다음은 각 고분군의 해발별 평균에 대하여 살펴보도록 하겠다.

다음 〈표-24〉을 보면, 한강 이북지역중에서는 아차산 홍련봉 제1보루의 고분이 해발 115.2m로 가장 높은 곳에 있고, 한강 이남지역에서는 하남 덕풍골 고분군과 광주 대쌍령리 고분군이 해발 100m 이상에 있어 가장 높은 곳에 입지해 있다. 이밖에도 용인 소실 고분군과 대덕골 고분들도 각각 90m 정도에 있어 비교적 높은 곳에 분포되어 있음을 알 수 있다. 그리고 한강 이북지역의 고분들은 해발 평균 약 65m이고, 한강 이남지역의 고분들은 해발 평균 약 82m로 한강 이북지역의 고분보다 한강 이남지역에 입지한 고분들이 높은 곳에 입지해 있다. 석실분과 석곽묘의 해발관계에서는 한강 이북지역의 석실분이 48.8m이고, 석곽묘가 48.1m이고,[337] 한강 이남지역의 석실분은 평균 87.3m, 석곽묘는 81.7m인 것으로 파악되었다. 따라서 석실분이 석곽묘보다 한강 이북지역은 0.7m, 한강 이남지역은 5.6m 정도 높은 곳에 위치한다는 점을 알 수 있다. 이러한 해발관계로 볼 때, 석실분이 석곽묘에 비해 높은 곳에 자리해 있다는 것은 신분의 위계와 관련성이 있다고 할 수 있겠다. 참고로 여주 상리 · 매룡리의 고분들은 해발 40~70m, 중원 누암리 고분군은 해발 100~120m에 있고, 서울 가락동 · 방이동 고분들은 해발 40m 정도에 위치해 있다.

또한, 고분이 입지한 해발은 주변에 위치한 성곽들과도 적지 않은 관련성이 있어 보인다. 즉 고분이 가장 많이 조사된 하남지역의 경우 이성산성(二聖山城) 주변에 분포한 하남 수리골이나 하남 덕풍골 · 광암동 고분군은

〈표-24〉 한강 유역 고분군별 해발

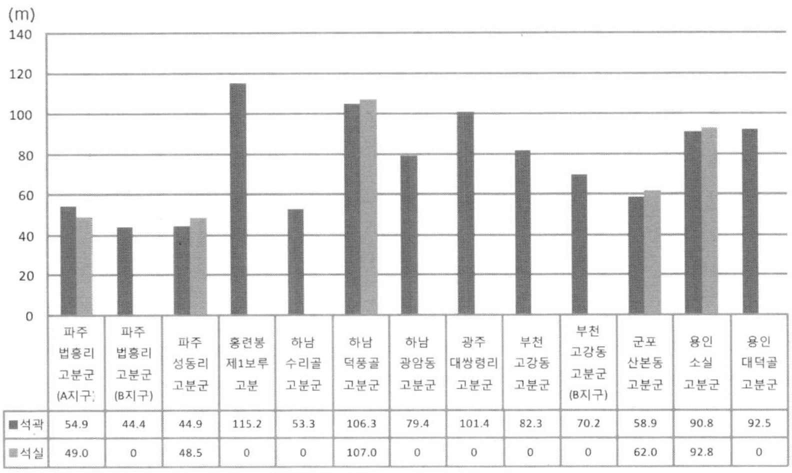

	파주 법흥리 고분군 (A지구)	파주 법흥리 고분군 (B지구)	파주 성동리 고분군	홍련봉 제1보루 고분	하남 수리골 고분군	하남 덕풍골 고분군	하남 광암동 고분군	광주 대쌍령리 고분군	부천 고강동 고분군	부천 고강동 고분군 (B지구)	군포 산본동 고분군	용인 소실 고분군	용인 대덕골 고분군
■석곽	54.9	44.4	44.9	115.2	53.3	106.3	79.4	101.4	82.3	70.2	58.9	90.8	92.5
■석실	49.0	0	48.5	0	0	107.0	0	0	0	0	62.0	92.8	0

337) 홍련봉 제1보루의 석관묘들은 소규모이면서 보루에 위치한다는 점을 감안하여 평균 값에서 제외하였다.

이성산성의 동문이나 남문으로 나와 산줄기를 따라 이동하면 어렵지 않게 도착할 수 있는 거리에 입지해 있다. 특히 하남 광암동 고분군은 이성산성으로부터 직선거리로 불과 500m 거리에 있고, 하남 덕풍골 고분군은 700m 거리에 있기 때문에 고분을 축조할 때 이성산성으로부터 이동거리가 가까우면서도 비교적 이동하기 편리한 곳을 택했다고 볼 수 있다. 또한 파주 성동리 고분군도 오두산성(烏頭山城)과 인접해 있고, 아차산 · 용마산 고분군도 아차산성의 주변에 분포되어 있다. 이렇게 성과 고분이 가까운 거리에 위치해 있는 경우는 다른 지역에서도 어렵지 않게 찾아볼 수 있는데, 최근 발굴조사가 이루어진 경북 문경의 고모산성(姑母山城)과[338] 신현리(新峴里) 고분군과의[339] 관계가 그렇다. 신현리 고분군은 고모산성과 함께 그 사용 및 축조시기에 있어 6세기를 중심으로 하고 있으며 산성으로부터 남동쪽으로 50m 거리와 동북쪽으로 반경 300m 이내에 무려 3곳의 고분군이 밀집되어 있음이 확인되었다. 이러한 분포양상은 성과 고분군이 같은 시기에 밀접한 관련이 있으며, 당시에 치열한 전투가 벌어진 곳 일수록 고분의 밀집도는 높다고 생각된다. 비록 다른 고분군에서는 성곽과 고분간의 인접성과 축조시기를 파악하기 어렵지만, 다른 성의 주변에서도 고분군이 발견될 가능성이 높을 것으로 사료된다.

(2) 장축과 두향

고분의 장축과 두향은 서로 밀접한 관련성을 갖고 있는데, 석곽묘의 경

338) 中原文化財研究院, 2004, 『聞慶 姑母山城 地表調査 報告書』.
중원문화재연구원, 2006, 「문경 고모산성 2차 발굴조사 2차 현상설명회 자료」.

339) 中原文化財研究院, 2006, 「聞慶 新峴里 古墳群 2次 發掘調査 現場說明會 資料」.
中原文化財研究院, 2007, 『聞慶 新峴里 古墳群 I』.

〈표-25〉 한강 이북지역 고분의 장축 및 등고선 관계

유적명 \ 장축 및 등고선과의 관계	남-북		북동-남서		북서-남동		합 계
	등고선과 직교	등고선과 평행	등고선과 직교	등고선과 평행	등고선과 직교	등고선과 평행	
파주 법흥리 고분군	2(1)		2		3		**7(1)**
파주 성동리 고분군		1(2)		1		11(3)	**13(5)**
홍련봉 제1보루 고분군	1		2				**3**
합 계	**3(1)**	**1(2)**	**4**	**1**	**3**	**11(3)**	**23(6)**

* (　)의 숫자는 석실분임

우는 시상이 고분의 장축과 동일하게 마련되기 때문에 절대적인 관계라고 할 수 있다. 반면 석실분은 평면형태가 방형일 경우 시상 위치가 중앙이나 한쪽 벽면으로 붙어 있는 경우가 있기 때문에 장축과 일치되지 않는 경우도 있다.

고분의 방향성은 고분이 축조될 당시의 사회적인 통념(通念)에 의해 영향을 받은 것인지 아니면 풍수지리(風水地理) 등에 기인한 지형 및 방향선택인지를 파악할 수 있는 부분이다. 한강 이북지역의 고분부터 장축 및 등고선과의 관계를 살펴보면, 위의 〈표-25〉와 같다.

한강 이북지역의 고분은 3곳의 29기(석실분 6기, 석곽묘 23기)를 그 대상으로 분석해 보았다. 분석결과, 석곽묘의 경우 총 23기중에서 장축이 북서-남동쪽인 것이 14기(60.9%)로 가장 많고, 남-북쪽과 북동-남서쪽은 17.4%와 21.7%로 거의 같은 비율이다. 따라서, 한강 이북지역의 석곽묘들은 장축에 있어서 북서-남동쪽을 가장 선호했음을 알 수 있다. 그러나 석실분의 경우 북서-남동쪽과 남-북쪽이 각각 50.0%씩 같은 비율을 나타내고 있기 때문에 석곽묘와는 다르다고 할 수 있다. 다음으로 등고선과의 관계에 있

어서는 파주 법흥리 고분군과 홍련봉 제1보루 고분군의 모든 고분은 장축이 등고선과 직교하고, 파주 성동리 고분군의 고분들은 평행하다. 결과적으로 등고선과의 관계에 있어서 파주 법흥리 · 홍련봉 제1보루 고분군과 파주 성동리 고분군과는 기본적으로 장축을 선정하는데 있어서 차이가 있다고 할 수 있다. 이와 같이 고분을 축조할 때 등고선과 직교하거나 평행하게 한 것은 비슷한 시기에 조성된 두 고분군의 축조집단이 서로 다른 전통과 장법(葬法)을 지니고 있었다는 자료라고 생각된다.

다음은 한강 이남지역 고분의 장축과 등고선 관계를 〈표-26〉을 통해 살펴보도록 하겠다.

한강 이남지역의 고분은 모두 11곳의 98기(석실분 19기, 석곽묘 79기)를 그 대상으로 분석해 보았다. 그 결과, 석실분의 장축은 북동-남서쪽이 7기

〈표-26〉 한강 이남지역 고분의 장축 및 등고선 관계

장축 및 등고선과의 관계 / 유적명	남-북		북동-남서		북서-남동	동-서		동북-서남		서북-동남	합계
	등고선과 직교	등고선과 평행	등고선과 직교	등고선과 평행	등고선과 직교	등고선과 직교	등고선과 평행	등고선과 직교	등고선과 평행	등고선과 직교	
하남 이성산성내 고분			2					1			**3**
하남 수리골 고분군	2		3								**5**
하남 덕풍골 고분군	5(1)	(1)	2	1(1)	6		1				**15(3)**
하남 광암동 고분군	2		9								**11**
광주 대쌍령리 고분군	3		1		8	1				1	**14**
부천 고강동 고분군	2	1	4		2			1			**10**
군포 산본동 고분군	2				6(1)						**8(1)**
용인 보정리 고분군				1					1		**2**
용인 소실 고분군		1(1)	2(2)	1(4)	2(1)		(2)	(1)	1(4)		**7(15)**
용인 대덕골 고분군	1		2								**3**
용인 동백리 고분				1							**1**
합 계	**17(1)**	**2(2)**	**25(2)**	**4(5)**	**24(2)**	**1**	**1(2)**	**2(1)**	**2(4)**	**1**	**79(19)**

* (　)의 숫자는 석실분임

(36.8%)로 가장 많고, 동북-서남쪽이 5기(26.3%)로 그 다음을 차지한다. 그리고 남-북쪽이 3기(15.8%), 동-서쪽이 2기(10.5%)로 적은 편이다. 등고선과의 관계에 있어서도 역시 북동-남서쪽이면서 등고선과 평행한 것이 5기(26.3%)이고, 동북-서남쪽이면서 등고선과 평행한 것이 4기(21.1%)이며 나머지 석실분들은 비슷한 양상을 보이고 있다. 따라서 석실분의 경우 장축이 북동-남서쪽과 동북-서남쪽이 많고, 등고선과는 평행한 것이 19기중 13기(68.4%)로 전체의 2/3를 차지함을 알 수 있다.

석곽묘의 경우는 79기중 장축이 북동-남서쪽인 것이 29기(36.7%)로 가장 많고, 남-북쪽인 것이 19기(24.1%)로 그 다음을 차지해서 한강 이남지역의 고분들은 장축에 있어서 북동-남서쪽과 남-북쪽을 선호했음을 알 수 있다. 그리고 등고선과의 관계에 있어서는 장축이 북동-남서쪽이면서 등고선과 직교한 것이 25기(31.6%)로 가장 많았고, 북서-남동쪽이면서 등고선과 직교한 것이 24기(30.4%)로 그 다음을 차지한다. 따라서 석곽묘의 경우 장축이 북동-남서쪽과 남-북쪽인 것이 79기 중 48기(60.8%)로 절반 이상이고, 등고선과의 관계는 평행한 것보다 직교한 것이 69기(87.3%)로 나타나 석실분과는 다름을 알 수 있다.

다음은 한강 이북지역과 이남지역의 석실분과 석곽묘에 대한 장축과 등

〈표-27〉 석실분의 장축과 등고선 비율

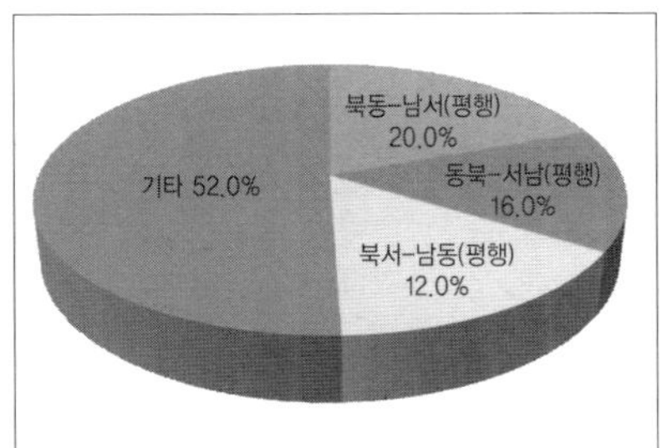

〈표-28〉 석곽묘의 장축과 등고선 비율

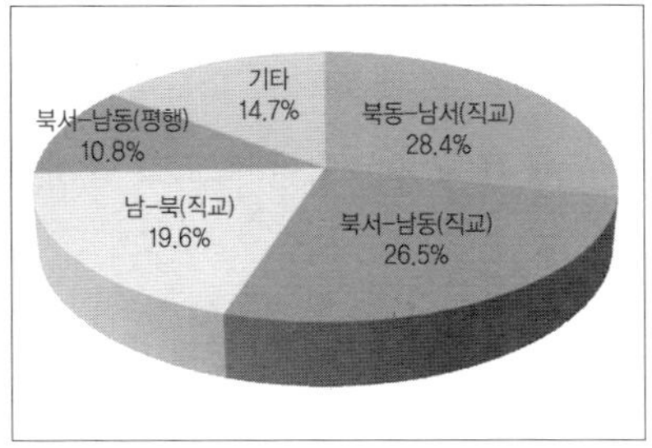

고선 비율을 도표로 나타낸 것이다.

위의 표를 통해서 알 수 있는 것은 석실분의 경우 장축이 북동-남서쪽이면서 평행한 것이 20%로 가장 많고, 그 다음으로 동북-서남쪽이면서 평행한 것이 16%라는 것이다. 석곽묘는 북동-남서쪽이면서 등고선과 직교한 것이 28.4%, 북서-남동쪽이면서 직교한 것이 26.5%로 그 다음이다. 따라서 한강 유역의 석실분과 석곽묘의 장축은 북동-남서쪽이 가장 많다는 것과 등고선과의 관계에서는 석실분은 평행한 것이, 석곽묘는 직교한 것이 확연하게 많다는 사실을 알 수 있다.

다음으로 피장자의 두향에 있어서는 일반적으로 신라 고분중에서 적석목곽분(積石木槨墳)이나 방형의 석실분은 시상(屍床)이 동-서로 설치되어 머리를 동쪽으로 두는 경우가 많은 것으로 알려져 있다.[340] 그러나 앞에서도 살펴본 바와 같이 한강 유역에서는 고분의 입지가 방향보다 더욱 중요시 되었기 때문에 피장자의 두향도 그에 따라 결정 되었음을 알 수 있다. 피장자의 머리를 어디로 두느냐가 결정되기까지는 각 시대별로 인지(認知)되었던 사회적인 통념이나 사상의 영향 또는 입지의 선택에 따라 결정되었을 것이다. 이는 무덤의 겉형태를 통해서 방위관념을 반영시킨다고 볼 수 있는데, 고구려 장군총(將軍塚) 등을 예로 들면 무덤 기단의 네모서리가 각각 동서남북을 가리키고 네모는 4면과 함께 여덟 개의 방위를 나타내 주고 있다. 또한 이러한 방위개념의 발달은 천체의 관측과도 밀접한 관련을 갖고 있다고 보기도 한다.[341] 그리고 북한의 학자들중에는 고구려의 돌칸흙무덤 방향성에 대하여 무덤을 축조할 당시에 유행했던 사신사상(四神思想)과 음양

340) 崔秉鉉, 2001, 「新羅 初期 石室墳의 樣相」, 『韓國考古學報』 44, 韓國考古學會, 125~149쪽.
341) 장철수, 1995, 『옛무덤의 사회사』, 웅진출판, 203-204쪽.

사진35. 방이동 1호 석실분

사진36. 방이동 1호 석실분 내부

오행설(陰陽五行說)이 지리풍수설(地理風水說)의 영향으로 인한 것이라 하였다.[342] 그러나, 신라 고분 특히 하남지역을 비롯한 한강 유역에서 조사된 고분들은 대개 이러한 당시의 사상적인 영향이나 경주지역에서 보이는 고분의 두향이 동쪽 위주이거나 장축이 남-북쪽인 것 보다는 지형적인 선택에 따라 장축과 두향이 결정되었을 가능성이 높다고 생각된다.[343] 특히 석실분의 경우 한강 이북지역에서 6기, 한강 이남지역에서 19기가 조사되었는데, 시상이 시설된 것은 한강 이북지역의 것은 모두 설치되었고 한강 이남지역의 것 중에는 18기로 거의 모든 석실분에 시상이 마련되었다. 이 중에서 시상이 고분의 장축과 다른 것은 하남 덕풍골 2005-1호 석실분 1기 뿐이다. 이 석실분은 입구가 중앙에 달린 횡구식으로 평면형태가 방형이고, 시상을 석실의 장축과 직교되도록 설치했다. 반면 다른 횡구식 석실분이나 횡혈식 설실분들은 시상을 고분의 장축과 일치되도록 설치했다는 점에서 어떠한 획일성을 찾기는 어렵지 않을까 한다. 참고로 서울 가락동 · 방이동의 석실분들은 장축이 남-북쪽인 것이 6기이고, 동-서쪽인 것이 2기이며 두

342) 사회과학출판사, 2001, 『고구려 고분 연구』, 65쪽.

343) 홍보식, 2004, 「통일신라의 장 · 묘제」, 『통일신라시대고고학』 제28회 한국고고학전국대회 발표요지문, 韓國考古學會, 71~97쪽.

향은 동침이 3기, 남침이나 북침이 3기이다. 여주 상리 · 매룡리 석실분들은 남-북쪽이나 북서-남동, 북동-남서쪽이 많으면서 두향은 북침이 많으며 동침과 서침도 확인되고 있다.[344] 중원 누암리의 석실분들도 장축은 남-북쪽이 많은 편이지만, 두향은 동쪽이 많은 것으로 알려져 있다.[345]

(3) 구조와 축조방법

고분의 구조를 알기 위해서는 묘광과 묘실, 입구, 연도, 봉분 등의 축조방법을 살피는 것이 중요하다. 묘광은 한강 유역의 고분들이 대개 산의 경사면에 입지해 있기 때문에 등고선과 직교하거나 평행하더라도 L자형으로 굴착한 경우가 많다. 그 중에서 등고선과 직교한 고분의 장축이 북동-남서쪽인 것을 기준으로 볼 때 묘광 깊이가 북벽쪽이 가장 깊고 남벽쪽이 상대적으로 낮다. 묘광을 굴착하는 깊이는 일반적으로 지표나 암반층을 벽 높이의 1/3이나 1/2 정도만 파고 난 후 벽을 쌓고, 너비는 벽석으로부터 보통 10~40㎝ 정도 더 넓게 판 것이 많다. 그리고 벽체가 지표상으로 많게는 절반 이상 드러나게 되므로 벽을 지탱하는 흙은 굴착과정에서 나온 흙과 주변에서 가져 온 흙으로 되메우기를 해 놓은 경우가 많다. 묘광의 장단비를 한강 이북지역과 한강 이남지역 고분으로 나누어 살펴보면 아래 〈표-29〉와 같다.[346]

아래 표에서 보는 바와 같이 석실분의 장단비에 있어서 파주 법흥리 석

---

344) 畿甸文化財硏究院, 2000, 『驪州 上里 · 梅龍里 古墳群 精密地表調査報告書』.

345) 文化財硏究所, 1991, 『中原 樓岩里 古墳群』.
文化財硏究所, 1992, 『中原 樓岩里 古墳群 發掘調査報告書』.
忠北大學校 博物館, 1993, 앞의 책.

346) 조사된 고분중에서 묘광의 크기가 정확하게 파악된 것도 있지만 그렇지 못하고 묘실의 크기만 조사된 것도 있다. 묘광의 크기를 알 수 있는 석곽묘가 적은 것은 잔존상태가 좋지 못한 것이 가장 큰 이유겠지만, 묘실이 지상에 올라와 있거나 묘광에 대한 조사를 소홀히 했기 때문인 것으로 여겨진다.

〈표-29〉 한강 이북지역 고분의 묘광 장단비

구분 / 유적명	석실분 수	석곽묘 수	분석대상 석실분	분석대상 석곽묘	석실분 장단비 평균	석곽묘 장단비 평균	비고
파주 법흥리 고분군	1	7	1	3	1.45:1	1.89:1	
파주 성동리 고분군	5	13	2	2	2.87:1	2.08:1	
홍련봉 제1보루 고분		3		1		2.04:1	
합 계	**6**	**23**	**3**	**6**	**2.16:1**	**2.00:1**	

실분의 경우 평면이 장방형이지만, 파주 성동리 석실분 2기중 경-석실 2호분의 경우 3.69:1로 나타나 매우 세장함을 알 수 있다. 석곽묘의 묘광 장단비에 있어서 파주 성동리 고분군의 석곽묘가 파주 법흥리나 홍련봉 제1보루의 석곽묘보다 약간 더 크게 묘광을 만들었음을 알 수 있다. 그와 같은 이

〈표-30〉 한강 이남지역 고분의 묘광 장단비 347)

구분 / 유적명	석실분 수	석곽묘 수	분석대상 석실분	분석대상 석곽묘	석실분 묘광 장단비 평균	석곽묘 묘광 장단비 평균	비고
하남 수리골 고분군		5		4		1.58:1	
하남 덕풍골 고분군	3	15	3	11	1.32:1	1.45:1	
하남 광암동 고분군		11		5		1.67:1	
광주 대쌍령리 고분군		14		12		1.58:1	
부천 고강동 고분군		10		1		1.64:1	
군포 산본동 고분군	1	8		2		1.79:1	
용인 소실 고분군	15	7	13	4	1.79:1	1.49:1	
용인 대덕골 고분군		3		1		1.72:1	
합 계	**19**	**73**	**16**	**40**	**1.56:1**	**1.62:1**	

347) 묘광과 묘실의 장단비를 분석한 고분 수가 조사된 고분 수보다 적은 것은 훼손이 심한 것과 소형 석곽을 제외하였기 때문이며, 장단비를 알기 어려운 몇 고분은 제외하였다.

유는 파주 법흥리 석곽묘는 등고선과 직교하여 길이와 너비를 비교적 적당하게 구획할 수 있는 반면, 파주 성동리 석곽묘들은 등고선과 평행하여 길이에 있어 자유롭지만, 너비에 있어서는 등고선과 직교하는 석곽묘와 달리 제한을 받기 때문으로 판단된다. 따라서, 석실분이나 석곽묘가 축조될 때 등고선과 직교하는 것 보다 평행한 것이 너비 조정이 자유롭지 못해 상대적으로 장단비가 높아짐을 알 수 있다.

위의 〈표-30〉에서 알 수 있는 바와 같이 석실분 19기중에서 묘광의 크기를 알 수 있는 것은 16기이다. 그러나 하남 덕풍골 석실분 3기를 제외하면 모두가 용인 소실 고분군의 석실분들이다. 용인 소실 고분군의 석실분들은 묘광 장단비 평균이 1.79:1로 나타나 파주 법흥리와 파주 성동리 고분군의 석실분들 중간에 해당되는 것으로 나타났다. 석곽묘 73기중에서 묘광의 크기를 알 수 있는 것은 40여기 뿐이다. 묘광의 장단비 평균은 1.62:1로 한강 이북지역의 고분군보다 그 비율이 0.38정도 낮아 한강 이북지역의 석곽묘

〈표-31〉 한강 유역 석곽묘 묘광 장단비 비율

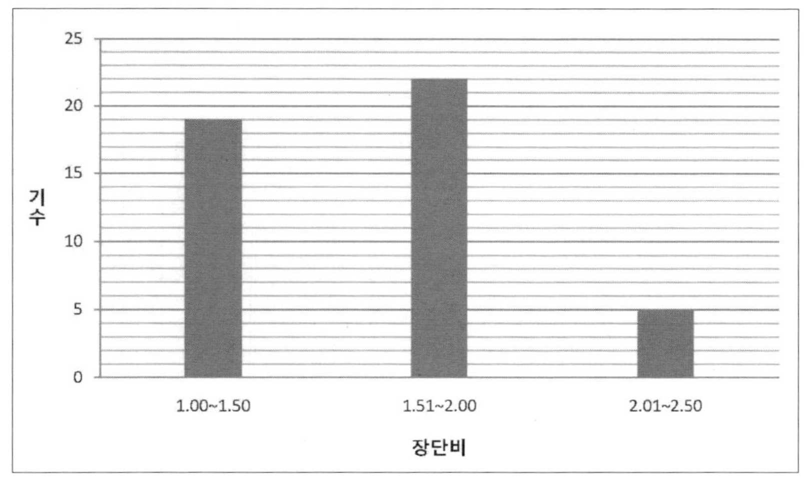

들이 이남지역의 석곽묘들보다 세장(細長)함을 알 수 있다. 그리고 한강 이북과 이남지역의 석곽묘 46기 중에서 장단비가 1.00:1~1.50:1인 것이 19기로 전체의 41.3%를 차지하고, 1:51:1~2.00:1인 것이 22기로 가장 많아 전체의 47.8%로 나타났다. 나머지 2.01:1~2.50:1인 것은 5기이다. 따라서 한강 유역의 석곽묘들은 묘광을 만들 때 장단비에 있어서 1.51:1~2.00:1 사이가 가장 많고, 근소한 차이로 1.00:1~1.50:1임을 알 수 있다.

다음으로 석실분과 석곽묘의 묘실 장단비를 살펴보도록 하겠다. 석실분과 석곽묘의 묘실 장단비는 묘광 실측조사보다 정밀하게 이루어진 편이기 때문에 분석대상이 많다. 석실분과 석곽묘의 장단비를 역시 한강 이북지역과 이남지역으로 나누어 보면, 아래의 〈표-32〉와 같다.

〈표-32〉 한강 이북지역 고분의 묘실 장단비

구분 / 유적명	석실분 수	석곽묘 수	분석대상 석실분	분석대상 석곽묘	석실분 묘실 장단비 평균	석곽묘 묘실 장단비 평균	비고
파주 법흥리 고분군	1	7	1	6	1.59:1	2.35:1	
파주 성동리 고분군	5	13	5	11	2.63:1	2.61:1	
홍련봉 제1보루 고분		3		2		2.19:1	
합 계	**6**	**23**	**6**	**19**	**2.11:1**	**2.38:1**	

표에서 보는 바와 같이 한강 이북지역의 고분 묘실 장단비에서도 파주 법흥리 고분들보다 파주 성동리 고분들의 장단비율이 높게 나타났다. 이 같은 분석결과는 묘광의 장단비가 높은 것과 비례한 결과이고, 역시 등고선이 평행하여 너비를 넓게 확보하지 못한 파주 성동리 고분들이 파주 법흥리 고분들보다 세장하다는 것을 알 수 있다. 홍련봉 제1보루의 석곽묘들도 비록 적은 숫자이지만, 세장한 편에 속한다고 할 수 있다.

한강 이남지역의 석실분 경우 다음의 〈표-33〉에서 보는 바와 같이 용인

〈표-33〉 한강 이남지역 고분의 묘실 장단비

구분 / 유적명	석실분 수	석곽묘 수	분석대상 석실분	분석대상 석곽묘	석실분 묘실 장단비 평균	석곽묘 묘실 장단비 평균	비고
하남 이성산성내 고분		3		2		2.85:1	
하남 수리골 고분군		5		4		2.04:1	
하남 덕풍골 고분군	3	15	3	11	1.63:1	2.34:1	
하남 광암동 고분군		11		5		2.08:1	
광주 대쌍령리 고분군		14		4		2.52:1	
부천 고강동 고분군		10		9		2.32:1	
군포 산본동 고분군	1	8	1	7	1.05:1	2.62:1	
용인 보정리 고분군		2		2		2.42:1	
용인 소실 고분군	15	7	12	5	2.54:1	2.22:1	
용인 대덕골 고분군		3		1		2.71:1	
용인 동백리 고분	1		1		1.76:1		
합 계	**20**	**78**	**17**	**50**	**1.75:1**	**2.41:1**	

소실 고분군의 석실분이 대다수를 차지하고 있는 가운데, 묘실의 장단비도 다른 석실분들보다 세장한 비율인 2.54:1을 나타내고 있다. 이렇게 장단비가 높은 것은 용인 소실 고분군의 석실분 중에서 등고선과 평행한 것이 적지 않기 때문이며, 이는 파주 성동리의 석실분들과 비슷한 장단비를 보인다는 점이 주목된다. 석곽묘는 분석대상 50기중에서 묘실의 장단비 평균을 구해본 결과, 평균 2.41:1임을 알았다. 이를 자세히 보면, 하남 수리골 · 광암동 고분군의 석곽묘들은 가장 낮은 비를 나타내고 있고, 하남 수리골과 하남 광암동 고분군 사이에 위치한 하남 덕풍골 고분군의 석곽묘들은 상대적으로 다소 높은 비를 나타내고 있다. 이러한 장단비의 차이는 부장품의 출토양상과도 밀접한 관련이 있는 것으로 생각된다. 즉 하남 수리골 고분

사진37. 평택 도곡리 3호 석곽묘

사진38. 평택 도곡리 3호 석곽묘 출토 대부병

군과 하남 광암동 고분군에서는 공통적으로 대부병이 출토되고 있지만 하남 덕풍골에서는 아직까지 대부병이 출토되지 않았다. 또한 축조시기에 있어서도 약간 앞설 것으로도 여겨지고 있다. 그리고 이성산성 내 석곽묘들은 이성산성이 폐기된 이후에 축조되었을 가능성이 높은데, 장단비에서도 각기 큰 차이를 보이고 있다. 이러한 현상은 이성산성이 폐기된 이후부터 석곽묘를 축조한 집단이 일정한 크기와 구조를 유지하는데 있어 규칙성에서 벗어나 다양화 되었음을 보여주는 부분으로도 여겨진다.

용인지역의 고분들중 용인 보정리 고분군과 용인 소실 고분군은 같은 산줄기상에 위치해 있기 때문인지 장단비에서 근소한 차이만 확인되었다. 그리고 부천 고강동 고분군의 석곽묘들보다 군포 산본동 고분군의 석곽묘들이 다소 세장한 비율을 보이는 점도 특징이다. 참고로 한강 유역과 인접한 여주 하거리 방미기골의 석곽묘중에서 7세기에 축조된 8기의 석곽묘 묘실 장단비는 1.96:1로 분석되어 한강 유역의 고분군들과 다소 차이점이 있음을 알 수 있고,[348] 여주 상리 · 매룡리의 횡구식 석실분의 묘광 장단비 평균은 1.99:1, 묘실 장단비는 2.22:1로 파악되었다.[349] 서울 가락동 · 방이동의 석실분 8기의 묘실 평균 장단비는 1.25:1인데, 가락동 3호분은 1.01:1로 방형이며, 방이동 1호분은 1.24:1이다. 최근 조사된 평택 도곡리 석곽묘의 묘실 장단비 평균은 2.77:1로 나타나 용인 대덕골 1호 석곽묘와 비슷하다.[350] 그리고 청주 용담동 고분군의[351] 석곽묘 25기중에서 비교적 잔존상태가 양호한 9기를 대상으로 묘실의 장단비 평균을 구해본 결과[352] 2.50:1로 나타났고, 청주 봉명동 석곽묘[353] 7기중 4기의[354] 묘실 장단비 평균은 2.82:1로 매우 세장함을 알 수 있다. 따라서, 한강 유역의 석곽묘들과 남한강 유역의 석곽묘, 그보다 남쪽인 청주지역의 석곽묘들을 비교해 볼 때 장단비에 있어 차이를 보이고 있음이 확인된다.

고분을 축조하는 방법에 있어서 석곽묘의 묘실을 만든 방법을 보면, 벽체의 경우 대개 완전하게 남아 있는 고분이 몇 기 되지 않기 때문에 어떤 정

348) 25~29호, 31 · 32 · 34호 석곽묘의 묘실 장단비 평균값을 구한 것이다.

349) 畿甸文化財硏究院, 2000, 앞의 책.

350) 세종대학교 박물관, 2006, 『평택 도곡리 유적』.

351) 國立淸州博物館, 2002, 『淸州 龍潭洞 古墳群 發掘調査報告書』.

352) 1 · 2 · 4 · 5 · 9 · 10 · 16 · 20 · 24호 석곽묘를 분석대상으로 삼았고, 7호와 14호 석곽묘는 장단비가 각각 4.18:1, 4.17:1로 묘실이 특이하게 세장하여 제외하였다.

353) 忠北大學校 博物館, 2002, 『淸州 鳳鳴洞遺蹟(Ⅰ)-Ⅰ地區 調査報告』.

354) 3~5호, 7호 석곽묘를 분석대상으로 삼았고, 나머지 3기(1 · 2 · 6호 석곽묘)는 소형 석곽묘이기 때문에 제외하였다.

형성을 파악하기가 쉽지 않다. 석곽묘의 잔존상태로 볼 때 보통 벽체를 수직으로 쌓아 올린 것이 많고, 안쪽으로 기울여 쌓은 것도 적지 않다. 그리고 돌을 놓는 방법에 있어서 1단에는 제법 큰 할석을 놓고, 장축이 북동-남서나 북서-남동쪽인 경우 특히 북벽에 큰 돌을 놓는 특징이 있다. 그와 같이 북벽에 큰 돌을 놓는 것은 고분이 산경사면에 입지한 만큼 흙의 압력을 받아 무너지는 것을 방지하기 위함이고, 입구를 제외한 세 벽의 1단에 큰 돌을 놓은 것은 벽석들은 물론 개석(蓋石)과 봉분의 무게를 지탱하기 위한 것으로 해석된다. 장축이 등고선과 평행한 경우의 석곽묘는 경사면으로부터 흙의 압력을 받는 장벽(長壁)에 제법 큰 돌을 두는데, 조사된 상태를 보면 대개가 무너져 있거나 묘실 안쪽으로 밀려 들어와 있는 경우가 많다.

각 벽면의 결합구조는 덧대어 쌓거나 맞물려 쌓았는데, 각 벽면의 모서리 부분이 직각을 이루는 것이 많지만 맞물려 쌓은 경우 모를 죽이거나 반원형을 이루는 것도 있다. 벽을 쌓는 순서는 단벽(短壁)인 북벽부터 쌓고 장벽을 그 다음으로 쌓았으며 입구쪽을 가장 나중에 쌓았다. 돌을 놓는 방법은 1단부터 최상단의 바로 아래까지는 종평적 한 것이 대부분이고, 가장 윗단은 횡평적 한 것이 많다. 가장 윗단의 돌을 횡평적 한 것은 역시 개석과 봉분의 무게를 안정적으로 분산시키는데 주된 목적이 있었을 것이다.

석실분도 축조방법에 있어서는 석곽묘와 큰 차이가 없는데, 벽을 축조할 때는 큰 할석들을 1단이나 중단에 횡평적 한 것이 있고 횡평적과 종평적을 함께 한 것도 있다. 그러나 하남 덕풍골 2005-1호 석실분은 횡구식으로 1단 벽석을 평적하지 않고 옆으로 수적(垂積)하여 여느 석실분들과는 축조방법이 다르다. 이러한 방법으로 벽체를 축조한 예는 드문 경우인데, 하남 금암산 고분군중에서도 일부 확인되어 하남지역의 석실분 중에는 넓적하고 얇은 판석재를 수적하는 방법이 적용되었던 것 같다. 고분들의 벽체는 대개 묘광 안으로 절반 정도만 들어가 있는 경우가 있고, 1/3만 들어가 있는 경우도 적지 않다. 이러한 현상은 경주지역 석실분의 석실 모두가 지형에 상관없이 지상에 설치된 점과는 대치되는 점이다.[355] 그리고 하남 덕풍골 2006-1호 석실분은 횡혈식으로 동벽과 서벽을 자연암반에 의지하여 철정으로 다듬었고, 북벽과 남벽만 할석으로 쌓아 만든 특이한 예이다. 고분의 입구가 시설된 것은 횡구식이나 횡혈식으로 나뉘고, 시신을 바로 안치하는 것을 수혈식으로 보고 있다. 그러나 일부 횡구식 석곽묘중 단장(單葬)인 경우 시신을 안치할 때 굳이 횡구부를 통했다기 보다 위에서부터 안치한 후 매장했을 가능성이 있고,[356] 추가장(追加葬)이 이루질 때에만 횡구부나 연도를 이용했을 가능성도 있다. 따라서 횡구식이나 횡혈식이라 해도 추가장이나 후대에 재사용되지 않은 경우 피장자를 입구를 통하지 않고 안치했을 개연성도 있다고 생각된다.

석곽묘중에서 횡구식으로 추정되는 석곽묘로는 파주 법흥리 A지구 4·5호, 하남 덕풍골 2005-1·3·5호, 2006-2·3호 석곽묘, 하남 광암동 5·7·9호, 이성산성내 1호 석곽묘, 부천 고강동 3·4호, B-Ⅱ지구 1호, 용인 보정리 다-19·23호, 용인 소실 고분군의 대부분 석곽묘가 해당된다. 수혈식 석곽묘로는 이성산성내 고분중 2005년에 조사된 것과 하남 수리골 고분군의 일부,[357] 부천 고강동 B-Ⅲ지구 2호 석곽묘, 군포 산본동 1·3·4·5호 석곽묘 등이다. 그리고 하남 덕풍골 2006-1호 석곽묘와 하남 광암동 7·9호 석곽묘의 경우 횡구식이면서 횡혈식처럼 연도를 형식적으로 만들어 놓

355) 崔秉鉉, 1992, 앞의 책, 476쪽.

356) 國立淸州博物館, 2002, 앞의 책 94쪽.

357) 수리골 유적의 보고자는 5기의 고분을 모두 수혈식으로 추정하였으나, 단벽이 대부분 유실된 상태여서 단정짓기는 어렵다고 생각된다(畿甸文化財硏究院, 2005, 앞의 책).

은 예이다. 이 고분들은 횡구부를 폐쇄하는데 있어 돌을 횡평적하거나 세워 놓은 점이 특징이다. 그리고 나서 입구 바깥쪽으로 몇 개의 돌을 일렬로 놓아 마치 연도를 표현하듯 시설한 점이 특이하다. 그 외 일반적인 석곽묘들은 다른 벽석들에 비해 제대로 다듬어지지 않은 할석으로 양 장벽과 덧대어 쌓거나 밖으로 물려 쌓아 폐쇄하였다.

석실분은 횡구식과 횡혈식으로 나뉘는데, 횡구식 석실분은 파주 법흥리 A지구 1호분과 하남 덕풍골 2005-1호 · 2006-2호, 용인 동백리 고분이 있다. 횡혈식 석실분은 하남 덕풍골 2006-1호분과 군포 산본동 2호 석실분, 용인 소실 21호가 대표적이다. 횡구식 석실분은 입구의 위치에 따라 다시 세분화 되는데, 파주 법흥리 A지구 1호는 우편재이고, 하남 덕풍골 2005-1호 석실분은 중앙에 시설되어 있으며, 용인 동백리 석실분은 남벽중 벽석의 4단 위부터 사용한 것으로 조사되었다. 따라서 같은 횡구식이라해도 입구의 위치나 구조는 각기 다름을 알 수 있다. 특히 횡구부가 벽석의 중간 윗부분에 마련된 것으로는 용인 보정리 석곽묘들과 여주 하거리 방미기골 고분에서도 일부 확인되고 있다. 그리고 최근 조사된 하남 덕풍골 2006-2호 석실분처럼 덮개돌과 같은 크기의 큰 돌 1매로 입구를 막는 예도 있어 주목된다.[358] 횡혈식 석실분의 연도 위치는 군포 산본동 2호 석실분이 중앙에서 왼쪽으로 약간 치우쳐 있고, 용인 보정리 소실 21호분은 우편재이다. 그리고 하남 덕풍골 2006-1호 석실분은 연도를 중앙에 설치하였는데, 연도의 바닥이 생토층 그대로를 특별히 정지하지 않고 사용했으며 입구와 묘실 사이에 장방형 돌 1매를 놓아 문지방처럼 턱을 만들어 놓기도 했다.[359] 참고로 서울 가락동 3호분은 연도가 우편재이고, 방이동 1호분은 좌편재이며 가락

358) 세종대학교 박물관, 2007, 『하남 덕풍골 유적II』.

359) 세종대학교 박물관, 2007, 위의 책.

동 2 · 5호분은 중앙에 위치하여 각기 다름을 알 수 있다. 중원 누암리나 충주 단월동의 석실분들은 대개 우편재 연도가 많은 편이다.

마지막으로 봉분과 호석시설(護石施設)에 대하여 살펴보도록 하겠다. 봉분의 크기는 고분의 전체적인 규모를 가늠하는데 도움을 줄 뿐만 아니라 피장자의 신분을 간접적으로 나타내어 주기도 하는 외형적인 요소이다. 그러나 많은 고분들이 산경사면에 축조되어 있기 때문에 봉분이 자연 유실되어 지표상에 석렬이 노출된 경우가 많다. 그렇기 때문에 최근까지도 도굴이 이루어지기도 하는데, 이러한 문제를 해결하기 위해서 인지는 단정지을 수 없지만, 호석을 설치하여 봉분이 오랜기간 유실되지 않도록 하기도 한다. 즉 호석이 고분의 경계를 표시함과 동시에 산 경사면에 입지할 경우 봉분이 깎여 허물어지는 것을 방지하기 위한 시설로 볼 수 있기 때문이다. 이에 대해 김세기는 호석은 지역이나 묘제에 관계없이 봉분 직경 10m 정도 이상의 분구를 가진 봉토분에는 일반적으로 설치되는 분묘 축조의 한 구조임과 동시에 수혈식 석실분을 비롯하여 횡혈식 석실분과 적석목곽분에 이르기까지 대부분의 봉토분에는 일반적으로 설치되는 구조물이라 하였다.[360] 그러나 한강 유역의 신라 고분들 특히 석실분에서는 반드시 호석이 시설되지 않았다. 그러한 이유는 석실분들의 경우 대개 산의 경사면 보다는 능선상에 입지하거나 경사면이라 해도 비교적 경사가 심하지 않는 곳을 택했기 때문이다. 오히려 호석이 설치된 것은 석실분보다 석곽묘가 많다. 그 예로는 군포 산본동 2호 석실분과 용인 동백리 석실분을 비롯하여 파주 법흥리 A지구 2 · 4호 석곽묘와 하남 광암동 9호 석곽묘, 용인 보정리 다-19호 석곽묘, 용인 보정리 소실 9 · 17호 석곽묘, 부천 고강동 2 · 4호 석곽묘 등이 있다. 이들

360) 金世基, 2001, 「三國時代 封土墳의 護石에 대하여」, 『古文化』 57, 韓國大學博物館協會, 60쪽.

고분의 봉분 지름은 약 6~7m 정도 인데, 용인 동백리 석실분은 11m 정도 된다. 고분에 설치된 호석은 장방형의 돌을 경사면에 평면이 원형이나 반원형이 되도록 설치했으며, 특별히 수혈을 파거나 돌을 몇 단씩 쌓아 올리지 않았다. 따라서 한강 유역의 신라 고분들은 석실분 보다는 석곽묘에 호석을 많이 설치했고, 그 구조는 매우 간단하면서도 상징적인 면보다는 기능적인 면을 강조한 것임을 알 수 있다. 참고로 문경 신현리 1 · 2 · 6-1호 고분은 호석을 경사면 아래쪽에만 설치한 특이한 예이다.[361] 이렇게 경사면 아래쪽에 호석을 설치한 것은 봉분이 무너지는 것을 방지하기 위함인 것으로 추정되기 때문에 6세기 중반 이후의 고분에 설치된 호석은 기능적인 면이 강조되었음을 알 수 있다.

(4) 시상과 두침

시상은 대부분의 고분에 마련되어 있는데, 축조방법은 할석을 사용한 것과 막돌을 사용한 것 그리고 판석을 등간격으로 놓는 방법 등 여러 가지가 있으며 바닥에 아무 시설을 하지 않고 맨바닥을 그대로 사용한 경우도 있다. 묘실 바닥에 아무런 시설을 하지 않고 맨바닥을 그대로 사용한 예로는 이성산성내 1호 석곽묘와 용인 소실 21호 석실분이 있고, 홍련봉 제1보루 2호 석곽묘와 이성산성내 2호 석곽묘는 돌대신 기와를 바닥에 깔아 놓은 것이 특징이다. 이 밖에는 대부분이 얇고 넓적한 돌을 1내지 2단으로 놓거나, 작은 할석들로 채우듯이 한 것이 많다.

먼저, 시상이 시설된 것은 묘실 전체에 만들어진 것과 일부분에 만들어진 것으로 구분된다. 시상이 설치된 위치를 구분해 보면, 아래 그림과

361) 中原文化財硏究院, 2006,「聞慶 新峴里 古墳群 2次 發掘調査 現場說明會 資料」.

같다.

〈도면〉 시상 형태별 모식도

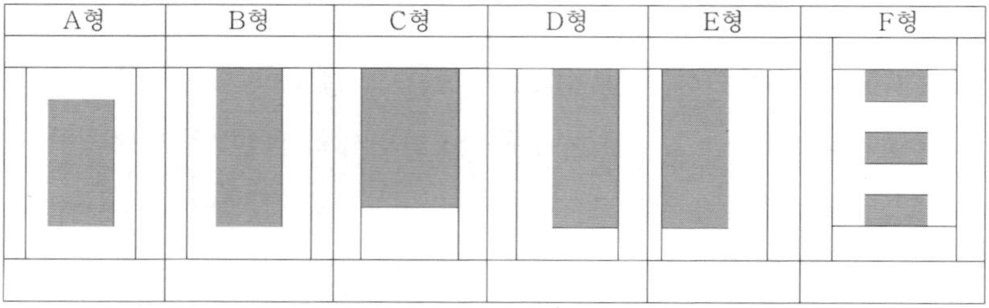

A형	B형	C형	D형	E형	F형

시상이 설치된 위치를 위의 그림에서 보듯이 모두 6가지 형태로 구분해 볼 수 있다. A형은 묘실의 가운데에 시설된 것이고, B형은 단벽쪽에 붙여 만든 것이며, C형은 입구쪽 일부를 제외한 묘실 전체에 돌을 깔아 놓은 것이다. D형은 오른쪽 장벽에 붙인 것이고, E형은 왼쪽 장벽에 붙인 것이다. 마지막으로 F형은 판석을 일정한 간격으로 놓아둔 형태로 작은 돌을 사용하지 않은 것이다.

A형의 대표적인 고분으로는 하남 덕풍골 2005-3호 석곽묘와 군포 산본동 3호 석곽묘가 있고, B형은 하남 덕풍골 2005-1호 석곽묘와 2006-5호 · 7호 석곽묘, C형은 파주 법흥리 B지구 1호 석곽묘를 비롯한 가장 많은 수를 차지한다. 그리고 D형은 군포 산본동 2호 석실분, E형으로는 하남 덕풍골 2006-2호 석곽묘, 하남 광암동 7 · 9호 석곽묘, F형은 파주 법흥리 A지구의 1 · 2 · 4 · 5호 고분 등이 있다. 특히 파주 법흥리 고분들은 판석 2~4장을 일정한 간격으로 배치해 두었고, 관정이 출토되어 피장자를 목관에 넣어 안치했음을 알 수 있다. 이러한 예로는 청주 용담동 7호 석곽묘가 있다.[362)]

362) 國立淸州博物館, 2002, 앞의 책.

이 석곽에서는 꺾쇠가 출토되었고, 여주 상리 5호 석곽묘에서는 양분되어 있는 관대(棺臺)와 관정(棺釘) 1점이 수습되었다.[363] 꺾쇠나 관정이 출토되었다는 것은 목관을 사용했다는 증거로 파주 법흥리 A지구 1호 석실분과 A지구 4호 석곽묘, B지구 2 · 3호 석곽묘에서도 관정이 출토되어 목관이 사용되었음을 알 수 있다. 따라서 목관을 사용한 고분은 시상의 개념보다는 관대의 개념으로 바닥에 판석을 등간격으로 놓았던 것이며, 여주 상리 5호 석곽묘 역시 관대를 양쪽 벽에 붙여 시설하고 가운데를 일부러 띄어 놓은 점이 특징이다. 이렇듯 시상을 시설한 방법은 크게 두 가지로 분석된다. 한 가지는 지름이 10~20㎝ 정도 되는 크기의 강돌이나 막돌을 1겹이나 2겹 정도로 깔아 만든 것이고, 다른 한가지는 판석을 사용한 것이다. 그 외 소형 석곽묘들은 묘실 전체에 돌을 깔았는데 파주 법흥리 A지구 3호 석곽묘와 하남 덕풍골 2005-2호, 하남 광암동 1~4호 석곽묘 등이 해당된다.

두침(頭枕)은 피장자의 머리를 받치기 위한 것으로 보통 장방형의 할석을 사용한 것이 많으며, 목관을 사용하지 않았다. 두침이 출토된 고분으로는 파주 성동리 경-석실 2호분을 비롯하여 하남 덕풍골 2005-3 · 5호 · 2006-4호 석곽묘, 광주 대쌍령리 1호, 부천 고강동 3호, 용인 보정리 다-19호, 용인 소실 4 · 19호, 용인 대덕골 1 · 2호, 용인 동백리 석실분 등에서 찾아졌다. 그러나 파주 법흥리 고분들에서는 두침이 출토되지 않았고 대신 관정이 많게는 50여 점부터 적게는 10여 점이 출토되어 목관을 사용했던 것으로 파악되었다. 따라서 한강 유역의 신라 고분 대부분은 목관을 사용하지 않고 피장자를 그대로 안치한 것이 많고, 두침을 사용한 것이 전체의 10% 정도여서 당시에 크게 유행한 장법(葬法)이라고 보기에는 무리가 있는 듯 하

363) 翰林大學校 博物館, 2001, 『여주 상리 고분(94 · 97년도 발굴조사 보고서)』, 45~49쪽.

다. 그러나 한강의 상류인 남한강 유역중 여주 상리 · 매룡리 1 · 4호 석실분 등을 비롯하여 여주 하거리 방미기골 3 · 4호 석실분 등, 중원 누암리 21호분 등에서도 두침이 확인되어 비교해 볼 만 하다.

(5) 부장품 위치

한강 유역의 고분에 부장된 유물은 대개 토기 몇 점과 과대금구가 있는 정도로 박장(薄葬)이지만 그나마도 도굴된 것이 많은 편이다. 여기에서는 고분에 부장한 유물을 어디에 어떻게 두는가를 살펴보고자 한다.

부장품을 두는 위치를 보면, 피장자의 머리 위쪽이나 머리 옆에 두는 것과 허리쪽에 두는 것, 발치쪽에 두는 것으로 나누어 볼 수 있고 매장과정에서 부곽(副槨)을 두거나 봉분속에 매납하는 것, 주구와 호석에서 출토되는 것도 더러 있다. 우선 부장품을 피장자의 머리 주변에 두는 것으로 하남 수리골 4호와 하남 광암동 7 · 9 · 10호 석곽묘, 부천 고강동 B-Ⅱ지구 1호 · B-Ⅲ지구 2호 석곽묘, 군포 산본동 1 · 3호 석곽묘 등이 있다. 이중에서 하남 광암동의 7 · 9호 석곽묘는 여느 고분들과 달리 시상의 동쪽 옆에 부장품을 올려 놓기 위한 받침을 만들어 놓은 것이 특징이다. 부장품 받침은 시상 보다 1단 정도 낮고 평평하게 만들었으며, 피장자의 왼쪽에 위치해 있다. 이와 비슷한 예로는 군포 산본동 1호 석곽묘에서도 찾아볼 수 있다. 이와 달리 하남 광암동 10호 석곽묘는 시상을 무덤방 전체에 깔고 피장자의 머리 오른쪽에 공간을 마련한 예에 속한다.

피장자의 허리쪽에 부장품을 둔 예로는 하남 수리골 1호 석곽묘와 광주 대쌍령리 9호 석곽묘, 용인 소실 6 · 17 · 19호 석곽묘가 있다. 하남 수리골 1호 석곽묘에서는 과대금구만 출토되었기 때문에 다른 부장품도 허리춤에 두었는지는 단정짓기 어렵다. 용인 소실 6호 석곽묘는 시상이 세 차례에 걸쳐 만들어졌기 때문에 부장품의 위치를 구별하기 쉽지 않지만, 1차 시상과 관련하여 서벽 중간부분에서 유개대부배 1세트가 출토되어 허리부분에 부장품을 두었던 것으로 파악된다. 용인 소실 17호 석실분의 3차 시상 중간부분에서 대부발이 출토되었고, 19호 석실분에서도 피장자 왼쪽 허리부분에 부장품을 두기도 했다. 피장자의 발치쪽에 부장품을 둔 것으로는 하남 덕풍골 2005-1호 석실분과 용인 소실 4호 석실분이 있다. 이 고분에서는 유개합 2점과 유개고배 2점이 시상 옆 즉 피장자의 발치 왼쪽에 놓였는데, 도굴되는 과정에서 흩어지게 된 것으로 추정되었다.

끝으로 부곽이나 부장공간을 설치한 예로는 하남 덕풍골 2005-4호와 용인 보정리 다-23호 석곽묘가 대표적이다. 하남 덕풍골 2005-4호 석곽묘는 유개고배 1점과 단경호 1점을 시상의 서쪽 옆에 두었는데, 세로방향으로 석렬을 마련한 점으로 볼 때 일부러 시상과 구분하기 위한 부장공간으로 해석된다. 그리고 용인 보정리 다-23호도 묘실의 북서쪽 모서리 부분에 별도의 공간을 만들고 부장품을 매납하였다. 참고로 용인 소실 12호 석실분의 주구에서 병 1점과 대부완 1점, 옹 1점이 출토되어 피장자를 안치한 후 되묻기를 하는 과정에서 주구에 부장품을 매납했음을 알 수 있다.

이와같이 부장품을 두는 위치는 피장자의 머리쪽이 가장 많은 것으로 나타났다. 특히 대부병이 출토된 하남 수리골 4호,[364] 하남 광암동 9 · 10호 석곽묘를 통해 7~8세기대 고분의 부장품을 두는 위치가 머리쪽이 많았음을 알 수 있다.

364) 崔秉鉉, 1995, 앞의 책, 661~700쪽.
尹相悳, 2001, 「6~7세기 신라토기 相對編年 試論-慶州芳内里古墳群 자료를 중심으로」, 『韓國考古學報』 45, 韓國考古學會, 207~246쪽.
홍보식, 2003, 『新羅 後期 古墳文化 硏究』, 춘추각, 51~110쪽.

2) 출토유물과 축조시기

고분에서 출토되는 유물은 크게 부장품(副葬品)과 관(棺)의 부속품인 관정(棺釘)이나 꺾쇠 등으로 나뉜다. 부장품은 피장자의 신분과 성별을 구별하는데 있어 중요한 요소가 되고, 관정이나 꺾쇠는 목관의 사용여부를 파악하는데 도움을 준다. 한강 유역에서 조사된 고분에서는 경주지역과 달리 박장(薄葬)의 예가 많기도 하고, 일제점령기를 거치면서 도굴된 것도 많은 편이어서 부장품을 통한 연구에 어려움이 적지 않다. 여기에서는 한강 유역의 고분에서 출토된 유물들을 통해 당시의 매장풍습과 축조시기를 파악해 보도록 하겠다. 우선 한강을 중심으로 이북지역과 이남지역의 고분에서 출토된 유물을 종류별로 정리해 보고자 한다.

〈표-34〉에서 보는 바와 같이 한강 이북지역의 석실분에서 출토된 유물

〈표-34〉 한강 이북지역 석실분 출토유물 *수량은 점

고분명 \ 종류		토기류									방추차	은제품	철기류				합계
		개	고배	완	대부완	대부장경호	호	병	잔	발			철도자	철겸	관정	기타	
파주 법흥리 A지구-1호 석실분		4		2	2		2			1			1		9	1	**22**
파주 성동리	경-석실 1호분															1	**1**
	경-석실 2호분	10	9			2	3					2					**26**
	경-석실 3호분	9	8			2	2					1		1		1	**24**
	경-석실 8호분	6	2	8		1		1			1						**19**
	전-석실분	8	7			3	1		1		1					2	**23**
합 계		**37**	**26**	**10**	**2**	**8**	**8**	**1**	**1**	**1**	**2**	**3**	**1**	**1**	**9**	**5**	**115**

은 총 115점에 이른다. 먼저 토기류부터 종합해 보면, 토기류는 총 94점이 출토되었는데 그중에서 개가 37점(39.4%)으로 가장 많은 비중을 차지하고 고배가 26점(27.7%)으로 그 다음을 차지한다. 그 외에는 완〉대부장경호〉호의 순으로 나타났으며 병과 잔은 각각 1점씩만 출토되었다. 철제품류와 기타류로는 과대금구가 파주 법흥리 A지구-1호 석실분과 파주 성동리 전-석실분에서만 출토되었고, 철도와 철겸은 각각 1점씩이 수습되었다. 특히 파주 성동리 경-석실2 · 3호분에서 출토된 은제 귀걸이와 파주 성동리 전-석실분에서 나온 금동관이 피장자의 신분과 밀접한 관련이 있는 주목되는 유물로 한강 유역 고분들에서는 출토된 바 없기 때문에 더 없이 중요한 의미가 있다고 생각된다.

다음의 〈표-35〉은 한강 이북지역 석곽묘 출토유물에 대하여 살펴본 것이다.

〈표-35〉에서와 같이 한강 이북지역의 석곽묘에서는 총 201점의 유물이 출토되었다. 그러나 관정 등을 제외한 토기류는 113점에 불과하다. 상대적으로 석실분의 개체수에 비해 토기류가 적은 이유는 파주 법흥리의 석곽묘가 대부분 도굴되어 남아 있는 것이 거의 없기 때문이다. 반면 파주 성동리의 석곽묘는 적게는 2점에서 많게는 34점이 출토되어 부장품의 종류는 물론 축조시기를 파악하는데 도움을 주고 있다.

토기류를 분석해 보면, 113점의 토기류중에서 완이 33점(29.2%)으로 가장 많고, 고배가 28점(24.8%), 개가 26점(23.0%)의 순이며 대부완이나 대부장경호는 파주 성동리 경-석곽6호분과 전-1호 석곽묘에서만 3점(2.7%)이 출토되었다. 그리고 잔이 파주 성동리 전-6호 석곽묘에서만 10점이 나와 특이한 예에 속하고, 부장품도 이 석곽묘가 가장 많은 34점이나 출토되어 전체의 30.1%를 차지한다. 과대금구는 파주 법흥리의 석곽묘 모두에서 30점이 출토된 반면, 파주 성동리의 석곽묘에서는 단 1점도 출토되지 않아 주목

〈표-35〉 한강 이북지역 석곽묘 출토유물 *수량은 점

고분명 \ 종류		토기류									방추차	철기류			합계
		개	고배	완	대부완	합	대부장경호	호	병	잔		철도자	관정	기타	
파주 법흥리	A지구-2호 석곽묘											1		1	**2**
	A지구-4호 석곽묘												50		**50**
	A지구-5호 석곽묘												23		**23**
	B지구-1호 석곽묘														
	B지구-2호 석곽묘	1				1							4		**6**
	B지구-3호 석곽묘												5		**5**
파주 성동리	경-석곽4호분	1	1	6					1						**9**
	경-석곽5호분	2													**2**
	경-석곽6호분		2	2			1								**5**
	경-석곽9호분	2	3	4				1	1						**11**
	전-1호 석곽묘	8	5				2	1				2			**18**
	전-2호 석곽묘	1		4											**5**
	전-3호 석곽묘			4						2					**6**
	전-4호 석곽묘			7	1			1			1				**10**
	전-5호 석곽묘	3	4	2				1							**10**
	전-6호 석곽묘	6	13	4					1	10				1	**35**
홍련봉 제1보루-1호 석곽묘		2				2									**4**
합 계		**26**	**28**	**33**	**1**	**3**	**3**	**4**	**3**	**12**	**1**	**3**	**82**	**2**	**201**

된다. 과대금구는 성별(性別)과 신분에 따라 착용하는 종류가 다른데, 다른 부장품이 많은 반면 과대금구가 없다는 점은 이채롭다.

아래의 〈표-36〉은 한강 이남지역의 석실분에서 출토된 유물을 종류별로 정리해 보았다.

〈표-36〉에서 보는 바와 같이 한강 이남지역의 석실분에서는 115점의 유물이 출토되었고, 그중에서 토기류가 85점, 철기류가 26점, 과대금구 및 방추차는 각각 5점과 4점씩이다. 토기류부터 살펴보면, 역시 개가 가장 많은 28점(32.9%)이고, 고배가 개와 비슷한 23점(27.1%)이며, 호가 11점(12.9%), 완과 대부완이 각각 5점과 4점 등으로 나타났다. 그리고 철기류중에서는 철

〈표-36〉 한강 이남지역 석실분 출토유물

*수량은 점

고분명		토기류									방추차	철기류				합계
		개	고배	완	대부완	합	잔	호	병	대부발		철도자	철겸	관정	기타	
하남 덕풍골	2005-1호 석실분	4	2			2								1		**9**
	2006-1호 석실분													1		**1**
	2006-2호 석실분													15	3	**18**
군포 산본동 2호 석실분									1							**1**
용인 소실	1호석실분						1	2			1					**4**
	2-1호 석실분	7	8			1		1			2		1			**20**
	4호석실분	1	1					1								**3**
	6호석실분	6	5			1	1	1								**14**
	8호석실분	1	1					1		2		1				**6**
	11호석실분		1	1											2	**4**
	12호석실분	3	1	4	2			3	3		1					**17**
	14호석실분				1											**1**
	16호석실분	2	1		1			2					1			**7**
	17호석실분						1			1						**2**
	18호석실분	2	2										1			**5**
	20호석실분	2	1													**3**
합 계		**28**	**23**	**5**	**4**	**4**	**3**	**11**	**4**	**3**	**4**	**1**	**3**	**17**	**5**	**115**

〈표-37〉 한강 이남지역 석곽묘 출토유물

*수량은 점

고분명		토기류											방추차	철기류				기타	합계
		개	고배	완	대부완	합	대부병	호	대부장경호	병	잔	발		철도자	철겸	철부	기타		
하남 수리골 1호 석곽묘																			
하남 수리골 4호 석곽묘				1		1	1												3
하남 덕풍골	2005-4호 석곽묘	1	1					1											3
	2006-3호 석곽묘																8		8
하남 광암동	4호석곽묘	1				1													2
	7호석곽묘					1													1
	9호석곽묘	1				2	1												4
	10호석곽묘	3	1			2	1												7
광주 대쌍령리	1호 석곽묘				1		1												2
	2호 석곽묘				1														1
	3호 석곽묘									1									1
	4호 석곽묘			2						1									3
	5호 석곽묘													1			1		2
	7호 석곽묘			1													1		2
	9호 석곽묘	2		2			1							4			3	5	17
	10호 석곽묘													1			1		2
부천 고강동	6호 석곽묘	2									1								3
	A지구 4호 석곽묘	1	1							1									3
	B-Ⅱ지구 1호 석곽묘	2				2	1												5
	B-Ⅲ지구 2호 석곽묘			1						1									2
	B-Ⅲ지구 3호 석곽묘						1					1							2
군포 산본동	1호 석곽묘	1		1	1														3
	3호 석곽묘						1												1
	5호 석곽묘							1											1
	6호 석곽묘																		
용인 보정리다-23호분		3	2					5	2				1			2			15
용인 소실	2-2호석곽묘								1										1
	3호석곽묘	3	6					1											10
	5호석곽묘	2	2						1					1	1				7
	13호석곽묘			1	1														2
용인 대덕골 1호 석곽묘				1							1					1			3
용인 대덕골 2호 석곽묘								1											1
합 계		22	13	10	4	9	8	9	4	4	2	1	1	7	1	3	14	5	117

겸이 3점이고, 관정은 2점만 출토되었다. 과대금구도 하남 덕풍골 2006-1호와 용인 소실 8호 석실분에서만 출토되었고, 철도자도 1점만 수습되었다.

마지막으로 〈표-37〉은 한강 이남지역의 석곽묘 출토유물에 대하여 정리한 것이다.

위의 표에서 보는 바와 같이 한강 이남지역의 석곽묘에서는 총 116점의 유물이 출토되었고, 그중에서 토기류는 86점, 철기류가 25점 등이다. 출토된 토기류중에서는 개가 22점(25.6%)으로 가장 많고, 고배가 13점(15.1%), 합과 호는 각각 9점(10.5%)의 순으로 나타났다. 철기류중에서는 철도자가 7점(63.6%)으로 가장 많이 출토되었고, 철부와 철겸이 각각 3점과 1점이 있다. 그리고 광주 대쌍령리 9호 석곽묘에서는 방울류 5점이 출토되어 주목받고 있다.

이와 같이 한강 유역에서 최근까지 조사된 신라 고분에서는 적지 않은 양의 유물이 출토되었다. 출토된 유물의 총 수량은 한강 이북지역에서 316점이고, 한강 이남지역이 232점으로 총 548점이다. 그중에서 토기류는 한강 이북지역이 207점, 한강 이남지역이 171점이다. 이를 유물의 종류별로 표로 나타내어 보면 아래 〈표-38 · 39〉와 같다.

다음으로 토기류를 세분화 하여 살펴보도록 하겠다. 토기류는 한강 이북

〈표-38〉 한강 이북지역 고분 출토유물 종류별

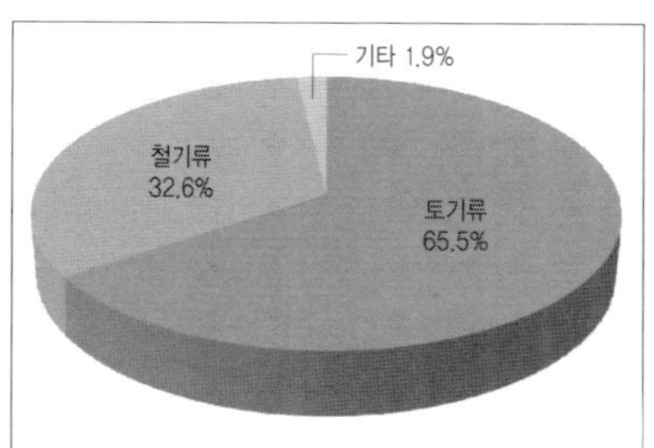

〈표-39〉 한강 이남지역 고분 출토유물 종류별

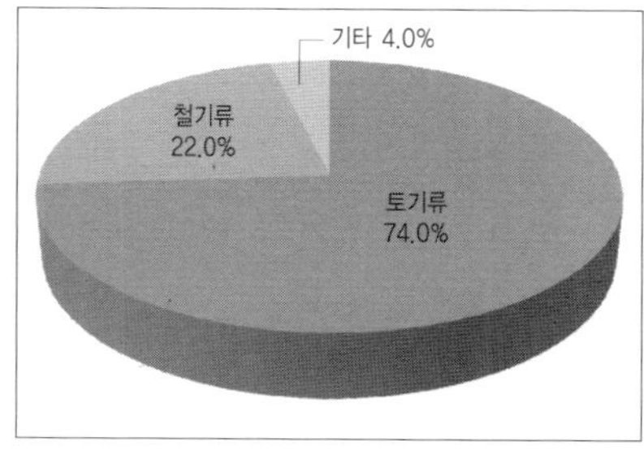

지역에서 10종류 207점이 출토되었는데, 그 중에서 개가 가장 많은 63점(30.4%)을 차지하고 그 다음으로 고배가 54점(26.1%), 완이 43점(20.8%)의 순이다. 이를 그래프로 나타내면 아래와 같다. 한강 이남지역의 고분에서 출토된 토기류는 11종류 171점이 출토되었다. 기종별로 보면, 개가 가장 많은 50점(29.2%)이고, 고배가 36점(21.1%), 호가 20점(11.7%)의 순으로 나타났다. 이를 표로 나타내면 아래 〈표-40 · 41〉과 같다.

〈표-40〉 한강 이북지역 고분출토 토기 기종 비율

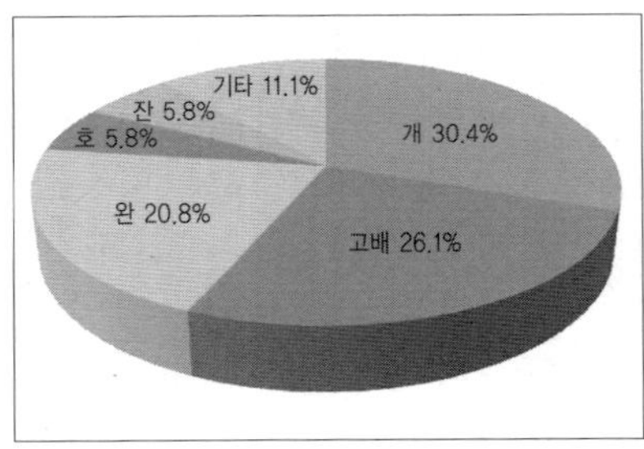

〈표-41〉 한강 이남지역 고분출토 토기 기종 비율

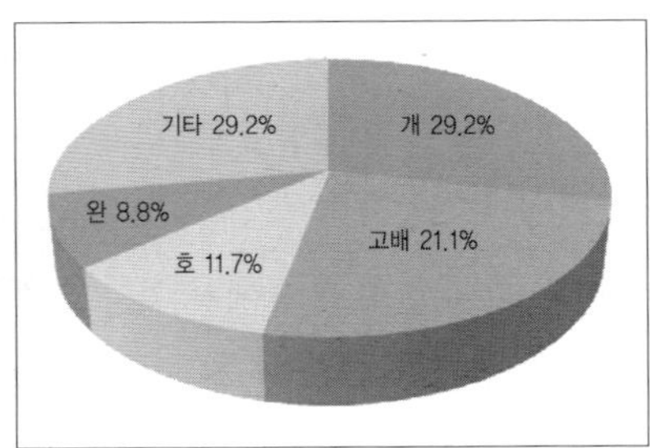

위의 〈표-40 · 41〉을 통해서 알 수 있는 바와 같이 한강 이북지역의 고분출토 유물과 한강 이남지역 고분출토 유물에 대한 분석결과 몇가지 특징을 확인할 수 있었다.

첫째, 귀금속류는 파주 성동리 고분군의 석실분에서만 확인되었다는 점이다. 귀금속류로는 금동관과 은제 귀걸이 등으로 석실분에서만 출토되어 피장자의 신분을 추정하는데 도움을 주고 있다. 즉 금동관이 출토된 파주 성동리 전-석실분은 성별문제에 있어서 피장자가 남성으로 추정되고, 은제 이식이 출토된 파주 성동리 경-석실분 2 · 3호분은 피장자가 여성일 가능성이 높다고 하겠다. 참고로 여주 하거리 방미기골 26호 석실분에서 세환식 금동제 이식이 출토되어 비교해 볼 만하고, 여주 하거리 방미기골 2호 석실분에서 태환식 금동제 이식 1쌍이 출토되기도 했다.[365] 둘째, 토기류는 한강 이북지역이나 한강 이남지역의 고분군 모두에서 개와 고배류가 가장 많이 출토되어 신라 고분의 부장품으로 즐겨 사용되었음을 알 수 있다. 그러나 다른 토기류에서는 약간의 차이를 보이고 있다. 예를 들면, 한강 이북지역 고분에서는 완과 잔이 개와 고배 그 다음으로 많이 출토된 반면, 한강 이남지역 고분에서는 완보다 호가 더 많은 비율을 차지한다. 특히 용인 보정리 고분군과 소실 고분군에서 호류가 집중적으로 많이 출토되고 있다. 그리고 토기의 사용시기를 파악하는데 도움을 주는 대부장경호와 대부병의 경우 한강 이북지역에서는 대부장경호가 출토되었지만, 대부병은 출토되지 않았다. 반면 한강 이남지역의 석실분에서는 대부장경호가 출토되지 않고 용인지역 석곽묘에서만 출토되었다. 대부병은 한강 이남지역의 하남지역과 광주 대쌍령리, 부천 고강동, 군포 산본동 석곽묘에서 8점이 출토되는 점이 하나의 특징이다.

이를 보다 세밀히 살펴보면, 대부장경호는 파주 성동리 고분군에서만 11점이 석실분과 석곽묘에서 출토되어 고분의 축조시기가 그리 긴 시간에 걸쳐 이루어지지 않았음을 보여주고 있다. 대부병은 한강 이남지역의 석곽묘에서만 8점이 출토되어 석실분과 차별성이 있는 듯 보이며 하남에서 3점, 광주에서 2점, 부천에서 2점, 군포에서 1점이 출토되었는데, 용인에서만 대부병이 출토되지 않았다. 따라서 용인의 고분군에서는 대부병 대신 호가 부장품으로 사용되었음을 알 수 있다. 부장품의 조합관계에 있어서는 큰 특징을 확인하기가 쉽지 않았다. 한강 이북지역의 석실분을 살펴보면, 도굴된 파주 성동리 경-석실1호분을 제외하면 5기의 석실분에서 개가 공통적

365) 경희대학교 박물관, 1999, 앞의 책.

으로 출토되었고, 파주 성동리 경-석실2 · 3 · 8호분과 전-석실분에서는 고배와 개가 같은 수량은 아니지만 조합관계를 이루고 있는 공통점이 있다. 그러나 한강 이북지역의 석곽묘 중 특히 파주 성동리의 석곽묘에서는 개와 고배가 함께 부장된 예가 5기 밖에 되지 않아 부장품이 출토된 10기중 절반에 해당된다. 따라서 석실분과 비교해 볼 때 개와 고배의 조합관계가 일치한다고는 보기 어렵다. 대신 완이 10기의 석곽묘 중 8기(80%)에서 출토되었는데, 적게는 2점에서 많게는 7점까지 부장되어 완류가 석곽묘에 주로 부장되었음을 알 수 있다. 그리고 개와 고배, 완이 함께 부장된 예로는 파주 성동리 경-석곽4호분 등 4기(40%)에서 확인되었다. 또한 석실분 중 부장된 토기류가 4종류인 것은 3기이고, 5종류가 부장된 것은 2기이다. 석곽묘중에서는 5종류가 부장된 것이 10기 중 2기 밖에 되지 않아서 석실분보다 토기류가 다양하지 못함을 알았다.

다음으로 한강 이남지역의 석실분과 석곽묘의 부장품 조합관계를 보면, 석실분은 부장품이 출토된 14기 중에서 개와 고배가 함께 부장된 예는 9기(56.3%)이고, 고배와 완이 각 1점씩만 출토된 예는 용인 소실 11호 석실분 단 1기(6.3%)뿐이다. 완이 출토된 석실분은 16기 중 단 2기(12.5%)로 한강 이북지역 석실분보다 그 비율이 낮은 점이 특징이다. 기종별로는 하남 덕풍골 1호 석실분이 개와 고배, 합 등 3종류만 출토된 것에 비해 용인 소실 석실분들에서는 최대 6종류이고 4종류 이상 부장된 것이 용인 소실 석실분 12기[366] 중 5기(41.7%)로 한강 이북지역의 석실분이나 하남지역 석실분보다 다양하다. 그리고 호는 용인 소실 석실분 중 7기(58.3%)에서 11점이 출토되었다. 석곽묘 중 개와 고배가 함께 출토된 것이 32기[367] 중에

366) 부장품이 출토된 석실분의 숫자임.

367) 부장품이 출토된 석곽묘의 숫자임.

서 6기(18.8%)뿐이고, 토기의 기종이 4종류 이상 출토된 것도 2기(6.3%)뿐이다. 완은 8기의 석곽묘에서 1~2점이 출토되었고, 합은 하남지역 석곽묘에서 전체 9점중 7점(77.8%)이 출토되어 편중도가 매우 높음을 알 수 있다. 대부병은 총 8점 중 3점이 하남지역 석곽묘에서 출토되어 전체의 37.5%를 차지하고, 대부장경호는 용인지역 석곽묘에서만 전량인 4점이 출토되어 각 고분군간의 축조시기가 다름을 보여주고 있다. 참고로 서울 가락동 3호분에서는 단각고배 2점과 개 2점, 병형토기 1점, 철정 5점이 출토되었고, 방이동 1호분에서는 무개식 고배 1점, 대부직구호 1점, 병 1점이 수습되었다. 중원 누암리 고분군의 석실분에서는 주로 유개식 고배와 호류가 많은 비중을 차지하고 있다.

과대금구는 파주 법흥리 고분군과 하남 수리골, 하남 덕풍골, 광주 대쌍령리, 군포 산본동, 용인 소실 고분군 등에서 출토되었는데 대체로 파주 법흥리 석실분과 석곽묘 7기에서 많이 출토되었다. 그 밖에도 여러 지역의 고분에서 골고루 확인되고 있다. 과대금구는 그 신분에 따라 달리 착용했는데, 진덕왕(眞德王) 3년(649)에 있었던 당나라의 의복령(衣服令)을 보면, 5품은 금대(金帶) 10과(銙), 6 · 7품은 은대(銀帶) 9과, 8 · 9품은 유석대(鍮石帶) 9과, 서인(庶人)은 동철대(銅鐵帶) 7과로 규정했다고 한다.[368] 신라는 이를 김춘추(金春秋)가 진덕왕 2년(648)에 당의 의식을 따라 시행하기 시작하면서부터 바뀌게 되는데, 흥덕왕 9년(834) 복식에 대한 국법을 시행하면서 6두품은 띠를 사용함에 있어 조서(鳥犀) · 유(鍮) · 철(鐵) · 동(銅)을, 5두품은 철, 4두품은 철 · 동, 평인(平人)은 동 · 철을 사용토록 하였다.[369] 이러한 문

368) 山本孝文, 2004, 「한반도의 당식과대와 그 역사적 의의」, 『嶺南考古學』 34, 嶺南考古學會, 84~86쪽.

369) 『三國史記』 卷33 雜志2 色服條 참조.

헌기록을 바탕으로 보았을 때, 7세기 중반부터는 신분에 따라 의복을 당나라와 같이 입었다는 점은 참고가 되지만 이미 그 이전부터 신분에 따라 의복이 문란했다고 하는 것으로 볼 때 과대와 같은 것은 지속적으로 착용되어 왔음을 알 수 있다.

철기류로는 철도자, 철겸, 철부, 관정 등이 있는데, 그 종류에 있어서나 출토량에 있어서는 단순하고 적은 편이다. 철도자는 5기의 고분에서 총 12점이 출토되었는데, 한강 이북지역 고분 중 3기에서 4점, 한강 이남지역의 고분 중 5기에서 8점이 나왔다. 특히 파주 성동리 전-1호 석곽묘에서 2점이, 광주 대쌍령리 9호 석곽묘에서 4점이나 출토되어 매우 드문 예이고, 일반적으로 1점씩만 출토되며 여주 매룡리 용강골 D-2호분과[370] 중원 누암리 1 · 2호 석실에서도[371] 출토된 바 있다. 철겸은 5기의 고분에서 5점이 출토되었다. 한강 이북지역 중에서는 파주 성동리 경-석실2호분에서 1점이 출토되었고, 나머지 4점은 한강 이남지역에 위치한 용인 소실 석실분과 석곽묘 4기에서 4점이 나왔다. 즉 철겸이 출토된 지역은 파주와 용인뿐이라는 점도 하나의 특징이다. 관정은 관재의 하나로 꺾쇠와 함께 신라 고분에서 찾아보기 드문 유물에 속한다. 그와 같은 이유는 피장자를 목관에 넣지 않고 묻는 경우가 많기 때문이다. 관정은 파주 법흥리 A지구와 B지구 고분에서만 91점이 출토되었고, 하남 덕풍골 석실분에서도 17점이 나왔다. 신라의 관정은 백제의 것과 다른데, 신라 관정의 특징은 못머리가 'ㄱ' 자형으로 꺾여 있는 것이 많고, 길이는 5.5~6.5㎝ 사이이며 몸통의 단면형태는 방형이나 장방형이다.

마지막으로 고분의 축조시기에 대하여 살펴보도록 하겠다. 고분의 축조

370) 翰林大學 博物館, 1989, 앞의 책, 34~35쪽.

371) 文化財研究所, 1991, 앞의 책.

시기를 파악하기 위해서는 구조적인 특징만으로 추정하기가 어렵기 때문에 대부분 출토유물을 통해서 편년을 시도하게 된다. 한강 유역의 신라 고분에서는 앞에서도 살펴본 바와 같이 부장품이 출토된 예가 적지 않고, 비교적 다양한 종류의 토기류가 확인되었다. 한강 유역의 신라 고분은 6세기 중반부터 축조되기 시작하는데, 그 중심시기는 7세기부터 8세기 전반까지이다. 그러나 파주 성동리 경희대 조사지역의 고분이나 전북대 조사지역의 고분 중 대부장경호가 출토된 석실분이나 석곽묘들은 6세기 중반부터 7세기 초까지도 볼 수 있는 요소이다.[372] 그리고 하남 덕풍골의 고분들도 6세기 중반부터 8세기 전반까지 비교적 오랜 기간 동안 축조되었음이 확인되었으며, 용인의 고분들도 6세기 후반기부터 7세기 중반기까지를 그 중심시기로 하고 있다.

따라서, 한강 유역의 고분에서 출토된 유물를 통해 알 수 있는 사실은 신라의 북진경로와 밀접한 관련이 있는 파주나 하남, 용인의 고분이 비교적 이른 시기에 축조되고 부천이나 군포 등 주요 교통로로부터 깊숙이 들어가는 지역은 다소 늦은 시기에 축조되었다.

372) 강진주, 2007, 앞의 글.

V. 불교유적의 현황과 특징

Ⅴ. 불교유적의 현황과 특징

한강 유역에 분포한 신라시대의 사지(寺址)는 그리 많이 알려져 있지 않다. 그와 같은 이유는 사지의 분포위치가 대부분 평지보다는 산에 입지해 있기 때문에 개발의 범위에서 벗어나 구제조사가 이루어지지 못한 것과 학술목적의 조사가 이루어진 곳이 거의 없기 때문이다.

이 장에서는 한강 유역의 중심에 놓인 서울과 동쪽의 하남, 남쪽의 용인에 분포된 불교유적에 대해 살펴보고 최근에 서울 은평뉴타운지구에서 명문기와를 통해 확인된 청담사에 대해서도 알아보고자 한다. 한강 유역에서 가장 많은 불교유적이 위치한 곳은 하남과 용인이고, 서울은 암사지만 발굴조사가 이루어졌을 뿐 다른 사찰들은 유래만 전해지고 있어 보다 자세한 자료를 파악하기 어려운 실정이다. 그렇기 때문에 일부는 문헌자료를 참고로 살펴보고자 한다.

1. 사지와 석조유물

한강 유역에는 적지 않은 신라의 불교유적이 분포되어 있는 것으로 조사되고 있다. 여기에서는 한강 유역의 중심에 위치한 서울지역과 하남지역, 탄천을 끼고 있는 용인지역의 사지를 중심으로 살펴보고, 아울러 주변 지역의 불교유적과 유물에 대해서도 살펴보고자 한다.

1) 지역별 사지 분포현황

(1) 서울지역

서울지역에는 삼국시대부터 통일신라시대에 창건되어 경영된 사지나 사찰이 모두 10곳으로 알려져 있다.[373] 그중에서 발굴조사가 이루어진 곳은 암사지 1곳이고, 청담사는 명문기와를 통해 실존이 확인되었으며 나머지 8곳은 지표조사만 이루어진 상태이다. 여기에서는 발굴조사가 이루어진 암사지와 장의사지, 승가사, 청담사에 대해 살펴보도록 하고, 나머지 사찰은 아래의 〈표-42〉를 통해 대략적인 내용을 정리해 보고자 한다.

〈표-42〉 서울의 사지 및 사찰

유적명	위치	시대	비고
암사지	강동구 암사동	삼국(?)~조선	『新增東國輿地勝覽』, 발굴조사
원통사	도봉구 도봉동	통일신라(?)~현재	도선국사(道詵國師) 창건설(863)
천축사	도봉구 도봉동	통일신라(?)~현재	의상대사(義湘大師) 창건설(673)
학림사	노원구 상계동	통일신라(?)~현재	원효대사(元曉大師) 창건설(671)
장의사지	종로구 신영동	삼국~조선	『三國史記』武烈王 6년(659) 창건, 『高麗史』,『朝鮮王朝實錄』, 당간지주
승가사	종로구 구기동	통일신라~현재	『新增東國輿地勝覽』, 북한산 구기리(舊基里) 마애석가여래좌상(보물 제215호, 고려), 승가사 석조승가대사상(보물 제1000호, 고려)
일선사	종로구 평창동	통일신라(?)~현재	도선국사 창건설, 보현사(普賢寺)라고도 함
백련사	서대문구 홍은동	통일신라(?)~현재	진표율사(眞表律師) 창건설(747), 부사사(淨土寺)라고도 함, 융경3년명(隆慶三年銘) 동종(1559)
봉원사	서대문구 봉원동	통일신라(?)~현재	도선국사가 현 연세대 터에 반야사(般若寺, 889)를 창건한데서 비롯됨
청담사	은평구	통일신라~조선(?)	고려~조선시대 건물지, 담장지, '三角山靑潭寺三宝草' 자 명문와 등

① 암사지

암사지(巖寺址)는 '백중사(伯仲寺)' 라고도 알려져 있는데, 『東國輿地勝覽』과 『新增東國輿地勝覽』에 "백중사는 일명 巖寺이며, 下津站에 있다"고

373) 서울역사박물관에서 실시한 지표조사 자료를 참고하였음(서울역사박물관, 2005, 앞의 책).

사진39. 암사지〈사진 출처 : 세종대학교 박물관, 2004, 『강동구의 역사와 문화유적』〉

하였다.[374] 이 내용으로 보아 조선 초기에는 절이 경승지 사찰로 이름이 나 있었던 명찰이었고, 조선 후기에는 이 부근에 서원이 세워짐에 따라 사찰이 크게 축소된 채로 조선시대 말기까지 유지되었던 것으로 추정된다.[375]

이곳에 대한 발굴조사결과, 지표면과 최상층에서 오래된 주초석이 놓인 정면 4칸, 측면 2칸의 건물 유구가 확인되었다. 정면칸과 측면칸은 각각 240㎝이어서 총 규모가 길이 960㎝, 폭 480㎝로 2:1의 비율이다. 출토유물로는 귀면문 수막새 10여 점과 연화문 수막새류, 쌍조문 · 구름문 · '官' 명 당초문 · 보상당초문 암막새 등이 있으며, 토기류와 자기류도 출토되었다.[376] 그리고 사지에서는 석탑 옥개석도 발견되어 석탑이 있었음을

374) 『新增東國輿地勝覽』 廣州牧 佛宇條.

375) 世宗大學校 博物館, 2004, 앞의 책, 185쪽.

376) 文明大, 1991, 「廣州地域 寺址發掘의 성과와 의의」, 『佛敎美術』 10, 東國大學校博物館, 174~184쪽.

알 수 있고, 도로 건너편에서도 기와편이 수습되므로 사역이 매우 넓었을 것으로 추정된다. 한편 최근에 이루어진 지표조사에서 사선문류 등의 신라 기와편과 고려~조선시대 기와편이 수습되기도 하여 발굴조사 때 출토된 유물과 크게 다르지 않음이 재차 확인되었다. 따라서 암사지는 통일신라시대를 전후한 때에 창건되었고, 조선시대 중반기까지 경영되었던 것으로 여겨진다.

② 장의사지

장의사(莊義寺)는 무열왕(武烈王) 6년(659)에 창건되었다고 전하지만 현재는 당간지주만 남아 있다. 이 사찰은 백제와의 황산(黃山) 전투에서 전사한 신라 장수 장춘랑(長春郞)과 파랑(罷郞)의 명복을 빌기 위하여 세웠다고 하며,[377] 고려 태조가 지은 장의사 재문(齋文)중에도 나타난다. 또한 891년에

사진40. 장의사지와 당간지주

377) 『三國史記』 卷5 新羅本紀5 武烈王 6年條 "五月…王大驚異之 厚賞兩家子孫 仍命所司 創漢山州莊義寺 以資冥福".

사진41. 장의사지 수습유물

는 원종대사가 22세의 나이로 장의사에서 구족계를 받았다고도 한다.[378] 그 이후 고려의 선종(宣宗), 예종(睿宗), 인종(仁宗) 등이 남경(南京)에 왔던 길에 다녀간 일이 있고,[379] 조선 태조비인 신의왕후(神懿王后)의 기신제가 이 곳에서 있은 이후 왕실의 특별한 비호(庇護)를 받았으나,[380] 연산군(燕山君)은 풍류를 즐기던 장소로 삼다가 연산군 12년(1506)에 절을 철거하고 그 자리에 꽃밭을 만들고 꽃을 심게 하였다.[381] 그러나 현재는 사지로 추정되는 곳에 초등학교가 자리해 있어 정밀조사가 제대로 이루어지지 못하였다. 필자가 최근 장의사지로 추정되는 세검정초등학교를 답사한 결과, 운동장과 화단주변에 적지 않은 양의 기와류가 분포되어 있음을 확인하기도 하였다.

③ 승가사

승가사(僧伽寺)는 경덕왕(景德王) 15년(756)에 수태(秀台)가 창건한 절이며, 절 이름은 당나라 고종 때 장안(長安)의 천복사(薦福寺)에서 관음보살의 화신으로 추앙 받았던 승가대사(僧伽大師)를 기리는 의미에서 붙여졌다

---

378) 『朝鮮金石總攬』 上, 「高達院元宗大師慧眞塔碑」.

379) 『高麗史』 卷10 世家10 宣宗 7年條 "冬十月丙午 王奉太后幸三角山庚戌幸僧伽窟遂幸藏義寺…".
『高麗史』 卷14 世家14 睿宗 12年條 "八月戊午 幸南京…癸未幸 僧伽窟及藏義寺".
『高麗史』 卷15 世家15 仁宗 4年條 "冬十月…己未幸藏義寺".

380) 『太祖實錄』 卷15, 太祖 7年 9月22日條 "神懿王后의 忌齋를 莊義寺에서 베풀었다".

381) 『燕山君日記』 卷61, 燕山君 12年 2月30日條 "장의사를 철거하고 그 기지에 넓게 화단을 쌓고 각종 화초를 심으라. 그리고 따로 동구(洞口)에 땅을 골라 이궁(離宮)을 짓고 또한 화단을 쌓으라".

고 한다.

문헌기록중에는 『高麗史』에 장의사와 함께 "僧伽窟"로 기록되었고,[382] 『新增東國輿地勝覽』漢城府 佛宇條에도 승가굴에 관한 기록이 전하고 있다.[383] 따라서 통일신라시대 이래로 현재까지도 그 법등이 이어져 오고 있음을 알 수 있다. 현재는 대웅전과 약사전, 명부전, 산신각, 향로각, 동정각, 법종각, 요사채 등 많은 건물이 있다. 지정문화재로는 고려시대에 조성된 구기리 마애석가여래좌상과 승가사 석조승가대사상이 있고, 조선시대에 만들어진 성월당대선사(城月堂大禪師) 부도와 탑비(1802년)가 있다.[384] 이 사찰은 문헌자료와 석불 등으로 볼 때 통일신라시대에 창건되었을 개연성이 높은 편이다.

④ 청담사

청담사(靑潭寺)는 정확히 언제 창건되어 폐사되었는지는 알려지지 않았으나, 최치원이 신라 효공왕(孝恭王) 8년(904)에 저술한 『法藏和尙傳』에 "海東華嚴大學之所有十山…漢州負兒山靑潭寺也"[385]라 전한다. 청담사는 최근 발굴된 은평뉴타운 3지구 A공구에서 고려~조선시대 건물지와 함께 '三角山靑潭寺三宝草' 자 명문와가 출토되어 주목받고 있다.

건물지는 북한산 응봉(鷹峰)의 북동쪽 끝자락에 위치하고, 북쪽 위로는 창릉천이 흐른다. 조사지역의 동쪽 경계에는 석불입상이 안치된 자씨각(慈氏閣)

382) 『高麗史』卷11 世家11 肅宗 4年條 "九月…甲戌 幸僧伽窟設齋…".
『高麗史』卷12 世家12 睿宗 3年條 "九月…壬午 幸僧伽窟".

383) "옛날 신라시대의 狼跡寺 스님 수태가 승가대사의 거룩한 행적을 익히 듣고 삼각산 남쪽에 좋은 자리를 정하여 바위를 뚫어 굴을 만들고 돌을 쪼아 형상을 새기니 대사의 어진 모습이 더욱 우리나라에 비추었다"고 기록됨.

384) 서울역사박물관, 2005, 앞의 책, 15~16쪽.

385) 成均館大學校 大東文化研究院, 1972, 『唐大薦福寺故寺主飜經大德法藏和尙伝』, 275쪽.

과 불두가 소실된 석불좌상 · 석탑 기단석 등이 있다. 조사지역에서는 고려~조선시대 건물지 5동과 담장 등이 발굴되었으며, 연화문과 귀목문 막새류와 어골문, 격자문 등의 기와류를 포함한 청자와 백자류가 출토되었다.[386] 건물지 중 1호 건물지와 3호 건물지는 정면 8칸(?)에 측면이 1칸이고,[387] 2호 건물지는 정면 7칸에 측면 3칸이다.[388] 각 건물의 주칸은 4m 정도이고, 방향은 1 · 2호 건물지가 남향, 3호 건물지가 동향이다. 이러한 현황을 바탕으로 볼 때, 이들 건물은 일반적인 생활용 건물보다는 특수 용도의 건물로 파악되고 있다. 그러나 이들 건물지가 어떤 형태로든 청담사와 관련이 있을 가능성은 높으나 청담사지의 터인지는 쉽게 판단하기 어려운 상황이다.[389] 다만, 청담사의 위치가 현재의 북한산이었음은 '三角山靑潭寺三宝草' 자 명문와에 보이는 삼각산이란 명칭과 『法藏和尙傳』의 "漢州負兒山"이라 하여 모두가 북한산의 옛이름을 말하고 있다. 따라서 청담사의 위치는 명문와와 문헌기록을 통해서 북한산 일원임을 알 수 있겠다.

(2) 하남

하남에는 많은 사지와 불상이 남아 있는 곳으로 유명하다. 특히 사지는 사찰이름이 밝혀지거나 추정되는 곳이 많기 때문에 창건이나 중창시기를 파악할 수 있으며, 춘궁동과 교산동을 중심으로 불교유적과 유물의 밀집도가 다른 어느 지역보다 높은 편이다. 하남의 사지에 대한 조사내용을 정리해

386) 한강문화재연구원, 2008, 「은평뉴타운 도시개발사업지구 3지구내 문화재 발굴조사 지도위원회」 자료 참조.

387) 1호 건물지 규모는 33.7(?)×9m, 3호 건물지는 32.4×8.8m이다.

388) 2호 건물지 규모는 31.8×13.5m이다.

389) 박성희, 2008, 「서울 은평 뉴타운 도시개발사업지구(3지구 A-2지점) 문화재 발굴조사」, 『계간 한국의 고고학』 8호, 69쪽.

보면 〈표-43〉과 같다.

표에서 보는 바와 같이 하남에는 금암산(金岩山)을 중심으로 12곳의 사지가 위치해 있다. 이 밖에도 금암산 마애불이나 태평2년명 마애약사불좌상 등도 있기 때문에 하남은 면적에 비해 많은 불교유적이 밀집되어 있다고 하겠다. 여기에서는 시 · 발굴조사된 동사지(桐寺址)와 천왕사지(天王寺址)를 중심으로 살펴보고, 명문기와가 출토되었거나 문헌상에 나타난 약

〈표-43〉 하남의 사지 및 사찰

유적명	위 치	시 대	비 고
동사지	춘궁동 (금암산자락)	삼국(?)~조선	춘궁동 5 · 3층석탑(보물 제12 · 13호), 8각 대좌(?), 금당지, '廣州桐寺' 자 등의 명문와, 신라 토기 및 기와류
천왕사지	하사창동	삼국(?)~조선	『高麗史』·『朝鮮王朝實錄』, 춘궁리 철조석가여래좌상 출토 추정지, 목탑지, 심초석, 건물지, 담장지, '天王' 자 등의 명문와, 신라 토기 및 기와류
약정사지	금암산	통일신라~조선	『新增東國輿地勝覽』, 석불 1구, 금당지, 축대, '藥井寺' 자 명문와, 신라 토기 및 기와류
신복선사지	금암산	통일신라~조선	『新增東國輿地勝覽』·『東文選』, 금당지, 축대, 석물, 신라 토기 및 명문 · 평기와류
자화사지	금암산	통일신라~조선	석불 2구, 금당지, 축대, 석물, '慈化寺' 자 명문와, 신라 토기 및 기와류
추정 봉수사지	항동	통일신라~조선	『新增東國輿地勝覽』, 건물지, 석불 1구(법화사지로 이전됨), 신라 기와 및 토기류
금암산 일명사지1	금암산	통일신라(?)~조선	건물지, 축대
금암산 일명사지2	금암산	통일신라(?)~조선	건물지
교산동 일명사지	교산동	삼국(?)~조선	석탑재, 건물지
상사창동 일명사지	상사창동	통일신라~조선	건물지, 축대
법화사지	청량산	통일신라~조선	석불 1구, 석탑재, 부도, 신라 기와 및 토기류
하사창동 일명사지	하사창동	통일신라~조선	석재대좌 3기, 장대석, 초석, 신라 기와 및 토기류

정사지(藥井寺址)와 신복선사지(神福禪寺址) 등에 대해서도 알아보고자 한다.

① 동사지

동사지(桐寺址, 사적 제352호)는 하남시 춘궁동 460번지 일원에 위치해 있고, 1988년에 발굴조사가 이루어졌으며,[390] 그 이전부터 춘궁리 오층석탑(보물 제12호)과 삼층석탑(보물 제13호)으로 인해 잘 알려진 곳이다. 동사지는 천왕사지와 달리 문헌상에서 관련 기록이 확인된 바가 없고, 도로건설로 인한 구제조사의 성격을 띠고 제한된 범위에 대해서만 발굴조사가 이루어졌으므로 전체적인 사역(寺域)이 제대로 파악되지 못하였다.

조사된 내용을 보면, 동사지는 모두 4곳의 사지로 구분된다. 제1사지에서는 금당지와 제2건물지, 제3건물지 등이 조사되었고, 제2사지와 제3사지에서는 관련 유구와 유물이 수습되었으며 제4사지는 지표조사 정도만 이루어졌다. 금당지의 규모는 정면 7칸(28.9m), 측면 6칸(20.8m)이고, 기단 규모는 34.3×26.2m로 대형건물지였음이 밝혀졌다. 금당지의 가운데에는 불상의 대좌로 보이는 8각대좌유구(하대석)가 있는데, 직경 510㎝, 한 변의 길이가 210㎝나 되며 중심부에 심초석이 있고 사리공으로 추정되는 구멍이 있다. 이 대좌는 춘궁리 오층석탑과 일직선을 이루고 있어서 가람배치가 1탑1금당 형식이었을 가능성이 있다. 제2건물지는 금당지의 북쪽 옆에 위치해 있으며 측면 중심축은 금당의 측면 중심축과 거의 일치하고 있다. 이 건물은 맞배지붕을 갖춘 정면 5칸(22.5m), 측면 2칸(6.4m)이고, 정면 주초의 심심간은 450㎝로 어간, 툇간 모두 같고 측면은 320㎝이다. 제3사지는 제1사

390) 文明大, 1988, 「廣州春宮洞桐寺址發掘調査報告書」, 『板橋-九里 · 新葛-半月間高速道路 文化遺蹟 發掘調査報告書』, 忠北大學校 博物館, 113~123쪽.

사진42. 동사지 8각대좌

사진43. 동사지 8각대좌 세부 모습

지로부터 서북쪽 산허리에 위치한 금암산 마애불 일원이다. 마애불도 일찍부터 알려져 왔던 곳으로 1987년 11월에 이곳에서 금동불 2구가 발견되기도 하였다. 이곳에 대한 조사는 마애불의 앞쪽을 중심으로 이루어져 계단지와 전실(前室)로 추정되는 시설이 있었던 것으로 파악되었다. 제4사지는 탑 동쪽 산록에 길게 형성되어 있으며 주로 둥근 초석들이 많이 발견되었다. 또한 1971년 이곳에서 도굴된 불구(佛具)를 회수하여 국립중앙박물관으로 옮겨 보관하고 있다.[391)]

출토유물중에는 '廣州桐寺' 자가 새겨진 명문와가 발견되어 주목된다. 발

391) 文明大, 1991, 앞의 글, 184~220쪽.

굴조사가 이루어지기 전에는 춘궁리 사지로 알려져 있었고, 1983년에 이곳에서 다양한 막새류와 '辛酉廣州桐寺' · '興國' 자가 시문된 고려시대 명문와가 수습되기도 하였다.[392] 그리고 막새류는 주로 통일신라시대에 만들진 쌍조문과 연화문 수막새가 대표적이고, 당초문과 해무늬 암막새가 있으며 양감이 풍부한 귀면와도 출토되었다.

② 천왕사지

천왕사지(天王寺址)는 하남시 하사창동 340번지 일원에 위치해 있고, 지표조사를[393] 통해 찾아져 두 차례에 걸쳐 시굴조사가[394] 이루어진 바 있다.

천왕사에 대한 문헌기록은 『高麗史 』신돈편과[395] 『高麗史節要』공민왕 15년[396] 기록에서 찾아볼 수 있으며, 여주 고달사지(高達寺址)에 있는 「高達寺元宗大師慧眞塔」(보물 제7호)에도 원종대사(869~958년)가 태조의 뜻에 따라 광주 천왕사에 머문 기록이 있다.[397] 또한 『朝鮮王朝實錄』에도 천왕사에서 사리를 받쳤다는 내용의 기사가 남아 있다.[398]

---

392) 정영호, 1983, 「廣州春宮里寺址一考」, 『藍史鄭在覺博士古稀紀念東洋學論叢』, 543~552쪽.

393) 世宗研究院, 1996, 『河南市 校山洞一帶 文化遺蹟』, 154~215쪽.
世宗大學校 博物館, 1999, 앞의 책, 210~225쪽.

394) 韓國文化財保護財團, 2001, 『河南 天王寺址 試掘調査 報告書』.
韓國文化財保護財團, 2002, 『河南 天王寺址 2次 試掘調査 報告書』.

395) 『高麗史』 卷132 列傳45 辛旽編 "신돈이 재추들과 함께 광주 천왕사의 사리를 왕륜사로 맞아왔을 때 왕이 백관을 영솔하고 구경갔다…".

396) 『高麗史節要』 卷28, 恭愍王 15年 4月條 "신돈이 재추들과 광주 천왕사의 불사리를 맞이하여 왕륜사에 두었다. 왕이 백관을 거느리고 가서 보고 황금과 채색비단을 보시하고 또 중에게 베 800필을 내려주었다…".

397) 『朝鮮金石總攬』 上, 「高達院元宗大師慧眞塔碑」.
허흥식, 1984, 「高達院元宗大師慧眞塔碑」, 『韓國金石文全文』 中世上卷, 아세아문화사, 115쪽.
金世民 · 張得振 編著, 1998, 『河南市史料集』 1, 河南文化院, 138~142쪽.

398) 『世宗大王實錄』 卷112 世宗 28年 4月 23日條 "광주 천왕사의 사리 10개를 궐내에 바쳤다".

위와 같은 문헌과 탑비의 기록으로 볼 때, 천왕사는 적어도 원종대사가 중국으로부터 귀국한 뒤 천왕사에 잠시 머물렀던 것으로 추정되는 921년 이후부터 세종대인 1446년까지 법등이 이어졌던 것이 분명하다.[399] 그러나, 천왕사의 창건시기에 대해서는 2차례에 걸친 시굴조사 결과를 바탕으로 추정해 보고자 한다.

1차 시굴조사에서는 4개 지구에서 추정 목탑지 1동, 건물지 1동, 적심군 1개소, 담장지 7개소, 배수시설 4개소 등 총 2동 22개소의 유구가 확인되었다.[400] 추정 목탑지는 조사단에서 설정한 가지구의 남서쪽에 위치하며, 북동쪽으로 19m 떨어져 제1건물지가 있다. 조사결과 추정 목탑지의 전체적인 평면형태를 확인하지 못했으나 초석렬의 방향을 통해 장축이 N-40°-E로 남서향으로 추정되었다. 추정 목탑지의 초석렬 범위는 북동-남서방향으로 약 17m, 남동-북서방향으로 10.5m가 확인되었다. 한편 탑지의 기초조성은 통기초방식으로 추정되고, 층위상으로는 두께 70㎝, 폭 220㎝로 기초를 다진 층도 확인되었다. 심초석은 목탑지의 가장 서쪽면에 위치해 있다. 평면형태는 방형이고 크기는 가로 148㎝, 세로 138㎝, 높이 85㎝이며, 상면 가운데에는 사리공이 가로 42㎝, 세로 42㎝, 깊이 38㎝ 크기로 마련되어 있다.[401] 제1건물지의 장축방향은 북동-남서쪽(N-40°-E)으로 향하고 있어 추정 목탑지와 같다. 평면형태는 방형에 가까우며 남-북 길이 14.5m, 동-서 길이 12.6m이다. 이 건물지는 추정 목탑지 뒤쪽의 동일 축선상으로 연결하여 조성된 주요 가람시설일 것으로 추정된다. 가지구에서 출토된 명문와로는 '天王'·'卍'·'又且' 자가 시문된 것이 있고, 수막새는 연화문과

399) 京畿道, 1991, 『京畿人物誌』 上, 905~906쪽.

400) 韓國文化財保護財團, 2001, 앞의 책.

401) 世宗大學校 博物館, 1999, 앞의 책, 213~216쪽.

사진44. 천왕사지 전경(1998년)

사진45. 천왕사지 시굴조사 모습(2001년)

사진46. 천왕사지 심초석

사진47. 천왕사지 주변 석물

사진48. 천왕사지 주변 초석

일휘문, 암막새는 귀면문과 연화문, 초엽문 등이 있다. 이밖에도 치미를 비롯한 착고와, 귀면와, 연목와, 벽돌, 석제와 소조불상조각들이 출토되었다. 나지구에서는 적심군과 담장지 각 1개소, 석렬 2개소가 확인되었는데, 그 중 담장지는 장축이 북서-남동쪽으로 다지구의 담장시설과 연결되는 것으로 추정되었다. 다지구는 조사구역의 가장 북동쪽에 위치한다. 지표조사를 통해 토단시설(土壇施設)로 추정되었던 곳을 조사한 결과, 구릉 상부는 2m 정도가 삭토된 후 복토가 이루어져 유구와 문화층이 확인되지 않았다. 또한 주변 경작지에서 석축 1개소, 담장지 6개소, 배수시설 2개소 등이 찾아졌다.

2차 시굴조사는 2개 지구로 구분되어 이루어졌다.[402] Ⅰ지구에서는 석축 1열과 석렬유구 1열, 추정 기단 1개소, 소성유구 6개소, 부석시설 1구역 등 17개의 유구가 찾아졌다. 석렬유구는 명확하지 않지만, 담장지와 유사한 형태를 보여 단순한 담장의 기능보다 중심사역과 주변사역의 경계를 위한 시설로 판단되었고, 추정 기단은 추정 목탑지에서 남쪽으로 30m 떨어진 곳에 위치하여 가람 배치상 중문이 자리할 가능성이 높은 곳이다. 출토된 유물로는 '天王'·'卍'·'又且'·'官'·'千' 자가 시문된 명문와, 연화문과 보상화문 등의 수막새, 당초문과 귀목문 등의 암막새가 대표적이다. 이와 같이 천왕사지에서는 신라~조선시대의 기와와 토기류가 많이 출토되었다.

③ 약정사지

약정사지(藥井寺址)는 신복선사지와 함께 금암산 정상의 남동쪽 능선상에 자리하며, 이곳에서는 '藥井'·'藥井寺' 자 명문와가 수습되었다.

402) 韓國文化財保護財團, 2002, 앞의 책.

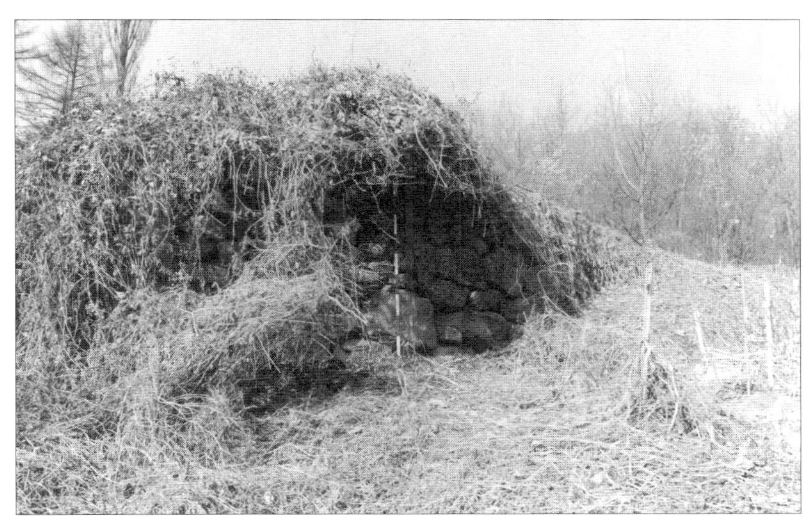

사진49. 약정사지

사진50. 약정사지 출토 명문와

약정사에 대한 문헌기록은 『新增東國輿地勝覽』廣州牧 佛宇條에 "藥井寺 在漢山"이라고 한 것이 있다. 약정사지는 문헌기록과 명문와를 통해 실제 위치가 정확하게 밝혀졌다는 점에서 큰 의미가 있는 곳이다. 조사된 내용을 보면, 3단의 축대와 하반신만 남은 석불 1구가 있다. 축대는 신복선사지와 같은 구조와 규모를 갖추었으나 남은 상태가 비교적 양호한 편이다. 상단 축대는 북쪽에 치우쳐 있는데, 작은 규모의 건물이 있었던 것으로 추정되며 남은 길이가 11.4m이고, 높이는 1m 정도이다. 중단 축대는 남-북방향으로 축조되어 있고, 길이 43.5m, 높이 1.4~1.95m이다. 건물이 있었던 자리에는 초석들이 남아 있고, 지표상에는 기와와 자기, 토기류가 산포되어 있는데 이제까지 수습된 유물중 대표적인 것은 '藥井' · '藥

井寺'·'藥井寺 施主李(?)'·'寺我(?)草'[403]자가 새겨진 명문와이다. 명문은 어골문 암키와의 방곽 안에 시문된 것이 있고, 민무늬 암·수키와에 글자만 새겨진 것도 있다. 또한 이곳에서는 금동불 1점이 수습되기도 하였다. 이밖에도 기와류중에 승문과 어골문 등의 평기와가 있어 신라시대부터 법등이 이어졌던 것으로 추정되고 있다.[404]

④ **신복선사지**

신복선사지(神福禪寺址)는 금암산 정상에서 남쪽으로 뻗은 능선의 중턱에 있다. 이곳에서는 사명(寺名)을 알 수 있는 명문와가 출토되지는 않았지만, 『新增東國輿地勝覽』광주목 불우조에 사찰명이 전하고, 예로부터 절터가 위치한 이곳의 지명이 '신부골'로 불리워져 왔다. 또한 약정사와 가까운 거리에 있기 때문에 확정적으로 보고 있다.[405]

신복선사에 관한 또다른 기록으로는『東文選』에「大元高麗國廣州神福禪寺重興記」에[406] "同知民匠摠管府使 朴君이 부모의 은혜에 보답코자 중창했다"는 내용이 있다. 또한 이 글에는 신복선사의 창건시기가 고을과 같이 시작했다고 하였고, 중흥시기가 충숙왕(忠肅王) 1년(1314)에 시작하여 충숙왕 10년(1323년)에 완성했다고 하였다. 결국 이 사찰은 1314년 이전에 한번 폐사되었다가 박군 즉 박견의 아들 박쇄노올대(朴瑣魯兀大)가 중창한 것으로 추정되며, 적어도『新增東國輿地勝覽』이 편찬되었던 1530년까지도 법등이 이

403) '寺我(?)草'자 명문와는 최근 발굴된 항동 133번지 유적에서도 같은 종류의 것이 출토된 바 있다 (세종대학교 박물관, 2009,『하남 항동 133번지 유적 발굴조사 보고서』).

404) 世宗大學校 博物館, 1999, 앞의 책, 237~243쪽
皇甫慶, 2000, 앞의 글, 194~195쪽.

405) 皇甫慶, 2000, 앞의 글, 192~194쪽.

406) 李穀,「大元高麗國廣州神福禪寺重興記」,『東文選』第70卷.

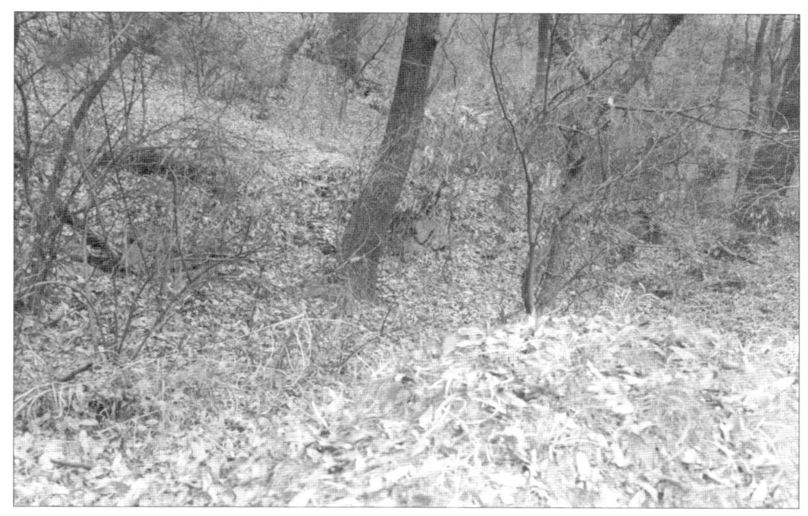

사진51. 신복선사지

어졌다고 볼 수 있다.

조사된 내용을 보면, 절터에는 건물지와 축대, 석물조각이 남아 있다. 축대는 세 곳이 남아 있는데, 상단 축대는 산의 토사가 흘러내리는 것을 방지하기 위한 담장과 같은 시설로 길이가 30m 정도이고 높이가 70㎝이다. 중단의 축대는 금당지가 있던 곳으로 남은 길이가 37m이고, 최고 높이가 2.2m이다.[407] 이곳에서 수습된 유물로는 '施主'와 '金'자가 새겨진 명문와와 사선문, 격자문 등의 통일신라시대 평기와, 어골문과 어골복합문 등의 고려시대 평기와와 함께 청자와 분청사기 등의 자기류도 있어 문헌에 전하는 내용과 유물의 사용시기가 일치되고 있다.

⑤ 기타

이밖에도 하남의 사지로는 자화사지(慈化寺址)와 금암산 일명사지(일명 범굴사지), 추정 봉수사지(奉水寺址), 교산동 일명사지, 상사창동 일명사지 등이 있고, 남한산성 북문 근처의 법화사지(法華寺址)가 있다. 이들 사지에서는 주로 통일신라시대부터 조선시대에 이르는 기와와 토기, 도기, 자기류가 산포되어 있음이 지표조사를 통해 확인되었다.[408]

사진52. 교산동 일명사지 석탑재

3) 용인

용인에는 6곳의 사지와 1곳의 사찰이 알려져 있는데, 발굴조사가 이루어진 곳은 마북리사지 1곳뿐이고 나머지는 지표조사나 문헌자료에 의해 추정되고 있는 정도이다. 용인지역의 사지에 대한 조사내용을 정리해 보면 아래 〈표-44〉와 같다.

〈표-44〉 용인의 사지 및 사찰

유적명	위 치	시 대	비 고
금단사지	이동면 어비리	통일신라~조선	사지 수몰됨, 석불좌상 1구, 3층석탑, 각종 석물, 현 동도사(東度寺)
백련사	포곡면 가실리	통일신라~조선	愼應禪師(801) 창건설, 『白蓮菴 略史』·『香秀山白蓮寺事蹟碑』, 석불1구, 부도1기, 나한상 등
용덕사지	이동면 묵리	통일신라~조선	廉居和尙 창건설, 건물지, 축대, 석불입상, 탑석재 등
고림리사지	고림동	통일신라~고려	석물
송전리사지	이동면 송전1리	통일신라~조선	건물지, '道林寺' 자 암막새
마북리사지	구성면 마북리	통일신라~고려	『寺塔古蹟攷』, 신라~고려시대 기와 및 토기류('卍'·'寺'·'戊申年'·'館?(寺?)院'·'東' 자 명문기와), 건물지 3동 등
오백나한사지	백암면 박곡리	통일신라~고려	『古蹟總攬』·『寺塔古蹟攷』, 나한상, 석불대좌, 건물지, 축대

① **금단사지**

금단사지(金丹寺址)는 어비리사지(魚肥里寺址)라고도 불리는데, 1963년 저수지 공사 때 수몰되어 그곳에 있던 삼층석탑과 석불이 현재의 동도사로 옮겨졌다.

금단사지에 대한 관련 자료로는 『文化財總攬』에 삼층석탑에 관한 내용이 있고,[409] 『朝鮮寶物古蹟調査資料』에는 송전리사지(松田里寺址)로 기술하고 있다. 이러한 기록들을 참고해 볼 때, 송전리와 어비리가 지역적으로 매우 인접해 있고, 서술된 내용이 거의 유사하여 같은 사지에 대하여 기술한 것으로 판단되고 있다.[410]

현재는 사지가 이동저수지에 수몰되어 있기 때문에 보다 자세한 현황을 파악하기 어려우나, 동도사 석불좌상이나 어비리 삼층석탑이 통일신라시대에 조성된 것으로 볼 때 사찰도 같은 시기에 창건되었을 가능성이 높다고 생각된다.

② **백련사**

백련사(白蓮寺)는 향수산(香秀山)에 있으며, 1791년 석담대사(石潭大師)가 쓴 『白蓮菴 略史』와 1985년 세워진 『香秀山白蓮寺事蹟碑』에 의하면, 사찰이 신라 애장왕(哀莊王) 2년(801) 신응선사(愼應禪師)에 의해 창건되었고, 고려 창왕 원년(1399)에 천공(泉公)스님이 중수하였다고 전한다. 그리고 조선 태종 4년(1404) 무학대사(無學大師)에 의해 중건되면서 18나한상도 조성 · 봉

407) 世宗大學校 博物館, 1999, 앞의 책, 244~247쪽.

408) 世宗大學校 博物館, 1999, 앞의 책.

409) 文化公報部 · 文化財管理局, 1977, 『文化財總攬』, 278쪽.

410) 京畿道, 1988, 『畿內寺院址』, 624쪽.

안되었고, 현종 12년(1671)과 정조 11년(1787)에 수경(琇璟)과 석담스님에 의해 각각 중건되었다고 한다. 이밖에도 고종 28년(1891)에 편찬된 『龍仁縣邑誌』[411]와 『京畿誌』[412]에 그 위치에 대하여 기록되어 있다.

백련사의 창건시기는 9세기 초로 추정되지만 창건 당시의 유물을 찾아보기 어렵고, 고려시대로 추정되는 석불좌상 1구와 조선 후기의 수경대사 부도, 나한상 13구 등이 남아 있다.[413]

③ 용덕사지

용덕사지(龍德寺址)는 용덕사에서 북서쪽으로 약 250m 떨어진 곳에 위치해 있으며, 서쪽을 정면으로 한 약 70×70m 규모의 공지가 있다.

용덕사와 관련 있는 문헌자료로는 1792년에 쓰여진 『龍仁郡聖輪山窟巖龍德庵創建記』가 있는데, 기록에 따르면 용덕사는 신라 문성왕대(文聖王代) 염거화상(廉居和尙)이 처음 창건했고 도선국사(道詵國師)가 삼층석탑과 철인(鐵人) 3위를 조성하였다고 한다. 1914년에 기록된 『佛糧田畓獻納記』의 「龍德寺 重修記」에는 1792년 석담선사(石潭禪師)가 중건했다고 하고, 그 이후 순조 25년(1825)과 고종 26年(1889)에 정사스님과 성월스님이 각각 중수한 내용 등이 있다. 현재는 용덕사에 도선국사가 조성했다는 철인상과 석탑부재가 남아 있고, 사지에는 석재편과 기단열 초석, 와편 등의 유물이 산재되어 있다. 기단석축은 다듬지 않은 자연괴석을 사용하여 4~5단 높이로 쌓았고, 사지의 북쪽으로 담장지가 일부 남아 있다.[414]

---

411) 『龍仁縣邑誌』 寺刹條 "백련암은 縣의 동쪽 포곡면 향수산에 있다".

412) 『京畿誌』 龍仁縣 寺刹條 "백련암은 현의 동쪽 15리 선장산에 있다".

413) 용인시 · 용인문화원 등, 2001, 앞의 책, 57~59쪽.

414) 한국토지공사 토지박물관, 2003, 앞의 책, 522쪽.
용인시 · 용인문화원 등, 2001, 앞의 책, 73~79쪽.

이 사지도 문헌자료상으로는 9세기 중반경에 창건된 것으로 전하고 있으며, 용덕사 석조여래입상이 9세기 초의 작품으로 추정되고 있으므로 창건시기를 9세기대로 추정하는데 도움을 주고 있다.

④ 마북리사지

마북리사지(麻北里寺址)는 현 기흥구 마북동 산37번지의 낮은 야산(해발 101.6m)에 자리해 있고, 발굴조사 결과 건물지 3동과 4기의 석축유구, 7기의 소형유구가 찾아졌다.

건물지 중 1호 건물지는 법당지로 추정되고, 정면 3칸, 측면 1칸의 규모이며 적심석이 남아 있다. 2호 건물지는 정면 2칸, 측면 1칸의 구성을 보이고 숙박시설이었던 것으로 추정된다. 이들 건물지에서는 '卍' 자와 '寺'·'戊申年'·'館?(寺?)院'·'東' 자가 새겨진 명문와와 종편이 출토되었다. 그리고 선조문류의 기와가 다량으로 수습된 6호 유구 역시 건물지로 추정된다. 조사결과, 이 사지는 『寺塔古蹟攷』에 기록된 획주사(劃珠寺)일 가능성이 높은 것으로 판단된다.[415] 『寺塔古蹟攷』에는 '획주사가 마북리에 위치하고 석불·석탑이 있으며 불상은 높이가 8척이고 탑은 5층에 팔척'[416]이라고 하였다. 그리고 『朝鮮寶物古蹟調查資料』에도 '이 부근이 획주사지라고 전하지만 알 수 없다'[417]고 하여 사지의 존재가 그대로 전해져 왔음을 알 수 있다. 따라서 이 사지가 획주사일 가능성이 있고, 경영시기는 적어도 통일신라시대부터 고려시대 중반경까지 지속되었다.

참고로 마북동 391번지 일원에 대한 조사에서도 같은 종류의 명문기와와

---

415) 한신大學校 博物館, 2003, 『龍仁 麻北里 寺址』.

416) '劃珠寺古址在龍仁邑三面麻北里有石佛石塔佛像高八尺塔五層高八尺'.

417) 朝鮮總督府, 1942, 『朝鮮寶物古蹟調查資料』, 18쪽.

신라 토기류중 완이나 고배, 주름무늬병, 호류 등이 적지 않게 출토되었다. 특히 '東' 자와 '○化寺 癸○' 자가 시문된 기와도 있어 현화사지(玄化寺址)일 가능성이 있으며,[418] 신갈 택지개발지구에서 출토된 '玄化寺' 자 명문기와와 같은 것이어서 마북동 일원에만 적어도 2곳 이상의 사지가 통일신라시대부터 있었던 것으로 추정되고 있다.[419]

⑤ 오백나한사지

사지는 대덕산의 속칭 '오방난골' 이라 불리는 곳에 위치하고, 일명 박곡리사지(朴谷里寺址)라고도 한다. 사지에 대한 문헌기록으로는『朝鮮寶物古蹟調査資料』와『古蹟總攬』,『寺塔古蹟攷』가 있는데, 이를 종합해 보면 "廢寺되었으나 신라시대의 五百羅漢寺址가 이곳이고, 삼층석탑과 석불상이 남아 있으며 또한 백여 구의 나한상이 남아 있다"고 하였다. 그러나 기록에 전하는 탑과 석불은 일본인들에 의해 반출되었고 현재는 석불대좌만 남아 있다.

사지에는 건물지와 축대가 남아 있으며, 10여 년전에 축대 주변에서 13구의 나한상이 수습되었다고 한다. 나한상중에는 '癸酉年 惠名' 이라는 명문이 새겨져 있으며, 사역에서는 통일신라시대 기와와 고려시대 기와편이 수습되었다.

4) 기타 지역

기타 지역은 한강 본류와 지류들이 흐르는 지역 중에서 불교유적이 확인된 곳을 정리해 보았다. 이들 사지와 사찰들은 삼국시대부터 통일신라시대에 창건되었거나 그 가능성이 높은 것으로 파악되었다. 그 내용을 정리해

418) 世宗大學校 博物館, 2003,『龍仁 麻北里-건물지유적 발굴조사 보고서』.

419) 畿甸文化財硏究院, 2001,『龍仁 新葛 宅地開發地區內 發掘調査 報告書』.

본 결과 아래 〈표-45〉와 같다.

〈표-45〉 기타 지역의 사지 및 사찰

유적명	위 치	시 대	비 고
왜골사지	양주군 주내면 유양리	통일신라(?)	석축, 석탑재, 우물지, 통일신라~고려시대 유물
수리사	군포시 속달동	통일신라~현재	『新增東國輿地勝覽』·『梵宇攷』·『重訂南漢誌』, 석조(石槽) 추정석물, 석탑부재, 석불, 대좌편, 통일신라~고려시대 유물
중초사지	안양시 석수동	통일신라~조선	당간지주(827), 삼층석탑(고려 중기), 막새류, 치미, 금동 용두 등 유물
문수사	김포시 월곶면 성동리	통일신라~현재	고려시대 석탑재와 대좌, 풍담대사 부도와 탑비
백곡리사지	화성시 마도면 백곡리	삼국~고려	'白寺' 자 명문와, 건물지, 삼국·통일신라시대 기와와 토기류

① 왜골사지

창건과 중창에 관해 전해오는 기록은 없으나, 석탑재와 유물이 산포되어 있다. 석탑재는 옥개석 부분으로 원래 오층석탑이 있었다고 하지만, 현재는 찾아보기 어렵다.[420] 유물은 통일신라시대부터 고려시대 토기와 기와편이 산포되어 있고, 우물지 1곳이 있다.

② 수리사

수리사(修理寺)는 신라 진흥왕대 창건되었다고 전하고, 임진왜란 때 전소된 것을 곽재우(郭再祐) 장군이 말년에 입산하여 중창하고 수도하였다고 한다.

사찰과 관련된 문헌자료로는 『新增東國輿地勝覽』廣州牧 佛宇條에 "수리사는 수리산에 있다"라고 했고, 『梵宇攷』廣州 寺刹條와 『重訂南漢志』에서도 같

420) 한국토지공사 토지박물관, 1998, 앞의 책, 257~259쪽.

은 내용을 전하고 있다. 한때 사찰은 대웅전 외 36동의 건물과 산내에 12곳의 암자가 있는 대찰이었으나, 현재는 그 터조차 찾아보기 어려운 실정이다. 참고로 대웅전과 나한전 사이에는 석조(石槽)로 추정되는 석물과 석탑부재 등과 인근에서 옮겨온 석불과 대좌편도 있다. 수습유물은 기와와 토기류로 통일신라시대의 것과 고려시대 유물이 많은 비중을 차지하고 있다.[421]

사진53. 수리사 석조물 방치된 모습

③ 중초사지

중초사지(中初寺址)에는 827년에 만들어진 당간지주와 고려시대 삼층석탑이 남아 있고, 사역으로 추정되는 곳에는 건물이 들어서 있다.

당간지주는 원래의 자리에 그대로 세워져 있지만, 삼층석탑은 공장이 들어서면서 지금의 자리로 옮겨진 것이라 한다. 사지와 관련된 유물은 지표상에서 찾아보기 어려우나 공장내에 몇 점의 유물이 보관되고 있다. 사지에서 출토된 유물로는 통일신라~고려시대의 연화문 수막새를 비롯하여 암막새, 치미편, 취두편, 전, 청동발, 금동용두 등이 있다.[422]

④ 문수사

이 사찰은 혜공왕(765~779) 때 또는 헌강왕 2년(876)에 창건된 것으로 알

421) 世宗大學校 博物館, 2004, 『軍浦市의 歷史와 文化遺蹟』, 287~312쪽.

422) 단국대학교 매장문화재연구소, 2001, 『안양시의 역사와 문화유적』, 158~169쪽.

려져 있으나, 문헌기록에는 전하지 않는다. 사찰은 광해군(光海君) 5년(1613)에 도욱화주(道旭化主)가 중창했고, 순조(純祖) 9년(1809)에 다시 중창되었다고 한다. 사찰에는 최근에 세운 대웅전과 요사채가 있고, 풍담대사(楓潭大師, 1592~1665) 부도와 탑비가 있다. 그리고 대웅전 옆으로 고려 후기의 것으로 추정되는 석탑이 무너진 상태로 있으며, 요사채 옆에는 대좌로 추정되는 석물이 있다.

⑤ 백곡리사지

사지는 백곡리(白谷里) 토성과 인접해 있다. 사지는 3단으로 이루어져 있고, 금당지 등의 건물지가 있던 자리가 남아 있다. 사지에서 출토된 유물은 기와와 토기류가 있는데, 기와 중에서 '白寺' 라고 시문된 명문와가 확인되어 사찰명을 추정케 해 주고 있다. 그리고 평와류 중에는 주로 수지문류가 많으며 선조문과 집선문 등의 신라 기와들도 있다. 토기류 중에는 백제 토기편과 통일신라시대 토기편이 많아 오랜 기간에 걸쳐 법등이 이어졌음을 알 수 있다.[423)]

2) 석조유물 현황

한강 유역에 분포한 신라의 석조유물로는 불상과 석탑, 당간지주가 있는데, 이중에서 불상이 가장 많고 석탑과 당간지주는 극히 적은 형편이다. 따라서, 여기에서는 불상을 중심으로 조성배경과 그 시기에 대하여 살펴보고자 한다.

423) 한국토지공사 토지박물관, 2006,『화성시의 역사와 문화유적』, 281~283쪽.

(1) 불상

한강 유역에 분포되어 있는 신라의 불상은 모두 8구인데, 지역별로 하남 지역과 용인지역으로 양분되는 점이 특징이다. 하남과 용인지역의 불상을 살펴보면 아래 〈표-46〉과 같다.

〈표-46〉 하남 · 용인지역의 불상 현황

불 상 명	관련 사찰 및 사지명	위 치	비 고
태평2년명마애약사불좌상	선법사	하남 교산동	보물 제981호
자화사지 석불좌상(2구)	자화사지	하남 항동	하남역사박물관 소장
약정사지 석불좌상	약정사지	하남 항동	경기도박물관 소장
법화사지 석불좌상	법화사지	하남 상사창동	
금암산 마애불	동사지	하남 금암산	
동도사 석불좌상	동도사	용인 이동면 어비리	
용덕사 석조여래입상	용덕사	용인 이동면 묵리	경기도 문화재자료 제111호

사진54. 태평2년명 마애약사불좌상 전경

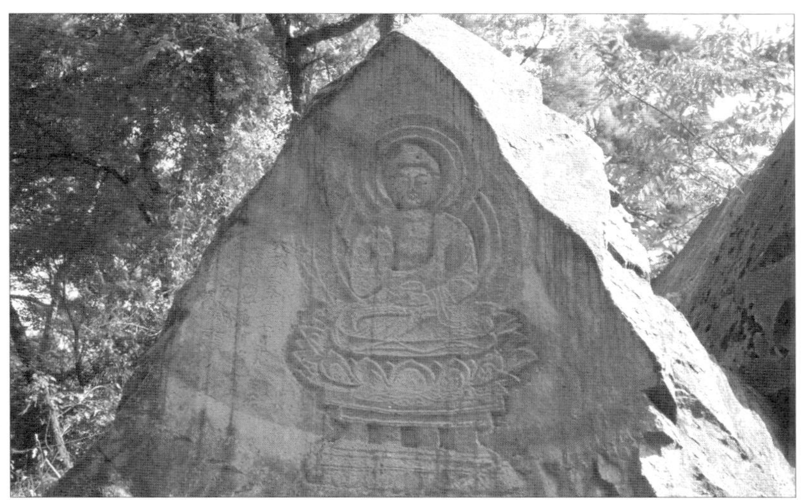
사진55. 태평2년명 마애약사불좌상 근경

① 태평2년명 마애약사불좌상

태평2년명(太平2年銘) 마애약사불좌상(磨崖藥師佛坐像, 이하 태평2년명 마애불)은 하남시 교산동에 위치한 선법사(禪法寺)의 경내에 위치해 있다. 태평2년명 마애불은 대좌와 불신 및 광배를 구비한 것으로 대좌 즉, 하대석에는 복련이 조각되어 있고, 중대석은 짧은 4개의 기둥으로 처리되었다. 상대석에는 단판 복엽의 앙련이 불상 무릎을 감싸고 있다. 광배는 3중의 원형 두광과 신광으로 구성되어 있는데, 주변에 화염문이 조각되어 있다. 불상 머리에는 육계가 있고, 법의는 우견편단이며 왼손에 약합을 들고 있어 약사불임을 보여 준다.[424)]

불상의 오른쪽에는 '太平二年丁丑七月二十九日 古石佛在如斯乙 重修爲今上皇帝萬歲願' 이란 명문이 있다. 이 기록으로 보아 태평 2년에 불상을 다시 수

424) 黃壽永 · 秦弘燮 · 鄭永鎬, 『韓國佛像 三百選』, 韓國精神文化硏究院, 1982, 254쪽.
이기선, 1997, 「경기도의 불교미술」, 『경기도의 문화와 예술』, 경기도사편찬위원회, 149~150쪽.

리하였다고 하나 불상 자체를 보수하였다기 보다는 불상과 부속된 가구(架構)나 천개(天蓋) 등의 시설을 수리한 것으로 추정된다. 그리고 명문에 보이는 연호인 태평 2년은 송 태종(976~997)대에 사용한 태평흥국(太平興國, 976~983) 2년으로 977년에 해당된다. 따라서 태평2년명 마애불은 통일신라시대에 제작된 후 977년에 수리가 이루어졌을 가능성이 높다고 생각된다.[425] 그리고 마애불이 있는 경내에는 절터로 추정되는 곳이 현 대웅보전의 뒤쪽 텃밭과 사찰 입구 주변으로 추정되고 있다. 지표상에는 통일신라~고려시대 유물이 드러나 있고, 경내에는 초석과 기단석 등의 석물이 구조물에 쓰이고 있다.[426]

② **자화사지 석불좌상**

자화사지(慈化寺址)에는 머리가 없는 석불좌상이 2구가 있는데, 수인의 형태로 보아 약사여래좌상과 아미타여래좌상으로 보이며 최근 하남역사박물관으로 옮겨 놓았다.

약사여래좌상은 머리부분과 우측 어깨부분이 결실된 상태이다. 법의는 우견편단으로 왼쪽 어깨로부터 가사자락이 흐르고 있으며, 팔목부분에서 의

425) 李弘稙, 1960, 「京畿道 廣州郡 東部面 校里磨崖佛」, 『考古美術』 1-2, 韓國美術史學會.
崔聖銀, 1996, 「高麗 初期 廣州鐵佛坐像 硏究」, 『佛敎美術硏究』 2, 동국대학교.
河南文化院, 1998, 『百濟舊都南漢秘史』.
이장우, 2001, 「高麗時代 河南地域의 佛敎遺蹟」, 『21세기 하남의 재발견』,하남역사문화연구회.
金昌謙, 2002, 「太平2二年銘磨崖藥師佛坐像銘의 歷史的 考察」, 『韓國中世社會의 諸問題』, 韓國中世史學會.
金春實, 2002, 「河南市 校山洞 〈太平 2年銘 磨崖藥師如來坐像〉의 造成時期 檢討」, 『미술사연구』 16, 미술사연구회.
황보경, 2004, 「河南地域 羅末麗初 遺蹟 硏究」, 『先史와 古代』 21, 韓國古代學會.
426) 皇甫 慶, 2000, 앞의 글, 200쪽.

문(衣文)이 왼쪽 무릎을 살짝 덮고 있다. 수인은 오른손이 촉지인이고 왼손에 약함을 쥐고 있다. 석불의 높이는 57㎝이고, 어깨 너비 32㎝, 무릎 너비 60㎝이다. 아미타여래 또는 석가여래로 추정되는 좌상도 머리 부분과 우측 어깨부분이 깨져 있다. 법의는 생동감 있게 조각되었고 약사여래좌상보다 옷주름이 가늘게 표현되었다. 팔목부분에서 의문이 왼쪽 무릎 위에 멈춰 있고, 몸통 뒷면에도 옷주름이 5단으로 처리되었다. 수인은 아미타정인을 하고 있다. 석불의 높이는 51㎝이고, 어깨 너비 34㎝, 무릎 너비 63㎝이다.[427] 두 석불은 자화사지에 있던 것으로 비록 두부가 남아 있지 않지만 법의의 표현이나 조각수법으로 볼 때 통일신라시대 후반기에 제작된 것으로 생각된다.

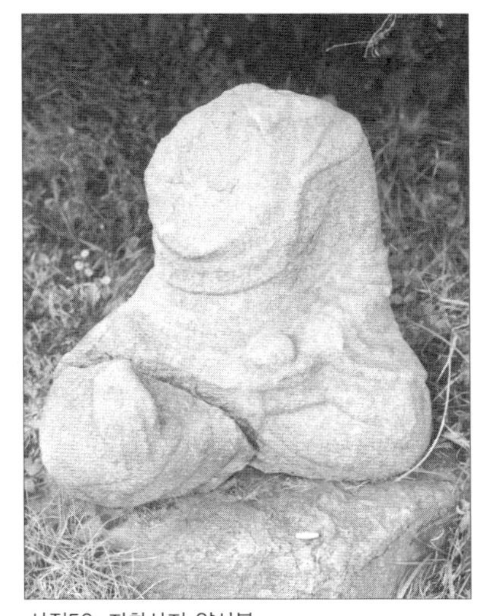
사진56. 자화사지 약사불

③ 금암산 마애불

마애불은 금암산 북쪽 끝자락에 있으며, 새로 만든 머리와 신체 일부분이 남아 있다.

마애불과 주변에 대한 조사는 1988년에 이루어졌는데, 마애불은 입상으로 어깨가 넓고 괴량감 있게 부조하였는데 팔의 윗부분이 남아 있으며 가슴에 굵은 띠주름이 표현되었다. 이러한 괴량감이나 굵은 띠주름은 태안 마

427) 世宗大學校 博物館, 1999, 앞의 책, 230~233쪽.

사진57. 금암산 마애불

사진58. 금암산 마애불 주변 수습유물

애불과 흡사한 것으로 보고 있다.[428] 한편 그 이후에 이루어진 지표조사를 통해 마애불이 입상보다는 왼쪽 어깨부분의 팔이 굽어져 있는 점으로 보아 항마촉지인(降魔觸地印)의 수인을 한 좌상일 가능성도 제시되었으며,[429] 주변에서 통일신라시대 기와들이 수습되어 적어도 통일신라시대를 전후한 때에 조성되었을 가능성이 있다.[430]

428) 文明大, 1988, 앞의 글, 113쪽.

429) 世宗大學校 博物館, 1999, 앞의 책, 205~207쪽.

430) 世宗大學校 博物館, 2005, 앞의 책, 103쪽.

④ **동도사 석불좌상**

불상은 현재 동도사(東度寺) 만월보전의 주존불로 봉안되어 있으나 어비리 삼층석탑과 함께 금단사지에서 옮겨온 것이다. 불상은 전체적으로 신체에 비해 상호부가 작게 표현되었고, 머리는 육계와 나발을 갖추고 있다. 목에는 삼도가 있고, 법의는 우견편단으로 가슴까지 법의가 덮혀 있다. 팔각대좌는 지대석과 중대석을 새로운 부재로 조합했으며, 하대면석의 각면에는 안상을 배치했다. 안상내에는 사자상을 부조해 놓은 것이 특징이다. 불상의 크기는 높이 93㎝, 무릎 폭 77㎝, 어깨 폭 44㎝이고 대좌의 높이는 103㎝이다. 불상의 조성시기는 나말여초시기로 추정되고 있다.[431]

⑤ **용덕사 석조여래입상**

용덕사(龍德寺)의 불상은 머리와 신체의 비례가 균형을 이루어 조형미가 뛰어난 작품이다. 머리는 낮은 육계에 매끄럽게 처리되었고, 상호는 턱부분과 코부분이 파손되어 보수하였다. 길게 표현된 목에는 삼도가 뚜렷하고, 법의는 통견으로 처리되어 U자형의 주름이 섬세하게 표현되어 있다. 왼손은 펼친 손바닥이 정면을 향하고, 오른손은 가슴까지 올려 연화상의 보주를 잡고 있어 지용화수화형(持龍華樹花形)의 수인을 취하고 있다. 전체적인 양식은 9세기 이후 전국에 유행하던 입상의 양식을 따르고 있어 통일신라시대에 조성된 것으로 추정된다.

(2) 석탑

한강 유역에 남아 있는 신라 석탑으로 알려진 것은 어비리 삼층석탑 1

431) 한국토지공사 토지박물관, 2003, 앞의 책, 486~487쪽.

기 뿐이고, 춘궁리 3 · 5층 석탑을 비롯한 대부분의 석탑은 나말여초 또는 고려시대로 추정되고 있어 여기에서는 어비리 삼층석탑만 그 대상으로 삼았다.

① 어비리 삼층석탑

석탑(경기도 문화재자료 제43호)은 현재 동도사에 위치해 있는데, 원래는 어비리사지 또는 금단사지라고 불리던 곳에 있던 것을 1963년에 이건 · 복원한 것이다.

석탑에 관련된 자료로는 『文化財總攬』에 "높이 약 3.3m의 3층 석탑 1坐와 초석 10여 개가 있었는데 1963년 저수지공사로 수몰되었으며 탑은 동도사로 옮겨 복원하였다"[432]라고 기록되어 있고, 『朝鮮寶物古蹟調査資料』와 『畿內寺院址』에 "석탑 내부에서 소탑 1점, 옥석, 향로 1점 등의 유물이 발견되었다"고 기록하고 있는데 이들 유물은 소탑 공양의식으로 통일신라 사리장엄의 특징이기도 하다. 석탑은 전형적인 이중기단 위에 체감 비율이 전체적으로 세장한 형태로 조성된 점에서 통일신라 후기에 건립된 것으로 추정된다. 세층의 탑신과 옥개석은 각 1매석으로 구성되었는데, 제1층의 구조에 비해 제2, 제3층으로 갈수록 급격하게 세장하는 형태를 가지고 있다. 석탑의 높이는 약 2.7m이다.[433]

(3) 당간지주

한강 유역의 신라 당간지주는 2기가 있는데, 1기는 서울 종로구에 위치한 장의사지 당간지주이고, 나머지 1기는 안양에 있는 중초사지 당간지주이다.

432) 文化公報部 · 文化財管理局, 1977, 앞의 책, 278쪽.

433) 한국토지공사 토지박물관, 2003, 앞의 책, 488쪽.

〈표-47〉 당간지주 현황

당간지주명	유적명	위 치	시 대	비 고
장의사지 당간지주	장의사지	서울 종로구 신영동	통일신라	보물 제235호
중초사지 당간지주	중초사지	경기도 안양시 석수동	통일신라	보물 제4호

① 장의사지 당간지주

장의사지 당간지주는 동쪽과 서쪽으로 마주 서 있고, 높이는 363㎝, 지주 간의 간격은 81㎝이다. 지주는 아무런 조각장식을 하지 않은 단순한 모습이고, 당간(幢竿)을 가로로 고정시키기 위한 간구(杆構)는 안쪽면 윗부분에 둥글게 한 곳만 만들었다. 전체적으로 당간지주는 높이에 비해 중후한 편이며, 별다른 장식이 가해지지 않은 매우 소박한 모습이다.[434]

사진59. 장의사지 당간지주

434) 서울역사박물관, 2005, 앞의 책, 25쪽.

사진60. 중초사지 당간지주

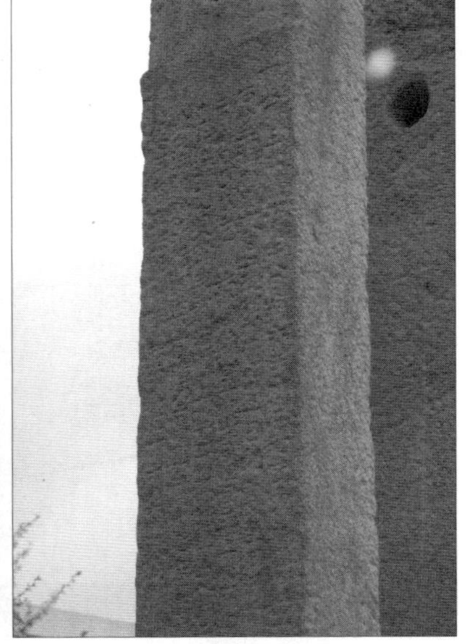

사진61. 중초사지 당간지주 명문

② **중초사지 당간지주**

당간지주는 서쪽 지주에 새겨진 명문에 의해 흥덕왕(興德王) 2년(827)에 만들어졌고, 620×675㎝ 크기의 석축기단 위에 세워져 있다. 지주의 높이는 364㎝이고, 지주간의 간격은 86㎝이다. 당간을 고정시키는 간(杆)은 상 · 중 · 하 세 곳에 간구를 마련해 두었고, 기단부는 기반석을 지주 사이와 양 지주의 바깥에 각각 한 장의 석재로 기대를 마련하고 있다. 간대(竿臺)는 지주 사이에 60×185×38㎝ 크기의 장방형 석재로 중심부에 직경 35㎝, 깊이 15㎝의 둥근 구멍을 시공(施孔)하고 그 주위로 직경 50㎝ 크기의 둥근띠를 돌려서 마련하였다. 명문은 서쪽 지주의 외면에 45×146㎝ 크기의 방형 액(額) 안에 각자되었는데, 그 내용으로 보아 흥덕왕 원년에 채석하여 이듬해인 827년 2월 30일에 완성했음을 알 수 있다. 한편 당간지주의 하부에 대한 조사결과, 지표로부터 2m 아래까지 잡석과 모래를 섞어 다진 층위가 확인되었고 당초 시설되었던 기단과 탑구석의 존재가 확인되기도 했다.[435]

2. 분포특성과 경영시기

한강 유역의 신라 불교문화 특징은 사찰의 분포양상과 경영시기를 통해 알 수 있고, 석조유물의 조각수법과 시기에 따른 불교사상과도 밀접한 관련이 있다. 여기에서는 사찰의 분포양상을 살펴보고, 출토유물을 통해 창건 및 경영시기에 대하여 알아보고자 한다.

1) 사찰의 분포양상

한강 유역에 분포하고 있는 신라 사지는 총 34곳으로 그중에서 시·발굴조사가 이루어진 곳은 5곳이며, 나머지 29곳은 지표조사나 관련 문헌이 전해지고 있다.

먼저 사지의 지역별 분포를 보면, 서울지역이 10곳으로 전체의 29.4%이고, 하남지역이 가장 많은 12곳으로 35.3%를 차지하며, 용인지역이 7곳(20.6%), 기타 지역이 5곳(14.7%)의 순이다.

이를 바탕으로 각 지역별 사찰과 사지의 분포양상을 세밀히 살펴보면, 서울의 사지 대부분은 한강 본류와 중랑천 사이의 북한산을 중심으로 위치해 있다. 이를 행정구역상으로 보면, 도봉구 2곳, 종로구 3곳, 서대문구 2곳이고 강동구와 노원구, 은평구는 각 1곳씩이다. 그리고 한 개 구지역(區地域)

435) 단국대학교 매장문화재연구소, 2001, 앞의 책, 158~169쪽.

에 2~3곳이 있는 경우에도 도봉구의 원통사와 천축사를 제외하면 다른 구 지역의 사지는 서로 다른 동(洞)에 분포하고 있으므로 밀집해 있다고 보기 어렵다. 용인지역도 7곳의 사지와 사찰이 탄천과 경안천을 따라 위치해 있으며, 행정구역상으로는 이동면에 3곳이 있지만 모두 동떨어져 있고, 나머지 4곳도 포곡면과 고림동, 구성면에 위치해 있다. 다만 마북리사지의 경우 탄천의 끝부분 즉 마북리 일원에 2곳 정도의 사지가 있는 것으로 확인되어 용인지역에서는 그 밀집도가 높은 편에 속한다. 하남은 12곳의 사지가 금암산의 정상부에서부터 산줄기상에만 6곳이나 있어 밀집도면에서 가장 높은 편이고, 객산에도 2곳이 있다. 그리고 금암산과 객산 사이의 평지에 천왕사지가 있고, 청량산에 법화사지 1곳이 있으므로 12곳의 사지 중에서 교산동 일명사지를 제외한 나머지 11곳이 남쪽에서 북쪽으로 흐르는 덕풍천을 중심으로 금암산과 객산을 중심으로 분포하고 있다. 이는 가장 북쪽에 위치한 교산동 일명사지로부터 남쪽의 법화사지까지 남-북 길이 약 4.5㎞이고, 금암산 일명사지2와 객산까지의 동-서 거리도 약 3.5㎞ 안에 포함되어 매우 좁은 범위에 많은 사찰이 있었음을 알 수 있다.

다음으로 사지의 입지를 보면, 장의사지나 천왕사지, 중초사지 등이 평지에 있고 대부분의 사지는 산록에 위치해 있다. 평지에 가람이 조성된 것은 삼국시대 사찰의 입지면에서 하나의 특징으로 볼 수 있다. 신라도 불교를 수용한 이후 초기에는 흥륜사나 황룡사, 분황사 등이 평지에 입지하게 되는데, 그와 같은 이유는 불교를 수용하고 난 뒤부터 나타나는 도시구조의 변화된 모습 중 하나이다. 그러나 모든 사찰이 시기에 따라 평지 또는 산록으로 나뉘어 창건되기 보다는 그 지역의 상황 즉 포교를 위한 성격을 갖고 있는가와 군사적 요충지로서의 역할을 하느냐에 따라 입지가 결정되었을 가능성이 높다. 보다 분명한 것은 시대의 흐름에 따라 신라 사찰이 점차

산과의 관계가 특별한 의미를 가지게 되는 현상으로 전개되고 있다는 점이다. 이러한 현상은 신라 사찰의 위치가 왕경중심부 평지로부터 지방의 산중으로 변화되면서 나타나는 현상이라고 볼 수 있다.[436] 이런 점에서 한강유역의 사지들은 처음에 평지를 택했지만 점차 산록을 택해 입지한 것으로 여겨진다.

특히 천왕사지는 황룡사지의 입지와 목탑의 존재라는 점에서 비교해 볼 만하다. 황룡사지의 입지를 보면, 사방이 산으로 둘러싸인 평지에 위치해 있는데 왕도의 가운데에 위치하여 남으로 남산, 북으로 소금강산, 동으로 명활산, 서로 선도산으로 에워싸여 있다. 이러한 곳에 9층 목탑을 세움으로써 경관대탑(京觀大塔)의 구실을 한 것은 말할 것도 없고 왕경에서 생활하는 이들은 경배하지 않을 수 없었을 것이다.[437] 천왕사지도 남으로는 청량산, 동으로는 금암산, 서로는 객산 · 검단산이 에워싸고 있고 북으로는 한강이 흐르고 있는 천혜의 지역이다. 그리고 천왕사지가 위치한 하사창동 일원은 이성산성과 인접해 있고 신주와 한산주의 군사 · 행정상으로 매우 중요한 곳이다. 이러한 곳에 목탑지와 심초석이 남아 있는데, 심초석의 크기만으로도 목탑이 결코 작은 규모가 아니었음을 짐작케 해 주고 있다. 따라서 황룡사지와 천왕사지의 입지나 목탑의 존재는 상호 공통점이 많다고 생각된다. 또한 천왕사지와 동사지의 경우 입지면에서 이성산성과의 관련성을 언급하지 않을 수 없겠다. 특히 동사지는 이성산성과 남-북으로 서로 마주보고 있으면서 몽촌토성 · 풍납토성이 위치한 서울의 강남지역과 남한산

436) 金龍基 · 洪光杓 · 李相潤, 1993, 「新羅寺刹의 立地와 空間構成의 形式的 特性에 관한 研究」, 『韓國傳統造景學會誌』 11, 韓國傳統造景學會, 5~8쪽.

437) 조유전, 2006, 「신라왕경과 황룡사」, 『황룡사복원 국제학술대회 논문집』, 국립문화재연구소, 218쪽.

성으로 향하는 길목을 막고 있다는 점에서 단순히 포교를 위한 목적의 사찰이기 보다는 군사적인 목적도 함께 갖고 있었을 가능성이 있다.

이성산성은 삼국시대에 축조되어 그 기능이 삼국통일이 된 이후까지 지속되었고, 남한산성도 최근 발굴된 행궁지에서 통일기에 해당되는 대형 건물지와 출토유물로 보아 신라가 한강 유역을 점령하는 과정은 물론 당나라와의 격전을 벌이기 위해 축조한 주장성(晝長城)으로 지목되고 있기 때문이다. 이러한 군사적인 기능은 나말여초시기까지도 지속되었을 것으로 보여지는데, 최근 구제조사를 통해 확인된 이성산 남쪽자락의 건물지는 사지(寺址)인 동시에 방어시설도 함께 갖춘 곳이었기 때문이다. 이 건물지에서는 금동불상 3구와 함께 산의 경사를 따라 석축을 축조했으며, 향교고개 바로 옆에서도 고려시대 건물지가 찾아져 교통로를 통제하기 위한 공공목적의 건물로 파악되었다.[438]

이 밖에도 금암산과 객산에는 많은 사찰이 산록에 위치해 있는데, 이는 포교라는 목적 뿐만 아니라 이성산성과 남한산성을 방어하기 위한 군사적인 목적도 겸비했을 개연성이 높다고 생각된다. 그러나 장의사지나 중초사지, 용인의 사지들은 그 위치로 보아 관방유적과는 거리가 떨어져 있을 뿐만 아니라, 아직까지 공공목적을 갖은 유적이 확인되지 못하였으므로 하남의 사지들과 달리 전쟁의 희생자들 위한 명복을 빌거나 포교를 위한 목적이 우선시 되었다고 판단된다.

2) 사찰의 경영시기 검토

한강 유역에 위치한 신라 불교유적들의 경영시기를 가늠해 보기 위해서

438) 세종대학교 박물관, 2005, 『河南 春宮洞 - 덕풍 - 감북간 도로확 · 포장공사 3 · 4차구간 시 · 발굴조사 보고서』.

사진62. 황룡사지 목탑지

는 여러 가지 고고학적인 자료가 필요하다. 따라서 여기에서는 고고학적인 자료를 바탕으로 각 사찰의 창건과 경영시기를 추정해 보고자 한다.

먼저, 고고학적인 자료가 가장 많이 확보된 하남의 천왕사지와 동사지를 중심으로 살펴보고자 한다. 천왕사지는 지표조사를 통해 찾아진 이후 2차례의 시굴조사를 통해 목탑지와 심초석, 건물지, 담장지 등이 확인되었다. 이중에서 천왕사지의 창건시기를 추적해 볼 수 있는 비교적 확실한 자료는 목탑지의 심초석과 출토유물들이다. 천왕사지의 심초석은 평면이 방형이고, 윗면을 매끄럽게 다듬었으며 옆면에는 치석했던 정

사진63. 황룡사지 목탑지 심초석

자국이 뚜렷하게 남아 있다. 사리공은 윗면 가운데에 평면 방형의 뚜껑을 덮을 수 있도록 2단으로 마련되어 있다. 이와 비슷한 형태의 사리공이 있는 심초석은 신라와 백제의 여러 목탑지에서 찾아볼 수 있다. 신라 목탑의 심초석중 대표적인 것은 황룡사지(皇龍寺址)의 9층 목탑지와 사천왕사지(四天王寺址)의 동 · 서탑, 망덕사지(望德寺址) 동 · 서탑이 있고, 백제 목탑의 심초석으로는 부여의 구아리사지(舊阿里寺址, 傳 天王寺址)와 왕흥사지(王興寺址), 익산의 제석사지(帝釋寺址)가 있다.

우선 황룡사지 9층 목탑에서 찾아진 심초석은 제법 큰 바위에 평면이 방형인 사리공을 2단으로 마련했고,[439] 사천왕사지의 동 · 서 목탑 심초석도 평면이 방형이고, 사리공은 역시 2단으로 만들어져 있다.[440] 망덕사지의 심초석은 평면이 팔각형이지만 원래는 방형일 가능성이 있고,[441] 크기면에서는 천왕사지 심초석과 가장 비슷하다. 사리공은 평면 방형에 2단으로 되어 있다. 백제 목탑지의 경우, 제석사지의 심초석은 둘로 쪼개져 있는 상태지만 중앙의 사리공은 장방형으로 마련되어 있다. 제석사지의 목탑은 『觀世音應驗記』에 의해 7층이었음을 알 수 있고, 지하에 심초석을 두었다고 한 기록과 일치된다.[442] 그리고 이 심초석은 천왕사지의 것과 달리 뚜껑을 덮을 수 있도록 뚜껑턱이 마련되어 있지는 않은 점이 특징이다. 구아리사지의 경우 심초석이 지하 또는 지상에 놓였는지는 확실하지 않지만 사리공은

439) 黃壽永, 1973, 「新羅 皇龍寺 九層木塔 刹柱本記와 그 舍利具」, 『東洋學』 3, 東洋學研究所, 283~284쪽.

440) 郭敬淳, 2004, 「신라 四天王寺 雙塔에 관한 연구」, 『慶州史學』 23, 慶州史學會, 64쪽.
최장미 · 강정미 · 김수희, 2008, 「사천왕사지 발굴조사 성과와 의의」, 『신라 호국의 염원 四天王寺』, 국립문화재연구소.

441) 金正守, 1984, 「望德寺十三層木塔의 形態推定에 관한 研究」, 『建築』 28-4, 大韓建築學會, 7쪽.

442) 圓光大學校 馬韓 · 百濟文化研究所, 1994, 『益山 帝釋寺址 試掘調查報告書』, 31쪽.

다른 심초석의 사리공과 같이 평면이 방형이고, 2단으로 되어 뚜껑턱이 마련되어 있다. 사리구가 안치되는 공간의 한 변은 12㎝, 깊이 12㎝이며 2.5㎝의 뚜껑턱을 제외하면 사리기가 안치되는 공간의 깊이는 9.5㎝이다.[443)] 최근 발굴된 왕흥사지의 심초석은 신라와 백제의 목탑 심초석 중에서 가장 오래된 것으로 밝혀졌다. 사리공은 심초석의 남쪽 끝단에 마련되어 있고, 단면 사다리꼴의 화강암제 뚜껑이 덮여 있다.[444)] 이와 같은 내용을 〈표-48〉로 정리해 보았다.

〈표-48〉에서 보는 바와 같이 심초석의 크기만으로 볼 때 황룡사지의 것이 가장 크고 그 다음으로 제석사지, 천왕사지의 순이다. 사리공의 평면형

〈표-48〉 삼국~통일신라시대 목탑의 심초석

유적명	심초석 크기 (길이×너비×두께㎝)	사리공 크기(㎝)	목탑 층수	목탑조성시기	사리공 특징
천왕사지	148×138×85	외곽 : 42×42×38 내곽 : 32×32	7층 내외	7세기초 전후	평면 방형, 뚜껑 사용
황룡사지	435×300×104~128	외곽 : 49×49×34.5 내곽 : 29×29×26	9층	선덕여왕 14년 (645)	평면 방형, 뚜껑 사용
사천왕사지	116×116×60	외곽 : 30×30×33 내곽 : 24×24		문무왕 19년 (679)	평면 방형, 뚜껑 사용
망덕사지	140×140(8각형)	외곽 : 30×30×25	13층	신문왕 5년 (685)	평면 방형, 뚜껑 사용
제석사지	180×180×70	60×26×18	7층	무왕대 (600~641)	평면 장방형
구아리사지	108×90×50	외곽 : 18×18×12 내곽 : 12×12×10		의자왕 12년 (652)?	평면 방형, 뚜껑 사용
왕흥사지	100×110×45	16×12×16		위덕왕 24년 (577)	평면 장방형, 뚜껑 사용

443) 李殷昌, 1964, 「扶餘 舊衙里寺址 心礎石」, 『考古美術』 5-6 · 7, 韓國考古美術史學會, 538~539쪽. 百濟文化開發研究院, 1989, 『忠南地域의 文化遺蹟』 3 扶餘郡篇, 188쪽.

444) 김혜정, 2008, 「王興寺址 發掘調査 成果」, 『扶餘 王興寺址 出土 舍利器의 意味』, 國立文化財研究所, 19~38쪽.

태와 크기는 외곽과 내곽의 2단 구조를 갖은 것 중에서 황룡사지의 것과 천왕사지, 사천왕사지의 것이 가장 비슷하다. 더불어 심초석을 두는 위치에 대하여 살펴 볼 필요가 있다.

천왕사지의 심초석은 사리공의 구조로 볼 때 두께 5~6㎝ 정도의 뚜껑이 있었을 것이다. 그리고 그 위에 심초석의 너비 만한 큰 석재를 다시 얹은 후 찰주(刹柱)를 세웠을 가능성이 높은데, 황룡사지와 사천왕사지 등에서도 같은 방식을 취했던 것 같다. 물론 천왕사지의 심초석이 지하에 놓였었는지 지상에 올라와 있었는지는 알 수 없지만, 미륵사지와 황룡사지의 목탑이 조성되는 7세기 초~중반부터는 이미 기단 위로 올라오는 형식이 엿보인다.[445] 반면 부여 군수리사지(軍守里寺址)나 일본의 아스카 사(飛鳥寺)는 심초석을 지하에 깊이 두고, 그 위에 찰주를 세우는 굴립주(掘立住) 방식을 취했다.[446] 따라서 천왕사지의 심초석은 비록 제자리로부터 벗어나 있지만 지상으로 올라와 있던 것으로 추정된다. 또한 심초석에 사리함이 결합된 양식은 백제와 신라에서만 나타나고 있고, 고구려에서는 아직까지 사리함이 마련된 심초석이 발견되지 않았다.[447] 이러한 현황으로 보아 심초석에 사리공이 마련되기 시작한 것은 5세기 이후로 추정해 볼 수 있겠다.

목탑의 조성시기에 있어서 황룡사지 9층 목탑이나 사천왕사지의 쌍탑이 7세기 중후반이고, 제석사지와 미륵사지, 왕흥사지의 목탑이 신라의 목탑

445) 張慶浩, 1994, 「百濟와 日本의 寺刹建築」, 『百濟佛敎文化의 硏究』, 書景文化社, 240쪽.

446) 張慶浩, 1990, 『百濟寺刹建築』, 藝耕産業社, 52~53쪽.
圓光大學校 馬韓 · 百濟文化硏究所, 1994, 앞의 책, 31쪽.
김연수, 1999, 「百濟의 舍利莊嚴에 대하여」, 『東垣學術論文集』 2, 韓國考古美術硏究所, 112~113쪽.

447) 고구려의 목탑지로는 정릉사지를 비롯하여 토성리사지, 금강사지, 상오리사지 등에서 8각 목탑지가 확인되었으나, 심초석이 발견된 예는 토성리사지에서만 아무 시설이 없는 심초석만 있을 뿐이다(한인호, 1997, 『 조선중세건축유적연구』, 사회과학출판사, 70~93쪽).

들보다 약간 이른 6세기 중반에서 7세기 초로 추정됨에 따라, 천왕사지의 목탑은 적어도 현재까지 조사된 바에 의하면, 단탑의 가람배치를 보이고 있으므로 쌍탑인 사천왕사보다 약간 이른 시기에 조성되었을 가능성이 높다. 이는 백제 장인인 아비지(阿非知)가 미륵사 창건이후 황룡사 9층 목탑을 조성하는데 직접 참여한 것과 밀접한 관련이 있다고 생각되기 때문이다.[448] 아울러 천왕사지 목탑의 층수는 초석렬의 한 변 길이가 최대 약 17m로 조사되어 제석사지의 기단석렬 12m, 사천왕사지의 이중 기단을 포함한 12.9m 보다 크고, 황룡사지 목탑지의 한 변이 7칸의 22m라는 점으로 볼 때 7층 내외로 추정된다. 또한 천왕사는 고려시대로 접어들면서 춘궁리철조석가여래좌상(보물 제332호)과[449] 같은 당대의 대작을 봉안하였던 것으로 추정되고 있으며, 고려시대와[450] 조선시대 세종대까지[451] 즉 975년부터 1446년까지 사리를 보관하고 있었다는 점은 왕경 주변의 주요 사찰로 경영되었음을 알려주는 대목이다.[452] 이밖에도 천왕사지에서는 삼국시대에 만들어져 사용된 승문기와를 비롯하여 이성산성에서 출토되는 사선문 · 격자문 · 사격자문 등의 평기와류와 연화문 · 당초문류의 막새류 등이 수습되었다.

동사지는 크게 4곳의 사지로 나뉘어지고, 그 중에서 제1사지에는 황룡사지의 금당지에 버금가는 건물지임이 확인되었고, 건물지내에 8각대좌 유구가 있다. 제2사지에는 축대와 고식 기와들이 출토되었으며, 제3사지는 금

448) 『三國遺事』 卷3 皇龍寺 九層塔條 참조.

449) 황수영, 1979, 『韓國의 美』, 圖69, 中央日報社.
金元龍, 1991, 『韓國美術史硏究』, 一志社, 128쪽.

450) 『高麗史』 卷132 列傳45 辛旽編 "신돈이 재추들과 함께 광주 천왕사의 사리를 왕륜사로 맞아 왔을 때 왕이 백관을 영솔하고 구경갔다…".

451) 『世宗大王實錄』 112券 世宗 28年 4月 23日條 "광주 천왕사의 사리 10개를 궐내에 바쳤다".

452) 皇甫慶, 2000, 앞의 글, 183~192쪽.

사진64. 하남 춘궁동 401-8유적 건물지

사진65. 하남 춘궁동 401-8유적 건물지 출토 쌍조문 수막새

암산 마애불이 있는 곳이다. 동사지에서 주목되는 유구는 8각대좌유구로 지름이 510㎝로 소불의 나발편과 불상편이 출토되어 여기에 봉안된 본존은 소불상으로 추정되었는데, 이는 석굴암 본존대좌의 지름보다 크므로 장륙불상(丈六佛像)보다 더 거대한 규모의 불상이 봉안되었을 것으로 추정되지만,[453] 아직까지 그 성격에 대해서는 단정짓기 어려운 형편이라 사료된다. 동사지에서 출토된 유물 중에서는 각종 명문기와 외에 쌍조문 수막새와 연화문 수막새, 당초문 암막새, 귀면와가 있다. 이 중에서 쌍조문 수막새는 막새의 사용시기를 비교적 정확히 알 수 있는 유물이라 주

453) 文明大, 1991, 앞의 글, 203쪽.

목된다. 이 수막새는 최근에 조사된 춘궁동 401-8번지 유적에서도 출토된 바 있는데,[454] 이와 비슷한 종류의 것이 경주에 있는 분황사(芬皇寺)나 안압지(雁鴨池) 등에서도 출토되어 그 제작시기를 7세기 후반부터 8세기 전반경으로 볼 수 있다.[455] 이러한 막새가 경주지역에서는 절터와 안압지 같은 왕실과 관련되거나 사찰에서 주로 출토되고 있으므로 건물의 성격을 추정하는데 참고할 수 있다. 그리고 고식 기와들은 주로 신라의 기와들로 추정되는 선조문이나 격자문류의 기와가 있어 이성산성에서 출토된 기와들과 비교해 볼 수 있다.

마지막으로 한강 유역의 사찰에 대한 경영시기와 그 성격에 대하여 살펴보고자 한다.

우선 사찰의 경영시기는 시 · 발굴조사가 이루어진 곳의 자료를 중심으로 지표조사된 자료들과 비교해 보도록 하겠다. 각 지역별 사지의 창건시기부터 보면, 아래 〈표-49〉와 같다.

〈표-49〉 각 지역별 사지의 창건시기

시대 / 지역	삼국시대	통일신라시대	**합 계(%)**
서 울	2	8	**10(27.3)**
하 남	3	9	**12(36.4)**
용 인		7	**7(21.2)**
기 타	1	4	**5(15.1)**
합 계(%)	**6(18.2)**	**28(81.8)**	**34(100)**

454) 이 막새의 한가지 특징은 새와 새가 마주보고 있는 가운데 윗부분에 명문이 있다는 점이다. 명문은 '王'자나 '壬'자로 추정되는데, 정확한 판독이 쉽지 않은 상태이다(세종대학교 박물관, 2006, 「하남 춘궁동 401-8번지 유적 시굴조사 보고서」, 『하남지역 시굴조사 보고서』, 34~35쪽).

455) 國立慶州博物館, 2000, 『新羅瓦塼』.

위의 표에서 보는 바와 같이 34곳의 사지 중에서 6곳이 삼국시대에 창건되었고, 나머지 28곳은 통일신라시대에 창건된 것으로 나타났다. 삼국시대에 창건된 6곳은 그 시기가 아무리 빨라도 진흥왕 14년(553) 이후일 것이고, 그중에서도 몇몇은 한성백제시대에 창건된 사찰을 신라가 그대로 이용하거나 폐사(廢寺)된 곳을 중창했을 개연성도 있다. 이를 보다 자세히 살펴보면, 신라가 삼국을 통일하기 이전에 사찰을 창건한 곳은 서울의 암사지와 장의사지 정도이고, 하남의 동사지와 천왕사지는 백제와의 관련성이 있을 것으로도 여겨지며,[456] 화성 백곡리사지는 백제 유물과 신라 유물이 함께 출토되어 백제의 사찰을 신라가 중창했을 가능성이 높다.

따라서 신라가 한강 유역으로 진출한 이후에 창건한 사찰은 적게는 2곳이고 많게는 6곳으로 볼 수 있으며, 나머지 28곳은 7세기 중반이후부터 창건된 것이라고 하겠다. 이렇듯 신라가 한강 유역에 진출한 이후 곧바로 많은 사찰을 창건이나 중창하지 못한 이유는 불교를 수용한 이후 경주를 중심으로 불사(佛事)를 일으켜 정치 · 경제적 여력이 지방에까지 미치지 못했을 가능성과 잦은 전쟁으로 인한 경제적 부담이 가중되었기 때문이다.

한편, 신라는 불교를 고구려나 백제에 비해 150여 년 뒤에나 공인하게 되는데, 그같이 불교공인이 늦어진 이유는 왕권이 고구려나 백제에 비해 발달하지 못한 것에서 비롯된 귀족들과의 권력다툼에 의한 것이라 여겨진다.[457] 여기에서 신라의 불교수용 과정을 살펴볼 필요가 있는데, 그것은 신라가 한강 유역에 진출한 이후 곧바로 불사를 일으키지 못한 사유를 살필 수 있기 때문이다. 신라에 불교가 처음 전해진 때는 눌지왕(訥祇王) 때 묵호자(墨胡

456) 최몽룡, 2006, 『최근의 고고학 자료로 본 한국고고학 · 고대사의 신연구』, 주류성출판사, 320~321쪽.

457) 李基白, 1999, 「三國時代 佛教 受容의 實體」, 『百濟研究』 29, 忠南大學校 百濟研究所, 74~80쪽.

子 또는 阿道)에 의해서지만,[458] 처음에는 제대로 포교가 이루어지지 못하였다. 이후 527년 이차돈(異次頓)의 순교를 계기로 이듬해에 불법(佛法)이 처음으로 시행되고 535년경에 불교가 공인되었던 것 같다. 그리고 신라 최초의 사찰인 흥륜사(興輪寺)가 진흥왕 5년(544)에 비로서 준성되었으며,[459] 그 이후부터는 황룡사와 분황사 등이 본격적으로 창건되기 시작하였다. 진흥왕대는 영토확장이 빠르게 진행되었고, 고구려 · 백제와 적대관계를 형성하게된 시기였다. 따라서 신라 입장에서 보면, 그에 따른 군사 · 정치적인 압박이 컸을 것이므로 사찰 창건에 경제적으로나 정치적 측면에서 크게 지원하지 못했을 것이다. 다만 잦은 전쟁으로 인한 희생자들의 명복을 빌기 위한 목적이나 피난민들의 구휼에 있어 승려들의 활동이 두드러졌을 것이라는 측면에서 볼 때, 정복지의 사찰은 유용하게 활용되었을 것이다. 한 예로 진흥왕 33년(572)에는 전사한 병졸을 위하여 외사(外寺)에서 팔관연회를 개최하기도 하여 그러한 추정을 뒷받침 해 주고 있다.[460]

이러한 자료를 바탕으로 신라가 한강 유역의 사찰을 경영한 시기를 크게 세 시기로 나눠 볼 수 있겠다. 1기는 진흥왕대 신라가 한강 유역으로 진출하여 기존의 사찰을 그대로 이용하거나 새롭게 창건 또는 중창한 시기로 6세기 중반부터 7세기 중반까지이고, 2기는 659년 장의사를 창건한 7세기 중반부터 8세기 중반 백련사의 창건시기까지로 보고, 3기는 경덕왕의 재임기간인 8세기 중반부터 9세기를 거쳐 10세기 초반까지로 구분해 볼 수 있다.

---

458) 『三國史記』 卷4 新羅本紀4 法興王 15年條 참조.
『三國遺事』 卷3 興法3 阿道基羅條 참조.
韓國敎員大學校 博物館, 1997, 『新羅佛敎初傳地域 學術調査報告書』, 27~34쪽.

459) 『三國史記』 卷4 新羅本紀4 眞興王 5年條 "春二月 興輪寺成".

460) 『三國史記』 卷4 新羅本紀4 眞興王 33年條 "冬十月二十日 爲戰死士卒 設八關筵會於外寺 七日罷".

1기는 신라가 한강 유역을 진출한 직후부터 점령지를 통치하는 과정에서 치소지와 성곽의 주변지역에 새로이 사찰을 창건하거나 백제가 창건해 놓은 사찰을 중심으로 중창이 이루어졌던 시기이다. 이 시기에 해당되는 곳으로는 암사지와 천왕사지, 동사지, 백곡리사지 정도이다. 암사지는 한강을 따라 동쪽에서 서쪽으로 이동하는 교통로에 위치해 있다는 점이 신라로서는 전쟁과정에서 군사적인 주둔지로 활용함에 적당했을 것이고, 전쟁으로 인한 희생자들의 명복과 안녕을 기원하는 곳으로도 삼았을 가능성이 있다. 천왕사지와 동사지는 신주의 중심지인 하남지역에 위치하고, 이성산성과의 밀접한 관련성이 있기 때문에 창건내지 중창 되었을 것이다. 그리고 천왕사지의 목탑조성은 한강 유역으로의 진출을 기념하거나 통일을 염원하는 뜻에서 건립되었을 것으로 생각되는데, 이는 황룡사 창건과도 밀접한 관련성이 있어 보인다.

2기는 신라의 불교가 원광과 안함, 자장 등을 거치면서 진호국가적인 성격이 강하게 나타났고, 특히 자장은 대국통으로서 전국의 승니들을 관장했다. 아울러 자장은 신라 전역을 불교와 유관한 불국토(佛國土)로 만들고자 정치적으로나 군사적으로 중요한 지역에 사찰을 건립하였을 뿐만 아니라 황룡사 9층탑을 조영하여 외적들의 침입을 방어하고자 했다.[461] 이러한 시대적 상황에 의해 신라는 경주를 중심으로 국가적 차원의 불사를 일으켰고, 새롭게 확보한 영역에도 사찰을 창건해 나갔을 것이다. 그리고 이 때 한산주에는 김대문(金大問)이 한산주 도독(導督)으로 부임(704)해 오게 된다. 김대문은 신라 귀족의 자제로 『高僧傳』을 비롯한 『花郎世記』·『鷄林雜傳』·『漢山記』 등을 저술한 인물이고, 『三國史記』가 편찬될 때에 그의 저서가 적지

461) 김복순, 2005, 「신라 중대의 불교」, 『新羅文化』 25, 東國大學校 新羅文化硏究所, 170쪽.

않게 인용되었을 만큼 그 내용이나 사실성에서 있어 가치가 높았던 것 같다.[462] 특히 그가 『鷄林雜傳』·『高僧傳』과 같은 불교관련 저술을 남겼다는 것은 불교나 승려들에 대한 지대한 관심을 갖고 있었음을 알 수 있다. 또한 그가 한산주에서 도독으로 재임하는 기간동안의 일들을 『漢山記』라는 책을 통해 저술한 것은 단순히 한 지방의 역사로 그치지는 않았을 것으로 짐작되고,[463] 한편으론 불교에 관심이 많았다는 점에 비춰볼 때 재임기간동안 직접 불사에 참여하거나 정치적 도움을 주었을 것으로 생각된다. 이 시기에 해당되는 사찰로는 장의사와 학림사, 천축사, 백련사, 마북리사지 등을 비롯한 하남의 약정사, 신복선사 등이 해당된다.

특히 장의사는 앞에서 살펴본 대로 전쟁으로 인해 희생된 장춘랑과 파랑의 명복을 빌기 위해 창건되었고, 학림사와 천축사, 백련사 등은 비록 창건연대가 확실하지 않지만 입지적인 측면 즉 군사적인 요충지나 치소지와 거리가 있다는 점을 감안한다면 주로 통일전쟁에서 전사한 사람들의 명복을 빌거나 본격적인 포교활동의 기반이 된 사찰들로 보여진다. 마북리사지는 탄천의 상류에 입지하여 충청지방에서 올라오는 신라의 주요 진출로에 해당하는 군사 및 치소지로서의 중요지역에 위치해 있다. 따라서 마북리사지는 치소지와 밀접한 관련이 있고 한편으론 보정동 신라 고분군과 같은 대규모 묘역이 인접해 있어 전사자들의 명복을 비는 곳이었을 것으로도 생각된다. 이는 하남의 약정사지와 신복선사지·자화사지도 금암산·이성산·덕풍골 고분군과 인접해 있어 마북리사지와 비슷한 경우라 여겨지며, 하남지역이 한산주의 치소지라는 점을 감안한다면 통일 이후부터는 본격적인 신

462) 『三國史記』 卷46 列傳6 "金大問 本新羅貴門子弟 聖德王三年爲漢山州都督 作傳記若干卷 其高僧傳花郎世記樂本漢山記猶存".

463) 李基白, 1978, 「金大問과 그의 史學」, 『歷史學報』 77, 歷史學會, 8~11쪽.

라 불교의 포교를 위한 기능을 했을 것으로 추정된다.[464] 또한 약정사가 위치한 금암산과 춘궁동 일원이 한산(漢山)으로 오래전부터 불리워져 왔다는 점은 주목되는 부분이다.

3기는 경덕왕의 재임기간(742~765)부터 고려가 개국하는 시기까지로 신라의 불교문화가 가장 융성하면서도 점차 잦은 왕위 쟁탈전이 벌어져 혼란한 시기이다.[465] 경덕왕대는 불국사 창건을 계기로 왕도 뿐만 아니라 지방사원들에까지 경제적 지원을 아끼지 않았으며, 중앙귀족들이 지방에 거주함으로써 지방세력의 형성에 능동적인 역할을 했던 것으로 이해되고 있다.[466] 이러한 시대적 바탕 위에 한강 유역의 사찰들도 이 때에 가장 많이 창건되었던 것으로 여겨지고 있으며, 대부분의 사지에서도 이 때의 기와나 토기류가 가장 많은 비중을 차지하고 있다. 아울러 석불들의 양식도 이 시기에 조성되는 것들이 많이 나타난다. 이 시기에 창건된 사찰로는 중초사지, 원통사, 일선사, 봉원사, 용덕사, 문수사, 금암산 일명사지 1 · 2 등이 있다. 이들 사찰들과 석조유물들은 이전까지의 군사적인 기능과 치소지와의 관련성보다는 통일이후 지방세력의 형성과 밀접한 관련이 있다고 하겠다.

3) 석조유물의 특징

한강 유역의 신라시대 불상은 모두 9구로 하남에 6구, 용인에 3구가 있

---

464) 금암산 · 이성산 · 덕풍골 고분군은 이성산성을 중심으로 북쪽과 남쪽지역에 석실분과 석곽묘가 넓게 분포하며 밀집도 또한 높은 곳으로 대부분 신라인들의 고분으로 밝혀져 그들의 명복을 빌기 위한 장소로 선택된 사찰이 약정사와 신복선사, 자화사 등이 아닌가 한다.

465) 이 시기는 도선국사의 활동기간과 맞물리는 때로 전국적으로 많은 불사를 일으켰을 뿐만 아니라 불교문화에도 많은 영향을 미쳤을 것으로 생각된다(조범환 편저, 2002, 『穢土에서 淨土로』, 영암군 · 월출산도갑사 도선국사연구소, 2002 참조).

466) 郭丞勳, 2002, 『統一新羅時代의 政治變動과 佛敎』, 國學資料院, 50~78쪽
裵象賢, 2006, 「신라 경덕왕대 불교 사원과 지방사회」, 『新羅史學報』 8, 新羅史學會, 75~111쪽.

고, 석탑은 용인 어비리 삼층석탑 1기가 있으며 당간지주는 서울 장의사지와 안양 중초사지에 각 1기씩 2기가 있다.

한강 유역에 분포해 있는 불상과 석탑은 사찰에 비해 그 수가 매우 적은 편이고, 조성시기도 통일신라시대로 제한되어 있기 때문에 전체적인 흐름을 살피기가 어렵다. 따라서 여기에서는 각 불상의 양식을 통한 조성시기를 추정해 보는 것과 동시에 그 배경에 대해서 알아보고, 한강 유역과 인접한 지역인 안성과 여주지역에 분포된 불상 · 석탑을 상호 비교해 봄으로써 불상과 석탑의 특징도 함께 살펴보고자 한다.

불상은 크게 마애불 2구와 석불 7구로 나뉜다. 먼저 마애불에 대하여 살펴보면, 마애불은 7세기 초부터 조성되는 것으로 신라와 백제지역에 몇 예가 남아 있으며, 통일신라시대로 접어들면서 보다 세련되어지고 양각(陽刻)이 풍부해져 절정기에 이르다가 8세기말부터 9세기에 들면서는 선조불(線彫佛)이 나타나기 시작한다.[467] 한강 유역의 마애불은 단 2기로 이 모두가 하남에 분포되어 있다. 1기는 태평2년명 마애약사불좌상이고, 다른 1기는 정확한 조성시기를 알 수 없는 금암산 마애불이다.

태평2년명 마애약사불좌상은 도상이나 착의법, 광배, 대좌의 형식 그리고 세부 조각양식 모든 면에서 전형적인 통일신라시대 불상의 특징을 반영하고 있다. 특히 광배와 대좌, 약호(藥壺)의 형식, 그리고 선각에 가까운 조각양식 등을 모두 감안하다면,[468] 9세기에 만들어진 동화사(桐華寺) 비로암 삼층석탑(보물 제247호) 출토 금동사리기 선각약사여래좌상(863)과 가장 비교된다고 할 수 있다.[469] 또한 9세기 불상 중에서 조각 양식상 비교되는 상

467) 鄭永鎬, 2000, 「統一新羅時代의 石佛」, 『考古美術의 첫걸음』, 學研文化社, 368~377쪽.

468) 鄭永鎬, 2000, 앞의 글, 373쪽.

469) 金理那, 1992, 「統一新羅時代 藥師如來坐像의 한 類型」, 『佛敎美術』 11, 東國大學校博物館, 100쪽.

으로는 동화사 입구 마애여래좌상과 광주(光州) 약사암(藥師庵) 석조여래좌상 등을 들 수 있다. 동화사 입구 마애여래좌상은 둥글고 풍만한 얼굴에 근엄하면서도 단정한 상호, 넓은 어깨선, 외곽으로 뻗치고 있는 광배 등이 흡사하고, 광주 약사암 석조여래좌상은 화문이 장식된 상대석, 단순하게 우주석만이 모각되어 있는 대좌의 중대석 등이 비교된다.[470] 따라서 태평2년명 마애약사불좌상은 비록 태평2년이라는 고려시대 연호가 새겨져 있지만, 8세기말부터 9세기에 들면서 나타나는 선조불의 양식을 따르고 있다는 점을 감안하여 조성시기를 9세기대로 보아도 무리가 없을 것 같다. 참고로 경종 6년(981)에 조성된 이천 장암리 마애불과 안성 석남사 마애여래입상은 태평2년명 마애약사불좌상과는 대조적이다. 전자는 통일신라시대 마애불의 양식을 계승한 고려 초기의 것으로 사실적인 양식보다는 불상이 대형화되고 괴체화 되는 경향이 나타나고,[471] 후자는 나말여초로 추정되고 있다. 특히 안성 석남사 마애여래입상은 규모가 큰 거석불로 상호가 넓고 둔중하며 목에 삼도의 흔적이 있다. 이 마애불의 특징은 법의가 통견이고 명치부분에 매듭을 표현한 점, 다리 위로 3조의 U자형 주름을 표현한 것으로 태평2년명 마애약사불좌상을 확대시켜 놓은 듯한 인상을 주기도 하지만 전체적으로는 태평2년명 마애약사불좌상이 보다 섬세한 편이다.[472]

금암산 마애불은 남은 상태가 좋지 못하여 조각수법을 정확하게 알기가 어려우나 일단 규모면에서 거대하고 양각이 뚜렷하다는 점이 특징이다. 그

470) 金春實, 2002, 「河南市 校山洞 〈太平 2年銘 磨崖藥師如來坐像〉의 造成時期 檢討」, 『미술사연구』 16, 미술사연구회, 50~52쪽.

471) 단국대학교 매장문화재연구소, 2002, 『이천 태평흥국명마애보살좌상 주변지역 발굴조사 보고서』. 嚴基杓, 2003, 「利川 太平興國銘磨崖菩薩坐像에 대한 考察」, 『文化史學』 20, 韓國文化史學會, 186~187쪽.

472) 단국대학교 중앙박물관, 1999, 『안성시의 역사와 문화유적』, 252쪽.

리고 어깨가 넓고 가슴에 굵은 U자형의 법의가 양각되어 있으며 통견의로 추정된다. 또한 오른쪽 어깨 부분은 수직으로 내려오지만 왼쪽 어깨 부분의 팔이 굽어져 있다. 따라서 이 불상은 남아 있는 어깨와 팔의 모양새로 볼 때, 입상일 가능성보다는 좌상일 가능성이 높다.[473] 한편 마애불의 앞쪽에 대한 발굴조사와[474] 최근의 지표조사를[475] 통해 계단지와 석축 일부가 드러나 있음이 확인되었다. 아울러 승문 · 사선문 등의 신라 기와류가 출토되어 전실(前室)이 있었을 가능성도 제기되어 마애불이 늦어도 통일신라시대에 조성되었을 가능성이 있다. 그 외 하남의 석불 4구와 용인의 석불 3구는 9세기 이후에 조성된 것으로 알려져 있다. 특히 용덕사 석조여래입상은 육계가 낮고 삼도가 뚜렷하며 법의는 통견으로 처리되어 U자형의 주름이 섬세하다. 그리고 하남의 석불 3구 중 자화사지의 석불 2구는 약사여래좌상과 아미타여래좌상 또는 석가여래로 분황사 석불군에서 발견된 석불들과 그 크기와 조각수법이 비슷하다. 여기서 아미타신앙과 약사신앙에 대하여 간략히 살펴보면, 아미타신앙은 극락왕생을 기원하는 것으로 신라중대 전제왕권이 확립된 시기에 성행하는데, 특히 성덕 · 경덕왕대의 전제왕권을 강화한 시기이다. 따라서 아미타신앙은 정치적으로 중대 전제왕권의 강화와 관련이 있는 것으로 언급되기도 한다.[476] 그리고 경덕왕은 불국토의 현실화를 통한 왕권강화를 위해 아미타신앙을 적극 장려했던 것 같다.[477] 약사신앙은 중생들이 가난과 굶주림, 질병으로부터 벗어나도록 이끌어 주는 현세적인 신앙으로 이른 시기부터 전래되었을 것으로 여겨진다. 이는 7세기

473) 世宗大學校 博物館, 1999, 앞의 책, 205~207쪽.

474) 文明大, 1988, 앞의 책, 113~114쪽.

475) 世宗大學校 博物館, 2005, 앞의 책, 103쪽.

476) 金在庚, 1982, 「新羅 阿彌陀信仰의 성립과 그 배경」, 『韓國學報』 29, 一志社, 24~28쪽.

477) 金英美, 1985, 「統一新羅時代 阿彌陀信仰의 歷史的 性格」, 『韓國史硏究』 50 · 51, 韓國史硏究會, 73쪽.

초에 조성된 태안마애삼존불상에 약사여래의 도상이 나타나고 있으며, 8세기 말에서 9세기 중엽에 약사불의 조성이 급격하게 늘어나고 있다.[478] 따라서 자화사지와 약정사지 등에서 발견된 석불들은 9세기대 조성되었을 가능성이 높으며, 각 사지에서 출토되는 유물들도 이러한 가능성을 뒷받침해 주고 있다.

석탑은 어비리 삼층석탑 1기만이 통일신라시대의 것으로 전해오고 있다. 이 석탑은 9세기 후반경에 건립된 것으로 추정되고 있는데, 같은 시기에 건립된 석탑이 없어 비교하기에 어려움이 많다. 최근까지 확인된 9세기의 석탑으로는 경북지역 56기, 경남지역 18기, 전북지역 3기, 전남지역 16기, 강원지역 11기, 충북지역 6기, 충남지역 5기 등 모두 115기이다.[479] 이와 같이 전국에는 9세기대의 석탑이 적게는 3기부터 많게는 56기까지 남아 있지만, 한강 유역에는 단 1기뿐이다. 이러한 현상은 한강 유역이 475년이래로 잦은 전쟁과 전란을 겪는 과정에서 멸실되었을 가능성이 높고, 무엇보다 일제시기에 반출된 것도 적지 않았을 것이다. 한 예로 하남의 교산동 일명사지에는 갑석으로 추정되는 석탑재가 남아 있고, 광주향교(廣州鄕校)에도 다양한 종류의 초석과 석탑재가 각 건물의 초석으로 사용되고 있다.[480] 또한 하사창동 일원에 석탑이 있었는데 일제시대때 반출되었다는 전언(傳言)이 있는 것을 보면 적지 않은 수의 석탑이 존재했음을 알 수 있다.

한편 9세기대의 석탑양식의 특징을 살펴보면, 9세기 전반기에는 하층기단의 탱주가 2주로 유지되고 있으나 1주로 변하는 양식이 보이고, 상층기단의 탱주 수는 1주로 줄어든다. 옥개받침은 대체로 정형의 5단을 유지하

478) 朴聖相, 2004, 앞의 글, 68쪽.

479) 朴慶植, 1998, 「京畿道의 石塔에 關한 考察」, 『文化史學』 10, 韓國文化史學會, 111쪽.

480) 世宗大學校 博物館, 1999, 앞의 책.

고 있지만, 4단 내지 각 층의 받침 수가 통일성을 잃고 있다. 그리고 기단과 초층 탑신에 팔부신중 및 안상이 주요 조식으로 등장하고, 9세기 전반부터 경주지역을 벗어나 전국으로 확산이 시작된 시기이기도 하다. 그리고 국왕에 의한 원탑이 출현하고 있는 점도 하나의 특징이다. 9세기 후기 석탑의 특징은 하층기단의 탱주 수가 1개로 정형화 되거나 하층기단 전체가 소멸되어 2층기단에서 단층기단으로 나타나며, 상층기단의 탱주도 1개이다. 초층탑신 받침은 전기의 석탑이 모두 각형 2단을 보이고 있는데 반해, 후기 석탑에서는 각형 2단 · 호각형 2단 · 각호각형 3단 · 별석받침 형태 · 별석받침으로 다양함을 보이고 있으며 그에 따라 초층탑신이 높아진다. 하층기단에는 안상 · 비천상이, 상층기단에는 팔부신중 · 안상 · 사천왕 · 보살상이, 초층탑신에는 사방물 · 문비형 · 보살상이 주요 장엄으로 조식되고 있다. 그리고 석탑 조성의 주체가 국왕은 물론 귀족, 호족에 의한 원탑이 유행하고 있다.[481]

이러한 특징을 바탕으로 볼 때, 용인의 어비리 삼층석탑은 초층탑신 받침이 별석받침이고 탱주는 상층 기단에 1개이며 옥개받침을 4단, 탑신괴임은 각형 2단을 보이고 있기 때문에 9세기 후기 양식을 따르고 있다. 한편 9세기 후기의 석탑양식은 고려시대 전반에도 그 영향을 미쳤는데, 동사지에 있는 광주 춘궁리 5층석탑과 3층석탑, 이천 중리 3층석탑 · 신창리 3층석탑이 대표적인 예이다. 이들 석탑은 소위 신라계 석탑으로 알려져 있는데, 한강 유역이나 남한강 지역에 이러한 석탑이 건립되게 된 배경은 고려 정부의 중앙에 진출했던 옛 신라세력에 의해 개성과 인접한 지역에 신라계 석탑의 건립이 촉진되었을 것이기 때문이다.[482] 그러나 하남지역은 다른 지

481) 박경식, 2002, 『통일신라 석조미술 연구』, 학연문화사, 57~115쪽.

482) 朴慶植, 1998, 앞의 글, 112쪽.

역과 달리 비신라계 출신인 왕규(王規)라는 호족이 터전을 잡고 있었다. 그는 비신라계 지방민 출신으로 왕건이 골품제도 밖에 위치한 평범한 지방민을 선호하는 과정에서 등장하게 되는데,[483] 이는 궁예가 신라계 낙향귀족 출신들을 중심으로 세력을 모았던 것과 대비된다고 하겠다.

왕규가 왕건과 처음 인연을 맺게 된 계기는 효공왕 2년(898)에서[484] 효공왕 4년(900)[485] 사이에 있었던 광주 · 충주 · 청주 · 당성 · 괴양지역이 평정되는 때로 별다른 저항을 하지 않고 항복했던 것으로 보이며, 나중에는 대광(大匡)의 직책까지 올라 두 딸을 왕건의 제15 · 16 비(妃)로 들이게 된다. 이러한 과정을 거쳐 중앙으로 진출한 왕규는 태조가 죽을 때 염상(廉相) · 박수문(朴守文)과 함께 유조(遺詔)를 받을 정도로 신임을 얻고 있었다. 따라서 그가 요직에 오르면서부터는 광주 즉 지금의 하남지역을 중심으로 많은 불사를 중창 또는 개창했을 것으로 판단된다. 그가 불사를 일으키게 된 것은 왕건이 개경 내외에 많은 사원을 세운 것에서 비롯되었던 것으로도 볼 수 있으며,[486] 고구려도 393년 평양에 9곳의 사찰을 동시에 건설하여 427년 수도를 옮기기 위한 준비사업의 일환으로서 일종의 정치적 움직임으로도 해석된다.[487] 특히 왕건은 919년에 법왕(法王), 왕륜(王輪) 등 10사(寺)를 도성 안에 창건하게 되는데, 그 내용을 보면, 『高麗史』에 "송악의 남쪽에 도읍을 정하고 궁궐을 창건하고…3월에 법왕, 왕륜 등 10사를 도내에 창건하고 탑

---

483) 鄭淸柱, 1996, 『新羅末高麗初 豪族硏究』, 一潮閣, 207~215쪽.

484) 『三國史記』 卷12 新羅本紀12 孝恭王 2年條 "궁예가 貝西道와 漢山州 管內의 30여 성을 취하고 국도를 松岳郡으로 정하였다".

485) 『三國史記』 卷12 新羅本紀12 孝恭王 4年條 "國原 · 菁州 · 槐壤의 賊師 淸吉, 莘萱 등이 城을 들어 궁예에 투항하였다"고 하였고, 『高麗史』 世家1에서는 "왕건이 광주 · 충주 · 청주 등을 평정하였다"고 기록되어 있다.

486) 황보경, 2004, 앞의 글, 248~249쪽.

487) 한인호, 1997, 앞의 책, 73쪽.

묘초상의 어그러진 것을 함께 수리하게 했다"[488]고 하였다. 이들 10사의 창건의도는 신도(新都)로서의 면모를 갖추기 위한 것임과 동시에 태조 자신이 불법의 수호자임을 내세운 것이 아닌가 한다.[489] 또한 태조가 후삼국을 통일할 때까지 921년 대흥사(大興寺)를 시작으로 16처의 사원을 건립하였고, 이들 사찰을 중심으로 팔관회(八關會)와 연등회(燃燈會) 같은 행사를 열어 민심을 모아 통일의 의지를 다져 나갔던 것처럼 왕규도 천왕사를 중심으로 동사, 약정사, 신복선사, 자화사 등을 지원하거나 창건하였으며 막대한 자금을 들여 불상과 석탑을 조성하였던 것이다. 이렇게 왕규는 하남지역에서 불사를 일으켜 왕건과 함께 국정을 운영하였던 것인데, 왕규와 같은 시기에 죽주(竹州)에서는 능달(能達)이 안성 봉업사(奉業寺)를 중심으로 불사를 일으켰던 것으로 파악되어 주목된다. 봉업사도 창건시기가 능달이 죽주지역을 중심으로 활동하던 때로 추정되고 있으며, 봉업사지 주변에 죽산리사지, 매산리사지, 장명사지 등이 분포되어 있는 점은 하남과 매우 유사한 양상이라고 하겠다.[490] 또한 죽산리사지에 있는 석불입상과 석탑이 모두 고려 초기에 조성된 것으로 추정되고,[491] 매산리사지와 장명사지에서 출토된 탑지석이 성종 12년(993)과 경종 2년(977)이어서 춘궁리 철불과 춘궁리 5층석탑의 조성시기와 같은 때이므로 고려 초기에 태조가 불교의 힘을 빌어 국정을 운영하였던 것과 왕규와 죽산박씨 세력, 능달 등이 각 지역에서 불사를 이르킨 점은 같은 맥락으로 이해된다.

마지막으로 당간지주는 당간(幢竿)을 고정하여 세우기 위한 지주로 삼국

488) 『高麗史』 1卷 世家1 太祖 2年條 "三月創法王王輪等于都內兩京塔廟肖像之廢缺者並令修葺".

489) 韓基汶, 1998, 『高麗寺院의 構造와 機能』, 民族社, 32~42쪽.

490) 京畿道博物館, 2002, 『奉業寺』.

491) 단국대학교 중앙박물관, 1999, 『안성시의 역사와 문화유적』, 482쪽.

시대 말기에 당이 널리 보급되어 통일신라 초기에는 당을 걸기 위한 당간이 세워지기 시작한 것으로 추정된다.[492] 당의 기능은 본래 사찰의 마당이나 문전(門前)에 꽂는 기당(旗幢)의 일종으로서 그 표면에 불화가 그려져 있으며 기도나 법회 등의 의식이 있을 때 당간 정상에 달도록 되어 있다. 그리고 한편으로는 불법수호(佛法守護)을 위한 상징적 의미도 갖고 있었으며, 시대가 흐르면서 음양오행설과 풍수설이 혼합되면서 벽사적(辟邪的)인 목적으로 당간을 세우거나 사찰의 위치와 경계 및 종파를 표시하기 위한 시설물로 서서히 변화된 것으로 보인다.[493]

한강 유역의 당간지주는 장의사지와 중초사지에 남아 있는데, 조성시기는 장의사지의 것이 7세기 중반, 중초사지의 것은 9세기 초에 만들어진 것이다. 두 당간지주의 특징을 엄기표의 분류에 따르면, 첫째 지주부 외형에 따라 장의사지 당간지주를 비롯한 황룡사지 서편 · 망덕사지 · 갑사 등의 당간지주가 Ⅰ형에 속한다. 이들 당간지주는 방주석형(方柱石形)의 지주로서 상단부로 갈수록 가늘게 치석하고 정상부는 내면에서 바깥쪽으로 나가면서 호선을 그리거나 사분원(四分圓) 형태의 곡선으로 처리된 것이다. 전체적으로 치석수법이 소박하면서도 단아한 외형이다. 중초사지 당간지주는 Ⅳ형에 속하는데, 방주석형의 지주를 세우고 정상부는 내면에서 외면으로 나가면서 약간 호선을 그리며, 지주 중간부나 하단부에서 아래로 1단 높게 치석한 지주이다. 전체적으로 투박한 인상을 주는데, 사천왕사지 · 경주 구황동 · 안동 운흥동 등의 것이 해당된다. 다음으로 주공(柱孔)은 장의사지와 중초사지 당강지주가 모두 원형으로 시공되었고, 황룡사지와 경주 구

492) 嚴基杓, 1997, 「統一新羅時代의 幢竿과 幢竿支柱 硏究」, 『文化史學』 6 · 7, 韓國文化史學會, 303쪽.
493) 辛鍾遠, 1987, 「幢竿造營의 文化史的 背景」, 『江原史學』 3, 江原大學校 史學會, 29쪽.

사진66. 경주 사천왕사지 당간지주

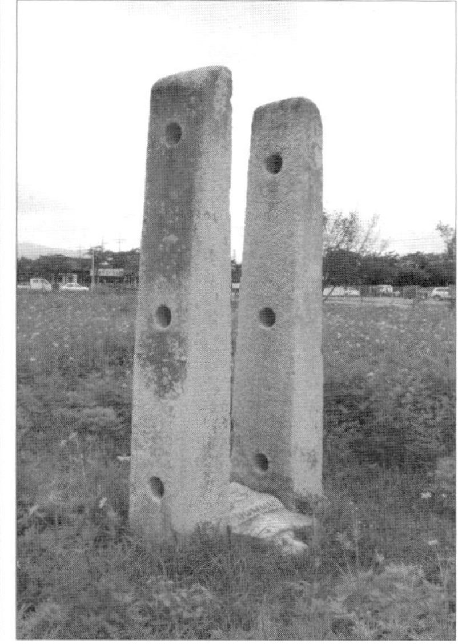
사진67. 경주 구황동 당간지주

황동 · 굴산사지 · 안동 운흥동 · 동화사 당간지주 등과 같다. 간공(杆孔)의 수에서는 장의사지의 것이 1개이고, 중초사지의 것은 2개로 차이가 있으며, 관통여부에서는 중초사지의 것이 양지주 모두 관통된 반면 장의사지의 것은 한쪽만 관통되어 있어 역시 차이가 있다.[494] 따라서 두 당간지주를 비교해 본 결과 장의사지의 것은 장의사 창건과 동시인 7세기 후반에 조성된 것임을 알 수 있고, 중초사지의 것은 통일신라 후반기에 조성된 것임을 알 수 있다.

이상으로 한강 유역에 분포하고 있는 신라의 불교유적 특징에 대하여 살펴보았다. 먼저 사찰의 분포양상과 경영시기를 통하여 한강 유역에 신라 사

494) 嚴基杓, 1997, 앞의 글.

찰이 건립되고 한강을 중심으로 어디에 어떻게 분포되어 있는가를 알아보고 그 경영시기도 함께 추정해 보았다. 다음으로는 불상과 석탑의 시기별 특징을 다른 지역의 것들과 비교해 보았다.

이를 정리해 보면, 사찰의 분포양상은 크게 한강을 중심으로 이북지역인 서울 종로구와 도봉구 등과 하남, 용인에 밀집되어 있음을 알 수 있다. 이렇게 세 지역으로 나뉘어지는 이유는 신라가 한강 유역을 진출한 6세기 중반이후부터 이들 지역이 군사적으로나 행정적으로 중요한 지역이었고 동시에 문화적으로도 그 중심역할을 했기 때문으로 생각된다. 특히 하남은 이성산성과 남한산성을 중심으로 한 남-북 길이 4.5㎞, 동-서 너비 3.5㎞의 범위 안에 11곳의 사찰이 밀집되어 있는 특이한 양상을 보이고 있음을 알았다.

다음으로 사찰의 입지는 평지에 장의사지와 천왕사지, 중초사지 등이 있고, 그 외 대부분의 사찰은 산록에 위치해 있는 것으로 파악되었다. 이렇게 사찰의 입지는 그 시대의 흐름에 따라 처음에는 평지에 있다가 점차 산과의 관계가 특별해 지면서 산중으로 옮겨간 것으로 볼 수 있다. 또한 이러한 모습들이 신라가 불교를 공인한 이후부터 달라지는 도시구조의 한 단면이기는 하지만, 적어도 한강 유역의 사찰들 중에는 삼국이 모두 지배한 지역이라는 특수성을 감안하여야 함을 알 수 있었다.

사찰의 경영시기는 천왕사지의 목탑지와 심초석을 통해 살펴본 결과, 황룡사지 목탑지와 심초석이 가장 비슷하고 사천왕사지와 망덕사지 목탑지와도 사리공 크기만 다를 뿐 전체적인 구조가 비슷하였다. 반면 백제의 제석사지나 구아리사지의 것과는 사리공 크기나 평면형태면에서 차이점이 드러났다. 그리고 목탑의 건립시기는 황룡사지 목탑이 건립된 전후에 건립되었을 가능성이 높으며 탑의 층수는 7층 내외일 것으로 추정되었다. 이외에도 동사지에는 황룡사지 금당지와 그 규모가 비슷한 금당지가 발굴되었고, 건물지내에 8각대좌유구가 있다. 특히 8각대좌유구는 황룡사지 장륙불상보다 더 거대한 규모의 불상이 봉안되었을 가능성이 높다. 이러한 자료를 통해 볼 때, 신라가 삼국을 통일하기 이전에는 서울의 사찰 중 장의사와 암사가 경영되었고 하남에서는 천왕사지와 동사지 등 총 6곳의 사찰이 이 시기에 경영되었거나 그 가능성이 높은 것으로 판단되었다. 그리고 나머지 28곳의 사찰은 삼국통일 직후부터 창건되기 시작하는데 처음에는 전쟁을 치루는 과정에서 희생자들의 명복을 빌기 위한 목적이나 구휼을 목적으로 한 사찰경영이 이루어진다. 이러한 분석을 바탕으로 필자는 한강 유역 사찰의 창건과 경영시기를 세 시기로 나누어보았다. 1기는 6세기 중반부터 7세기 중반사이로 신라가 한강 유역을 진출한 직후 치소지와 성곽 주변지역에 분포하는 것이 특징이다. 또한 백제가 경영했던 사찰도 신라가 다시 경영했을 가능성이 높다는 측면이 고려되었다. 이 시기에는 암사와 천왕사, 동사 등이 해당된다. 2기는 7세기 중반부터 8세기 중반사이로 신라의 불교문화가 한강 유역에 영향을 본격적으로 미치기 시작한 때이다. 특히 김대문이 한산주 도독으로 부임해 온 것이 계기가 되었을 것으로 생각되었고, 장의사와 학림사, 천축사, 백련사, 용인의 마북리사지 등이 이 때에 경영되었다. 3기는 8세기 중반부터 10세기 초반사이로 이 시기에 가장 많은 사찰이 창건되었다. 또한 도선국사가 가장 활발하게 불사를 일으켰던 때이고 현재 한강 유역에 남아 있는 석불이나 석탑이 이 시기의 것이다. 이 때 경영된 사찰은 원통사, 일선사, 봉원사, 청담사, 용덕사, 문수사, 중초사, 금암산 일명사지 1 · 2 등이 있다.

불상과 석탑은 한강 유역에 몇 기 남아 있지 않아 그 특징을 파악하기가 쉽지 않았다. 불상은 8구가 남아 있는데 그중에서 형태와 조성시기를 파악할 수 있는 것은 4구 정도로 하남의 태평2년명 마애약사불좌상과 금암산 마애불을 동시기의 마애불들과 비교해 보았고, 자화사지의 석불 2구도 함께 살펴보았다. 그 결과, 태평2년명 마애약사불좌상은 8세기 말에서 9세기에 유행했던 선조불의 종류로 볼 수 있고, 금암산 마애불은 남은 상태가 좋지 않지만 발굴조사를 통해 출토된 기와류를 통해 통일신라시대에 조성되었을 가능성을 제시해 보았다. 아울러 자화사지 등에서 찾아진 약사불과 아미타불 역시 분황사에서 출토된 것들과 비슷한 조각수법을 보이고 있기 때문에 8세기 후반부터 9세기 사이에 조성되었을 것으로 판단되었다. 석탑은 어비리 삼층석탑 1기만 남아 있고, 건립시기는 9세기 후반이다. 이런 종류의 석탑이 나중에는 광주 춘궁리 3층 석탑이나 이천 중리 3층 석탑 · 신창리 3층 석탑에까지 그 영향을 미쳤음을 알 수 있었다. 당간지주는 장의사지 당간지주와 중초사지 당간지주 2기가 있는데, 조각수법과 주공의 형태 간공의 수 등으로 보아 장의사지의 것은 7세기 중반이고, 중초사지의 것은 9세기 초에 만들어졌음을 알 수 있었다. 따라서 불상과 석탑을 통해 사찰의 경영시기와 비교해 보면, 주로 9세기대의 작품들이 남아 있는 것으로 볼 때 사찰이 가장 많이 창건된 때와 일치되고 있다는 것을 알 수 있다.

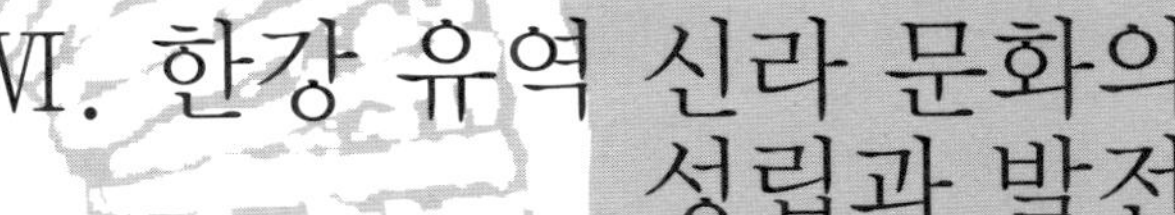

Ⅵ. 한강 유역 신라 문화의 성립과 발전

1. 신라유적의 특성
2. 신라 문화의 성격

Ⅵ. 한강 유역 신라 문화의 성립과 발전

신라는 한강 유역을 점유한 직후 신주를 설치함으로써 영역을 확고하게 했다는 의미 외에도 이곳을 발판으로 서해를 통한 중국과의 자주적인 외교를 펼칠 수 있는 계기를 만들었다. 또한 한강 유역을 고구려와 백제로부터 지켜내면서 삼국통일을 이뤄내는 대업(大業)을 달성한 곳이기도 하거니와 통일 이후에는 한산주가 당이나 발해를 상대로 한 전초기지로서의 역할도 충실히 담당하였다. 이 장에서는 앞에서 살펴본 성곽과 고분, 불교유적의 특징을 바탕으로 각 분야별로 한강 유역에 신라 문화가 어떻게 성립되었고 발전했는가를 정리해 보고자 한다.

1. 신라유적의 특성

신라가 한강 유역에 진출한 시기는 진흥왕 14년(553)이고, 지금의 하남지역에 신주를 설치한 후 이를 발판으로 삼아 한강 유역은 물론 서해안과 임진강 유역까지도 영향권 안에 두었다. 그리고 백제와 고구려로부터의 반격에 대비하여 이성산성을 비롯한 여러 성들을 증 · 개축하거나 축성하였고, 전쟁에 따른 고분군의 축조도 이루어졌다. 여기에서는 신라가 한강 유역으로 진출한 6세기 중반부터 남긴 많은 성곽들과 고분, 불교유적을 앞에서 살펴본 자료들의 분석결과를 바탕으로 그 특성에 대하여 살펴보고자 한다.

1) 성곽의 특성

한강 유역에 분포한 신라 성들의 특징은 지리적 위치와 입지조건, 형식,

규모, 축성재료, 구조적인 면에서 찾아볼 수 있다. 신라 성들의 지리적 위치와 입지조건의 특성을 보면, 대부분의 성이나 보루가 한강변이나 지류 및 육상 교통로의 좌 · 우편에 위치해 있다는 점이다. 이는 전략적으로도 매우 중요한 선정이라고 여겨지는데, 고구려 보루들이 아차산과 용마산, 의정부 천보산, 양주 불곡산 등 주로 교통로상의 높은 지대에 입지해 있다는 것과는 다른 점이다. 신라 성들의 배치와 고구려 보루의 배치가 다른 것은 전자의 경우 고구려나 당의 남하를 방어하기 위한 목적이 우선시 된 것이고, 후자의 경우 백제의 북진을 막기 위한 배치였기 때문에 당연히 그 위치가 다를 수 밖에 없다. 그리고 입지조건에서도 신라는 성 위주의 방어체제를 갖추고 있으며, 18곳 중 13곳의 성을 해발 300m 미만에 축성하여 많은 병력이 빠른 시간내에 이동할 수 있도록 기동력을 높였다. 이는 한강 유역의 주변에 위치한 포천 반월산성, 파주 칠중성, 화성 당성, 이천 설봉산성 등도 해발 300m 미만에 축성된 것과 같은 양상이다. 반면, 고구려는 소규모 보루를 밀집시켜 군(群)을 형성하고 있다. 그것은 신라와 같이 대규모 병력을 상대로 한 방어체제라기 보다는 국경선의 경계와 적의 동태를 살피기 위한 척후병(斥候兵)의 역할이 주된 임무였기 때문이라고 생각된다.

분포양상면에서 한강 이북지역의 성들은 북한산성을 중심으로 동쪽과 서쪽 · 북쪽지역으로 나뉘어 있고, 한강 이남지역의 성들은 호암산성을 중심으로 동쪽과 서쪽지역으로 나뉘어 있다. 즉 한강 이북지역의 성 중에서 주로 교통로를 차단하고 방어하는 성으로는 퇴뫼산성과 불암산성, 양주 대모산성, 북한산성, 고봉산성이 있고, 한강과 서해를 방어하는 성으로는 아차산성과 행주산성, 오두산성이 있다. 한강 이남지역의 성 중 교통로를 방어하는 성으로는 이성산성과 남한산성, 수안산성, 계양산성이 있고, 한강과 서해를 방어하는 성으로는 서울 대모산성과 호암산성, 양천고성, 북성산성,

동성산성이 있다. 그리고 각 산성의 역할을 보다 상세히 살펴보면, 한강 서쪽지역의 오두산성과 동성산성은 서해를 통해 한강을 따라 진입하는 적을 1차로 차단하는 성이고, 수안산성과 북성산성은 서해를 통해 육로로 접근하는 적을 방어하는 역할을 담당했을 것으로 추정된다. 이에 비해 계양산성은 한강 이남지역 중에서도 서부지역의 거점성으로서 수안산성과 북성산성, 양천고성을 지원하고 해로와 한강, 육로로의 접근을 막았다. 또한 한강을 따라 더 들어오게 되면 행주산성과 양천고성이 한강을 사이에 두고 서로 마주보고 있어 차단성으로서의 기능을 했을 것이다. 동부지역 중에서 한강 이북지역에는 양주 대모산성과 북한산성, 아차산성이 주요 거점성이었고, 한강 이남지역에서는 호암산성과 이성산성이 주요 거점성이었으며, 남한산성이 축조된 이후부터는 그 기능이 남한산성으로 일시적으로나마 옮겨졌을 것으로 판단된다. 특히 이성산성은 신주의 치소가 있던 곳으로 한강 유역 전체에 배치된 성들을 지휘하고 통제했던 중심거점성이라고 할 수 있다.

산성은 형식적으로 테뫼식과 포곡식으로 나뉘는데, 한강 이남지역의 테뫼식 성이 이북지역보다 3곳이나 많다. 이같은 현상은 성을 축성할 때 지형적인 제한이 가장 큰 이유였던 것 같다. 즉 한강 이남지역의 산 지형이 포곡식 성을 축조하는데 어려움이 따랐기 때문에 테뫼식을 선호했던 것 같다. 그리고 한강 이북지역 성의 수가 이남지역에 비해 적은 것은 교통로의 제한에 따라 성을 축조하여 활용하기 보다는 남양주와 의정부지역에 보루를 설치함으로써 이를 보충해 놓았다고 볼 수 있다. 성의 규모면에서는 둘레가 800m 이상인 것이 18곳 중에서 9곳으로 전체의 절반을 차지하고, 둘레가 300~800m인 것이 7곳이며, 둘레가 300m 미만인 것은 2곳으로 나타났다. 특히 한강 이남지역의 테뫼식 성의 경우 둘레가 300~800m인 것이 8곳

중 5곳으로 나타났다. 이는 한강 이남지역의 테뫼식 성이 포곡식을 축조하기 어려운 곳에 입지함에 따라 편중된 결과로 여겨진다. 그리고 테뫼식 성 중에서 둘레가 800m 이상 되는 성은 모두 4곳으로 양주 대모산성과 오두산성 · 호암산성 · 계양산성이 있다. 이들 성은 모두가 주요 교통로상에 있을 뿐만 아니라 전략적으로도 중요 요충지에 해당되며, 치소지로서의 기능도 겸한 곳이다. 따라서 주요 거점성의 역할을 했던 테뫼식 성들이 규모면에서 포곡식 성과 비슷하거나 다른 테뫼식 성들에 비해 규모가 큰 것은 오히려 자연스러운 현상으로 생각된다. 참고로 이천 설봉산성과[495] 이천 설성산성은[496] 둘레가 1,000m가 넘지만 형식면에서는 전자가 테뫼식, 후자가 포곡식 성이다. 그리고 화성 당성은 테뫼식과 포곡식 성으로 이루어져 있고,[497] 안성 죽주산성은 내성과 중성 · 외성의 3중 구조이며,[498] 파주 오두산성은 내성과 외성으로 이루어진 특이한 형태이다.[499]

한편, 한강 유역에 분포한 성의 대부분은 석축성으로 조사되었는데 전체 18곳 중에서 17곳이 이에 해당된다. 석축성이 많은 이유는 이미 신라의 축

495) 단국대학교 중앙박물관, 1999, 『이천 설봉산성 1차 발굴조사 보고서』.
단국대학교 매장문화재연구소, 2001, 『이천 설봉산성 2차 발굴조사 보고서』.
단국대학교 매장문화재연구소, 2006, 『이천 설봉산성 4 · 5 · 6차 발굴조사 보고서』.

496) 단국대학교 매장문화재연구소, 2000, 『이천 설성산성 지표 · 시굴조사 보고서』.
단국대학교 매장문화재연구소, 2002, 『이천 설성산성 1차 발굴조사 보고서』.
단국대학교 매장문화재연구소, 2004, 『이천 설성산성 2 · 3차 발굴조사 보고서』.
단국대학교 매장문화재연구소, 2006, 『이천 설성산성 4차 발굴조사 보고서』.

497) 漢陽大學校 博物館, 1998, 앞의 책.
漢陽大學校 博物館, 2001, 앞의 책.

498) 단국대학교 매장문화재연구소, 2002, 『안성 죽주산성 지표 및 발굴조사 보고서』.
단국대학교 매장문화재연구소, 2006, 『안성 죽주산성 남벽 정비구간 발굴조사 보고서』.
단국대학교 매장문화재연구소, 2008, 『안성 죽주산성 동벽 정비구간 문화재 발굴조사 보고서』.

499) 경희대학교 고고미술사연구소, 1992, 『오두산성 I』.
한백문화재연구원, 2007, 『파주 오두산성』.

성술이 발달해 있음을 보여주는 면이기도 하지만, 이미 축성된 성을 증개축했기 때문일 수도 있다. 축성방법에 있어서 협축(夾築)의 방법을 사용한 것은 양주 대모산성, 아차산성, 수안산성 등이 있고, 협축과 편축(片築)을 한 예로는 이성산성이 있다. 그리고 남한강변에 위치한 파사성의 경우도 협축을 하여 한강 유역에 분포한 성들의 축성법과 같은 양상을 보이고 있다. 그리고 성과 관련된 구조물로는 문지와 치, 저수시설이 있다. 문지가 조사된 예로는 한강 이북지역의 성 중에서 퇴뫼산성, 아차산성, 양주 대모산성, 행주산성, 오두산성에서 찾아졌고, 한강 이남지역의 성 중에서는 이성산성, 양천고성, 계양산성, 수안산성에서 확인되었다. 이중에서 현문식의 문지가 확인된 곳으로는 아차산성 동문지와 양주 대모산성의 동 · 서 · 북문지, 이성산성 동문지, 양천고성의 남문지가 있다. 현문식 문은 사다리를 사용하지 않고는 출입이 곤란한 구조로 방어에 유리한 점이 특징이다. 따라서 현문식 문지가 확인된 성들은 공격보다는 방어에 보다 치중했음을 알 수 있다. 치는 퇴뫼산성과 이성산성, 수안산성, 계양산성에서 찾아졌으나, 이성산성의 치만 제대로 발굴조사가 진행된 상태로 2차에 걸쳐 축조되었음이 확인되었다. 참고로 한강 주변지역 하천이나 남한강 유역에서 치가 확인되었거나 발굴된 예로는 안성 죽주산성을 비롯하여 평택 자미산성,[500] 이천 설봉산성, 여주 파사성 등이 있다. 저수시설이 찾아진 성곽으로는 아차산성과 이성산성, 호암산성, 양천고성이 있는데, 이중에서 아차산성과 이성산성, 호암산성의 경우 장기주둔과 치소지로서의 역할과 깊은 관련이 있다.

이와 같이 한강 유역에 분포한 신라 성들의 몇가지 특성을 알 수 있었다. 이를 요약해 보면, 첫째 신라 성들이나 보루는 지리적으로 중요한 교통로

500) 단국대학교 매장문화재연구소, 2004, 『평택 서부 관방산성 시 · 발굴조사 보고서』.
한백문화재연구원, 2008, 「평택 자미산성 2차 발굴조사 지도위원회의 자료」.

를 중심으로 배치되어 있을 뿐만 아니라 한강과 그 지류는 물론 서해의 파주와 김포, 인천지역도 광범위하게 방어할 수 있는 방어망을 구축했다. 이는 고구려가 한강 유역을 점유하면서 한강 유역이나 교통로상에만 보루군을 배치하여 방어한 시스템과는 다른 것이었다. 둘째, 성들은 대개 해발 300m 미만이면서 상대고도도 낮은 곳에 테뫼식과 포곡식 산성을 축성하여 많은 병력이 빠르게 이동할 수 있도록 하였다. 이는 고구려 보루군이 산의 줄기와 봉우리 등 비교적 높은 곳에 입지한 것과 대조적이다. 셋째, 성의 형식면에서 테뫼식이 포곡식보다 월등히 많은데 이는 지형적인 영향을 받은 결과로 보여진다. 대신 테뫼식의 성이 많은 만큼 규모면에서 필요에 따라 포곡식 성과 비슷한 규모로 만들어 많은 병력을 주둔시키는데는 큰 문제가 되지 않았다. 넷째, 신라 성은 대개 돌을 가지고 협축이나 편축, 협·편축을 병행하여 쌓아 어떠한 정형성을 살피기가 어려웠다. 이런 현상은 축성할 때 있어서 신라인들만의 축성법을 적용했다기 보다는 당시의 정세가 혼란했고, 축성집단이 포로나 일반 거주민들이 주축을 이루었던 것이 원인일 것으로 생각된다. 마지막으로 이성산성과 아차산성, 양주 대모산성 등에 현문식 문지가 갖추어져 있어 성곽의 형식과 무관하게 현문식 문이 시설되었다는 점이다. 이러한 구조는 공격보다는 방어에 유리하도록 한 것이라 할 수 있고, 저수시설이 갖추어진 성들 특히 이성산성이나 호암산성, 아차산성 등은 대개 장기간동안 치소지도 겸했던 것이 특성이다.

2) 고분의 특성

한강 유역 신라 고분의 특성은 입지와 분포양상, 장축과 등고선과의 관계, 구조와 축조방법, 시상과 부장품 위치 등을 통해 알 수 있다. 고분군의 지리적 위치를 보면, 한강 유역의 신라 고분군은 크게 성과 인접한 곳 또는 성과 원거리에 위치한 곳으로 구분된다. 성과 인접한 고분군은 성에서 벌어진 전쟁의 과정이나 치소지였기 때문에 군인 신분의 피장자가 매장되었을 가능성이 높음을 말해준다. 반대로 성과 원거리에 위치한 고분군은 전쟁과 밀접한 관련을 갖기 보다는 민간인들의 매장과 관련될 가능성이 높은 것이다. 즉 성 주변에 위치한 대규모 고분군은 그 성과 직접적인 관련이 있다는 점이다. 예를 들면, 고분이 가장 많이 조사된 하남은 이성산성과 남한산성 사이의 금암산이나 객산 줄기상에 밀집되어 있고, 파주 법흥리 · 성동리 고분군은 오두산성과 가까운 거리에 위치한다. 또한 아차산성의 주변에서도 고분이 확인되어 성과 고분이 밀접한 관계임을 알 수 있다.

입지면에서 고분들은 대개 산의 정상부와 줄기, 경사면에 자리해 있다. 특히 하남 덕풍골의 석실분들은 주로 산의 정상부와 줄기 중에서도 가장 높은 곳에 위치하고, 석곽묘들은 석실분과 약간의 거리를 두고 경사면쪽으로 내려가 있는 점이 특징이다. 그리고 하남 금암산의 석실분들도 하남 덕풍골의 석실분과 같이 입지가 가장 좋은 곳을 택한 반면, 석곽묘들은 그 주위에 분포되어 있다. 따라서 하남지역중에서도 이성산성과 남한산성 사이에 분포한 고분들은 피장자의 신분이나 고분의 형식에 따라 그 입지가 고려되었을 것으로 생각된다. 그러나 군포 산본동 고분군의 석실분은 경사면의 가운데에 자리해 있고, 석곽묘들은 그 북쪽 위나 동 · 서 · 남쪽으로 무질서하게 퍼져 있어 반드시 석실분을 중심으로 신분상의 질서를 유지하고 있다고 보기가 어렵다. 파주 법흥리 고분군도 A지구 1호 석실분 1기만 다른 석곽묘들보다 낮은 곳에 위치해 있어 반드시 석실분과 석곽묘의 관계를 신분이나 묘역의 선점으로 판단하기 어려웠다. 광주 대쌍령리 고분군의 석곽묘들은 같은 산경사면에서도 양쪽으로 나뉘어져 있는 점이 특징적이고, 그 외 고분군들은 입지면에서 산의 정상부나 줄기보다 경사면에 더 많이 축조되어 경사면을 선호했음을 알 수 있다.

고분의 장축방향과 두향은 한강 이북지역의 고분들 경우, 북서-남동쪽을 가장 선호했지만 파주 법흥리와 성동리 고분이 기본적으로 등고선과 직교 또는 평행이라는 면에서는 달랐다. 반면, 한강 이남지역의 고분들은 등고선과 직교하면서 방향을 북동쪽이나 북쪽 · 북서쪽을 향하도록 한 것이 많았다. 결과적으로 한강 유역의 석실분과 석곽묘의 장축은 북동-남서쪽이 가장 많다는 것과 등고선과의 관계에서는 석실분은 평행한 것이, 석곽묘는 직교한 것이 확연하게 많다는 사실을 알 수 있다. 두향도 장축에 따라 결정되어졌는데, 북쪽이나 동쪽을 향한 예가 그렇지 않은 것보다 많은 것으로 파악되었다. 참고로 서울 가락동 · 방이동의 석실분들은 장축이 남-북쪽 6기, 동-서쪽 2기이며 두향은 동침이 3기, 남침이나 북침이 3기이다. 여주 상리 · 매룡리 석실분들은 남-북쪽이나 북서-남동, 북동-남서쪽이 많으면서 두향은 북침이 많으며, 동침과 서침도 확인되고 있다. 중원 누암리의 석실분들도 장축은 남-북쪽이 많은 편이지만, 두향은 동쪽이 많은 것으로 알려져 있다. 따라서 한강 본류지역과 남한강 유역의 고분에서 확인된 장축과 두향은 서로 공통된 것도 있지만, 다른 부분도 있음을 알 수 있다.

묘광은 한강 유역의 고분들이 대개 산의 경사면에 입지해 있기 때문에 등고선과 직교하거나 평행하더라도 L자형으로 굴착한 경우가 많았다. 그 중에서 등고선과 직교한 고분의 장축이 북동-남서쪽인 것을 기준으로 볼 때, 묘광 깊이가 북벽쪽이 가장 깊고 남벽쪽이 상대적으로 낮다. 묘광을 굴착하는 깊이는 일반적으로 지표나 암반층을 벽 높이의 1/3나 1/2 정도만 파고 난 후 벽을 쌓고, 너비는 벽석으로부터 보통 10~40㎝ 정도 넓게 굴착한 것이 많았다. 구조적인 면에서는 보통 벽체를 수직으로 쌓아 올린 것이 대부분이고, 안쪽으로 기울여 쌓은 것도 적지 않았다. 각 벽면의 결합구조는 덧대어 쌓거나 맞물려 쌓았는데, 각 벽면의 모서리 부분이 직각을 이루는 것이 많지만 맞물려 쌓은 경우 모를 죽이거나 반원형을 이루는 것도 있다. 대개 벽을 쌓는 순서는 단벽(短壁)인 북벽부터 쌓고 장벽(長壁)을 그 다음으로 쌓았으며 남벽을 가장 나중에 쌓은 것이 많다. 돌을 쌓는 방법은 1단부터 최상단의 바로 아래까지 종평적으로 한 것이 대부분이고, 가장 윗단은 횡평적으로 한 것이 많다. 가장 윗단의 돌을 횡평적으로 한 것은 역시 개석(蓋石)과 봉분(封墳)의 무게를 안정적으로 분산시키는데 주된 목적이 있었던 것으로 판단된다.

묘광의 장단비는 파주 법흥리와 성동리의 석실분 3기를 비교해 본 결과, 법흥리 석실분이 1.45:1이었고, 성동리 석실분 2기가 2.87:1로 성동리 석실분의 묘광이 법흥리의 것보다 두 배정도 크게 만들어졌다. 두 지역의 석곽묘 묘광도 법흥리의 것이 1.89:1이고, 성동리의 것이 2.08:1로 분석되어 성동리 석곽묘의 묘광이 법흥리 것보다 다소 큰 것으로 나타났다. 한강 이남지역의 석실분 묘광 크기는 하남 덕풍골의 것이 1.32:1, 용인 소실 고분군의 석실분 13기의 평균 값이 1.79:1로 나타나 하남과 용인 소실 고분군의 석실분 묘광 크기가 다르게 나타난 반면, 석곽묘들은 하남이나 용인지역의 묘광비가 비슷했으며 부천 고강동이나 군포 산본동 고분군의 석곽묘들도 큰 차이가 없었다. 따라서 한강 유역에 분포된 신라 석곽묘의 묘광을 분석해 본 결과, 1:00:1~1.50:1이 19기로 전체의 41.3%이고, 1:51:1~2.00:1인 것이 22기로 47.8%를 차지하는 것으로 나타났다. 묘실 장단비에 있어서도 묘광의 비율과 큰 차이가 없다. 파주 법흥리 석실분의 묘실 장단비는 1.59:1이고, 성동리 석실분의 묘실은 2.63:1로 묘광에서 차이난 비율이 그대로 반영되었다. 석곽묘도 법흥리의 것이 2.35:1, 성동리의 것이 2.61:1로 나타나 묘광 크기와 비례하며, 성동리 고분군의 고분들이 법흥리의 고분들보다 규모면에서 확실히 크다는 것을 알았다. 아차산 홍련봉 제1보루의 석곽묘의 장단비는 2.19:1로 파주지역 석곽묘들보다 비율이 작은 편이다.

한강 이남지역의 고분중 석실분의 묘실 장단비는 평균 1.75:1이 나왔으나, 하남 덕풍골 석실분이나 군포 산본동 석실분보다 용인 소실 고분군의 석실분이 2.54:1로 확연하게 커진다. 반면, 석곽묘는 분석대상 50기의 장단비 평균 값이 2.41:1이다. 이를 자세히 보면, 하남 수리골 · 광암동 고분군의 석곽묘들은 가장 낮은 비를 나타내고 있고, 하남 수리골과 하남 광암동 고분군 사이에 위치한 하남 덕풍골 고분군의 석곽묘들은 다소 높은 비를 나타내고 있다. 이러한 장단비의 차이는 부장품의 출토양상과도 밀접한 관련이 있는 것으로 생각된다. 즉 하남 수리골 고분군과 하남 광암동 고분군에서는 공통적으로 대부병이 출토되고 있지만, 하남 덕풍골에서는 아직까지 대부병이 출토되지 않았다. 또한 축조시기에 있어서도 약간 앞설 것으로도 여겨지고 있다. 그리고 이성산성내 석곽묘들은 이성산성이 폐기된 이후에 축조되었을 가능성이 높은데, 장단비에서도 각기 큰 차이를 보이고 있다. 이러한 현상은 이성산성이 폐기된 이후부터 석곽묘를 축조한 집단이 일정한 크기와 구조를 유지하는데 있어 규칙성에서 벗어나 다양화 되었음을 보여주는 부분으로도 생각된다.

용인지역의 고분들 중 용인 보정리 고분군과 용인 소실 고분군은 같은 산줄기상에 위치해 있기 때문인지 장단비에서 근소한 차이만 확인되었다. 그리고 부천 고강동 고분군의 석곽묘들보다 군포 산본동 고분군의 석곽묘들이 다소 세장한 비율을 보이는 점도 특징이다. 참고로 여주 상리 · 매룡리의 횡구식 석실분의 묘광 장단비 평균은 1.99:1, 묘실 장단비는 2.22:1로 파악되었다. 그리고 서울 가락동 · 방이동의 석실분 8기의 묘실 평균 장단비는 1.25:1인데, 가락동 3호분은 1.01:1로 방형이며, 방이동 1호분은 1.24:1

이다. 따라서 한강 이남지역의 석실분이 가락동 · 방이동의 석실분보다 장방형임을 알 수 있고, 군포 산본동 석실분만 방형에 가까워 평면형태상으로는 비슷하다고 하겠다. 석곽묘는 한강 유역과 인접한 여주 하거리 방미기골의 석곽묘중에서 7세기에 축조된 8기의 석곽묘 묘실 장단비는 1.96:1로 분석되어 한강 유역의 고분군들과 다소 차이점이 있음을 알 수 있다. 최근 조사된 평택 도곡리 석곽묘의 묘실 장단비 평균은 2.77:1로 나타나 용인 대덕골 1호 석곽묘와 비슷하다. 그리고 청주 용담동 고분군의 석곽묘 25기 중에서 비교적 잔존상태가 양호한 9기를 대상으로 묘실의 장단비 평균을 구해본 결과, 2.50:1로 나타났고, 청주 봉명동 석곽묘 7기 중 4기의 묘실 장단비 평균은 2.82:1로 매우 세장함을 알 수 있다. 따라서, 한강 유역의 석곽묘들과 남한강 유역의 석곽묘, 그 보다 남쪽인 청주지역 석곽묘들과의 비교를 통해 장단비에 있어서 차이를 보이고 있음이 확인된다. 이러한 현상은 각 지방의 지역적 특색 즉 석곽묘의 규격화가 이루어지지 못하고 축조집단에 따라 달리 했음을 나타내주는 단면이기도 하다.

고분은 형식상 입구의 구조에 따라 횡구식(橫口式)이나 횡혈식(橫穴式), 수혈식(竪穴式)으로 구분된다. 석실분은 횡구식과 횡혈식으로 나뉘는데, 횡혈식 석실분의 연도 위치는 군포 산본동 2호 석실분이 중앙에서 왼쪽으로 약간 치우쳐 있으며, 용인 소실 21호분은 우편재 연도이다. 하남 덕풍골 2006-1호 석실분은 연도를 중앙에 설치하였는데, 연도의 바닥이 생토층 그대로를 특별히 정지하지 않고 사용했으며 입구와 묘실 사이에 장방형 돌 1매를 놓아 문지방처럼 턱을 만들어 놓기도 했다. 참고로 서울 가락동 3호분은 연도가 우편재이고, 방이동 1호분은 좌편재이며 가락동 2 · 5호분은 중앙에 위치하여 각기 다름을 알 수 있다. 중원 누암리나 충주 단월동의 석실분들은 대개 우편재 연도가 많은 편이다. 횡구식 석실분중에는 파주 법흥리 A지구 1호분은 우편재, 하남 덕풍골 2005-1호 석실분은 중앙에 시설되어 정형성을 갖고 있다고 보기 어렵다. 그리고 횡구부가 벽석의 중간 윗부분에 마련된 것으로는 용인 보정리 석곽묘들과 여주 하거리 방미기골 고분에서도 일부 확인되고 있다. 그리고 하남 덕풍골 2006-2호 석실분의 경우 덮개돌과 같은 크기의 큰 돌 1매로 입구를 막는 예도 있어 주목된다.

석곽묘는 수혈식과 횡구식으로 구분되는데, 횡구식이 수혈식보다 월등히 많은 비율을 보이고 있다. 그리고 호석의 경우 석실분에는 반드시 시설되지 않은 점이 하나의 특징이다. 그러한 이유는 석실분들의 경우 대개 산의 경사면 보다는 능선상에 입지하거나 경사면이라 해도 비교적 경사가 심하지 않는 곳을 택했기 때문이다. 즉 입지상의 문제로 인해 호석이 굳이 필요하지 않았던 것이다. 오히려 호석이 석실분보다 석곽묘에 시설된 경우가 많았다. 이들 석곽묘는 경사가 급한 곳에 입지하기 때문에 형식적인 면보다는 흙이 쓸려 내려가는 것을 방지하기 위한 실용적인 목적에서 시설되었음을 알 수 있다. 또한 호석이 설치된 고분의 봉분 지름은 약 6~7m로 조사되었고, 용인 동백리 석실분의 경우 11m 정도로 큰 편이었다.

시상은 대부분의 고분에 마련되어 있고 이를 평면형태에 따라 6가지 형태로 구분해 보았다. 이중에서 C형 시상이 가장 많은 것으로 파악되었고, F형은 파주 법흥리 고분들에서만 찾아져 주목된다. 이러한 F형의 시상을 갖춘 고분에서는 관정(棺釘)이 공반 출토되고 있어 엄밀히 말해서 관대(棺臺)의 개념으로 시설했음을 알 수 있다. 이러한 예로는 여주 상리 5호 석곽묘와 청주 용담동 7호에서도 확인되었다. 따라서 한강 유역의 신라 고분 대부분은 목관을 사용하지 않고 피장자를 그대로 안치한 경우가 많고, 두침을 사용한 것이 전체의 10% 정도로 낮은 편이었다. 그러나 파주 법흥리 고분군에서와 같이 관정을 사용한 예도 있어 축조집단에 따라 목관을 사용

사진68. 하남 덕풍골 제의유구 전경

한 경우도 있음을 알 수 있다. 부장품은 대부분 머리쪽에 놓는 경우가 많았고, 발치나 허리춤에 두는 경우는 상대적으로 적었다. 그리고 하남 덕풍골 2006-6호 석곽묘와 부천 고강동 4호 석곽묘, 용인 대덕골 1호 석곽묘에서는 묘실 밖에 제의행위(祭儀行爲)를 위한 것으로 추정되는 석렬유구가 찾아졌다. 이러한 유구들은 피장자를 묻는 과정에서 매장지(埋葬地)의 산신(山神)이나 토지신(土地神)에게 제사를 지내기 위한 목적에서 만들어진 것으로 생각된다. 또한 하남 덕풍골

사진69. 하남 덕풍골 제의유구에서 출토된 신라 토기

제의유적의 암반 위에서는 동이 안에 합 1세트를 매납(埋納)해 둔 것이 찾아졌다. 이는 신라인들이 하남 덕풍골에 고분군을 조성하는 과정에서 집단으로 제의행위를 거행한 흔적으로 볼 수 있으며, 산신이나 토지신에게 제물을 바치는 행위에서 남겨진 것이라 생각된다. 이러한 제의행위와 관련된 유구나 유물은 당시 신라인들의 산신 또는 토지신 등이나 샤머니즘에 대한 의례행위에서 비롯된 것이라 여겨진다.[501] 이러한 제의유구의 시설은 남한강 유역의 충주지역 뿐만 아니라 경상남북도의 신라 · 가야 고분들에서도 확인되고 있다.

이와 같이 한강 유역에 분포한 신라 고분들을 분석해 본 결과, 몇가지 특성을 알 수 있다. 첫째, 지리적 위치면에서 하남지역의 고분군이나 파주 성동리 고분군, 아차산성 주변 고분군들의 경우 성과 밀접한 관련이 있다. 즉 성과 인접해 있는 고분군은 전쟁과 밀접한 관련이 있고, 성과 원거리에 위치한 부천 고강동이나 군포 산본동 고분군 등은 일반 거주집단에 의해 가족묘(家族墓) 성격을 갖고 축조되었을 가능성이 높다.

둘째, 입지면에서 하남의 고분군들중 덕풍골이나 금암산 고분군은 석실분이 산의 정상부나 줄기에 조성된 반면, 석곽묘는 대부분 경사면으로 내려가 있거나 석실분과 약간의 거리를 두고 있으므로 피장자의 신분에 따른 분포양상을 보여주고 있다. 그러나 군포 산본동이나 파주 법흥리 고분군 A지구의 고분들은 석실분과 석곽묘의 위계나 상관관계를 찾아보기 어려웠다. 그리고 대부분의 다른 지역 고분들은 산의 정상부나 줄기보다 경사면을 선호하여 축조되었다.

셋째, 고분의 장축과 머리방향에 있어서 파주 성동리 고분군을 제외한 나

501) 황보경, 2008, 「한강유역 신라 고분의 제의유구에 대한 성격」, 『先史와 古代』 29, 韓國古代學會.

머지 대부분의 고분들은 등고선과 직교하면서 장축을 북동쪽이나 북쪽, 동북쪽으로 둔 것이 전체의 절반 정도로 확인되었다. 이러한 방향성과 등고선과의 관계는 사신사상(四神思想)이나 풍수지리(風水地理)와 관련되었다기보다 대개는 입지의 선택에 따라 장축과 두향이 결정되었던 것으로 이해된다. 따라서 경주지역의 적석목관분이나 방형 석실분에서의 두향이 동쪽이라는 점과는 다르다는 것을 알 수 있다.

넷째, 구조적인 면에서 벽체의 1/3이나 1/2 정도만 파고 난 후 벽을 쌓고, 묘광은 벽체보다 10~40㎝ 넓게 굴착했으며 벽체를 수직으로 축조한 것이 많다. 그리고 단벽(短壁)부터 장벽(長壁)의 순서로 쌓았고, 종평적을 많이 하면서 가장 윗단은 덮개돌의 무게를 분산시키기 위해 횡평적을 한 경우가 많다.

다섯째, 묘광이나 묘실의 장단비로 보아 석실분은 한강 이북이나 이남의 것이 장방형인데, 서울 가락동 · 방이동의 석실분은 방형에 가깝고 여주지역의 석실분은 장방형으로 각 고분군마다 차이가 있다. 석곽묘의 묘광은 1:00:1~1.50:1이 19기로 전체의 41.3%이고, 1:51:1~2.00:1인 것이 22기로 47.8%를 차지하는 것으로 나타났다. 묘실 장단비에 있어서도 묘광의 비율과 큰 차이가 없는 것으로 파악되었다. 따라서, 한강 유역의 석곽묘들과 남한강 유역의 석곽묘, 그 보다 남쪽인 청주지역 석곽묘들과의 비교를 통해 장단비에 있어서 차이를 보이고 있음이 확인된다. 이러한 현상은 각 지방의 지역적 특색, 즉 석곽묘의 규격화가 이루어지지 못하고 축조집단에 따라 달리 했음을 나타내주는 단면이기도 하다.

여섯째, 석실분은 횡구식보다 횡혈식이 많이 축조되었지만 입구의 위치는 각기 달랐고, 석곽묘는 수혈식보다 횡구식이 월등히 많은 비율을 차지한다. 이는 축조집단간에 정형성을 확보하지 못했기 때문인 것으로 추정된다. 호석은 석실분보다 석곽묘에 더 많이 시설되며 형식적인 면보다 흙이 흘러내림을 방지하기 위한 실용성이 강조되었다.

일곱 번째는 시상의 평면형태가 묘실 중앙에 시설되는 C형이 가장 많았고, F형의 경우 관정이 출토되어 목관을 사용했다. 목관을 사용한 예로는 여주 상리와 청주 용담동 고분군에서도 확인되어 공통점이 있다고 생각된다.

마지막으로 매장행위 과정에서 제의행위를 한 흔적이 하남 덕풍골 석곽묘와 부천 고강동 석곽묘에서 확인되어 당시의 매장풍습 중에도 산신이나 토지신에 대해 제사행위를 했음을 알 수 있다.

결론적으로 한강 이북지역의 파주 법흥리와 성동리 고분은 축조방법이나 등고선과의 관계로 볼 때 축조집단이 다를 뿐만 아니라 서로 다른 특성을 갖고 있음을 알았다. 그리고 한강 이남지역 중에서 하남과 용인지역의 고분군은 상호 비슷한 양상이 찾아졌지만, 부천 고강동이나 군포 산본동의 고분군은 이들 지역과 상이한 점이 많았다. 다만, 제의행위를 했던 유구가 찾아진 부천 고강동, 용인 대덕골, 하남 덕풍골의 축조집단이 산신이나 토지신에 대한 제사를 지냈던 것은 공통점으로 파악되었다. 이렇게 각 고분군마다 특징이 다르게 나타나는 현상은 축조집단의 주체자가 출신이 신라 또는 가야인이냐에 따라 달랐을 개연성이 있어 보인다.

3) 사지와 석조유물의 특성

한강 유역에 분포한 신라의 불교유적은 서울지역과 하남지역, 용인지역에 밀집되어 있고, 종류로는 사지와 석불, 석탑, 당간지주가 있다. 여기에서는 앞에서 살펴본 사지와 석조유물의 몇 가지 특성에 대하여 정리해 보고자 한다.

사찰이나 사지의 분포양상은 크게 한강을 중심으로 이북지역인 서울 종로구 · 도봉구 등과 하남지역, 용인지역에 밀집되어 있다. 세 지역 중 하남지역은 6세기 중반이후부터 신주와 한산주의 치소가 있었기 때문에 그에 따른 도시형성과 맞물려 자연스럽게 사찰 등의 불교유적이 많은 것이다. 특히 하남지역은 이성산성과 남한산성을 중심으로 한 남-북 길이 4.5㎞, 동-서 너비 3.5㎞의 범위 안에 11곳의 사찰이 밀집되어 있다. 이러한 양상은 곧 도시구조와 그에 비례하는 인구가 거주했음을 간접적으로 추정해 볼 수 있는 중요한 자료이기도 하다. 그 외 용인지역의 사지는 하남지역처럼 밀집되어 있지 못하고 산재해 있어 신라 불교가 포교를 통해 뿌리를 내리는 과정에서 형성된 것이라 볼 수 있다. 그리고 서울지역도 사찰들이 산재해 있고, 창건시기가 7세기 중반 이후인 점으로 볼 때 신라인들이 본격적으로 거주하기 시작하는 시기에 비로소 사찰의 창건이 이루어졌던 것임을 알 수 있다.

사찰의 입지는 평지에 장의사지와 천왕사지, 중초사지 등이 있고, 그 외 대부분의 사찰은 산록에 위치해 있다. 신라의 사찰은 시기에 따라 입지가 정해졌다기 보다 그 지역적 상황 즉 군사적 요충지로서의 역할이나 포교를 위한 성격을 갖고 있는가가 입지를 결정했을 것으로 생각된다. 그런 면에서 장의사지의 창건배경이 장춘랑(長春郎)과 파랑(罷郎)의 명복을 빌기 위한 것이었다면, 중초사지는 그 위치로 보아 평지상에 가람이 형성되었지만 주변에 산성 등의 관방유적이 없는 것으로 볼 때, 군사적인 목적보다는 포교와 관련이 있을 것이다. 천왕사지는 조선시대까지 법등이 이어진 것과 삼국시대 유물이 출토되는 것으로 볼 때, 삼국시대 불교수용과 밀접한 관련이 있을 것으로 여겨진다. 뿐만 아니라 신주 · 한산주의 치소와 관련하여 정치적인 목적을 가진 중심 사찰로서의 역할을 담당했을 것으로 생각된다. 또한 천왕사지에서 발견된 심초석은 목탑의 존재를 알려주는 결정적인 자료로 신라 목탑의 심초석중 대표적인 황룡사지의 9층 목탑지와 사천왕사지 동 · 서탑, 망덕사지 동 · 서탑의 것과 비견될 수 있다.

각 목탑에서 찾아진 심초석을 보면, 황룡사지 9층 목탑의 심초석은 자연 암반에 평면이 방형인 사리공을 2단으로 마련했고, 사천왕사지 동 · 서목탑 심초석도 평면이 방형, 사리공은 역시 2단으로 만들어져 있다. 망덕사지의 심초석은 평면이 팔각형이지만 원래는 방형일 가능성이 있고, 크기면에서는 천왕사지 심초석과 가장 비슷하다. 사리공은 평면 방형에 2단으로 되어 있다. 그리고 사리공의 평면형태와 크기는 외곽과 내곽의 구조를 갖은 것 중에서 황룡사지와 사천왕사지의 것이 천왕사지의 것이 가장 비슷하다. 따라서 천왕사지에 있었던 목탑은 7세기 초를 전후한 시기에 조성되었을 가능성이 가장 높다고 판단된다. 이는 백제 장인인 아비지(阿非知)가 미륵사(彌勒寺) 창건이후 황룡사 9층 목탑을 조성하는데 직접 참여한 것과 밀접한 관련이 있다고 생각되기 때문이다. 아울러 목탑의 층수는 초석렬 한 변의 길이가 최대 약 17m로 조사되어 제석사지의 기단석렬 12m, 사천왕사지의 이중 기단을 포함한 12.9m 보다 크고 황룡사지 목탑지의 한 변이 22m라는 점으로 볼 때 7층 내외였을 것으로 판단된다. 또한 천왕사는 고려시대로 접어들면서 춘궁리 철조석가여래좌상과 같은 당대의 대작을 봉안하였던 것으로 추정되고 있으며,[502] 적어도 고려시대와 조선시대 세종대까지 즉 975년부터 1446년까지 사리(舍利)를 보관하고 있었다는 점은 왕경 주변의 주요 사찰로 경영되었음을 알려주고 있다. 그만큼 천왕사지의 지리적 위치와 목탑의 존재로 볼 때, 한강 유역의 사찰 중에서 규모와 그 비중이 적지 않았고 비교적 오랜 기간동안 경영되었음을 알 수 있다.

---

502) 皇甫慶, 2000, 앞의 글, 188~192쪽.

불상은 마애불 2구와 석불 7구가 있는데, 마애불은 모두가 하남지역에 분포되어 있다. 1기는 태평2년명 마애약사불좌상이고, 다른 1기는 정확한 조성시기를 알 수 없는 금암산 마애불이다. 태평2년명 마애약사불좌상은 도상이나 착의법, 광배, 대좌의 형식 그리고 세부 조각양식 모든 면에서 전형적인 통일신라시대 불상의 특징을 반영하고 있다. 비록 태평2년명 마애약사불좌상에 '太平 二年' 이라는 고려시대에 사용된 연호가 새겨져 있지만, 8세기말부터 9세기에 들면서 나타나는 선조불(線彫佛)의 양식을 따르고 있다는 점을 감안하여 조성시기를 9세기대로 보아도 무리가 없을 것으로 생각된다. 금암산 마애불은 남은 상태가 좋지 못하여 조각수법을 알기가 어려우나 일단 규모면에서 거대하고 양각이 뚜렷하다는 점이 특징이다. 그리고 마애불의 앞쪽에 대한 지표와 발굴조사를 통해 계단지와 석축 일부가 드러나 있음이 확인되었으며, 승문 · 사선문 등 고식의 신라 기와류가 출토되었다. 이는 전실(前室)이 있었을 가능성을 뒷받침해 주는 것으로 마애불이 늦어도 통일신라시대에 조성되었을 가능성이 있다. 이밖에도 하남의 석불 4구와 용인의 석불 3구는 9세기 이후에 조성된 것으로 추정되고 있다. 특히 하남의 석불 3구 중 자화사지의 석불 2구는 약사여래좌상과 아미타여래좌상 또는 석가여래로 분황사 석불군에서 발견된 석불들과 그 크기와 조각수법이 비슷하다. 약사여래좌상은 8세기 말에서 9세기 중엽에 약사불의 조성이 급격하게 늘어나고 있다는 점에서 늦어도 8세기 후반부터 9세기에 걸쳐 조성되었을 가능성이 높으며, 각 사지에서 출토되는 유물들도 뒷받침해 주고 있다.

석탑은 어비리 삼층석탑 1기만이 통일신라시대의 것으로 전해오고 있는데, 각 지역마다 적지 않은 석탑재가 남아 있기 때문에 원래는 적지 않은 수의 석탑이 있었던 것으로 추정된다. 한편 어비리 삼층석탑은 9세기 후기 양식을 따르고 있다. 9세기 후기 석탑의 양식은 고려시대 전반에도 그 영향을 미쳤는데, 동사지에 있는 광주 춘궁리 5층석탑과 3층석탑, 이천 중리 3층석탑 · 신창리 3층석탑이 대표적인 예이다. 이들 석탑은 소위 신라계 석탑으로 알려져 있는데, 한강 유역이나 남한강 지역에 이러한 석탑이 건립되게 된 배경은 고려 정부의 중앙에 진출했던 옛 신라세력에 의해 개성(開城)과 인접한 지역에 신라계 석탑의 건립이 촉진되었을 것이기 때문이다.

당간지주는 장의사지와 중초사지에 남아 있는데, 조성시기는 장의사지의 것이 7세기 중반, 중초사지의 것은 9세기 초에 만들어진 것이다. 장의사지 당간지주의 조각수법은 방주석형(方柱石形)의 지주에 상단부로 갈수록 가늘게 치석되고 정상부는 내면에서 바깥쪽으로 나가면서 호선(弧線)을 그리거나 사분원(四分圓) 형태의 곡선으로 처리된 것이다. 전체적으로 치석수법이 소박하면서도 단아한 외형이며, 황룡사지 서편 · 망덕사지 · 갑사 등의 당간지주와 비슷하다. 중초사지 당간지주는 방주석형의 지주를 세우고 정상부는 내면에서 외면으로 나가면서 약간 호선을 그리며, 지주 중간부나 하단부에서 아래로 1단 높게 치석한 지주이다. 전체적으로 투박한 인상을 주는데, 사천왕사지 · 경주 구황동 · 안동 운흥동 등의 것이 해당된다. 따라서 장의사지의 것은 창건과 동시인 7세기 후반에 조성된 것임을 알 수 있고, 중초사지의 것은 통일신라 후반기에 조성된 것임을 알 수 있다.

이와 같이 한강 유역에 분포하고 있는 신라의 사찰과 석조유물에 대한 몇 가지 특성을 살펴보았다. 이를 정리해 보면, 첫째 하남지역의 불교유적은 신주(新州)와 한산주(漢山州)의 치소가 있었기 때문에 그에 따른 도시형성과 맞물려 자연스럽게 사찰과 석조유물이 밀집되어 있는 것이라 판단된다. 특히 이성산성과 남한산성을 중심으로 한 남-북 길이 4.5㎞, 동-서 너비 3.5㎞의 범위 안에 11곳의 사찰이 밀집되어 있는 것은 그만큼 정치적으

사진70. 하남 춘궁동 건물지

로나 문화적으로 하남지역이 한강 유역의 중심지였고, 그에 비례하는 인구가 거주했음을 뒷받침 해 주고 있다. 최근 하남지역에서 소규모 건축민원에 따른 시·발굴조사를 통해 통일신라시대 건물지와 유물들이 곳곳에서 확인되고 있는 것도 이러한 추정을 뒷받침해 주고 있다.[503] 용인지역의 불교유적은 하남지역처럼 밀집되어 있지 못하고 산재해 있기 때문에 군사적 또는 정치적인 목적보다는 포교를 위한 목적에서 창건된 것이라 볼 수 있다. 서울지역도 사찰들이 산재해 있으면서 창건시기가 7세기 중반 이후인 점으로 볼 때 신라인들이 본격적으로 거주하기 시작하는 시기에 비로

503) 하남지역에서는 하남 춘궁동 건물지와 교산동 88-8, 춘궁동 243번지 등에서 통일신라시대 건물지와 유물이 발굴되었는데, 춘궁동과 교산동, 항동, 하사창동 등 주로 덕풍동 이남지역에서 신라~통일신라시대 유구와 유물이 확인되고 있다(세종대학교 박물관, 2006, 『하남 춘궁동 건물지』: 2006, 『하남지역 시굴조사 보고서』: 2008, 『하남 소규모 건축부지내 유적 발굴조사 보고서』; 겨레문화유산연구원, 2009, 「하남 춘궁동 243번지내 유적 발굴조사 지도위원회의 자료」).

소 사찰의 창건이 이루어졌던 것임을 알 수 있다. 둘째, 사찰의 창건배경과 특성에 있어서 장의사지는 명복을 빌기 위한 것이었고, 중초사지는 그 위치와 관방유적이 없는 것으로 볼 때, 군사적인 목적보다는 포교와 관련이 있어 보인다. 천왕사지는 신주 및 한산주의 치소와 관련되어 정치적인 목적을 가진 중심 사찰로서의 역할을 담당했을 것으로 생각된다. 또한 천왕사지에서 발견된 심초석은 목탑의 존재를 알려주는 결정적 유물로 신라 목탑의 심초석중 대표적인 황룡사지의 9층 목탑지와 사천왕사지 동·서탑, 망덕사지 동·서탑의 것과 비견될 수 있으며 조성시기는 7세기 초부터 중반사이로 추정된다. 셋째, 마애불과 약사불류는 8세기 후반부터 9세기 사

사진71. 하남 춘궁동 건물지 출토유물(막새와 기와류)

사진72. 하남 춘궁동 건물지 출토유물(토기류)

이에 유행한 약사신앙과 조성의 영향을 받았으며, 석탑도 9세기 후기의 양식을 따르고 있으므로 한강 유역에 신라 석조유물이 본격적으로 조성된 때는 8세기대로 볼 수 있다.

결론적으로 한강 유역의 사찰이나 석조유물은 천왕사지를 중심으로 한 하남지역이 그 중심에 놓여 주변 지역에 영향을 주었다. 특히 목탑의 건립은 경주지역의 목탑들의 조성과 밀접한 관련성이 있으며, 이는 통일전쟁이 일어나는 시기에 해당된다. 그리고 마애불과 석불에서 보이는 약사불은 사회적으로 유행한 약사신앙과 조성의 유행에 영향을 받은 것이었다.

2. 신라 문화의 성격

6세기 중반부터 7세기 중반사이 한강 유역에는 많은 수의 성곽이 축성되거나 증개축된다. 이는 신라가 한강 유역으로의 진출에 따라 빠르게 진행되었고, 신주의 치소가 있던 이성산성을 중심으로 이루어졌다. 이 시기 신주는 주로 6세기 중반부터 후반사이에 한강 유역에 있어서 군사적으로 주된 역할을 담당했던 것으로 보인다. 일단 김무력이 이끄는 신주의 군대는 554년 백제군을 관산성(管山城)에서 맞아 대승을 거두게 되는데, 이는 신주에 주둔하고 있던 병력의 기동성이 뛰어나고 당시의 신라군 중에서는 정예화 된 부대였기 때문에 가능한 일이었다. 그 이후 신주는 고구려와 백제로부터 공격을 받게 됨에 따라 치소를 옮기게 된다. 557년에는 신주를 폐하고 북한산주로 옮기는데, 이는 고구려와의 긴장관계가 다시 조성되었다고 보여지며 한강 이북지역에 분포된 성곽을 재정비할 필요가 있었던 것 같다. 그러나 예상되던 고구려가 공격을 해 오지 않고 오히려 진흥왕 23년(562)에 백제가 신라의 국경을 침략한 일이 벌어지게 된다. 또한 같은 해 9월에 가야가 배반하자 북한산주를 한강 이남지역으로 옮길 필요성이 있었던 것이다. 이에 진흥왕은 치소를 북한산주에서 남천주로 옮겼다. 그와 같은 조치는 백제에 대한 견제를 목적으로 하였던 것인데, 주를 옮긴 이후에도 백제는 신라의 변경을 계속해서 침범한다. 이러한 백제의 공격에 신경을 쓰고 있던 신라는 진평왕 25년(603) 고구려의 북한산성 공략에 타격을 받고 이듬해인 604년에 남천주에 있던 치소를 다시 북한산으로 옮기게 된다. 이러한 주치소의 이동은 바로 군사적으로 중요한 지역에 거점화를 마련하기 위한 것이었음을 나타내주고 있다.

결국, 이 시기 신주 설치를 기점으로 빈번하게 주치소를 옮긴 것은 전쟁시 신속한 대응을 위한 전략적 요충지화를 의미하는 것이다. 그러나 신주의 경우는 비록 치소가 북한산주로 옮겨 갔어도 군사적 거점지역으로서의 기능은 크게 약화되지 않았던 것으로 보인다. 그것은 신주가 하남지역에 위치해 있었기 때문에 왕도인 경주로부터의 모든 명령체계가 이 지역을 통해 한강 이북지역까지 전달될 필요성이 있었고, 각종 물자의 보급도 이루어졌을 것이다. 또한 대중국 외교를 원만하게 이뤄나가기 위해서는 신속한 정보전달과 상황판단이 필요했을 것이다. 따라서 신주의 기능적인 측면에서의 중요성은 군사적인 면에서 정(停)으로 남았고, 중국과의 외교관계에 있어 중심지로서 그 역할을 하게 된다. 여기에서는 각 유적별 성격을 통해서 당시의 정세와 어떠한 관련성이 있는지 정리해 보고자 한다.

1) 성곽으로 본 신라의 한강 유역 지배

한강 유역의 성곽 활용시기와 성격에 있어서 성들은 대개 6세기 중반부터 7세기 사이에 축성되었거나 증 · 개축되었다. 이 시기는 신라가 한강 유역으로 진출한 직후부터 대 고구려와 백제를 견제한 때로, 우선적으로 이성산성을 거점으로 하여 한강 이북지역의 양주 대모산성, 불암산성, 아차산성 등을 점령하였던 것으로 보인다. 그리고 서쪽으로는 고봉산성을 지나 오두산성까지 점령했고, 한강 이남지역에서는 경안천지역의 할미산성을 축성했으며 서쪽의 양천고성, 수안산성, 동성산성까지 진출함으로써 한강 이북과 이남지역을 모두 점유하여 한강은 물론 서해와 임진강 유역을 장악했다. 그리고 신라는 아차산성과 행주산성, 호암산성, 계양산성 등을 7세기 초반에 거점화 해 나갔다. 이 때는 고구려와 백제의 총공세가 있었던 때로 고구려는 603년에 북한산성까지 공격해 왔으며, 백제도 610~630년 사이에 신라의 영역을 지속적으로 공격해 왔다. 또한 661년에는 고구려가 술천성(述川城)에 대한 공격이 실패하자 북한산성을 공격한 일이 있다. 따라서 고구려가 공격한 북한산성이 지금의 아차산성으로 추정되는 만큼 이 시기의 국경선은 한강을 경계로 수시로 변화가 있었음을 알 수 있으며, 한강 이남지역도 백제가 당항성 지금의 당성 등 40여 성을 공취한 것으로 볼 때 서해안지역의 경우도 그 영역의 경계가 유동적이었다고 볼 수 있다.

7세기 중반 이후에는 당나라와의 전쟁이 시작되면서 경주 뿐만 아니라 전국의 주요 지역에 대하여 축성사업을 활발하게 진행하게 된다. 특히 672년을 기점으로 한강 이남지역에 주장성(晝長城)을 축성하여 배수진을 치며, 각 성곽을 수리하고 많은 병력을 임진강 유역의 성들과 포천의 반월산성 등에 집결시켜, 675년 매초성 전투에서 승리한다. 이후 신라 왕실에서는 성곽의 축성이나 증 · 개축을 현저하게 줄이게 된다. 즉 8세기 초부터 9세기 초에 걸쳐 한강 유역의 성곽들이 적지 않게 폐기되거나 그 역할이 크게 약화되었다. 그와 같은 현상은 혜공왕 4년(768)에 일어난 대공(大恭)의 난과 822년에 일어난 김헌창(金憲昌) 난 등이 계기가 되는 듯 하다. 이 시기는 진골 귀족들간의 갈등과 왕위를 둘러싼 내분이 끊임없이 일어났으며 골품제사회가 무너지는 현상이 신라 사회전반에서 일어난 때이다. 따라서 각 지방의 성곽들은 중앙의 혼란에 따른 영향을 받았을 것이고 그의 여파로 경제적 · 정치적 어려움을 겪게 되었을 것이다. 이 때 지방의 성들은 운영에 어려움이 컸을 것으로 여겨지는데, 한강 유역의 성곽 중에서도 9세기 무렵 폐기된 성이 적지 않은 점이 이를 증명해 주고 있다. 대표적으로 아차산성을 비롯한 고봉산성, 이성산성, 호암산성, 할미산성 등이 있는데, 이 중에서 아차산성이나 고봉산성, 이성산성, 호암산성 등은 치소지로서의 기능을 했음에도 불구하고 이 시기를 전후하여 그 역할이 크게 약화되었던 것으로 생각된다.

한편 이성산성은 6세기 중엽에서 9세기까지 활용되었고, 여러 다각형 건물지를 비롯하여 현문식 문지, 저수지 등의 유구와 '戊辰年' · '褥薩' 명 목간, 다양한 종류의 기와 · 토기류가 출토되었다. 이 성은 양주 대모산성과 비견될 수 있을 정도의 중요 거점성으로 여겨지는데, 첫째 '戊辰年' 명 목간의 내용을 통해 이성산성이 608년을 전후한 때부터 남한성(南漢城)으로 불렸을 가능성이 높고 아울러 553년에 설치된 신주의 치소지로도 보는데 별다른 무리가 없을 것 같다. 특히 광주 대쌍령리 고분군에서 출토된 청동제 방울중에 '南漢山助舍' 라고 새겨진 명문과 하남 금암산의 약정사가 한산에 있다는 『新增東國輿地勝覽』의 기록을 따른다면, 하남지역과 광주의 일부 지역이 당시에 '한산' 또는 '남한산' 으로 불리워졌음은 분명한 사실로 여겨진다.

둘째, 성의 규모와 구조면에서 양주 대모산성과 매우 닮은 점이 특징이다. 따라서 이성산성은 한강 이남의 성곽 중에서 가장 중심이 되는 군사 · 행정상의 거점성이었으며, 양주 대모산성과 다른 점은 양주 대모산성이 적의 남진을 차단하는데 1차적 목적이 있다면 이성산성은 한강 유역의 성곽들을 지휘하고 통제하는 역할을 주로 담당했던 것이다. 또한 이성산성의 중요성은 건물지와 저수지 시설을 통해서도 엿볼 수 있다.

셋째, 건물지는 장방형의 일반 건물지와 다각형 건물지로 나누어진다. 장방형 건물지는 지휘본부나 사무를 보기 위한 용도였던 반면,[504] 다각형 건

504) 이성산성에서 발굴된 건물지들 중에는 온돌시설이 제대로 갖추어진 건물이 거의 없는 실정이다.

물지는 각종 제사와 관련된 것이다. 특히 8각과 9각 건물지는 건물의 구조와 위치 그리고 철제마 등의 유물로 보아 이곳에서 제사행위가 이루어졌음을 뜻하는 것으로 다른 성에서 찾아볼 수 없는 구조물과 유물들이다. 즉 신라인들이 일찍부터 샤머니즘과 깊은 관련이 있음을 나타내주는 단서들로 왕이 무(巫)의 기능을 갖는 존재로서 제사장으로 보는 견해와 신궁(神宮)을 세우고 제향(祭享)했다는 것, 선덕왕 때 사직단을 세워 명산대천에 제사를 지냈다는 기록을 통해서 알 수 있다. 또한 사상적 측면으로는 천신신앙을 지배이념으로 삼던 건국기나 연맹사회단계에서 벗어나지 못한 것이라 볼 수도 있다. 그만큼 천신이나 샤머니즘에 대한 의례행위가 줄곧 이루어져 왔고 이를 공식적으로 지냈음을 알 수 있다.

특히 신궁은 소지왕대에 설치되어 제사를 지냈으나 제도적으로 보장되지 못하다가 지증왕대에 이르러 왕이 즉위 직후부터 제사를 지내어 제도적으로 정착되었다고 볼 수 있으며, 중앙통치력 확대과정의 일환으로 볼 수 있다.[505)]

그러나 진흥왕대에는 신궁에서의 제사가 이루어지지 않았다. 그것은 불교를 공인한 후 흥륜사가 준성되었고, 황룡사를 새로 창건하는 마당에 천신에 대한 제사를 지낸다는 것은 왕권 확립에 위배되는 행위로 간주될 수 있기 때문이었는지도 모른다. 또한 법흥왕대 어렵게 이루어낸 불교공인을 지증왕대의 상황으로 되돌리고 싶지 않았을 것이다. 그러나 진지왕은 즉위 후 바로 신궁에서 다시 제사를 지내게 되는데, 이런 맥락에서 보면 최전방에 위치한 이성산성에 제사를 위한 건물이 조성되는 것은 오히려 자연스러운 현상으로 볼 수 있겠다. 당시의 불교공인은 정치적인 측면에서 해법을 찾고 왕권강화를 위한 수단이었으며, 한편으로는 신궁에서의 제사도 병행

505) 최광식, 1994, 앞의 책, 한길사, 198~209쪽.

되었던 것임을 볼 수 있다. 그리고 신라는 3산 5악 이하 명산대천은 대사와 중사, 소사로 구분하였다. 즉 신라 영역내에 있는 명산과 대천을 세 가지로 구분하여 제사를 지냈던 것이다. 대사인 3산은 경주를 방호하는 기능을 하고 있고, 중사인 오악(五嶽)·사진(四鎭)·사해(四海)·사독(四瀆) 등은 국토의 주위를 두른 국경을 이루고 있는 양상을 보인다. 소사는 모두 진산으로 그 지역의 방호의 의미를 지니고 있다. 이는 대사의 제장이 왕실을, 중사의 제장은 국토방위를, 소사의 제장은 지역 방호를 위한 목적으로 배치한 것을 알 수 있다. 따라서 명산대천에 대한 대사와 중사 및 소사는 신앙적 의미 뿐만 아니라 실제적으로 군사적 목적이 중요하였다는 것을 알 수 있다. 그리고 3산 5악의 산신신앙은 신라 전기 경주지방의 산신숭배신앙에서 통일전쟁 이후 전국에 걸친 지역의 산신숭배신앙으로 변화한 것이다. 이것은 단순히 숭배대상이 바뀐 것이 아니라 급격히 변화하는 당시 사회의 변화상을 반영한 것이라 하겠다.[506)]

결과적으로 이성산성의 다각형 건물지와 유물들은 군사적 목적을 가진 곳에 천신이나 산신에게 제사를 지내기 위해 만들어진 것이고, 이러한 건물이 성내에 있다는 것으로 볼 때 성의 위상이 다른 성들에 비해 높았음을 단적으로 나타내 주는 것이라 생각된다. 또한 저수지에서 출토된 목간을 통해서 볼 때 이성산성이 수시로 다른 성들과 소식을 주고 받으며 명령을 하달하기도 했기 때문에 여러 종류의 목간이 출토되는 것은 자연스런 현상이라 여겨진다.

남한산성은 초축이 정확히 언제 이루어졌는지 단정하기 어려우나 삼국시대부터 이용되었던 것으로 추정되고 있으며, 주장성으로 보는데는 무리가

506) 최광식, 2004, 앞의 글, 42~43쪽.

없다. 남한산성을 주장성으로 보는데는 최근 시·발굴조사를 통해서 확인된 초축으로 추정되는 성벽 일부와 대형 건물지, 각종 명문기와 등을 통해서이다. 신라는 문무왕 11년(671)에 당이 평양에 4만의 병력을 주둔시키고 남진 준비를 하자 이에 대응할 필요성이 생겼다. 무엇보다 임진강을 건너 한강마저 빼앗길 경우에는 왕성인 경주까지도 위태로워 질 수도 있었기 때문이다. 이에 문무왕은 이듬해인 672년부터 673년 사이에 주장성을 비롯한 경주지역이나 주요 거점지역마다 서형산성(西兄山城)과 사열산성(沙熱山城) 등의 10여 성을 대대적으로 축성하게 된다. 더불어 대아찬 철천 등을 시켜 병선을 서해로 보내 제해권마저 장악함으로써 당과의 일전을 준비하게 된다. 이런 상황에서 주장성 즉 남한산성은 한강 유역을 방어하는 중추적인 역할을 하게 되는 것이다. 673년 당군은 신라군이 예측한 대로 임진강 유역인 호로하와 한강 유역의 왕봉으로 공격해 왔는데, 이미 만전을 기한 신라군에게 대패하고 만다. 결국 당병은 이 때의 전투에서 패배한 이후 기수를 돌려 고구려 영역이었던 우잠성·대양성·동자성을 멸하는 것으로 만족해야 했다. 따라서 한강 이북지역의 성들과 남한산성도 이 때의 전투를 승리로 이끄는데 있어서 주요 역할을 했음을 짐작하고도 남음이 있다.

호암산성도 축성상태와 저수시설, 출토유물로 볼 때 7세기 전반이후에 축성되어 8세기 중엽까지 남한산성과 거의 같은 시기에 활용되었다. 이 성도 남한산성과 더불어 당의 남진에 대비하여 축성되었을 가능성이 높다고 생각되며, 당과의 전쟁이 마무리된 이후부터는 안양천 일원을 관할하는 곡양현(穀陽縣)의 치소지로 이용되었던 것 같다. 할미산성은 지정학적 위치와 출토된 유물로 보아 신라가 한강 유역으로 진출한 시점에 축성되어 활용되었던 성곽이다. 이 성은 축성방법과 출토된 유물로 보아 6세기 중후반에서 7세기 초에 주로 이용되었는데, 신라의 북진로에서 다소 벗어나 있다는 점으로 볼 때 신라가 이성산성을 점령한 이후 서쪽과 남쪽으로 진출하기 위한 교두보로 볼 수 있겠다. 아울러 진흥왕 15년(554)에 백제와 관산성에서 전투가 벌어졌을 때 신주의 김무력이 주병을 이끌고 참전하는데, 당시 신라 영토의 최북단이었던 신주의 병력이 옥천까지 이동할 수 있었던 배후에는 용인 등 신주에 인접한 지역에 백제의 위협을 막아낼 수 있는 방어선의 역할을 했기 때문이다.[507] 수안산성은 한강 하류지역과 강화도 일원을 통제할 수 있는 위치에 있어 6세기 중반부터 당과의 격전을 치루는 시기에 서해를 통해 인천지역으로 침입해 오는 적을 방어하는 역할을 담당했다. 특히 오두산성이 무너질 경우 한강을 통해 김포 · 인천지역으로의 진출을 막아내는 역할을 했을 것이며, 계양산성이 거점성으로서 뒷받침을 해 주었을 가능성이 높다. 동성산성은 동쪽의 행주산성과 양천고성이 마주보고 있듯이 서해를 통해 침입한 적을 남쪽과 북쪽에서 협공할 수 있는 위치에 있다. 이 산성은 동성현성(童城縣城)으로 김포 북부지역을 관할하는 행정의 중심지였고, 삼국시대부터 통일신라시대에 북방으로 진출하기 위한 전초기지의 성격을 가진 교두보 역할을 했던 것으로 추정된다.[508] 이 성의 입지와 역할은 남양만의 당성과 비교해 볼 수 있을 것 같다. 당성은 『三國史記』에 있는 당항성(党項城)으로 선덕왕 11년(642)에 백제 의자왕이 신라의 40여 성을 공취할 때 빼앗은 곳 중에 하나이다. 이 성은 신라가 당과의 군사적 외교를 위한 중심지 역할을 했던 곳으로,[509] 그 중요성 만큼이나 성의 구조가 내성과 외성, 자성으로 이루어진 복합식 산성임이 확인되었다. 특히 외성이 7세기를 전후한 때에 축조된 것으로 조사되었고, 본성으로 추정되어 온 포곡식

507) 白種伍, 2006, 앞의 글.

508) 경기도박물관, 2002, 앞의 책, 807~835쪽.

509) 皇甫慶, 1999, 앞의 글, 228~229쪽.

성이 9세기경에 축성되어 장기간 대중국 외교와 서해를 지키는 역할을 담당하였다. 물론 동성산성이 당성과 비교해 보기에는 다소 무리가 있다. 그것은 동성산성의 규모가 작고 지리적 위치로 볼 때 대규모의 무역을 할 수 있을 정도가 아니기 때문이다. 다만 임진강과 한강으로 진출입을 할 수 있는 나들목에 위치하므로 전쟁시 뿐만 아니라 평상시에도 그 역할이 중요했을 것이기 때문에 기능적인 면에서 동일하다고 생각된다.

마지막으로 한강이북의 고봉산성과 한강이남의 북성산성은 한강과 인접해 있으면서도 직접 통제하기 보다는 도강하는 적을 섬멸하는 역할을 했던 것으로 보인다. 이 성도 수습된 유물중에 '高' 자가 시문된 명문와로 보아 고봉현 치소지로서의 가능성을 뒷받침 해 주고 있다. 북성산성은 강안에 인접하여 한강을 통해 서울 남서지방으로 진입하려는 적을 방어하기 위한 목적과 한강에서 김포반도의 평양지대로 진출하려는 적을 막기 위한 전초기지의 역할을 담당했던 것으로 추정되고 있다.

이와 같이 한강 유역의 산성들은 당시의 정세에 따라 축성되었고, 그 역할 또한 충분히 담당하였다. 이를 몇 가지로 요약해 보면, 첫째 이성산성이 신주의 치소이고 한강 유역의 성곽들을 지휘하는 중대한 역할을 수행했다는 점이다. 특히 다각형 건물지들과 철제마 등의 유물들은 제사와 관련된 것으로 신라인들이 지닌 샤머니즘이나 산신숭배와 밀접한 관련이 있다고 생각된다. 그만큼 혼란한 정세에 제사를 지낼 수 있는 건물을 건립하였다는 점은 난국을 헤쳐 나가는데 있어 중요한 상징성을 부여했던 것이다. 이는 곧 이성산성이 신라 왕실에서 본다면, 경주 이외의 지역 중에서 가장 중요하면서도 중대한 역할을 담당했기 때문이다. 이는 단순한 치소 이상의 의미를 부여한 것이라 생각된다.

둘째, 남한산성은 당과의 전쟁을 치루는데 있어 중추적인 역할을 담당했으며, 통일 이후에는 이성산성과 더불어 한강 유역의 중요 성으로 이용되었던 것 같다. 그것은 남한산성이 이성산성에 비해 규모가 크고, 많은 수의 사람들이 거주할 수 있는 공간이 확보되었기 때문이다. 또한 이성산성이 험준하지 못한 곳에 입지하여 유사시 대규모 병력이 포위할 경우 퇴로가 막힐 수 있다는 점에 비해 남한산성은 험준한 지세를 갖추었고, 광주 등 여러 방면으로의 퇴로도 확보되어 있다는 점이 특징이다. 그리고 최근 발굴된 대형 건물지와 '村主' 명 등의 기와는 남한산성의 중요성을 부각시켜 주고 있다고 생각된다.

셋째, 호암산성과 계양산성, 아차산성, 동성산성, 고봉산성 등도 각 지역의 거점일 뿐 아니라 치소의 기능도 겸했던 성들임을 알 수 있다.[510] 넷째, 한강 유역의 성들은 8세기 중엽을 기점으로 내란과 반란 등으로 인해 정치적, 경제적 어려움에 직면하게 되어 폐기되는 성들이 늘어났다.

결론적으로 한강 유역의 신라 성들은 6세기 중반 이성산성을 시작으로 한강 이북과 이남지역에 많은 수가 축성내지 증·개축되며, 고구려와 백제로부터의 반격을 방어한 후 당과의 전쟁에서도 승리한다. 그리고 7세기 중반 이후에는 치소로서의 기능도 담당하여 정복지에 대한 안정화를 꾀하는데 노력하게 된다. 그러나 8세기 중반이후에는 왕실의 혼란과 각 지역에서 일어나는 반란 등으로 인해 그 운영이 어려워지고 기능도 점차 상실하게 되었다.

2) 고분으로 본 매장문화의 성격

고분은 성들과 밀접한 관련이 있거나 일반 거주지역과 인접한 곳에 축조되었는데, 주로 신라의 북진경로와 일치되고 있으며 하남과 용인지역

---

510) 일반적으로 치소지라고 하면, 전시(戰時)에는 주요 성으로 옮겨지지만, 평상시에는 주거지역에 관영건물지가 별도로 있었을 것이다.

의 고분군이 한강 유역에서는 가장 먼저 축조되었다. 여기에서는 고분의 출토유물을 통해 축조시기를 추정해 보고, 그 성격에 대하여 정리해 보고자 한다.

먼저, 한강 이북지역의 석실분에서 출토된 유물은 총 115점에 이른다. 토기류는 총 94점이 출토되었는데 그중에서 개가 37점(39.4%)으로 가장 많은 비중을 차지하고 고배가 26점(27.7%)으로 그 다음을 차지한다. 그 외에는 완〉대부장경호〉호의 순으로 나타났으며 병과 잔은 각각 1점씩만 출토되었다. 철제품류와 기타류로는 과대금구가 파주 법흥리 A지구-1호 석실분과 파주 성동리 전-석실분에서만 출토되었고, 철도와 철겸은 각각 1점씩이 수습되었다. 특히 파주 성동리 경-석실2 · 3호분에서 출토된 은제 귀걸이와 파주 성동리 전-석실분에서 나온 금동관이 피장자의 신분과 밀접한 관련이 있는 주목되는 유물로 한강 유역 고분들에서는 출토된 바 없기 때문에 더 없이 중요한 의미가 있다고 생각된다.

한강 이북지역의 석곽묘에서는 총 201점의 유물이 출토되었는데, 관정 등을 제외한 토기류는 113점에 불과하다. 토기류를 분석해 보면, 113점의 토기류중에서 완이 33점(29.2%)으로 가장 많고, 고배가 28점(24.8%), 개가 26점(23.0%)의 순이며 대부완이나 대부장경호는 파주 성동리 경-석곽6호분과 전-1호 석곽묘에서만 3점(2.7%)이 출토되었다. 그리고 잔이 파주 성동리 전-6호 석곽묘에서만 10점이 나와 특이한 예에 속하고, 부장품도 이 석곽묘가 가장 많은 34점이나 출토되어 전체의 30.1%를 차지한다. 과대금구는 파주 법흥리의 석곽묘 모두에서 30점이 출토된 반면, 파주 성동리의 석곽묘에서는 단 1점도 출토되지 않아 주목된다. 과대금구는 성별(性別)과 신분에 따라 착용하는 종류가 다른데, 다른 부장품이 많은 반면 과대금구가 없다는 점은 이채롭다.

한강 이남지역의 석실분에서는 115점의 유물이 출토되었고, 그 중에서 토기류가 85점, 철기류가 26점, 과대금구 및 방추차는 각각 5점과 4점씩이다. 토기류부터 살펴보면, 역시 개가 가장 많은 28점(32.9%)이고, 고배가 개와 비슷한 23점(27.1%)이며 호가 11점(12.9%), 완과 대부완이 각각 5점과 4점 등으로 나타났다. 그리고 철기류 중에서는 철겸이 3점이고, 관정은 2점만 출토되었다. 과대금구도 하남 덕풍골 2006-1호와 용인 소실 8호 석실분에서만 출토되었고, 철도자도 1점만 수습되었다.

한강 이남지역의 석곽묘에서는 총 117점의 유물이 출토되었고, 그 중에서 토기류는 86점, 철기류가 25점 등이다. 출토된 토기류중에서는 개가 22점(25.6%)으로 가장 많고, 고배가 13점(15.1%), 합과 호는 각각 9점(10.5%)의 순으로 나타났다. 철기류 중에서는 철도자가 7점(63.6%)으로 가장 많이 출토되었고, 철부와 철겸이 각각 3점과 1점이 있다. 그리고 광주 대쌍령리 9호 석곽묘에서는 방울류 5점이 출토되었는데, 그중에 청동제방울 1점에는 '南漢山助舍' 라고 명문이 새겨져 있어 주목받고 있다.

이와 같이 한강 유역에서 최근까지 조사된 신라 고분에서는 적지 않은 양의 유물이 출토되었다. 출토된 유물의 총 수량은 한강 이북지역에서 316점이고, 한강 이남지역이 232점으로 총 548점이다. 그 중에서 토기류는 한강 이북지역이 207점, 한강 이남지역이 171점이다. 토기류를 세분화 하여 살펴보면, 한강 이북지역에서 10종류 207점이 출토되었는데, 그중에서 개가 가장 많은 63점(30.4%)을 차지하고 그 다음으로 고배가 54점(26.1%), 완이 43점(20.8%)의 순이다. 한강 이남지역의 고분에서 출토된 토기류는 11종류 171점이 출토되었다. 기종별로 보면, 개가 가장 많은 50점(29.2%)이고, 고배가 36점(21.1%), 호가 20점(11.7%)의 순으로 나타났다.

여기서 출토유물에 대한 몇 가지 특징을 정리해 보면, 첫째 귀금속류는 파주 성동리 고분군의 석실분에서만 확인되었다는 점이다. 귀금속류로는 금동관과 은제 귀걸이 등으로 석실분에서만 출토되어 피장자의 신분을 추정하는데 도움을 주고 있다. 즉 금동관이 출토된 파주 성동리 전-석실분의 경우 성별문제에 있어서는 피장자가 남성으로 추정되고, 은제 이식이 출토된 파주 성동리 경-석실분 2 · 3호분의 경우 피장자가 여성일 가능성이 높다고 하겠다. 참고로 여주 하거리 방미기골 26호 석실분에서 세환식 금동제 이식이 출토되어 비교해 볼 만하고, 여주 하거리 방미기골 2호 석실분에서 태환식 금동제 이식 1쌍이 출토되기도 했다.

둘째, 토기류는 한강 이북지역이나 한강 이남지역의 고분군 모두에서 개와 고배류가 가장 많이 출토되어 신라 고분의 부장품으로 즐겨 사용되었음을 알 수 있다. 그러나 다른 토기류에서는 약간의 차이를 보이고 있다. 예를 들면, 한강 이북지역 고분에서는 완과 잔이 개와 고배 그 다음으로 많이 출토된 반면, 한강 이남지역 고분에서는 완보다 호가 더 많은 비율을 차지한다. 특히 용인 보정리 고분군과 소실 고분군에서 호류가 집중적으로 많이 출토되고 있다. 그리고 토기의 사용시기를 파악하는데 도움을 주는 대부장경호와 대부병의 경우 한강 이북지역에서는 대부장경호가 출토되었지만, 대부병은 출토되지 않았다. 반면 한강 이남지역의 석실분에서는 대부장경호가 출토되지 않고 용인지역 석곽묘에서만 출토되었다. 대부병은 한강 이남지역의 하남지역과 광주 대쌍령리, 부천 고강동, 군포 산본동 석곽묘에서 8점이 출토되는 점이 하나의 특징이다.

이를 보다 상세하게 살펴보면, 대부장경호는 파주 성동리 고분군에서만 11점이 석실분과 석곽묘에서 출토되어 고분의 축조시기가 그리 긴 시간에 걸쳐 이루어지지 않았음을 보여주고 있다. 대부병은 한강 이남지역의 석곽묘에서만 8점이 출토되어 석실분과 차별성이 있는 듯 보이며 출토지역도 하남지역에서 3점, 광주에서 2점, 부천지역에서 2점, 군포에서 1점이 출토되었는데, 용인지역에서만 대부병이 출토되지 않았다. 대신 용인지역의 고분군에서는 호가 대부병으로 대체되어 부장품으로 사용되었음을 알 수 있다.

한강 이북지역의 석실분을 살펴보면, 도굴된 파주 성동리 경-석실1호분을 제외하면 5기의 석실분에서 개가 공통적으로 출토되었고, 파주 성동리 경-석실2 · 3 · 8호분과 전-석실분에서는 고배와 개가 같은 수량은 아니지만 조합관계를 이루고 있는 공통점이 있다. 그러나 한강 이북지역의 석곽묘 중 특히 파주 성동리의 석곽묘에서는 개와 고배가 함께 부장된 예가 5기밖에 되지 않아 부장품이 출토된 고분 10기 중 절반에 해당된다. 따라서 석실분과 비교해 볼 때 개와 고배의 조합관계가 일치한다고는 보기 어렵다. 대신 완이 10기의 석곽묘 중 8기(80%)에서 출토되었는데, 적게는 2점에서 많게는 7점까지 부장되어 완류가 석곽묘에 주로 부장되었음을 알 수 있다. 그리고 개와 고배, 완이 함께 부장된 예로는 파주 성동리 경-석곽4호분 등 4기(40%)에서 확인되었다. 또한 석실분 중 부장된 토기류가 4종류인 것은 3기이고, 5종류가 부장된 것은 2기이다. 석곽묘 중에서는 5종류가 부장된 것이 10기 중 2기 밖에 되지 않아서 석실분보다 토기류가 다양하지 못함을 알 수 있다. 한강 이남지역의 석실분과 석곽묘의 부장품 조합관계를 보면, 석실분의 경우 부장품이 출토된 14기 중에서 개와 고배가 함께 부장된 경우는 9기(56.3%)이고, 고배만 출토된 예는 용인 소실 11호 석실분 단 1기(6.3%)뿐이다. 완이 출토된 석실분은 16기 중 단 2기(12.5%)로 한강 이북지역 석실분보다 그 비율이 낮은 점이 특징이다.

한강 유역에서 확인된 신라 고분의 성격을 정리해 보면 다음과 같다.

첫째, 기종별로는 하남 덕풍골 2005-1호 석실분이 개와 고배, 합 등 3종류만 출토된 것에 비해 용인 소실 석실분들에서는 최대 6종류이고 4종류 이상 부장된 것이 용인 소실 석실분 12기중 5기(41.7%)로 한강 이북지역의 석실분이나 하남지역 석실분보다 다양하다. 그리고 호는 용인 소실 석실분 중 7기(58.3%)에서 11점이 출토되었다. 석곽묘 중 개와 고배가 함께 출토된 것이 32기[511] 중에서 6기(18.8%)뿐이고, 토기의 기종이 4종류 이상 출토된 것도 2기(6.3%)뿐이다. 완은 8기의 석곽묘에서 1~2점이 출토되었고, 합은 하남지역 석곽묘에서 전체 9점중 7점(77.8%)이 출토되어 편중도가 매우 높음을 알 수 있다. 대부병은 총 8점중 3점이 하남지역 석곽묘에서 출토되어 전체의 37.5%를 차지하고, 대부장경호는 용인지역 석곽묘에서만 전량인 4점이 출토되어 각 고분군간의 축조시기가 다름을 보여주고 있다. 참고로 서울 가락동 3호분의 경우 단각고배 2점과 개 2점, 병형토기 1점, 철정 5점이 출토되었고, 방이동 1호분에서는 무개식 고배 1점, 대부직구호 1점, 병 1점이 수습되었다. 중원 누암리 고분군의 석실분에서는 주로 유개식 고배와 호류가 많은 비중을 차지하고 있다.

둘째, 과대금구는 파주 법흥리 고분군과 하남 수리골, 하남 덕풍골, 광주 대쌍령리, 군포 산본동, 용인 소실 고분군 등에서 출토되었는데 대체로 파주 법흥리 석실분과 석곽묘 7기에서 많이 출토되었다. 그 밖에도 하남 금암산의 석실분 뿐만 아니라, 여러 지역의 고분에서도 확인되고 있다.

셋째, 철기류로는 철도자, 철겸, 철부, 관정 등이 있는데, 그 종류에 있어서나 출토량에 있어서는 단순하고 적은 편이다. 철도자는 5기의 고분에서 총 12점이 출토되었는데, 한강 이북지역 고분중 3기에서 4점, 한강 이남지역의 고분중 5기에서 8점이 나왔다. 특히 파주 성동리 전-1호 석곽묘에서 2점이, 광주 대쌍령리 9호 석곽묘에서 4점이나 출토되어 매우 드문 예이고,

511) 부장품이 출토된 석곽묘의 숫자임.

일반적으로 1점씩만 출토되며 여주 매룡리 용강골 D-2호분과 중원 누암리 1 · 2호 석실에서도 출토된 바 있다. 철겸은 5기의 고분에서 5점이 출토되었다. 한강 이북지역 중에서는 파주 성동리 경-석실2호분에서 1점이 출토되었고, 나머지 4점은 한강 이남지역에 위치한 용인 소실 석실분과 석곽묘 4기에서 4점이 나왔다. 즉 철겸이 출토된 지역은 파주와 용인지역 뿐이라는 점도 하나의 특징이다. 관정은 관재의 하나로 꺾쇠와 함께 신라 고분에서 찾아보기 드문 유물에 속한다. 그와 같은 이유는 피장자를 목관에 넣지 않고 묻는 경우가 많기 때문이다. 관정은 파주 법흥리 A지구와 B지구 고분에서만 91점이 출토되었고, 하남 덕풍골 석실분에서도 17점이 나왔다. 신라의 관정은 백제의 것과 다른데, 신라 관정의 특징은 못머리가 'ㄱ'자형으로 꺾여 있는 것이 많고, 길이는 5.5~6.5㎝ 사이이며 몸통의 단면형태는 방형이나 장방형이다. 참고로 백제 관정은 하남 광암동 백제 석실분에서 출토되었는데, 못 머리가 방형이면서 너비가 평균 2㎝ 정도이고, 배부 단면도 방형이며 길이는 10~12㎝이다. 무게는 보통 30~40g 정도이다.[512)]

마지막으로 고분의 축조시기에 대하여 살펴보도록 하겠다. 고분의 축조시기를 파악하기 위해서는 구조적인 특징만으로 추정하기가 어렵기 때문에 대부분 출토유물을 통해서 편년을 시도하게 된다. 한강 유역의 신라 고분에서는 앞에서도 살펴본 바와 같이 일제시대 도굴이 되었거나 훼손된 가운데서도 부장품이 출토된 예가 적지 않은 편이고, 비교적 다양한 종류의 토기류가 확인되었다. 한강 유역의 신라 고분은 6세기 중반부터 축조되기 시작하는데, 그 중심시기는 7세기부터 8세기 전반까지이다. 그러나 파주 성동리 경희대 조사지역의 고분이나 전북대 조사지역의 고분중

512) 세종대학교 박물관, 2006b, 『하남 광암동 유적』.

대부장경호가 출토된 석실분이나 석곽묘들은 6세기 중반부터 7세기 초까지도 볼 수 있는 요소이다. 그리고 하남 덕풍골의 고분들도 6세기 중반부터 8세기 전반까지 비교적 오랜 기간 동안 축조되었음이 확인되었으며, 용인지역의 고분들도 6세기 후반기부터 7세기 중반기까지를 그 중심시기로 하고 있다.

결론적으로 한강 유역의 신라 고분은 신주가 설치되는 6세기 중반부터 축조되기 시작하는데, 그 중심시기는 7세기부터 8세기 전반까지이다. 그러나 파주 성동리의 고분 중 대부장경호가 출토된 석실분이나 석곽묘들은 6세기 중반부터 7세기 초까지도 볼 수 있다. 그리고 하남 덕풍골 고분군이나 금암산 · 객산 고분들도 6세기 중반부터 10세기 전반까지 오랜 기간 동안 축조되었음이 확인되었으며, 용인지역의 고분들도 6세기 후반기부터 7세기 중반기까지를 그 중심시기로 하고 있다. 따라서 파주 성동리 고분군은 오두산성과 하남 덕풍골 고분군은 이성산성, 용인지역의 고분군중 보정리와 소실 고분군은 할미산성과 밀접한 관련성이 있다. 그리고 이들 고분들의 지리적 위치로 볼 때, 신라의 북진경로와 관련이 있다는 사실이다. 그러나 부천지역이나 군포지역 등 주요 교통로로부터 깊숙이 들어가는 지역은 7세기 이후나 8세기 초에 이르러서야 축조되기 때문에 한강 유역 점령과정보다는 안정화 단계에서 축조된 것으로 생각된다.

3) 사찰과 석조유물의 성격

신라 사찰의 경영도 신주 설치를 기점으로 이루어지고, 석조유물들은 7세기 중반 이후부터 본격적으로 만들어지기 시작한다. 여기에서는 각 사찰의 경영시기와 성격을 파악해 보고자 한다.

사찰의 경영시기는 한강 유역에 분포하고 있는 불교유적 가운데 천왕사

사진73. 경덕왕릉

지를 중심으로 살펴보고자 한다. 우선 천왕사지의 목탑지와 심초석을 통해 살펴본 결과, 황룡사지 목탑지와 사천왕사지, 망덕사지 목탑지의 심초석과 사리공 크기만 다를 뿐 전체적인 생김새와 구조가 비슷하다. 천왕사지 목탑은 7세기를 전후한 시기에 건립되었을 가능성이 높으며 탑의 층수가 7층 내외일 것으로 추정되었다. 참고로 안성 봉업사지에서 찾아진 심초석은 축기부에서 통일신라시대 유물만이 출토되어 목탑의 창건시기가 8~9세기경에 건립되어 천왕사지 심초석과 비교될 수 있다. 즉 봉업사지의 심초석은 평면이 원형에 가깝지만 치석 상태가 좋지 못하고, 사리공이 정가운데에서 약간 벗어나 있으며 뚜껑을 덮을 수 있는 턱도 마련되어 있지 못하여 천왕사지의 것보다 제작시기가 다소 늦은 시기임을 알았다. 이러한 자료를 통해 볼 때, 신라가 삼국을 통일하기 이전에는 서울지역의 사찰중 장의사와 암사가 경영되었고 하남지역에서는 천왕사와 동사 등 총 6곳의 사찰이 이 시기에 경영되었던 것으로 판단된다. 그리고 나머지 27곳의 사찰은 삼국통일 직후부터 창건되기 시작하는데 처음에는 전쟁을 치루는 과정에서 희생자들의 명복을 빌기 위한 목적이나 구휼을 목적으로 한 사찰경영이 이루어진다. 이에 필자는 한강 유역 사찰의 창건과 경영시기를 세 시기로 나누어 보았다.

1기는 6세기 중반부터 7세기 중반사이로 신라가 한강 유역으로 진출한 직후 치소지와 성곽 주변지역에 사찰이 입지하는 것이 특징이다. 이 시기에는 암사와 천왕사, 동사 등이 해당된다. 2기는 7세기 중반부터 8세기 중반사이로 신라의 불교문화가 한강 유역에 본격적으로 영향을 미치기 시작한 때이다. 특히 김대문이 한산주 도독으로 부임해 온 것이 계기가 되었을 것으로 생각되고, 장의사와 학림사, 천축사, 백련사, 용인의 마북리사지 등이 이 때에 경영되었다. 3기는 8세기 중반부터 10세기 초반사이로 이 시기에 가장 많은 사찰이 창건되었다. 이 시기는 경덕왕의 재임기간이면서 도선국사가 활동하는 때이다. 이 때 경영된 사찰은 원통사, 일선사, 봉원사, 청담사, 중초사, 용덕사, 문수사, 금암산 일명사지 1 · 2 등이 있다. 그리고 하남지역의 사찰은 도시구조 및 교통로와도 관련 있을 것이며, 풍수사상의 영향을 받은 면도 엿볼 수 있다. 도시구조와 교통로는 교산동 건물지와 천왕사지에서 찾아진 주요 건물지들의 장축이 북서쪽을 향해 있는 점과 남-북방향으로 덕풍천이 흐르고 있는 점이 주목된다. 특히 금암산 정상에 위치한 금암산 일명사지 1과 객산 정상 사이에는 천왕사가 평지에 위치해 있어 동-서축을 이루고 있는가 하면, 춘궁동의 동사는 춘궁저수지를 포함한 넓은 사역(寺域)이었을 것으로 추정되는 만큼 자연 연못을 낀 풍수지리적인 점도 눈여겨 보아야 할 부분이다.

더불어 교산동 건물지에서 출토된 명문와 중에는 나말여초시기에 활동

했던 애선(哀宣)과 성달(城達)과 관련된 유물이 있어 주목된다. 그들에 관한 문헌에는 『高麗史』와 『高麗史節要』에서 찾아볼 수 있다. 애선에 관해서는 『高麗史』에 "태조 7년(924) 가을 7월에 견훤의 아들 수미강, 양검 등이 와서 조물성을 공격하니 장군 애선, 왕충에게 명하여 구원하게 하였다. 애선이 전사하였으나 군의 사람들이 굳게 지켰다…"[513]고 하였고, 『高麗史節要』에는 "태조 2년(919) 가을 8월에 오산성을 고쳐 예산현으로 삼고, 대상 애선, 홍유를 파견하여 유민 500여 호를 평안하게 결집시켰다…"[514]고 하였다. 성달에 관해서는 『高麗史』에 "태조 6년(923) 춘3월 신축에 명지성 장군 성달이 그 아우 이달, 단림과 같이 와서 귀부하였다"[515]고 하였는데, 명지성은 지금의 포천지역이다.[516] 그리고 '城達伯士' 명 기와에 보이는 백사는 지방의 우두머리를 뜻한다는 연구결과가 있어 이들이 지방의 호족세력이었음을 단적으로 알려주는 것이라 할 수 있으며,[517] 이들은 후삼국 통일 과정에서 지금의 포천지역과 광주지역을 근거지로 활동하였던 것으로 추측된다.

왕규는 왕건과 인연을 맺어 요직에 오르면서부터 지금의 하남지역을 중심으로 많은 불사를 중창 또는 개창했을 것으로 판단된다. 그가 불사를 일으키게 된 것은 왕건이 개경 내외에 많은 사원을 세운 것에서 비롯되었던 것 같다.[518] 태조는 919년에 법왕(法王), 왕륜(王輪) 등 10사(寺)를 도성 안

513) 『高麗史』 卷1 世家1 太祖 7年條 "七年 秋七月 甄萱遣子須彌康良劍等來攻曹物郡 命將軍哀宣王忠救之 哀宣戰死郡人固守須彌康等失利而歸".

514) 『高麗史節要』 卷1 太祖神聖大王 2年條 "改烏山城 爲禮山縣 遣大相哀宣 洪儒 安集流民五百餘戶".

515) 『高麗史』 卷1 世家1 太祖 6年條 "辛丑 命旨城將軍城達與其弟伊達端林來附".

516) 『新增東國輿地勝覽』 卷11, 抱川縣 郡名條.

517) 金炳熙, 2001, 앞의 글, 檀國大學校大學院 碩士學位論文, 92~93쪽.

518) 황보경, 2004, 앞의 글, 248~249쪽.

에 처음 창건하게 되는데, 이들 10사의 창건의도는 새로운 왕도로서의 면모를 갖추기 위한 것임과 동시에 태조 자신이 불법의 수호자임을 내세운 것이 아닌가 한다.[519] 또한 태조가 후삼국을 통일할 때까지 921년 대흥사(大興寺)를 시작으로 16처의 사원을 건립하였고, 이들 사찰을 중심으로 팔관회(八關會)와 연등회(燃燈會) 같은 행사를 열어 민심을 모아 통일의 의지를 다져 나갔던 것처럼 왕규도 천왕사를 중심으로 동사, 약정사, 신복선사, 자화사 등을 지원하거나 창건하였으며 막대한 자금을 들여 불상과 석탑을 조성하였던 것이다. 이렇게 왕규는 하남지역에서 불사를 일으켜 왕건과 함께 국정을 운영하였던 것인데, 왕규와 같은 시기에 죽주(竹州)에서는 능달(能達)이 안성 봉업사를 중심으로 불사를 일으켰던 것으로 파악되어 주목된다. 봉업사도 창건시기가 능달이 죽주를 중심으로 활동하던 때로 추정되고 있으며, 봉업사지 주변에 죽산리사지, 매산리사지, 장명사지 등이 분포되어 있는 점은[520] 하남지역과 매우 유사한 양상이라고 하겠다. 또한 죽산리사지에 있는 석불입상과 석탑이 모두 고려 초기에 조성된 것으로 추정되고,[521] 매산리사지와 장명사지에서 출토된 탑지석이 성종 12년(993)과 경종 2년(977)이어서 춘궁리 철조석가여래좌상과 춘궁리 오층석탑의 조성시기와 같은 때다. 따라서 고려 초기에 태조가 불교의 힘을 빌어 국정을 운영하였던 것과 왕규와 죽산 박씨 세력, 능달 등이 각 지역에서 불사를 이르킨 점은 같은 맥락으로 이해된다.

이와 같은 자료를 바탕으로 볼 때, 교산동 건물지중 제 1기 건물지 조성이 애선과 성달 장군이 활동한 924~925년에 이루어졌을 가능성이 있을 것

---

519) 韓基汶, 1998, 앞의 책, 32~42쪽.

520) 京畿道博物館, 2002, 앞의 책.

521) 단국대학교 중앙박물관, 1999, 앞의 책, 482쪽.

사진74. 하남 교산동 일대 전경(1998년)

사진75. 하남 교산동 건물지 주변 토루(1998년)

사진76. 춘궁동 5 · 3층 석탑

으로 추정된다.[522] 그러나 이들 장군들이 포천과 광주 등의 지역을 중심으로 활동하였다고 하지만, 광주지역에는 이미 왕규라고 하는 호족이 강한 세력을 형성하고 있었다. 즉 왕규는 반신라적 호족세력으로 신라 하대 중앙귀족들의 정치 · 경제 · 사회 · 사상 등에서 보는 말기적 현상에 위기의

522) 畿甸文化財研究院, 2001, 앞의 책, 177~179쪽.
畿甸文化財研究院, 2002, 앞의 책, 108~109쪽.

식을 느낀 지방 토착세력들 중에 하나였다.[523] 왕규가 활동한 시기는 역모로 처형되는 혜종 2년(945)까지이므로 애선과 성달 장군 등이 활동하는 시기와 맞물리는 때이고, 광주가 효공왕 2년(898)에서[524] 효공왕 4년(900)[525] 사이에 충주, 청주, 당성, 괴양과 함께 왕건에 의해 평정되었으므로 왕규는 이때에 왕건과 인연을 맺었을 가능성이 높다. 왕건과 인연을 맺은 왕규는 태조가 죽을 때 염상 · 박수문과 함께 유조를 받을 정도로 신임을 얻고 있었으니, 교산동 건물지의 제 1기 건물인 서쪽건물지가 애선이나 성달에 의해 지어질 수도 있겠으나 왕규가 직접 또는 그의 경제적인 지원 없이는 어려웠을 것으로 생각된다. 그리고 담장지도 이때에 함께 축조되었을 것으로 조사되었는바, 이 담장지는 당시의 정세로 미루어 볼 때 토루와 같은 건물을 방어시설로 보아야 할 것 같다. 따라서 왕규가 활동하던 9세기 말부터 10세기 초사이에는 하남지역이 다시금 군사적인 면뿐만 아니라 불교문화의 중심지였으며, 고려시대의 불교문화 발전에 밑거름이 된다. 고려시대로 접어들어서도 불교문화는 하남지역을 중심으로 크게 발전하여 천왕사에 춘궁리 철조석가여래좌상과 같은 거대한 철불이 조성되며, 춘궁리 5층석탑도 이 시기에 조성되었을 것이다.

이상으로 한강 유역의 신라 사찰과 석조유물의 성격에 대하여 살펴보았다. 이를 몇 가지로 요약해 보면, 첫째 6세기 중반무렵에는 신주 설치와 맞물려 천왕사와 동사지, 암사지 등이 창건 또는 경영되었다. 특히 천왕사지

523) 최근영, 1999, 앞의 책, 109쪽.

524) 『三國史記』 卷12 新羅本紀12 孝恭王 2年條 "궁예가 貝西道와 漢山州 管內의 30여성을 취하고 국도를 松岳郡으로 정하였다".

525) 『三國史記』 卷12 新羅本紀12 孝恭王 4年條 "國原 · 菁州 · 槐壤의 賊師 淸吉, 莘萱 등이 城을 들어 궁예에 투항하였다"고 하였고, 『高麗史』 世家1에서는 "왕건이 광주 · 충주 · 청주 등을 평정하였다"고 기록되어 있다.

는 신주의 중심부에 위치해 있을 뿐만 아니라 목탑의 건립을 통해 이성산성의 다각형 건물지와 더불어 어려운 시기를 극복해 나가는 구심점으로서의 기능을 했다. 둘째, 7세기 중엽부터 8세기 중엽까지는 신라의 불교문화가 한강 유역에 본격적으로 뿌리내리기 시작한다. 특히 김대문이 한산주 도독으로 부임해 온 것이 계기가 되어 하남지역을 중심으로 서울지역, 용인지역 등에 많은 수의 사찰이 창건되어 불교문화가 정착되기 시작했던 것 같다. 셋째, 8세기 중엽부터 10세기 초에 가장 많은 사찰과 석조유물이 조성된다. 이 시기는 경덕왕이 재임하던 시기로 도선국사 등이 전국적으로 불사를 일으켰던 때와 맞물린다. 그러나 10세기 초에는 각 지방의 호족들이 불사에 직접 관여하게 되는데 하남지역의 왕규가 대표적 인물이다. 그는 왕건과 인연을 맺어 개성에 왕건이 10사를 창건하는 것과 비슷한 형태로 하남지역에 천왕사를 중심으로 여러 사찰을 경영하였다. 그리고 교산동 건물지를 건립하는데 기여하며, 이곳을 거점으로 활동하였다.

Ⅶ. 맺음말

참고문헌 · 영문초록 · 중문초록 · 일문초록

부록 : 삼국~남북국시대 연표

Ⅶ. 맺음말

신라인들은 한강 유역으로 진출한 6세기 중반 이후부터 통일신라시대를 거치면서 많은 유적과 유물을 남겨 놓았다. 이 책에서는 이제까지 조사된 고고학 자료를 바탕으로 문헌자료와 비교·검토하여 신라인들의 유적과 유물을 살펴봄과 동시에 각 유적의 특징 및 성격 등에 대하여 알아보았다.

신라는 553년 한강 유역을 점유한 이후 신주를 중심으로 경영하면서 많은 성곽과 고분, 불교관련 유적과 유물을 곳곳에 남겼는데, 여기에서는 각 유적별 특성과 성격을 정리해 봄으로써 맺음말을 대신하고자 한다.

성곽은 시·발굴조사된 성을 중심으로 분포양상과 구조적인 특징을 살펴보았고, 축성주체와 활용시기를 통해 각 성곽별 역할도 추정해 보았다. 무엇보다 성곽들은 6세기 중반부터 삼국이 통일되는 7세기 중반까지 그 활용도가 가장 높았고, 당과의 전쟁과정에서도 중추적인 역할을 수행하였다. 그러나 8세기 후반부터는 왕실과 귀족들간의 다툼, 각지에서 일어난 반란 등의 여파로 인해 폐성이 늘어나게 되었으며 그 기능도 약화되어 갔다.

성곽의 특성은 첫째, 신라 성과 보루는 지리적으로 볼 때 주요 교통로를 중심으로 배치되어 있을 뿐만 아니라 한강과 그 지류는 물론 서해의 파주와 김포, 인천지역도 광범위하게 방어할 수 있는 방어망을 구축했다. 이는 고구려가 한강 유역을 점유하면서 한강 유역이나 교통로상에만 보루군을 배치하여 방어한 시스템과는 다른 것이었다.

둘째, 성들은 대개 해발 300m 미만에 테뫼식과 포곡식 산성을 축성하여 많은 병력이 빠르게 이동할 수 있도록 하였다. 이는 고구려의 보루군이 산의 줄기와 봉우리 등 비교적 높은 곳에 입지한 것과 대조적이다.

셋째, 성의 형식면에서 테뫼식이 포곡식보다 월등히 많은데 이는 지형적인 영향을 받은 결과로 보여진다. 대신 테뫼식의 성이 많은 만큼 규모면에서 필요에 따라 포곡식 성이나 내 · 외성으로 축조하여 많은 병력을 주둔시키는데는 큰 문제가 되지 않았다.

넷째, 신라 성은 대개 돌을 가지고 협축이나 편축, 협 · 편축을 병행하여 쌓아 어떠한 정형성을 살피기는 어려웠다. 이런 현상은 축성할 때 있어서 신라인들만의 축성법을 적용했다기 보다는 당시의 정세가 혼란했고, 축성 집단이 포로나 일반 거주민들이 주축을 이루었던 것이 원인일 것으로 생각된다.

마지막으로 이성산성과 아차산성, 양주 대모산성 등에 현문식 문지가 갖추어져 있어 성곽의 형식과 무관하게 현문식 문이 시설되었다는 점이다. 이러한 구조는 공격보다는 방어에 유리하도록 한 것이라 할 수 있고, 저수시설이 갖추어진 성들 특히 이성산성이나 호암산성, 아차산성 등은 대개 치소지도 겸했던 것이 특성이다.

성곽의 성격은 한강 유역의 성들이 당시의 정세에 따라 축성 또는 증 · 개축되었고, 그 역할 또한 충분히 담당하였다. 이를 몇 가지로 요약해 보면, 첫째 이성산성이 신주의 치소이고 한강 유역의 성들을 지휘하는 중대한 역할을 수행했다는 점이다. 특히 다각형 건물지들과 철제마 등의 유물들은 제사와 관련된 것으로 신라인들이 지닌 천신 및 산신숭배와 밀접한 관련이 있다고 생각된다. 그만큼 혼란한 정세에 제사를 지낼 수 있는 건물을 건립하였다는 점은 난국을 헤쳐 나가는데 있어 중요한 상징성을 부여했던 것이다. 이는 곧 이성산성이 신라 왕실에서 본다면, 경주 이외의 지역중에서 전진기지의 역할을 담당했기 때문이다. 그리고 현재의 하남지역과 남한산성 일대가 넓은 범위에서의 한산(漢山) 또는 남한산(南漢山)으로 불리웠음을 알 수 있었다.

둘째, 남한산성은 당과의 전쟁을 치루는데 있어 중추적인 역할을 담당했고, 통일 이후에는 이성산성과 더불어 중요 성으로 이용되었다. 그것은 남한산성이 이성산성에 비해 규모가 크고, 많은 수의 사람들이 거주할 수 있는 공간이 확보되었기 때문이다. 또한 남한산성은 험준한 지세를 갖추었고, 광주 등 여러 방면으로의 퇴로도 확보되어 있다는 점이 특징이다.

셋째, 호암산성과 계양산성, 아차산성, 동성산성, 고봉산성 등도 각 지역의 거점일 뿐 아니라 치소의 기능도 겸했던 성들임을 알 수 있다.

넷째, 한강 유역의 성들은 8세기 중엽을 기점으로 내란과 반란 등으로 인해 운영을 하는데 있어 정치·경제적 어려움에 직면하게 되어 폐기되는 성들이 점차 늘어났다.

결론적으로 한강 유역의 신라 성들은 6세기 중반 이성산성을 시작으로 한강 이북과 이남지역에 많은 성이 축성되거나 증·개축되며, 고구려와 백제로부터의 반격을 방어한 후 당과의 전쟁에서도 승리한다. 그리고 7세기 중반 이후에는 치소로서의 기능도 담당하여 정복지에 대한 안정화를 꽤하는데 기여하게 된다. 그러나 8세기 중반이후에는 왕실의 혼란과 각 지역에서 일어나는 반란 등으로 인해 그 운영이 어려워지고 기능도 점차 상실하게 되었다.

고분은 신라인들의 매장문화를 가장 잘 보여주는 자료이다. 비록 많은 수의 고분이 발굴되지 못하여 구조적인 정형성을 밝히기 어려웠지만 분포양상과 구조적 특징을 통해 축조방법의 여러 유형을 파악할 수 있었다. 특히 석실분들과 석곽묘는 다양한 구조를 보임은 물론 부장품에서의 차이점에 비추어 그에 따른 축조시기와 집단도 다르다는 것을 알게 되었다. 또한 주변지역에서 조사된 고분들과의 비교를 통해 석실분의 수용문제에 있어서나 지방으로의 확산경로 추정에 실마리를 제공해 주고 있다.

고분의 특성으로는 첫째, 지리적 위치면에서 하남지역의 고분군이나 파주 성동리 고분군, 아차산성 주변 고분군들의 경우 인접한 성과 관련이 있다. 즉 성과 인접해 있는 고분군은 전쟁과 밀접한 관련이 있고, 성과 원거리에 위치한 고분군인 부천 고강동이나 군포 산본동 고분군 등은 일반 거주집단에 의해 축조되었을 가능성이 높다.

둘째, 입지면에서 하남지역의 고분군들 중 덕풍골이나 금암산 고분군의 경우 석실분이 산의 정상부나 줄기에 조성된 반면, 석곽묘는 대부분 경사면으로 내려가 있거나 석실분과 약간의 거리를 두고 있으므로 피장자의 신분에 따른 분포를 보여주고 있다. 그러나 군포 산본동이나 파주 법흥리 고분군 A지구의 고분들은 석실분과 석곽묘의 위계나 상관관계를 찾아보기 어려웠다. 그리고 대부분 다른 지역의 고분들은 산의 정상부나 줄기보다 경사면을 선호하여 축조되었다.

셋째, 고분의 장축과 두향방향에 있어서 파주 성동리 고분군을 제외한 나머지 대부분의 고분들은 등고선과 직교하면서 장축을 북쪽이나 동쪽으로 둔 것이 전체의 절반 정도로 확인되었다. 이러한 방향성과 등고선과 관계는 사신사상이나 풍수지리와 관련된 측면도 있겠으나 입지의 선택에 따라 장축과 두향이 결정되었던 것으로도 이해된다.

넷째, 구조적인 면에서 벽체의 1/3이나 1/2 정도만 파고 난 후 벽을 쌓고, 묘광은 벽체보다 10~40㎝ 넓게 굴착했으며 벽체를 수직으로 축조한 것이 많다. 그리고 단벽부터 장벽의 순서로 쌓았고, 종평적을 많이 하면서 가장 윗단은 개석의 무게를 분산시키기 위해 횡평적을 한 경우가 많다.

다섯째, 묘광의 장단비는 1:51:1~2.00:1 사이의 것이 많고, 묘실 장단비

중 석실분의 경우 한강 이남지역은 1.75:1로 나타났으며, 석곽묘 묘실은 2.41:1로 분석되었다. 이러한 비율은 대규모 고분군이 분포한 하남이나 용인지역이 공통적인데 비해 부천 고강동이나 군포 산본동의 석곽묘들은 평균값보다 세장한 비율을 보였다. 반면 서울 가락동 · 방이동의 고분들과 남한강 유역의 고분들을 비교해 보았을 때 축조집단에 따라 장단비가 서로 다름을 알 수 있었다. 이러한 현상은 각 지방의 지역적 특색 즉 석곽묘의 규격화가 이루어지지 못하고 축조집단에 따라 달리 했음을 나타내주는 측면이기도 하다.

여섯째, 석실분은 횡구식보다 횡혈식이 많이 축조되었지만 입구의 위치가 각기 달랐고, 석곽묘는 수혈식보다 횡구식이 많은 비율을 차지한다. 이는 축조집단간에 정형성을 확보하지 못했기 때문인 것으로 추정된다. 호석은 석실분보다 석곽묘에 더 많이 시설되며 형식적인 면보다 흙이 흘러내림을 방지하기 위한 실용성이 강조되었다.

일곱 번째는 시상의 평면형태가 묘실 중앙에 시설되는 C형이 가장 많았고, F형의 경우 관정이 출토되어 목관을 사용했음을 알 수 있다.

마지막으로 매장행위 과정에서 제의행위를 한 흔적이 하남 덕풍골과 부천 고강동, 용인 대덕골 석곽묘에서 확인되어 신라인들이 산신이나 토지신에 대해 제사행위를 했음을 알 수 있다. 결과적으로 한강 이북지역의 파주 법흥리와 성동리 고분은 축조방법이나 등고선과의 관계로 볼 때 축조집단이 다를 뿐만 아니라 서로 다른 특성을 갖고 있었음이 확인되었다. 그리고 한강 이남지역 중에서 하남과 용인지역의 고분군은 상호 비슷한 양상이 찾아졌지만, 부천 고강동이나 군포 산본동의 고분군은 이들 지역과 상이한 점이 많았다. 다만, 제의행위를 했던 유구가 찾아진 부천 고강동, 용인 대덕골, 하남 덕풍골의 축조집단이 산신이나 토지신에 대한 제사를 지냈던 것은 공통점으로 파악되었다.

고분의 성격은 한강 유역의 신라 고분이 6세기 중반부터 축조되기 시작하는데, 그 중심 시기는 7세기부터 8세기 전반까지이다. 그러나 파주 성동리의 고분 중 대부장경호가 출토된 석실분이나 석곽묘들은 6세기 중반부터 7세기 초까지도 볼 수 있는 요소이다. 그리고 하남 덕풍골 고분들도 6세기 중반부터 8세기 전반까지 비교적 오랜 기간 동안 축조되었음이 확인되었으며, 용인지역의 고분들도 6세기 후반기부터 7세기 중반기까지를 그 중심시기로 하고 있다. 특히 이 두 지역의 고분들은 이성산성과 신주, 한산주 시기에 있어서 공동 묘역이며, 용인 보정동 · 소실 고분군은 현재의 기흥구 마북동과 언남동을 중심으로 한 고대 도시의 묘역으로 여겨진다. 그리고 이들 고분들의 지리적 위치로 볼 때, 신라의 북진경로와 관련이 있다는 사실이다. 그러나 부천지역이나 군포지역 등 주요 교통로로부터 깊숙이 들어가는 지역은 7세기 이후나 8세기 초에 이르러서야 축조되기 때문에 한강 유역 점령과정보다는 안정화 단계에서 민간인들에 의해 축조된 가족묘로서의 성격이 강한 것으로 생각된다.

사찰과 사지는 많은 수가 있는 것으로 파악되었으나, 학술조사나 구제조사가 미진하여 창건과 중창의 시기를 밝히는데 어려움이 있었다. 그러나 불교유적은 크게 서울과 하남, 용인지역에 집중되어 있으며 이는 곧 성곽과 고분의 분포범위가 크게 다르지 않음을 알았고, 경영시기도 삼국시대로부터 통일신라시대를 거쳐 고려시대까지 그 영향을 미쳤음을 알 수 있었다. 특히 하남을 중심으로 번성했던 불교문화는 조선시대까지도 뿌리 깊이 남게 되었다.

한강 유역의 사찰과 석조유물의 특성은 첫째, 하남이 신주와 한산주의 중심지였기 때문에 그에 따른 도시형성과 맞물려 자연스럽게 사찰과 석조유물이 밀집되게 되었다. 특히 이성산성과 남한산성을 중심으로 한 남-북 길이 4.5㎞, 동-서 너비 3.5㎞의 범위 안에 10여곳의 사찰이 분포되어 있다는 것은 그만큼 하남지역이 정치적으로나 문화적으로 한강 유역 중에서 중심지였고, 그에 비례하는 인구가 거주했음을 뒷받침해 주고 있다. 용인지역의 불교유적은 하남지역처럼 밀집되어 있지 못하고 산재해 있기 때문에 군사적 또는 정치적인 목적보다는 포교를 위한 목적에서 창건된 것이라 볼 수 있다. 서울지역도 사찰들이 산재해 있으면서 창건시기가 7세기 중반 이후인 점으로 볼 때 신라인들이 본격적으로 거주하기 시작하는 시기에 비로소 사찰의 창건이 이루어졌던 것임을 알 수 있다.

둘째, 사찰의 창건배경과 특성에 있어서 장의사지는 명복을 빌기 위한 것이었고, 중초사지는 그 위치와 관방유적이 주변에 없는 것으로 볼 때, 군사적인 목적보다는 포교와 관련이 있을 것으로 여겨진다. 천왕사지는 신주와 한산주의 치소와 관련되어 정치적인 목적을 가진 중심 사찰로서의 역할을 담당했을 것으로 생각된다. 또한 천왕사지에서 발견된 심초석은 목탑의 존재를 알려주는 결정적 유물로 신라 목탑의 심초석 중 대표적인 황룡사지의 9층 목탑지와 사천왕사지 동·서탑, 망덕사지 동·서탑의 것과 비교될 수 있다.

셋째, 마애불과 약사불류는 8세기 후반부터 9세기 사이에 유행한 약사신앙과 조성의 영향을 받았으며, 석탑도 9세기 후기의 양식을 따르고 있으므로 한강 유역에 신라 석조유물이 본격적으로 조성된 때는 8세기대로 볼 수 있다. 결국 한강 유역의 사찰이나 석조유물은 천왕사지를 중심으로 한 하남지역이 그 중심에 놓여 주변 지역에 영향을 주었다. 특히 목탑의 건립은 경주지역 목탑들의 조성과 밀접한 관련성이 있으며, 이는 통일전쟁이 일어나기 이전에 해당된다. 그리고 마애불과 약사불은 사회적으로 유행한 약사신앙과 조성의 유행에 영향을 받은 것이었다.

마지막으로 불교유적의 성격을 요약해 보면, 첫째 6세기 중반무렵에는 신주 설치와 맞물려 천왕사와 동사지, 암사지 등이 창건 또는 경영되었다. 특히 천왕사지는 신주의 중심부에 위치해 있을 뿐만 아니라 목탑의 건립을 통해 이성산성의 다각형 건물지와 더불어 어려운 시기를 극복해 나가는 구심점으로서의 기능을 했던 것이다.

둘째, 7세기 중엽부터 8세기 중엽까지는 신라의 불교문화가 한강 유역에 본격적으로 뿌리내리기 시작한다. 특히 김대문이 한산주 도독으로 부임해 온 것이 계기가 되어 하남지역을 중심으로 서울지역, 용인지역 등에 많은 수의 사찰이 창건되었을 것으로 추정된다.

셋째, 8세기 중엽부터 10세기 초에 가장 많은 사찰과 석조유물이 조성되었다. 이 시기는 도선국사 등이 전국적으로 불사를 일으켰던 때와 맞물린다. 그러나 10세기 초에는 각 지방의 호족들이 불사에 직접 관여하게 되는데 하남지역의 왕규가 대표적 인물이다. 그는 왕건과 인연을 맺어 개성에 왕건이 10사를 창건하는 것과 비슷한 형태로 하남지역에 천왕사를 중심으로 사찰을 경영하였다. 그리고 교산동 건물지를 건립하는데 기여하며 이곳을 거점으로 활동하였다.

결론적으로 신라가 한강 유역을 진출하게 된 것은 나제동맹을 통한 백제와의 협력에서 비롯되었지만 고구려와의 막후 협상을 통해 얻어진 결과이기도 했다. 이때 신라는 신주를 하남지역에 설치함과 동시에 이성산성에 치소를 두고 한강 유역에 여러 산성들과 보루를 축조하여 방어를 공고히 하게 된다. 그러나 백제와 고구려의 공세가 시작되자 신주를 북한산주와 남천주로 옮겨 능동적으로 대처해 나갔으며, 한편으론 신주를 군사적 거점지역으로 성립시켜 나갔다. 이러한 과정에서 이성산성이나 아차산성, 할미산성 등지에는 전쟁의 과정에서 발생된 희생자들을 매장한 고분군이 조성되었다. 고분군은 성들과 인접한 산의 줄기나 경사면에 축조되었으며 그 구조와 부장품의 양상을 통해 성격을 파악해 볼 수 있었다. 아울러 하남지역에는 천왕사와 동사 같은 대규모의 사찰이 창건되고, 목탑이 건립되어 정신적인 구심점으로 삼았다. 아울러 이성산성에는 다각형 건물지를 두어 제사를 지내면서 전쟁에서의 승리는 물론 나라의 안녕과 평화, 희생자들의 명복을 빌었던 것이다.

삼국통일을 이룬 신라는 당과의 마지막 결전을 위해 주장성을 축성하고 한강 유역의 여러 성들을 정비하였으며, 그 결과 매초성 전투에서 승리를 거두게 된다. 이 시기를 전후하여 한강 유역에는 신라인들이 본격적으로 정착하게 되었고 그들의 문화도 뿌리를 내리기 시작한 것으로 판단된다. 고분군은 부천이나 군포지역 등의 내륙지역에도 축조되고, 사찰은 산성과 동떨어진 곳에도 창건되기 시작한다. 그러나 8세기 중반부터는 왕경에서 빈번하게 일어난 역모와 지방에서 일어난 반란으로 인해 신라 사회를 급속도로 혼란에 휩싸이게 했으며, 한산주도 그 영향에서 벗어나지 못했다. 결국 한산주지역의 성곽들은 정치 · 경제적 어려움에 직면하게 되어 폐기되는 성이 점차 늘어나게 되었다. 그러나 사찰들은 더욱 증가하여 각 지역별로 포교를 위한 사찰이 창건되고, 그에 따른 석조유물들도 활발하게 조성되어 불교문화의 꽃을 피우게 된다. 10세기 초에 이르면 왕경 이외의 지역에서 호족들이 발호하게 되는데, 한산주에서도 왕규라는 호족이 치소가 있던 하남지역을 중심으로 성장하여 왕건과 결탁하게 된다. 왕규는 신라계 인물은 아니었지만, 뿌리 깊게 남은 신라 문화를 바탕으로 사찰과 석조유물의 조성을 통해 새로운 문화를 발전시켜 나갔고, 고려시대에도 하남지역은 한강 유역에 있어 그 문화의 중심지였다.

최근에도 하남을 비롯한 한강 유역이나 경기도에서는 건물지나 주거유적이 적지 않게 발굴되어져 신라 유적과 유물에 대한 자료가 보다 많이 축적되어지고 있다. 따라서, 그에 대한 보고서가 간행되고 분야별 연구자가 관심을 갖게 된다면 한강 유역에 있어서의 신라 문화에 대한 연구가 더욱 활발해 질 것으로 기대해 본다.

| 참 | 고 | 문 | 헌 |

〈 사료 〉

『高麗史』

『南漢志』

『新唐書』

『大東地志』

『東國輿地志』

『東文選』

『東史綱目』

『三國史記』

『三國遺事』

『新增東國輿地勝覽』

『輿圖備志』

『日本書紀』

『朝鮮金石總攬』

『朝鮮王朝實錄』

『增補文獻備考』

〈 단행본 〉

京畿道, 1988, 『畿內寺院址』.

京畿道, 1991, 『京畿人物誌』.

國立文化財硏究所, 2001, 『韓國考古學事典』.

高裕燮, 1999,『한국건축미술사 초고』, 대원사.
郭丞勳, 2002,『統一新羅時代의 政治變動과 佛教』, 國學資料院.
김기섭, 2000,『백제와 근초고왕』, 학연문화사.
김병곤, 2003,『신라 왕권 성장사 연구』, 학연문화사.
金世民·張得振 編著, 1998,『河南市史料集』1, 河南文化院.
金世民 編著, 1999,『河南市史料集』3, 河南文化院.
金壽泰, 1996,『新羅中代政治史研究』, 一潮閣.
金龍星, 1999,『新羅의 高塚과 地域集團』, 춘추각.
金元龍, 1991,『韓國美術史研究』, 一志社.
盧鏞弼, 1996,『新羅 眞興王 巡狩碑 研究』, 一潮閣.
大韓民國藝術院, 1991,『韓國藝術事典Ⅱ 韓國美術事典』.
文化公報部·文化財管理局, 1977,『文化財總攬』.
박경식, 2002,『통일신라 석조미술 연구』, 학연문화사.
朴南守, 1996,『新羅手工業史』, 신서원.
朴淳發, 2001,『漢城百濟의 誕生』, 서경문화사.
박해현, 2003,『신라중대정치사연구』, 국학자료원.
반영환, 1974,『한국의 성곽』, 세종대왕 기념사업회.
백종오, 2006,『고구려 기와의 성립과 왕권』, 주류성출판사.
백종오, 2006,『남녘의 고구려 문화유산』, 서경.
사회과학출판사, 2001,『고구려 고분 연구』.
서영일, 1999,『신라육상교통로연구』, 학연문화사.
徐程錫, 2002,『百濟의 城郭』, 學研文化社.
成均館大學校 大東文化研究院, 1972,『唐大薦福寺故寺主飜經大德法藏和尙伝』.
신형식, 1985,『新羅史』, 이화여대출판부.

吳星 · 金世民 譯, 2005, 『重訂南漢志』, 하남역사박물관.

李基白, 1995, 『韓國古代史論』, 一潮閣.

李南奭, 2002, 『百濟墓制의 硏究』, 서경.

李炳燾, 1985, 『韓國古代史硏究』, 博英社.

李昊榮, 1997, 『新羅三國統合과 麗 · 濟敗亡原因硏究』, 書景文化社.

張慶浩, 1990, 『百濟寺刹建築』, 藝耕産業社.

張俊植, 1998, 『新羅中原京硏究』, 學硏文化社.

張忠植, 1989, 『韓國의 塔』, 一志社.

장철수, 1995, 『옛무덤의 사회사』, 웅진출판.

鄭永鎬, 2000, 『考古美術의 첫걸음』, 學硏文化社.

鄭淸柱, 1996, 『新羅末高麗初 豪族硏究』, 一潮閣.

진성규 · 이인철, 2003, 『신라의 불교사원』, 백산자료원.

조유전, 2005, 『백제고분 발굴이야기』, 주류성.

차용걸 · 최진연, 2003, 『한국의 성곽』, 눈빛.

최광식, 1994, 『고대 한국의 국가와 제사』, 한길사.

최근영, 1999, 『통일신라시대의 지방세력 연구』, 신서원.

최몽룡, 2006, 『최근의 고고학 자료로 본 한국고고학 · 고대사의 신연구』, 주류성출판사.

최몽룡 편저, 2007, 『경기도의 고고학』, 주류성출판사.

崔秉鉉, 1995, 『新羅古墳硏究』, 一志社.

하남시사편찬위원회, 2001, 『역사도시하남』.

韓基汶, 1998, 『高麗寺院의 構造와 機能』, 民族社.

허흥식, 1984, 「高達院元宗大師慧眞塔碑」, 『韓國金石文全文』 中世上卷, 아세아문화사.

홍보식, 2003, 『新羅 後期 古墳文化 硏究』, 춘추각.
洪潤植, 1985, 『三國遺事와 韓國古代文化』, 圓光大學校出版局.

〈 논문 〉

姜鳳龍, 1992, 「6~7世紀 新羅 政治體制의 再編過程과 그 限界」, 『新羅文化』 9, 東國大學校 新羅文化硏究所.
姜奉遠, 2000, 「한강 유역 횡혈식 석실분의 성격」, 『先史와 古代』 15, 韓國古代學會.
강진주, 2006, 「漢江流域 新羅 土器의 性格」, 『先史와 古代』 26, 韓國古代學會.
강진주, 2007, 「부가구연대부장경호를 통해 본 신라의 한강유역 진출」, 『경기도의 고고학』, 주류성출판사.
權純珍, 2007, 「경기지역 新羅 '北進期城郭' 에 관한 일고찰」, 『新羅史學報』9, 新羅史學會.
郭敬淳, 2004, 「신라 四天王寺 雙塔에 관한 연구」, 『慶州史學』 23, 慶州史學會.
김길식, 1998, 「5~6世紀 新羅의 武器 變化樣相과 그 意義」, 『東垣學術論文集』 1, 韓國考古美術硏究所.
金理那, 1992, 「統一新羅時代 藥師如來坐像의 한 類型」, 『佛敎美術』 11, 東國大學校博物館.
김병남, 2003, 「百濟 聖王代의 북방 영역 변화」, 『韓國史硏究』 120, 韓國史硏究會.
金秉柱, 1984, 「羅濟同盟에 관한 硏究」, 『韓國史硏究』 46, 韓國史硏究會.
金炳熙, 2001, 「安城 奉業寺址 出土 高麗前期 銘文기와 硏究」, 檀國大學校

大學院 碩士學位論文.

김복순, 2005,「신라 중대의 불교」,『新羅文化』25, 東國大學校 新羅文化研究所.

金誠龜, 1984,「統一新羅時代의 瓦塼研究」,『美術史研究』162 · 163, 韓國美術史學會.

김성수, 2006,「서울 · 경기지역의 신라 생활유적」,『서울 · 경기지역의 신라유적과 유물』, 서울경기고고학회.

김성태 · 허미형, 2005,「임진강 유역의 新羅遺蹟」,『畿甸考古』5, 기전문화재연구원.

金世基, 2001,「三國時代 封土墳의 護石에 대하여」,『古文化』57, 韓國大學博物館協會.

金壽泰, 2006,「백제 성왕대의 변경」,『百濟研究』44, 忠南大學校百濟研究所.

김아관, 2003,「여주 파사성 발굴조사 약보(Ⅰ)」,『한국성곽연구회 정기학술대회』, 한국성곽연구회.

김연수, 1999,「百濟의 舍利莊嚴에 대하여」,『東垣學術論文集』2, 韓國考古美術研究所.

金英美, 1985,「統一新羅時代 阿彌陀信仰의 歷史的 性格」,『韓國史研究』50 · 51, 韓國史研究會.

金瑛河, 1990,「新羅의 發展段階와 戰爭」,『韓國古代史研究』4, 韓國古代史學會.

金龍基 · 洪光杓 · 李相潤, 1993,「新羅寺刹의 立地와 空間構成의 形式的 特性에 관한 研究」,『韓國傳統造景學會誌』11, 韓國傳統造景學會.

金元龍 · 李鍾宣, 1977,「舍堂洞 新羅土器窯址 調査 略報」,『文化財』11, 文化財研究所.

김원룡, 1986, 「순흥벽화고분의 성격」, 『순흥읍내리벽화고분』, 문화재연구소.
金有植, 2004, 「통일신라시대 기와연구의 현황과 과제」, 『통일신라시대고고학』, 韓國考古學會.
金正基, 1984, 「慶州 四天王寺 伽藍考」, 『尹武炳博士 回甲紀念論叢』.
金正守, 1984, 「望德寺十三層木塔의 形態推定에 관한 研究」, 『建築』 284, 大韓建築學會.
金在庚, 1982, 「新羅 阿彌陀信仰의 성립과 그 배경」, 『韓國學報』 29, 一志社.
김진영, 2007, 「한강유역 신라고분의 전개과정」, 『白山學報』 79, 白山學會.
김진영, 2007, 「한강유역 신라 석실묘의 구조와 성격」, 『先史와 古代』 27, 韓國古代學會.
金昌謙, 2002, 「太平2二年銘磨崖藥師佛坐像銘의 歷史的 考察」, 『韓國中世社會의 諸問題』, 韓國中世史學會.
金春實, 2002, 「河南市 校山洞 〈太平 2年銘 磨崖藥師如來坐像〉의 造成時期 檢討」, 『미술사 연구』 16, 미술사연구회.
金虎俊, 2003, 「抱川 半月山城 研究(Ⅰ)」, 『文化史學』 20, 韓國文化史學會.
金虎俊, 2007, 「京畿道 平澤地域의 土城 築造方式 研究」, 『文化史學』 27, 韓國文化史學會.
김혜정, 2008, 「王興寺址 發掘調査 成果」, 『扶餘 王興寺址 出土 舍利器의 意味』, 國立文化財研究所.
나각순, 2001, 「고려시대의 하남」, 『역사도시하남』, 하남시사편찬위원회.
盧秉湜, 2005, 「淸州地域 古代 城郭의 性格」, 『忠北史學』 41, 忠北大學校史學會.
盧泰敦, 1976, 「高句麗의 漢水流域 喪失의 原因에 대하여」, 『韓國史研究』 13, 韓國史研究會.

文明大, 1991,「廣州地域 寺址發掘의 성과와 의의」,『佛敎美術』10, 東國大學校博物館.

朴慶植, 1998,「京畿道의 石塔에 關한 考察」,『文化史學』10, 韓國文化史學會.

朴方龍, 1986,「新羅 都城 · 城址」,『韓國史論』15, 國史編纂委員會.

朴方龍, 1988,「明活山城作城碑의 檢討」,『美術資料』41, 國立中央博物館.

朴普鉉, 2004,「統一新羅型 帶金具의 分布와 發生時期」,『新羅文化』23, 東國大學校 新羅文化硏究所.

박상빈, 2005,「新羅의 漢江 진출과 統一新羅時代의 서울」,『서울특별시 문화유적 지표조사 종합보고서』Ⅰ, 서울역사박물관.

박상빈, 2005,「안산보루의 채집유물과 기능에 대한 고찰」,『史學志』37, 단국사학회.

朴聖相, 2004,「統一新羅時代 磨崖佛像의 樣式 考察」,『文化史學』22, 韓國文化史學會.

박성희, 2008,「서울 은평 뉴타운 도시개발사업지구(3지구 A-2지점) 문화재 발굴조사」,『계간 한국의 고고학』8호,

朴淳發, 1996,「百濟의 國家形成과 百濟土器」,『第2回 百濟史 定立을 위한 學術세미나 發表要旨文』, 百濟文化開發院.

박종익, 2005,「城郭遺蹟을 통해 본 新羅의 漢江流域 進出」,『畿甸考古』5, 기전문화재연구원.

朴泰祐, 1987,「統一新羅時代의 地方都市에 對한 硏究」,『百濟硏究』18, 忠南大學校 百濟硏究所.

朴洪國, 1985,「慶州地方 幢竿支柱의 硏究」,『慶州史學』4, 慶州史學會.

裵象賢, 2006,「신라 경덕왕대 불교 사원과 지방사회」,『新羅史學報』8, 新羅史學會.

白種伍, 1998,「京畿南部地域의 百濟山城(Ⅰ)」,『京畿道博物館年報』2, 京畿道博物館.

백종오 · 김병희 · 김주홍, 2001,「京畿 · 서울 · 仁川地域 關防遺蹟의 硏究現況」,『학예지』8, 육군사관학교 육군박물관.

백종오, 2003,「백제성곽」,『京畿道의 城郭』, 경기문화재단.

白種伍, 2004,「百濟 漢城期 山城의 現況과 特徵」,『白山學報』69, 白山學會.

白種伍, 2005,「高句麗 기와 硏究」, 檀國大學校大學院 博士學位論文.

白種伍, 2006,「신라 북진기 할미산성의 고고학적 검토」,『新羅史學報』6, 新羅史學會.

변영환, 2007,「주름문병에 대한 試考」,『硏究論文集』3, 中央文化財硏究院.

邊太燮, 1978,「丹陽 眞興王 拓境碑의 建立年代와 性格」,『史學志』12, 檀國大史學會.

徐榮一, 1995,「高句麗 娘臂城考」,『史學志』第28輯, 檀國大史學會.

徐榮一, 1996,「抱川 半月山城 出土〈馬忽受解空口單〉銘 기와의 考察」,『史學志』29, 檀國史學會.

서영일, 2005,「5~6세기 신라의 한강유역 진출과 경영」,『博物館紀要』20, 檀國大學校 石宙善紀念博物館.

宋基豪, 1997,「舍堂洞 窯址 출토 銘文 資料와 통일신라 지방사회」,『韓國史硏究』99 · 100, 韓國史硏究會.

申瀅植, 1975,「新羅軍主考」,『白山學報』19, 白山學會.

申瀅植, 1992,「新羅의 發展과 漢江」,『韓國史 硏究』77, 韓國史硏究會.

辛鍾遠, 1987,「幢竿造營의 文化史的 背景」,『江原史學』3, 江原大學校史學會.

신형식, 2005, 「高句麗의 南進과 國原城」, 『博物館紀要』 20, 檀國大學校 石宙善紀念博物館.

신호웅, 1995, 「영동지방의 고분문화」, 『제13회 한국상고사학회 학술발표회 요지문』, 한국상고사학회.

심광주, 2000, 「二聖山城의 築城技法과 機能」, 『博物館誌』, 漢陽大學校 博物館.

심광주, 2003, 「신라성곽」, 『京畿道의 城郭』, 경기문화재단.

沈光注, 2004, 「漢城時期의 百濟山城」, 『고고학』 3-1, 서울경기고고학회.

沈奉勤, 1999, 「新羅 城과 高句麗 城」, 『高句麗山城硏究』, 高句麗硏究會.

심재연, 2008, 「6~7세기 신라의 북한강 중상류지역 진출 양상」, 『新羅文化』 31, 東國大學校 新羅文化硏究所.

沈正輔, 2001, 「百濟 石築山城의 築造技法과 性格에 대하여」, 『韓國上古史學報』 35, 韓國上古史學會.

辛鍾遠, 1987, 「幢竿造營의 文化史的 背景」, 『江原史學』 3, 江原大學校 史學會.

安承周 · 全榮來, 1981, 「百濟 石室墳의 硏究」, 『韓國考古學報』 10 · 11, 韓國考古學會.

安承周, 1992, 「百濟와 新羅의 橫穴式 石室墳 檢討」, 『先史와 古代』 2, 韓國古代學會.

安承周, 1995, 「土器」, 『百濟 考古學』, 民族文化社.

양기석, 2005, 「5~6세기 百濟의 北界」, 『博物館紀要』 20, 檀國大學校 石宙善紀念博物館.

梁正錫, 2001, 「新羅 中古期 皇龍寺의 造營과 그 意味」, 高麗大學校 大學院 博士學位論文.

梁正錫, 2004, 「皇龍寺 九層木塔의 造成에 관한 比較史的 檢討」, 『先史와 古代』 21, 韓國古代學會.

嚴基杓, 1997, 「統一新羅時代의 幢竿과 幢竿支柱 硏究」, 『文化史學』 6 · 7, 韓國文化史學會.

嚴基杓, 1999, 「高麗時代 幢竿과 幢竿支柱」, 『文化史學』 11~13, 韓國文化史學會.

嚴基杓, 2003, 「利川 太平興國銘磨崖菩薩坐像에 대한 考察」, 『文化史學』 20, 韓國文化史學會.

吳虎錫, 2005, 「高麗時代 竹州地域 石造美術 硏究」, 檀國大學校大學院 碩士學位論文.

兪在恩, 1999, 「경기도 파주군 성동리 고분 출토 금동관 조사」, 『文化史學』 11~13, 韓國文化史學會.

尹武炳, 1992, 「漢江流域에 있어서의 百濟文化硏究」, 『百濟硏究叢書』 2, 忠南大學校 百濟硏究所.

尹相悳, 2004, 「통일신라시대 토기의 연구현황과 과제」, 『통일신라시대고고학』, 韓國考古學會.

尹日寧, 1990, 「關彌城位置考」, 『北岳史論』 2, 國民大學校 史學會.

尹炯元, 2002, 「南漢江 地域 馬韓 · 百濟 · 新羅의 무덤」, 『삼국의 접점을 찾아서』 제28회 한국 상고사학회 학술발표대회 요지문, 韓國上古史學會.

윤형원, 2002, 「경기지역의 신라 분묘와 출토유물」, 『고고학』 1-1, 서울경기고고학회.

李基東, 1980, 「新羅 下代의 王位繼承과 政治過程」, 『歷史學報』 85, 歷史學會.

李基東, 1997, 「新羅人의 信仰과 宗教」, 『慶州史學』 16, 慶州史學會.
李基白, 1975, 「新羅 初期佛教와 貴族勢力」, 『震檀學報』 40, 震檀學會.
李基白, 1978, 「金大問과 그의 史學」, 『歷史學報』 77, 歷史學會.
李基白, 1999, 「三國時代 佛教 受容의 實體」, 『百濟研究』 29, 忠南大學校 百濟研究所.
이기선, 1997, 「경기도의 불교미술」, 『경기도의 문화와 예술』, 경기도사편찬 위원회.
李道學, 1987, 「新羅의 北進經略에 관한 新考察」, 『慶州史學』 6, 慶州史學會.
李道學, 1993, 「二聖山城出土 木簡의 檢討」, 『韓國上古史學報』 12, 韓國上古 史學會.
李尙馥, 2007, 『이천 갈산동유적의 통일신라시대 수혈주거지 연구』, 韓南 大學校 碩士學位論文.
李盛周 · 孫徹, 2005, 「GIS를 이용한 新羅古墳群 空間組織의 分析」, 『韓國 考古學報』 55, 韓國考古學會.
李樹建, 1976, 「後三國時代 支配勢力의 姓貫分析」, 『大邱史學』 10.
李殷昌, 1964, 「扶餘 舊衙里寺址 心礎石」, 『考古美術』 5-6 · 7, 韓國考古美術 研究所.
이장우, 2001, 「高麗時代 河南地域의 佛教遺蹟」, 『21세기 하남의 재발견』, 하남역사문화연구회.
이장우, 2004, 「하남의 불교문화」, 『하남의 문화유산』.
李昌鉉, 2006, 「江陵地域의 新羅化 過程」, 『文化史學』 25, 韓國文化史學會.
李漢祥, 1996, 「6世紀代 新羅의 帶金具」, 『韓國考古學報』 35, 韓國考古學會.
李漢祥, 1999, 「7世紀 前半의 新羅 帶金具에 대한 認識」, 『古代研究』 7.
李浩官, 1983, 「統一新羅時代 幢竿支柱와 石橋」, 『考古美術』 158 · 159, 韓

國美術史學會.

李昊榮, 1984, 「高句麗 · 新羅의 漢江流域進出問題」, 『史學志』 18, 檀國大史學會.

李弘稙, 1960, 「京畿道 廣州郡 東部面 校里磨崖佛」, 『考古美術』 1-2, 韓國美術史學會.

李熙濬, 1997, 「新羅考古學 方法論 序說」, 『韓國考古學報』 37, 韓國考古學會.

林永珍, 1995, 「百濟 漢城時代 古墳研究」, 서울大學校 大學院 博士學位論文.

蠶室地區遺蹟發掘調査團, 1977, 「蠶室地區遺蹟 發掘調査報告-1975年度」, 『韓國考古學報』 3, 韓國考古學會.

蠶室地區遺蹟發掘調査團, 1978, 「蠶室地區遺蹟 發掘調査報告-1976年度(第3次)」, 『韓國考古學報』 4, 韓國考古學會.

張慶浩, 1994, 「百濟와 日本의 寺刹建築」, 『百濟佛敎文化의 研究』, 書景文化社.

장득진, 2001, 「하남의 성씨와 인물」, 『역사도시하남』, 하남시사편찬위원회.

장성남, 2003, 「우리 나라 매장법의 변천에 대한 고찰」, 『조선고고연구』 2, 사회과학원 고고학연구소.

장준식, 2003, 「중원지역의 불교문화와 그 성격」, 『중원지방의 문화』 한국대학박물관협회 제48회 춘계학술발표회 요지문.

전덕재, 1997, 「한산주의 설치와 변화」, 『경기도 역사와 문화』, 경기도사편찬위원회.

정영호, 1983, 「廣州春宮里寺址一考」, 『藍史鄭在覺博士古稀紀念東洋學論叢』.

鄭永鎬, 1991,「韓國의 幢竿과 幢竿支柱」, 『古美術』 1991년 봄호.

정영호, 2005, 「三國 鼎立期 漢江流域 占有의 意義」,『博物館紀要』 20, 檀

國大學校 石宙善紀念 博物館.
정치영, 2006, 「용인 마북리 중세취락 유적 보고」, 『서울 · 경기지역의 신라유적과 유물』 서울경기고고학회 정기발표회, 서울경기고고학회.
趙由典, 1975, 「芳荑洞 遺蹟發掘報告」, 『文化財』 9, 文化財研究所.
조유전, 2006, 「신라왕경과 황룡사」, 『황룡사복원 국제학술대회 논문집』, 국립문화재연구소.
朱南哲, 1984, 「木造塔婆의 研究」, 『美術史研究』 162 · 163, 韓國美術史學會.
최광식, 2002, 「新羅 國家祭祀의 체계와 성격」, 『韓國史研究』 118, 韓國史研究會.
최광식, 2004, 「한국 고대의 제사의례와 제사유적」, 『先史와 古代의 儀禮考古學』, 한양대학교 문화재연구소.
崔孟植, 1995, 「百濟 平기와 製作技法 研究」, 『百濟研究』 25, 忠南大學校 百濟研究所.
崔孟植, 1999, 「百濟 평기와 製作技法 一考」, 『文化史學』 11~13, 韓國文化史學會.
최병식, 2007, 「서울 대모산성의 역사 · 지리적 성격에 대한 연구」, 『경기도의 고고학』, 주류성출판사.
崔秉鉉, 1984, 「皇龍寺址出土 古新羅土器」, 『尹武炳博士 回甲紀念論叢』.
崔秉鉉, 1991, 「新羅의 成長과 新羅 古墳文化의 展開」, 『韓國古代史研究』 4, 지식산업사.
崔秉鉉, 1997, 「서울 江南地域 石室墳의 性格」, 『崇實史學』 10, 崇實大學校 史學會.
崔秉鉉, 2001, 「新羅 初期 石室墳의 樣相」, 『韓國考古學報』 44, 韓國考古學會.

崔聖銀, 1996,「高麗 初期 廣州鐵佛坐像 硏究」,『佛教美術硏究』 2, 동국대학교.

최장미 · 강정미 · 김수희, 2008「사천왕사지 발굴조사 성과와 의의」,『신라 호국의 염원 四天王寺』, 국립문화재연구소.

崔鍾澤, 1999,「京畿北部地域의 高句麗 關防體系」,『高句麗山城硏究』, 高句麗硏究會.

최종택, 2003,「고구려성곽」,『京畿道의 城郭』, 경기문화재단.

최형균, 2004,「용인 보정리 고분군」,『제47회 전국역사학대회』.

최형균, 2006,「경기도 지방의 신라고분 연구 시론」,『서울 · 경기지역의 신라유적과 유물』, 서울경기고고학회.

韓濬伶, 2002,「百濟 漢城期의 土器 硏究」, 檀國大學校大學院 碩士學位論文.

韓志仙, 2005,「百濟土器 成立期 樣相에 대한 再檢討」,『百濟硏究』 41, 忠南大學校 百濟硏究所.

홍보식, 2004,「통일신라의 장 · 묘제」,『통일신라시대고고학』 제28회 한국고고학전국대회 발표 요지문, 韓國考古學會.

홍보식, 2005,「한강유역 신라 石室墳의 受容과 展開」,『畿甸考古』 5, 기전문화재연구원.

홍보식, 2005,「신라토기의 한강유역 정착과정에 대한 試論」,『畿甸考古』 5, 기전문화재연구원.

洪潽植, 2008,「고고자료로 본 신라의 한강유역 진출」,『6세기의 한반도』 제18회 백제연구학술회의자료집, 충남대학교 백제연구소.

皇甫慶, 1999,「新州 位置에 대한 硏究」,『白山學報』 53, 白山學會.

皇甫慶, 2000,「河南地域 佛教遺蹟에 대한 硏究」,『古文化』 56, 韓國大學

博物館協會.

황보경, 2003, 「하남지역 고분 연구」, 『고고학』 2-2, 서울경기고고학회.

황보경, 2004, 「河南地域 羅末麗初 遺蹟 硏究」, 『先史와 古代』 21, 韓國古代學會.

皇甫慶, 2007, 「漢江流域 新羅 古墳의 現況과 特徵 硏究」, 『文化史學』 27, 韓國文化史學會.

황보경, 2007, 「한강유역 신라무덤 연구」, 『경기도의 고고학』, 주류성출판사.

皇甫慶, 2008, 「漢江流域 신라 佛敎遺蹟의 현황과 특징」, 『新羅史學報』 12, 新羅史學會.

황보경, 2008, 「한강유역 신라 고분의 제의유구에 대한 성격」, 『先史와 古代』 29, 韓國古代學會.

황보경, 2008, 「한강유역 신라 성곽의 특징과 성격」, 『한민족연구』 6, 한민족학회.

황보경, 2009, 「경기지역 신라유적의 조사 및 연구성과와 과제」, 『경기도 문화유적 발굴조사의 회고와 전망』, 경기문화재연구원.

허미형, 2005, 「경기지역의 新羅系 평기와 小考」, 『畿甸考古』 5, 기전문화재연구원.

黃善榮, 1998, 「新羅 下代 金憲昌 亂의 性格」, 『釜山史學』 35, 釜山慶南史學會.

黃壽永, 1973, 「新羅 皇龍寺 九層木塔 刹柱本記와 그 舍利具」, 『東洋學』 3.

황수영, 1979, 『韓國의 美』, 圖69, 中央日報社.

山本孝文, 2002, 「南漢江 上流地域의 三國 領域變遷」, 『삼국의 접점을 찾아서』 제28회 한국 상고사학회 학술발표대회 요지문, 韓國上古史學會.

山本孝文, 2004,「한반도의 당식과대와 그 역사적 의의」,『嶺南考古學』34, 嶺南考古學會.
寺田正剛, 2005,「長崎縣地域における箱式石棺墓の樣相について」,『西海考古』第6号.

〈 보고서 〉

江原文化財硏究所, 2006,『旌善 古城里山城』.
建國大學校 博物館, 1994,『忠州 丹月洞 古墳群 發掘調査報告書』.
建國大學校 博物館, 1998,『서울 廣津區 峨嵯山 · 龍馬山地域 文化遺蹟 地表調査 報告書』.
겨레문화유산연구원, 2009,「하남 춘궁동 243번지내 유적 발굴조사 지도위원회의 자료」.
겨레문화유산연구원, 2009,「인천 계양산성 4차 발굴조사 지도위원회의 자료」.
京畿道博物館, 1999,『抱川 城洞里 마을遺蹟』.
京畿道博物館, 2002,『奉業寺』.
京畿道博物館, 2005,『高麗王室寺刹奉業寺』.
京畿道博物館, 2005,『龍仁 할미산성 試掘調査 報告書』.
경기도박물관, 2002,『한강』.
경희대학교 고고미술사연구소, 1992,『오두산성 I 』.
경희대부설 고고 · 미술사연구소 · 고려대학교 고고미술사학과 · 전북대학교 고고인류학과, 1992,『통일동산 및 자유로 개발지구 발굴조사 보고서』.
경희대학교 박물관, 1999,『여주 하거리 방미기골 고분』.

高麗大學校 考古環境研究所, 2007,『紅蓮峰 第1堡壘 發掘調査綜合報告書』.
관동대학교 박물관, 1994,『삼척 사직동 고분군 지표조사 보고서』· 삼척시.
구리시 · 구리문화원, 1994,『아차산의 역사와 문화유산』.
구의동보고서 간행위원회, 1997,『한강유역의 고구려요새-구의동유적 발굴조사 종합보고서』.
國立淸州博物館, 2002,『淸州 龍潭洞 古墳群 發掘調査報告書』.
畿甸文化財研究院, 2000,『驪州 上里 · 梅龍里 古墳群 精密地表調査報告書』.
畿甸文財研究院, 2000,『河南 校山洞 建物址 發掘調査 中間報告書(1999)』.
畿甸文化財研究院, 2001,『河南 校山洞 建物址 發掘調査 中間報告書Ⅱ(2000)』.
畿甸文化財研究院, 2002,『高達寺址』Ⅰ.
畿甸文化財研究院, 2002,『河南 校山洞 建物址 發掘調査 中間報告書Ⅲ(2001)』.
畿甸文化財研究院, 2004,『河南 校山洞 建物址 發掘調査 綜合報告書』.
畿甸文化財研究院, 2004,「오산 가수동 유적 2차 발굴조사 약보고서」.
畿甸文化財研究院, 2005,『龍仁 寶亭里 소실遺蹟 試 · 發掘調査 報告書』.
畿甸文化財研究院, 2005,『河南 德豊洞 수리골 遺蹟-시가지 우회도로확 · 포장공사구간내 시 · 발굴조사 보고서』.
기전문화재연구원, 2005,「성남~장호원 도로건설구간내(2공구) 문화유적 발굴조사 지도 위원회 회의자료」.
畿甸文化財研究院, 2006,「용인 삼막곡-연수원간 도로개설구간내 유적 발굴조사 약보고서」.
畿甸文化財研究院, 2006,「여주 우회도로 개설구간내 문화유적 시 · 발굴조사 2차 지도위원회의 자료」.

畿甸文化財硏究院, 2008, 『廣州 大雙嶺里 遺蹟』.

단국대학교 문과대학 사학과, 1996, 『포천 반월산성 1차 발굴조사보고서』.

단국대학교 중앙박물관, 1999, 『안성시의 역사와 문화유적』.

단국대학교 중앙박물관, 1999, 『이천 설봉산성 1차 발굴조사 보고서』.

단국대학교 매장문화재연구소, 2000, 『이천 설성산성 지표 · 시굴조사 보고서』.

단국대학교 매장문화재연구소, 2001, 『안양시의 역사와 문화유적』.

단국대학교 매장문화재연구소, 2001, 『파주 칠중성 지표조사 보고서』.

단국대학교 매장문화재연구소, 2001, 『이천 설봉산성 2차 발굴조사 보고서』.

단국대학교 매장문화재연구소, 2002, 『이천 설성산성 1차 발굴조사 보고서』.

단국대학교 매장문화재연구소, 2002, 『이천 태평흥국명마애보살좌상 주변지역 발굴조사 보고서』.

단국대학교 매장문화재연구소, 2002, 『안성 죽주산성 지표 및 발굴조사 보고서』.

단국대학교 매장문화재연구소, 2004, 『이천 설성산성 2 · 3차 발굴조사 보고서』.

단국대학교 매장문화재연구소, 2004, 『평택 서부 관방산성 시 · 발굴조사 보고서』.

단국대학교 매장문화재연구소, 2006, 『이천 설성산성 4차 발굴조사 보고서』.

단국대학교 매장문화재연구소, 2006, 『이천 설봉산성 4 · 5 · 6차 발굴조사 보고서』.

단국대학교 매장문화재연구소, 2006, 『안성 죽주산성 남벽 정비구간 발굴조사 보고서』.

단국대학교 매장문화재연구소, 2008, 『안성 죽주산성 동벽 정비구간 문화재 발굴조사 보고서』.

대구대학교 박물관, 1995, 『순흥 읍내리 벽화고분 발굴조사 보고서』.

明知大學校博物館 · 湖巖美術館, 1990, 『山本地區 文化遺蹟 發掘調查 報告書』.

명지대학교부설 한국건축문화연구소, 1998,『아차산성 실측 및 수습발굴 조사보고서』.
文化財管理局 文化財研究所, 1994,『順興 邑內里 古墳群 發掘調査報告書』.
文化財研究所, 1984,『皇龍寺遺蹟 發掘調査報告書』.
文化財研究所・翰林大學校 博物館, 1990,『楊州 大母山城發掘調査報告書』.
文化財研究所, 1991,『中原 樓岩里 古墳群 發掘調査報告書』.
文化財研究所, 1992,『中原 樓岩里 古墳群 發掘調査報告書』.
서울大學校博物館, 1990,『한우물 虎岩山城 및 蓮池發掘調査報告書』.
서울大學校博物館, 1990,『한우물-出土 遺物에 대한 考察』.
서울大學校博物館, 1991,『北漢山城 地表調査 報告書』.
서울大學校博物館, 1991,『幸州山城-整備復元을 위한 土城址 試掘調査報告書』.
서울대학교박물관, 2000,『아차산성 시굴조사보고서』.
서울대학교박물관, 2002,『서울대학교박물관 소장 명문기와』.
서울시립대학교 부설 서울학연구소・한신대학교 박물관, 2003,『서울소재 성곽조사 보고서』.
서울역사박물관, 2003,『서울 한강이남 문화유적 지표조사 보고서』.
서울역사박물관, 2005,『서울특별시 문화유적 지표조사 종합보고서』제Ⅰ~Ⅲ권.
鮮文大學校 考古研究所, 2001,『桂陽山一帶 文化遺蹟 地表調査 報告書』.
世宗研究院, 1996,『河南市 校山洞一帶 文化遺蹟』.
世宗大學校 博物館, 1999,『河南市의 歷史와 文化遺蹟』.
世宗大學校 博物館, 2001,『議政府市의 歷史와 文化遺蹟』.
世宗大學校 博物館, 2001,『儀旺市의 歷史와 文化遺蹟』.

세종대학교 박물관, 2002,『용인 수지빌라트 신축공사부지 문화유적 지표조사 보고서』.
세종대학교 박물관, 2002,『하남 물류창고부지 시굴조사 보고서』.
世宗大學校 博物館, 2003,『龍仁 麻北里-건물지유적 발굴조사 보고서』.
世宗大學校 博物館, 2004,『江東區의 歷史와 文化遺蹟』.
世宗大學校 博物館, 2004,『軍浦市의 歷史와 文化遺蹟』.
세종대학교 박물관, 2005,『河南 春宮洞-덕풍-감북간 도로확 · 포장공사 3 · 4차구간 시 · 발굴조사 보고서』.
世宗大學校 博物館, 2005,『河南市 文化遺蹟 分布地圖』.
세종대학교 박물관, 2006a,『하남 덕풍골 유적』.
세종대학교 박물관, 2006b,『하남 광암동 유적』.
세종대학교 박물관, 2006,『평택 도곡리 유적』.
세종대학교 박물관, 2006,『하남 춘궁동 건물지』
세종대학교 박물관, 2006,『하남지역 시굴조사 보고서』.
세종대학교 박물관, 2006,『의왕 모락산성 정밀지표조사보고서』.
세종대학교 박물관, 2007,『하남 덕풍골 유적Ⅱ』.
세종대학교 박물관, 2008,『하남 소규모 건축부지내 유적 발굴조사 보고서』
세종대학교 박물관, 2009,『하남 항동 133번지 유적 발굴조사 보고서』.
용인문화원 외, 2001,『용인의 불교유적』.
陸軍士官學校 陸軍博物館, 1994,『京畿道 坡州郡 軍事遺蹟 地表調査 報告書』.
陸軍士官學校 陸軍博物館, 1995,『京畿道 漣川郡 軍事遺蹟 地表調査 報告書』.
陸軍士官學校 陸軍博物館, 1998,『京畿道 金浦市 軍事遺蹟 地表調査 報告書』.
육군사관학교 육군박물관, 2003,『남양주시의 국방유적』.
육군사관학교 육군박물관, 2005,『경기도 양주시 군사유적 지표조사 보고서』.

육군사관학교 화랑대연구소 · 국방유적연구실, 2005, 『남양주 수석리토성 지표조사 보고서』.
圓光大學校 馬韓 · 百濟文化研究所, 1994, 『益山 帝釋寺址 試掘調査報告書』.
이화여대박물관, 1984, 『榮州 順興벽화고분 발굴조사보고서』.
仁川廣域市, 1997, 『桂陽山城 地表調査 報告書』.
인하대학교박물관, 1999, 『仁川地域 遺蹟 · 遺物 地名表(Ⅰ)』.
朝鮮總督府, 1916, 『朝鮮古蹟調査報告書』.
朝鮮總督府, 1917, 『大正五年古蹟調査報告書』.
朝鮮總督府, 1920, 『大正六年古蹟調査報告書』.
朝鮮總督府, 1942, 『朝鮮寶物古蹟調査資料』.
中原文化財研究院, 2004, 『聞慶 姑母山城 地表調査 報告書』.
중원문화재연구원, 2006, 『보은 삼년산성-발굴정비 기초설계 보고서』.
중원문화재연구원, 2006, 「문경 고모산성 2차 발굴조사 2차 현상설명회 자료」.
中原文化財研究院, 2006, 「聞慶 新峴里 古墳群 2次 發掘調査 現場說明會 資料」.
中原文化財研究院, 2007, 『聞慶 新峴里 古墳群Ⅰ』.
中原文化財研究院, 2007, 『南漢山城-암문(4) · 수구지 일대 발굴조사』.
忠北大學校 博物館, 1983, 『三年山城-추정연못터 및 수구지 발굴조사 보고서』.
忠北大學校 博物館, 1988, 『板橋-九里 · 新葛-半月間高速道路 文化遺蹟發掘調査報告書』.
忠北大學校 博物館, 1993, 『中原 樓岩里 古墳群』.
충북대학교 중원문화연구소, 1999, 『용인의 옛성터』.
忠北大學校 中原文化研究所, 1999, 『忠州山城 東門址 發掘調査 報告書』.
忠北大學校 中原文化研究所, 2001, 『三年山城-기본 자료 및 종합보존 · 정

비계획안』.
忠北大學校 中原文化研究所, 2001,『三年山城-基本資料 및 綜合保存·整備計劃案』.
忠北大學校 博物館, 2002,『清州 鳳鳴洞遺蹟(Ⅰ)-Ⅰ地區 調査報告』.
충청남도 역사문화원, 2004,「금산 백령산성 문화유적 발굴조사 현장설명회 자료」.
하남시사편찬위원회, 2001,『역사도시하남』.
한강문화재연구원, 2008,「은평 뉴타운 도시개발사업지구 3지구내 문화재 발굴조사 지도위원회」회의자료.
韓國敎員大學校 博物館, 1997,『新羅佛敎初傳地域 學術調査報告書』.
韓國文化財保護財團, 2001,『河南 天王寺址 試掘調査 報告書』.
韓國文化財保護財團, 2002,『河南 天王寺址 2次 試掘調査 報告書』.
한국보이스카웃연맹, 1989,『韓國의 城郭과 烽燧』上·下.
韓國精神文化硏究院, 1997,『京畿地域의 鄕土文化』(下).
한국토지공사 토지박물관, 1998,『양주군의 역사와 문화유적』.
한국토지공사 토지박물관, 1999,『고양시의 역사와 문화유적』.
한국토지공사 토지박물관, 1999,『남양주시의 역사와 문화유적』.
한국토지공사 토지박물관, 1999,『南漢山城 行宮址-試掘(發掘)調査報告書』.
한국토지공사 토지박물관, 2000,『南漢行宮址-第2次 發掘調査報告書』.
한국토지공사 토지박물관, 2001,『南漢行宮址-第3次 發掘調査報告書』.
한국토지공사 토지박물관, 2003,『南漢行宮址-第4?5次 發掘調査報告書』.
한국토지공사 토지박물관, 2003,『용인시의 역사와 문화유적』.
한국토지공사 토지박물관, 2006,『화성시의 역사와 문화유적』.
한국토지공사 토지박물관, 2006,「남한산성행궁지 8차 발굴조사 지도위원회의 자료」.
翰林大學 博物館, 1989,『驪州 梅龍里 용강골 古墳群Ⅱ 發掘報告書』.
翰林大學 博物館, 2001,『여주 상리 고분(94 · 97년도 발굴조사 보고서)』.
翰林大學校 博物館, 2002,『양주 대모산성-동문지 · 서문지』.
한백문화재연구원, 2008,『파주 오두산성 정밀지표조사 보고서』.
한백문화재연구원, 2008,「평택 자미산성 2차 발굴조사 지도위원회의 자료」.
한신大學校博物館, 2003,『龍仁 麻北里 寺址』.
한신大學校博物館, 2004,『龍仁 星福洞 統一新羅 窯址』.
漢陽大學校博物館, 1986,『南漢山城 地表調査報告書』.
漢陽大學校, 1987,『二聖山城』(一次發掘調査 中間報告書).
漢陽大學校, 1988,『二聖山城』(二次發掘調査 中間報告書).
漢陽大學校, 1991,『二聖山城』(三次發掘調査報告書).
漢陽大學校, 1992,『二聖山城』(四次發掘調査報告書).
漢陽大學校, 1998,『二聖山城』(五次發掘調査報告書).
한양대학교 문화재연구소, 2002,『부천 고강동 선사유적 제5차 발굴조사보고서』.
한양대학교 문화인류학과 · 호암미술관, 1993,『자유로 2단계 개설지역 문화유적 발굴조사 보고서』.
漢陽大學校博物館, 1995,『守安山城 地表調査 報告書』.
漢陽大學校博物館 · 文化人類學科, 1996,『富川 古康洞 先史遺蹟 發掘調査報告書』.
漢陽大學校博物館, 1998,『唐城-1次 發掘調査報告書』.
漢陽大學校 博物館, 1999,『大母山 文化遺蹟 試掘調査報告書』.
한양대학교박물관, 1999,『김포시의 역사와 문화유적』.
漢陽大學校博物館, 1999,『二聖山城-6次 發掘調査報告書』.
漢陽大學校博物館, 1999,『大母山 文化遺蹟 試掘調査報告書』.

漢陽大學校博物館/文化人類學科, 2000, 『富川 古康洞 先史遺蹟 第4次 發掘調査報告書』.
漢陽大學校博物館, 2000, 『二聖山城-7次 發掘調査報告書』.
漢陽大學校博物館, 2000, 『二聖山城-第8次 發掘調査報告書』.
漢陽大學校博物館, 2001, 『唐城-2次 發掘調査報告書』.
漢陽大學校博物館, 2002, 『二聖山城-9次 發掘調査報告書』.
漢陽大學校博物館, 2003, 『二聖山城-10次 發掘調査報告書』.
漢陽大學校博物館, 2003, 『守安山城 試掘調査 報告書』.
漢陽大學校博物館, 2005, 『파주 교하 택지개발지구 시 · 발굴조사 보고서』.
漢陽大學校博物館, 2006, 『二聖山城-11次 發掘調査報告書』.

〈 도록 〉

國立慶州博物館, 2000, 『新羅瓦塼』.
국립청주박물관, 2000, 『한국 고대의 문자와 기호유물』.
國立慶州博物館, 2002, 『文字로 본 新羅』.
국립춘천박물관, 2004, 『강원 고고학의 발자취』.
(사)한국대학박물관협회, 2005, 『새로운 역사의 발견자』.
전라북도 · 전북문화재연구원, 2003, 『전북지역 백제문화유산』.
通度寺聖寶博物館, 2000, 『佛舍利信仰과 그 莊嚴』.
하남시, 2003, 『이성산성 출토 유물집』.

<Abstract>

A study of Silla Culture

From after Silla people went into Hangang River basin and via period of Unified Silla, they had leaved a lot of relics and historic sites. Since Silla occupied Hangang River basin in 553, it leaved lots of relics and historic sites related to Buddhism, fortress walls, ancient tombs managing centering around Sinju(=the name of a region). Fortress walls were used well from mid 6th century to mid 7th century and played pivotal role in the war with Tang China. But after the latter part of 8th century their roles were weakened because deserted fortress walls were increased. As the character of fortress walls, first Silla's fortress and forts were stationed centering around geographical important traffic routes. And Silla's fortress and forts established a section of defense to protect the west part of Silla, Paju, Gimpo, Incheon as well as Hangang River and its tributaries. Second, to move large a force fast, most castles built below 300 meters above the sea level as Temoesik and Pogoksik fortress walls. Third, as the fortress form of Temoesik is much more than that of Pogoksik. Because it was the effects of the topography. Forth, Silla's fortress didn't have a fixed form, it was made with stones and its way was Hyeopcheuk, Pyeoncheuk and both of them. The reason was that the situation was in confusion and builders group might be prisoners or ordinary residents. Lastly, regardless of the form of fortress walls, fortresses had a gangway door like the Iseongsanseong, the Achasanseong, the Daemosanseong of Yangju. This form could be in a better position about defense than attack. Fortresses with reservoir facilities also had government office such as the Iseongsanseong, the Hoamsanseong, the Achasanseong etc.

Fortresses around Hangang River basin was built according to the then situation and played their role proper. In short, first Iseongsanseong was the government office of Sinju(=the name of region), and played an important role in controlling fortresses around Hangang River. Especially polygon buildings had symbols when it got over the difficulty and they were related to a religious service. In addition, Iseongsanseong was called as Namhansanseong at that time. Probably Hanam and Namhansanseong Area were called as Hansan or Namhansan. Second, Namhansanseong was responsible to keep Hangang River basin when it was at the war with Tang China. Third, Hoamsanseong, Gyeyangsanseong, Achasanseong, Dongseongsanseong, Gobongsanseong etc. were a government office as well as a key position of each area. Fourth, fortresses around Hangang River basin encountered political and economical difficulty after 8th century because of a civil war and a rebellion. So the number of discarded fortresses were increased. Consequently, started with Iseongsanseong, the many number of Silla's fortresses around Hangang River were built in northern and southern area. After defending the counterattack from Goguryeo and Baekje, Silla won the war with Tang China. And after mid 7th century, the fortress walls helped to stabilize the land of a conquest by having the function of a government office. But after 8th century because of each areas' rebellion and the disorder of a loyal family etc. the management of the mountain fortress wall was hard and the role of a mountain fortress wall was gradually losed.

Hangang River that see as archeology are becoming site as official seat of the king's government and capital until today via period of the Three Kingdoms and Joseon era.

Operation by rebellion and so on that happen confusion of royal family and each area after the mid-8th century tooth was felt constraint and lose functional diagram gradually. Tumulus Old tomb is data that show best Silla people's burial culture.

Special quality of tumulus is first, there is close connection with mountain fortress wall in the case of Hanam area's Gobun or Paju Beopheung-ri, the Seongdong-ri tumulus group, Achasanseong surrounding Gobuns in geographical surface of position.

Old tombs of most other area built preferring slope than normalcy department or trunk of the mountain. Third, in major axis of old tomb and two direction because that most old tombs put major axis for northeastward or the north, northwest as is orthogonal with contour line excepting Paju Seongdong-ri Gobun by whole half degree confirm .

Private message outline that is not involved with or geomantic system geography historically of relation is understood by thing which major axis according to selection of location and two directions were decided with these direction and contour line. Fourth, build wall after have dug 1/3 of wall or 1/2 degree in structural aspect, and Tomb passage dug 10~40cm extensively than wall and there are much that build wall vertically.

Six century length ratio thing between 1:51:1~2.00:1 47.8% occupy, and Hangang River south area appeared by 1.59:1 in case of length weight stone chamber quantity to be grave, and was construed by 2.63:1 to be Seokgwangmyo tomb. While these ratio is common Hanam or toleration area that large scale Gobun ranges, Bucheon Gogang-dong or Gunpo Sanbon-dong's Seokgwangmyo showed crosspiece on an A-frame ratio than mean value. Sixth, Hoenghyeolsik of stone chamber quantity built much than width old style, but position of entrance was different, and Seokgwangmyo dominates ratio that width old style is much excellently than blood transfusion.

Is assumed that is because this did not secure Jeonghyeongseong between article by article group. Hoseok is provided more to Seokgwangmyo than stone chamber quantity and practicality that earth prevents to fall than formal side emphasized.

As a result, when Paju Beopheung-ri of Hangang River north area and Seongdong-ri old tomb see as relation with article by article method or contour line, as well as article by article group is different, it confirmed that had different special quality. And aspect that Hanam and toleration area's Gobun are similar mutually among Hangang River south area scrounged, but Gobun of Bucheon Gogang-dong or Gunpo Sanbon-dong had much these area and different point. Only, it grasped by alliance that article by article group of Bucheon Gogang-dong, toleration disappearance, Hanam Deokpunggol that Ryukyu that did my action scrounges held memorial service about nature deitys.

Silla old tomb of Hangang River basin of personality of old tomb is begun to build since the mid-6th century, it is 8th century Jeonbankkaji since 7th century the center time. Paju Seongdong-ri Gobun Odusanseong and Hanam Deokpunggol Gobun during reason acidity, old tomb crowd revision state of toleration area and disappearance late minute military old woman acidity and close relation be .

And when see as geographical position of these old tombs, it is truth that there are northing respect for the old and connection of Silla.

But, area that come deep from main intercommunication such as wealth heaven and earth station or Gunpo area is thought that is built at stabilization step than Hangang River basin occupation process because is built being early at 7th century after this or early 8th century.

Silla that accomplish three countries coordination consecrates insistence and put in good order Jeseongs of Hangang River basin, and score victory in sex battle the result every second for last decisive battle with party. Because do this jealousy to before and behind, Silla people settled piecemeal in Hangang River basin and their culture began to drop radices. But, did Silla society by plot of seditious that happen frequently in Wanggyeong since the mid-8th century and rebellion that happen in fat to get wrapped up in confusion rapidly, and Hansanju did not escape in the effect. Finally, fortresses of inactivity general purport part political, abolished department was increased gradually being faced in economical difficulty. But, because Buddhist temples increase more, Buddhist temple for propagandism is founded to each area, and accordingly evening glow inheritances vigorously be made up and burn flower of Buddhist civilization .

If arrive in early 10th century, powerful families are run rampant in area except Wanggyeong, powerful family which is Wang Gyu in Hansanju is conspired with king agenda because grow laying stress on Hanam area that have despising laugh. Wang Gyu was not Silla person, but developed new culture through surveillance and furtherance of evening glow inheritance with Silla culture that remain to be built-in, and Hanam area was center to culture in Hangang River basin for consideration era. Including Hanam area hereafter, research about Silla culture expects to become more lively if data for Silla relics and inheritance that is left in Hangang River basin is accumulated more.

Since possessing Hangang River, Silla had leaved cultural heritage for posterity. Among them, building of temples and monuments had a grounding in developing better Buddhist culture.

This thesis was focused on the characters and management time of each relics through Silla people's Buddhist relics after comparing and examining literature on the basis of archeological specimens.

The geographical distribution of temples was concentrated in northern Seoul centering around Hangang River, Hanam, Yongin. The reason why it is divided in three areas is that these areas are important in both military and administration since Silla moved to Hangang River basin in mid-6th century. At the same time, these areas played an important role as a cultural part. The locations of temples were on the flatland such as Janguisaji, Cheonwangsaji, Jungchosaji, etc. Most other temples were in the mountains. Like this according to the changes of the times, the locations of temples were first on the flatland, then they moved to the mountains. It's because of the relation of the mountain. Also, these conditions meaned the different structure of a city after Silla officially recognized Buddhism. But we thought carefully the special characteristics that meaned some temples around Hangang River had Three Kingdoms' characteristics(Silla, Goguryeo, Baekje).

Establishment and management time of the temples were examined by literature on the basis of archeological specimens. Especially, it compared a Simchoseok's structure and form in Moktapji of Cheonwangsaji with Simchoseok's structure and form in Moktapji of Silla and Baekje. And it is known about feature's sculpture of the time by astone relics. Examined this data, when Silla took Hangang River from a mid-6th till 10th century, it divided change-aspect that building a stone relics and managed a Buddhist temple into three time.

〈中文抄錄〉

新羅 文化 研究

新羅人開始進入漢江流域是在6世紀中期以后，此后經過統一新羅時期，遺留了丰富的文化遺産。本書以現在已經調查的考古資料爲基础，通過与文獻資料的比較，了解新羅人留下的遺迹与遺物，同時考察各遺址的特征及性格。

553年，新羅占有漢江流域之后，以新州爲中心經營，在很多地方留有諸多城郭、墓葬及与佛教有關的遺存。先考察以試掘和發掘的城爲中心的城郭的分布狀況与构造特征，同時通過筑造主体与利用時間，而推測各城郭的功能。6世紀中叶開始至三國統一的7世紀中叶爲止，城郭的利用率最高，且与“唐”的戰爭中發揮重要作用。但8世紀后期開始，因受到王室和貴族間的斗爭及各地區發生的叛亂等余波的影響，廢城的數量增多且其功能也逐漸削弱。

漢江流域的城郭是根据当時的形勢而筑造，而且充分体現了其功能。總結新羅城郭性質大致如下。

一、二圣山城作爲新州的治所，具有指揮漢江流域城郭的重要功能。尤其，根据發現的多角形建筑址和鐵馬鐙与祭祀有關遺物，這些應該与新羅人對天神及山神的崇拜有密切關系。而且我們知道目前的河南地區与南漢山城一帶，曾經在广大范圍內存在被称作漢山或南漢山的地名。

二、与“唐”之爭中，南漢山城起到最重要的作用，成爲漢江流域重要的防御線，而且在統一以后仍然是漢山州管內的重要城郭。

三、虎巖山城、桂陽山城、峨嵯山城、東城山城及古鳳山城等山城也不僅爲各地區的戰略据点，而且兼有治所的功能。

四、8世紀中叶爲分期点，由于不斷地發生內亂和叛亂，漢江流域的城郭面臨政治、經濟的危机，因此被廢弃的現象逐漸增多。

總之，6世紀中叶，漢江流域的新羅城以二圣山城開始，在漢江以北及以南地區筑造或改筑較多城郭，新羅成功防御高句麗和百濟的反擊之后也戰胜“唐”。7世紀中期以后，作爲治所對穩定被征服地方面有較大貢獻。但8世紀中期以后，由于王室的混亂及各地區所發生地叛亂等原因，難以維系且逐漸喪失其功能。

墓葬爲最能顯現新羅人埋藏文化的資料。由于沒有足够的發掘資料，難以闡釋其整体結构，但根据分布情況及結构特征可以了解筑造方法的几种類型。石室墓与石椁墓有多种形式，根据隨葬品的差异，認識到其筑造時期及集團也應該不同。而且通過与周邊地區調查的墓葬比較，對于石室墓的接受及傳播路線提供線索。

先考察新羅墓葬的性格，漢江流域的新羅墓葬始筑于6世紀中叶，7世紀至8世紀前期爲其中心年代。特別河南德風谷墓葬的筑造時期爲6世紀后期至8世紀前期，其筑造時間較長，龍仁地區墓葬的中心年代爲6世紀后期至7世紀中期。上述兩地區墓葬爲二圣山城与新州、漢山州時期有密切關系的公共墓區。認爲龍仁宝亭洞墓群是以現在的器興區麻北洞与彦南洞爲中心的古代城市的公共墓區。而且根据墓葬的地理位置來看，与新羅的北進途徑有關。

寺廟与寺廟址比較多，但由于缺乏正式發掘調査以及搶救性的發掘調査，很難确認其創建及重建年代。佛教遺址集中分布于首爾、河南及龍仁地區，說明与城郭、墓葬的分布范圍大体相似，其經營時期從三國時代一直延續至高麗時代。尤其是以河南地區爲中心發展的佛教文化，一直到朝鮮時代有深遠的影響。

漢江流域寺廟与石造遺物的特征爲，

第一、河南爲新州及漢山州的中心地區，隨着其都市形成自然成爲寺廟与石雕遺物的集中分布地。河南地區爲漢江流域的政治、文化中心，建筑址等遺迹証明其地區居住過相当多的人口。龍仁地區的佛教遺址分布零散，這不同于河南地區，因此可知其建造是爲傳教而不是軍事或政治爲目的的。首爾地區寺廟的創建時期爲7世紀中期，由此認爲寺廟創建于新羅人開始入住的時期。

第二、根据寺廟的創建背景及特征，可知葬儀社址爲祈求冥福的地方，而天王寺址爲与新州和漢山州的治所有關且爲有政治目的的中心寺廟。發現于天王寺址的深础石爲确定木塔存在的決定性遺物。

第三、摩崖佛与藥師佛類受到從8世紀后期至9世紀流行的藥師信仰的影響，石塔的風格也爲9世紀后期的樣式，因此漢江流域流行新羅石造遺物的年代應爲8世紀。由于 天王寺址爲中心的河南位于中心地區，漢江流域的寺廟或石造遺物由此向周邊地區擴散。木塔的建立与慶州地區木塔建造有密切關聯，相当于統一戰爭爆發的時期。認爲摩崖佛与藥師佛是行的藥師信仰及建造的影響而形受到社會流成。

最近，漢江流域或京畿道地區發掘不少建筑址及居住遺址，積累越來越多有關新羅遺址与遺物的資料。如果刊行有關報告或有更多研究者參与此項工作的話，新羅文化的研究應該能有更好的發展。

〈日文抄錄〉

新羅 文化 研究

新羅人は、漢江流域に進出した、6世紀の半ば以降から、統一新羅時代を経ちながら、沢山の遺跡と遺物を残した。この本は、今まで調査された考古学の資料に基づいて、文献資料と比較·検討して、新羅人の遺跡と遺物を探るのと同時に、各の遺跡の特徵及び性格などについて調べた。

新羅は553年、漢江流域を占有した以降、新州を中心として経営しながら、沢山の城郭と古墳、仏教関連の遺跡と遺物を各所に残したが、城郭は試掘·発掘調査された城を中心に分布様相と構造的に特徵を調べたし、6世紀の半ばから三国が統一される7世紀の半ばまでその活用度が一番高かったし、唐との戦争過程にも、中枢的な役割を遂行した。しかし、8世紀後半からは王室と貴族の間の争い、各地で起った反乱などの余波によって、廃城が増えてきたし、その機能も弱くなって行った。

城郭の性格は、漢江流域の城は、当時の情勢により、築城され、その役割も又、十分に担当した。それを幾つかに要約をすると、第一、二聖山城が新州の政治の中心地だし、漢江流域の城を指揮する、重大な役割を遂行した事である。特に多角型の建物地と鉄製の馬などの遺物は祭祀と関わるもので、新羅人か保有した、天神及び山神崇拝と密接な関わりがあると思われる。尚、現在の河南地域と南漢山城の一帯が、広い範囲での漢山、もしくは、南漢山と呼ばれたのがわかる。

第二、南漢山城は、唐との戦争を行う事で最も中枢的な役割を担当したし、統一以降には漢山州の政治の中要地になったと推定される。

第三、虎巖山城と桂陽山城、峨嵯(阿且)山城、童城山城、高峰山城なども各地域の拠点だけではなく、政治の中心地の機能も兼ねた城である事がわかる。第四、漢江流域の城は、8世紀の半ばを起点とし、内乱と反乱などにより、運営にとって、政治·経済的な難関に直面するようになり、廃棄される城がだんだん増えて行った。

結論的に、漢江流域の新羅城は、6世紀の半ば、二聖山城をはじめ、漢江以北と以南地域に沢山の城が築城されるか、増築·改築され、高句麗と百済からの、反撃を防御した後、唐との戦争にも勝つ。尚、7世紀の半ばの以降には、政治の中心地としての機能も担当して、征服地について、安静化を目論むのに寄与する事となる。しかし、8世紀の半ばの以降には、王室の困難と、各地域に起る反乱により、その運営が難しくなるし、機能もだんだん喪失して行くようになる。

古墳は新羅人の埋葬文化を一番見せてくれる資料である。もしそうであっても沢山の数の古墳が発掘できず、構造的な定型性を明らかにする事は難しかったが、分布様相と構造的な特徴を通じて、築造方法のさまざまな類型を把握する事ができた。特に、石室墳と石槨墓は、多彩な構造を見せるのと共に、副装品での違いに映せば、それに従う築造時期と集団も違うという事がわかった。尚、周辺地域で調査された古墳との比較をを通じて、石室墳の収容の問題についても、地方への拡散経路の糸口を提供してくれている。

古墳の性格は、漢江流域の新羅古墳が6世紀の半ばから築造され始まるが、その中心の時期は、7世紀から8世紀の前半までである。特に河南の徳豊ゴル古墳は、6世紀の中半から8世紀の前半まで、比較的に長い期間、築造された事が確認されたし、龍仁地域の古墳も6世紀の後半から7世紀の半ばまでを、その中心時期としている。この二つの地域の古墳は、二聖山城と新州、漢山州の時期に密接な関連がある共同墓域で、龍仁の寶亭洞·キシル古墳群は、現在の器興區痲北洞と彦南洞を中心として、ある古代都市の墓域だと思われる。尚、この古墳の地理的位置から考えると、新羅の北進経路と関連があるという事実である。

お寺と寺址は、多くあると把握されたが、学術調査が足りなく、創建、重創の時期を明らかにするのに限界があった。しかし、仏教遺跡は、大きくソウルと河南、龍仁地域に集中しており、それは、すなわち、城郭と古墳の分布範囲が、大きく違いはないという事がわかり、経営時期も、三国時代から統一新羅時代を経て、高麗時代までその影響が至ったという事がわかった。特に、河南地域を中心として繁盛した仏教文化は、朝鮮時代までも根強く残るようになった。

漢江流域のお寺と石造遺物の特性は、第一、河南地域に新州と漢山州の中心だったので、それによる都市の形成と共に、自然にお寺と石造遺物が密集するようになった。特に河南地域が、政治的にも文化的にも、漢江流域の中でも中心地であったし、それに比例した人口が居住したのは、建物址などの遺跡が裏付けてくれている。龍仁地域の仏教遺跡は、河南地域みたいに、密集されず、散在されているので、軍事的、もしくは、政治的な目的というより、布教の為の目的から創建されたと見える。ソウル地域もお寺が散在しておりながら、創建の時期が7世紀の半ば以降という事を見れば、新羅人が本格的に居住し始める時期に、お寺の創建が成り立った事がわかる。

第二、お寺の創建背景と特性について、荘義寺址は冥福を祈る為のところで、天王寺址は、新州と漢山州の政治の中心地と関連して、政治的な目的を持つお寺としての役割を担当したと思われる。尚、天王寺址で発見された心礎石は、木塔の存在を教えてくれる決定的な遺物である。

第三、摩崖仏と薬師仏類は、8世紀の後半から9世紀の間に、流行った薬師信仰と造成の影響を受けたし、石塔も9世紀の後半の様式に従っているので、漢江流域に新羅の石造遺物が本格的に造成されたのは、8世紀代だと見る事ができる。

結局、漢江流域のお寺や石造遺物は、天王寺址·桐寺址を中心とした河南地域がその中心になり、周辺地域に影響を及ぼした。特に、木塔の建立は、慶州地域(皇龍寺址·四天王寺址)の木塔の造成と密接な関連性があり、これは統一戦争が起る時期に該当する。尚、摩崖仏と薬師仏は、社会的に流行った薬師信仰と造成の影響を受けたのである。

最近にも、河南地域を含め、漢江流域とか京畿道地域では、建物址か住居遺跡が少なくなく発掘され、新羅遺跡と遺物について、資料がより多く蓄積されている。従って、それに関する報告書が刊行され、分野別の研究者が興味を持つようになると、新羅文化に関する研究が、もっと活発すると期待をする。

〈 사진 차례 〉

〈 표 차례 〉

책을 마치며…

필자가 신라에 대해 관심을 갖기 시작한 것은 1995년 봄부터였다. 당시 대학원에 처음 입학하여 첫 조사지역이자 지금까지도 경기도 하남시 지역은 내게 있어 학문 세계의 보고(寶庫)라고 할 수 있을 만큼 수 많은 유적과 유물을 안겨주었다. 특히 천왕사지(天王寺址)와 교산동 건물지, 금암산 고분군, 덕풍골 · 광암동 유적 등을 접했을 때는 적지 않은 희열을 느끼기도 했으며 앞으로도 많은 숙제를 남겨준 유적지라고 생각된다.

그렇게 시작한 하남지역에 대한 조사는 점차 주변지역으로 넓혀졌고, 그 과정에서 발견된 유적과 유물은 필자로 하여금 6세기 신라와 백제, 고구려와의 관계에 대해 관심을 갖게 만들었다. 결국 석사학위 논문은 하남에서 조사된 유적과 유물을 중심으로 신라의 한강 유역 점유과정에 대해 썼고, 박사학위 또한 하남지역을 포함한 한강 유역에서 조사된 신라 유적과 유물을 바탕으로 『고고학적으로 본 한강 유역 신라 문화의 성립과 발전 연구』를 쓰게 되었다. 아마도 이쯤되면 하남과 한강 유역은 필자와 깊은 인연이라 해도 과언은 아닐 것이다.

이 책은 필자가 지난 2007년에 쓴 박사학위논문을 정리하고, 몇가지 자료를 추가한 결과물이다. 비록 최근에 조사된 발굴자료까지는 분석하지 못하였지만, 한강 유역에서 발굴된 신라 유적과 유물을 정리하였다는데 작은 의미가 있다고 여겨진다. 앞으로도 필자는 이 책을 기반으로 신라를 비롯한 백제, 고구려 관련 유적과 유물, 연구된 자료를 바탕으로 더욱 노력하는 한 연구자가 되고자 한다. 아울러 필자가 이제까지 학업을 할 수 있도록 양으로나 음으로 도와주신 분들에게 감사의 인사를 드리는 것으로 마무리 하고자 한다.

고고학이란 학문을 필자가 처음 접하게 된 것은 학부시절 전영래 교수님으로부터 강의를 듣고 조사를 다니면서부터이다. 단순히 역사라는 과목에 관심이 많았던 필자에게 본격적으로 고고학을 공부하는데 있어서의 철학과 방법 그리고 힘듦과 외로움도 말씀해 주셨던 기억이 지금도 생생하다. 또한 윤무병 교수님과 김선기, 김정희, 최순택, 최완규 교수님들께서도 철없고 무지했던 필자를 남다른 애정으로 지도해 주셨으며, 학부 4학년 당시 군산 노래섬 발굴현장에서 이신효, 김종문 선생님을 비롯한 여러 선후배님과 함께 한 시간이 이제는 추억이 되었다.

본격적으로 대학원을 다니면서 현장에서의 조사와 연구를 함께 해 주시고, 매번 거친 글을 다듬고 자료 정리를 하는데 많은 조언을 주신 하문식 교수님과 백종오 교수님 그리고 신숙정 원장님, 김성태 실장님, 박준범, 김병희, 김웅신, 강찬석, 김종규 선생님 등을 비롯한 주변에서 크고 작은 도움을 주신 여러 선후배님들께도 이 자리를 빌어 고개 숙여 인사를 드린다. 그리고 이 책에 담겨진 유적과 유물을 조사하는데, 한 때나마 고행을 함께한 오창헌 선배와 최창만, 이경준, 유용수, 이상규, 최민정, 김진환, 문창희 등 많은 후배들의 도움이 있었다. 또 영문과 일문, 중문초록을 맡아 준 이종수 선생님을 비롯한 오대양, 이지혜, 복경담 후배님과 책이 나오기까지 여건모와 김재은도 옆에서 여러 모로 챙겨준 것에 대해 고마움을 전한다. 더불어 고고미술사학이라는 학과를 선택하도록 도와주신 김홍섭 선생님과 문재봉 선생님께도 어린 시절 적지 않은 은혜를 입었다. 그리고 석사 논문과 박사 논문을 잘 쓰도록 가르침을 주신 이상현, 최정필, 오성 교수님께 감사드리고, 특히 박사 논문 심사를 맡아주신 조유전 원장님과 배기동 교수님께도 감사의 인사를 올린다.

이제까지도 정신 없이 살아 오면서 제대로 효도 한번 못했지만, 내색 하지 않으셨던 부모님과 장모님, 결혼한 이후 매일같이 늦게 들어갔어도 탓하지 않고 남편을 뒷바라지 해 준 아내 조경원, 아들 상연 그리고 겨울에 태어날 둘째에게 고마움과 미안함을 이 책으로 나마 대신 하고 싶다.

끝으로 이 책이 잘 나올 수 있도록 배려해 주신 주류성의 최병식 사장님과 이준 이사님께 감사의 인사를 드린다.

책을 마치면서 필자는 고고학이란 학문의 깊이와 철학이 많이 부족함을 느끼며 앞으로도 할 수만 있다면 최선을 다하는 한 사람의 연구자가 되고자 한다.

2009년 10월 저자 씀.

부록 : 삼국 ~ 남북국시대 연표

기원전 57	신 라	혁거세 즉위, 국호 서라벌(徐羅伐)
기원전 37(혁거세 21)	신 라	경성(京城)을 축조하고, 금성(金城)이라 함
	고구려	주몽이 졸본부여에서 즉위
기원전 32(혁거세 26)	신 라	금성에 궁실을 지음
	고구려	행인국(荇仁國) 정복
기원전 18(혁거세 40)	고구려	백제 시조 온조가 즉위함
	백 제	온조가 위례성에서 즉위
기원전 11(혁거세 47)	백 제	말갈이 위례성 포위
기원전 8(혁거세 50)	백 제	독산(禿山), 구천(狗川)에 목책 세움
기원전 5(혁거세 53)	백 제	한성(漢城) 천도
3(혁거세 60)	고구려	도읍을 국내(國內)로 옮기고, 위나암성을 축성
4(남해왕 1)	신 라	낙랑 군사가 금성을 포위
8(남해왕 5)	백 제	마한을 멸하고 통합함
13(남해왕 10)	고구려	부여가 침략
	백 제	국내 민호를 남북부로 나눔
14(남해왕 11)	고구려	양맥(梁貊) 정벌, 한(漢) 고구려현 습취
15(남해왕 12)	백 제	동서부를 더 둠
22(남해왕 19)	고구려	부여 공격하여 대소(帶素)왕을 죽임
	백 제	술천(述川), 부현(斧峴)성에 말갈이 침략
28(유리왕 5)	고구려	후한이 요동에 침략
36(유리왕 13)	신 라	낙랑이 북변의 타산성(朶山城)을 함락
37(유리왕 14)	고구려	낙랑 정벌
42(유리왕 19)	가 야	가락국 수로왕 즉위
49(유리왕 26)	고구려	후한의 침략을 격퇴하고 요하를 장악함
56(유리왕 33)	고구려	동옥저 정벌
	백 제	우곡성(牛谷城) 축성
64(탈해왕 8)	신 라	백제가 8월에 와산성(蛙山城), 10월에 구양성(狗壤城)을 치므로 군사를 내어 쫓음
	백 제	와산성과 구양성 공격
75(탈해왕 19)	신 라	백제가 와산성을 뺏음
	백 제	와산성 함락
76(탈해왕 20)	신 라	와산성을 뺏고, 2백여 인을 죽임
	백 제	와산성을 뺏김

77(탈해왕 21)	신 라	가야군과 황산진구에서 싸움
85(파사왕 6)	신 라	백제가 변경을 침범
94(파사왕 15)	신 라	가야가 마두성(馬頭城)을 포위하여 물리침
101(파사왕 22)	신 라	2월에 월성(月城)을 축성, 7월에 옮김
106(파사왕 27)	신 라	마두성주에 명하여 가야를 공격함
108(파사왕 29)	신 라	비지(比只) · 다벌(多伐) · 초팔국(草八國) 병합
	백 제	말갈이 우곡(牛谷) 침략
115(지마왕 4)	신 라	가야가 남변을 침략
116(지마왕 5)	신 라	가야를 침략
118(지마왕 7)	고구려	현도군의 화려성(華麗城) 공격
125(지마왕 14)	신 라	말갈이 북경에 대침
132(지마왕 21)	백 제	북한산성 축성
146(일성왕 13)	신 라	압독(押督)이 반하여 평정함
	고구려	서안평 공격, 대방현령 살해
156(아달라왕 3)	신 라	계립령로를 개통함
158(아달라왕 5)	신 라	죽령로를 개통함
167(아달라왕 14)	신 라	7월 백제가 2개 성을 공격함, 8월 백제에 반격하여 이김
	백 제	신라왕과 2만 군사가 한수(漢水)까지 침략함
170(아달라왕 17)	신 라	백제가 변경을 침략
172(아달라왕 19)	고구려	후한 침략군을 좌원(坐原)에서 물리침
185(벌휴왕 2)	고구려	소문국(召文國)을 공격
188(벌휴왕 5)	고구려	백제가 모산성(母山城)을 공격
	백 제	궁실을 중수하고, 신라 모산성 공격
189(벌휴왕 6)	신 라	백제와 구양(狗壤)에서 싸워 이김
190(벌휴왕 7)	신 라	백제가 침략
198(내해왕 3)	고구려	환도성 축성
199(내해왕 4)	신 라	백제가 침략
203(내해왕 8)	신 라	말갈이 침략
206(내해왕 11)	중 국	공손강이 대방군 설치
208(내해왕 13)	신 라	왜가 침략
209(내해왕 14)	신 라	가야를 구원함
	고구려	국내성에서 환도성으로 옮김
214(내해왕 19)	고구려	백제가 요차성(腰車城) 공격, 백제의 사현성(沙峴城) 공격

	백 제	9월 말갈의 석문성(石門城) 함락, 10월 말갈이 술천 침략
222(내해왕 27)	신 라	백제가 우두주에 침입
	백 제	신라 우두진에 침략
224(내해왕 29)	신 라	7월 백제와 봉산하에서 싸움, 8월 봉산성(烽山城) 축성
	백 제	신라가 봉산에 침략
231(조분왕 2)	신 라	감문국(甘文國) 쳐 군(郡)으로 삼음
232(조분왕 3)	신 라	왜가 금성을 포위
236(조분왕 7)	신 라	골벌국(骨伐國)이 항복
242(조분왕 13)	고구려	서안평 공격
244(조분왕 15)	고구려	위 관구검 침략, 환도성 함락
245(조분왕 16)	신 라	고구려가 북변 침략
	고구려	위, 낙랑, 대방이 고구려 침략
	백 제	낙랑 변민을 빼었다가 돌려보냄
248(첨해왕 2)	신 라	고구려와 화친 맺음
255(첨해왕 9)	신 라	백제가 봉산성 공격
259(첨해왕 13)	고구려	위(魏)가 침략
260(첨해왕 14)	백 제	관위 16품을 정하고, 공복제정, 율령반포
261(첨해왕 15)	신 라	백제의 화친 요구를 거절
	백 제	신라에 화친 청함
266(미추왕 5)	신 라	백제가 봉산성 공격
	백 제	신라 봉산성 공격
272(미추왕 11)	신 라	백제가 변경 침략
278(미추왕 17)	신 라	백제가 귀곡성 공격
	백 제	신라 귀곡성 공격
283(미추왕 22)	신 라	백제가 귀곡성 공격
	백 제	신라 변경 공격
286(유례왕 3)	신 라	백제가 화친을 청함
	백 제	위례성 수즙(修葺), 아단성(阿旦城) · 사성(蛇城) 수리
292(유례왕 9)	신 라	왜가 사도성(沙道城)을 공격
293(유례왕 10)	신 라	사도성 개축
	고구려	선비족 침략
294(유례왕 11)	신 라	왜가 장봉성(長峯城) 공격
296(유례왕 13)	고구려	선비족 격퇴

297(유례왕 14)	신 라	이서고국(伊西古國)이 금성 침략
298(기림왕 1)	백 제	한(낙랑)이 침략
302(기림왕 5)	고구려	현도군 공격
304(기림왕 7)	백 제	낙랑 서쪽 현을 공취, 분서왕 낙랑 자객에게 피살
311(흘해왕 2)	고구려	서안평 함락
313(흘해왕 4)	고구려	낙랑군 멸망시킴
337(흘해왕 28)	신 라	백제에 사신을 보냄
339(흘해왕 30)	고구려	연(燕) 모용황이 침략
344(흘해왕 35)	신 라	왜가 혼인을 요구함
345(흘해왕 36)	고구려	연이 남소성(南蘇城)을 함락
366(내물왕 11)	신 라	백제가 내빙(來聘)
368(내물왕 13)	신 라	백제 사신이 옴
371(내물왕 16)	고구려	고국원왕 백제와 전투후 전사
	백 제	고구려 평양성 공격, 고국원왕 전사, 한산(漢山)으로 도읍을 옮김
372(내물왕 17)	고구려	전진(前秦)으로부터 불교전래, 태학 설치
373(내물왕 18)	신 라	백제 독산성 주가 투항해 옴
	고구려	율령 반포
	백 제	진(晋)에 사신 파견, 청목령(青木嶺) 축성, 독산성 주 신라로 투항
375(내물왕 20)	고구려	2월 초문사(肖門寺) · 이불란사(伊弗蘭寺) 창건, 7월 백제 수곡성 공격
	백 제	고흥 『書記』 편찬, 고구려가 수곡성 함락
377(내물왕 22)	고구려	10월 백제가 평양성 공격, 11월 백제 공격, 전진에 사신 파견
	백 제	10월 고구려 평양성 공격, 11월 고구려가 침략
381(내물왕 26)	신 라	고구려와 함께 위두(衛頭)를 전진(前秦)에 보냄
384(내물왕 29)	백 제	동진(東晋)으로부터 불교 전래
385(내물왕 30)	고구려	6월 요동 · 현도군 함락, 11월 연이 요동 · 현도군 회복
386(내물왕 31)	고구려	백제를 침략
	백 제	청목령~팔곤성~서해로 이어지는 장성(長城) 축조
389(내물왕 34)	고구려	백제가 남변 침략
	백 제	고구려 남부지역 침략
390(내물왕 35)	고구려	백제가 도압(곤)성 함락
	백 제	고구려 도곤(압)성(都坤(押)城) 함락
391(내물왕 36)	백 제	말갈이 적현성(赤峴城) 함락
392(내물왕 37)	신 라	고구려에 실성(實聖)을 볼모로 보냄(401년 귀환)

	고구려	7월 백제 10여 성 함락, 9월 계단(契丹) 공격, 10월 백제 관미성(關彌城) 함락
	백 제	7월 고구려군이 북변을 공격하여 석현 등 10여성 함락, 10월 고구려가 관미성 함락
393(내물왕 38)	신 라	왜가 금성을 공격
	고구려	백제가 남변 침략, 평양에 9개 사찰 창건
	백 제	관미성 공격하였으나 패함
394(내물왕 39)	고구려	백제가 침략
	백 제	고구려와 수곡성 아래에서 싸움
395(내물왕 40)	신 라	말갈이 북변을 침략
	고구려	백제와 패수에서 싸워 승리
	백 제	패수에서 고구려와 싸워 패함
396(내물왕 41)	고구려	백제 58성 함락(광개토왕 6)
397(내물왕 42)	백 제	왜와 우호를 맺음, 태자 전지(腆支) 보냄
399(내물왕 44)	신 라	왜가 침략, 고구려에 구원 요청
400(내물왕 45)	고구려	후연에 사신 파견, 후연이 신성 · 남소 2개 성을 함락, 신라에 5만을 파병하여 왜를 격퇴함
402(실성왕 1)	신 라	왜국와 우호관계를 맺고, 미사흔(未斯欣)을 볼모로 보냄(418년 귀환)
	고구려	후연 숙군성(宿軍城) 공격
403(실성왕 2)	신 라	백제가 변방을 침략
404(실성왕 3)	고구려	후연 공격, 왜구 격퇴
406(실성왕 5)	고구려	후연을 본저성(本底城)에서 격퇴
407(실성왕 6)	신 라	왜가 침략
	고구려	궁궐 중수
410(실성왕 9)	고구려	동부여의 64성 공파
412(실성왕 11)	신 라	복호(卜好)를 고구려에 볼모로 보냄(418년 귀환)
424(눌지왕 8)	신 라	고구려에 사신 파견
	고구려	신라 사신 방문
427(눌지왕 11)	고구려	평양으로 천도(장수왕 15)
433(눌지왕 17)	신 라	나제동맹
450(눌지왕 34)	신 라	하슬라의 성주가 고구려 변방 장수를 죽임
454(눌지왕 38)	신 라	고구려가 북변을 침략
	고구려	신라 북변 침략

455(눌지왕 39)	신 라	고구려가 백제를 침범하자 신라가 구원함
	고구려	송(宋)에 사신 파견
459(자비왕 2)	신 라	왜가 월성(月城)을 침략
462(자비왕 5)	신 라	왜가 활개성(活開城) 침략
	고구려	위(魏)에 사신 파견
463(자비왕 6)	신 라	왜가 삽량성(歃良城) 침략
468(자비왕 11)	신 라	고구려와 말갈이 실직성(悉直城) 침략
	고구려	말갈과 함께 신라 실직주성 함락
470(자비왕 13)	신 라	삼년산성(三年山城) 축성
	고구려	위에 사신 파견
474(자비왕 17)	신 라	일모(一牟)·사시(沙尸) 등 6개성 축성
	고구려	위와 송에 사신 파견
475(자비왕 18)	신 라	왕이 명활성(明活城)으로 옮김
	고구려	2월 위에 사신 파견, 9월 백제 한성 함락, 개로왕〔扶餘慶〕 죽임
	백 제	고구려가 한성(漢城) 공격, 개로왕 피살, 웅진 천도
476(자비왕 19)	신 라	왜가 동변을 침략
	고구려	위에 3차례 사신 파견
	백 제	대두(大豆)산성 수즙
477(자비왕 20)	신 라	왜가 침략
	고구려	위에 2차례 사신 파견
	백 제	궁실 중수
480(소지왕 2)	신 라	말갈이 북변을 침략
481(소지왕 3)	신 라	고구려가 말갈과 7성을 공격, 백제·가야의 구원으로 막음
	고구려	남제(南齊)에 사신 파견
482(소지왕 4)	신 라	왜가 변경을 침략
	백 제	말갈이 한산성(漢山城) 공격
484(소지왕 6)	신 라	고구려가 북변을 침략, 백제군과 모산성 아래에서 격파
	고구려	위에 사신 파견
485(소지왕 7)	신 라	백제가 내빙
	고구려	위에 사신 파견
486(소지왕 8)	신 라	삼년·굴산성을 개축, 왜가 변경 침략
	고구려	위에 사신 파견
	백 제	우두성(牛頭城) 축성, 궁실 중수

487(소지왕 9)	신 라	우역(郵驛)을 두고, 관도(官道)를 수리, 월성 수즙
	고구려	위에 사신 파견
488(소지왕 10)	신 라	왕이 월성으로 옮김, 도나성(刀那城) 축성
	고구려	위에 3차례 사신 파견
	백 제	위(魏)가 공격해 옴
489(소지왕 11)	신 라	고구려가 북변 침략, 호산성(狐山城) 함락
	고구려	2 · 6 · 10월 위에 2차례 사신 파견, 9월 신라 호산성 함락
490(소지왕 12)	신 라	시장을 개설
	고구려	위에 2차례 사신 파견
	백 제	사현(沙峴) · 이산(耳山) 성을 축조
493(소지왕 15)	신 라	임해(臨海) · 장령(長嶺) 2진(鎭)을 두어 왜적을 방비
	백 제	동성왕이 신라 소지왕에게 청혼하여 이벌찬 비지의 딸을 보냄
494(소지왕 16)	신 라	고구려와 살수(薩水)에서 싸웠고, 백제군이 도움
	고구려	신라와 살수원에서 싸웠으나 견아성을 지켰고, 백제가 구원
	백 제	신라 견아성(犬牙城)에 고구려군 침략하여 파병
495(소지왕 17)	신 라	고구려가 백제 치양성을 포위하여 구원
	고구려	백제 치양성 공격하였으나 신라가 구원
	백 제	고구려가 치양성 공격하여 신라가 구원
496(소지왕 18)	신 라	고구려가 우산성을 공격
	고구려	신라 우산성 공격
497(소지왕 19)	신 라	4월 왜가 침략, 7월 고구려가 우산성 함락
	고구려	신라 우산성 함락
500(소지왕 22)	신 라	왜가 장봉진을 공격
	고구려	위에 사신 파견
501(지증왕 2)	고구려	위에 2차례 사신 파견
	백 제	7월 탄현에 책을 세워 신라 침입 대비, 8월 가림성 축성, 11월 고구려 수곡성 공격, 12월 동성왕 피살
502(지증왕 3)	신 라	순장 금지, 우경(牛耕) 시작
	고구려	백제가 국경 침략
	백 제	고구려 변경 공격
503(지증왕 4)	신 라	국호를 신라로 하고, 왕호를 정함
	고구려	백제가 수곡성 공격
	백 제	9월 말갈이 마수책(馬首柵), 고목성(高木城) 공격,

504(지증왕 5)	신 라	파리(波里) · 미실(彌實) 등 12성 축조
	고구려	위에 사신 파견
505(지증왕 6)	신 라	주군현 정하고, 실직주에 이사부를 군주로 삼음
512(지증왕 13)	신 라	이사부 우산국 정복
	고구려	9월 백제 가불(加弗) · 원산(圓山) 성을 공격
	백 제	고구려가 가불(加弗) · 원산(圓山) 성을 공격
520(법흥왕 7)	신 라	율령반포, 백관공복 제정
	고구려	양(梁)에 사신 파견
521(법흥왕 8)	신 라	백제 사신을 따라 양(梁)에 사신 파견
	고구려	8월 백제 공격, 11월 위에 사신 파견
	백 제	양에 사신 파견
528(법흥왕 15)	신 라	불교 공인
529(법흥왕 16)	고구려	백제 오곡성(五谷城) 공격
	백 제	고구려가 혈성(穴城) 함락
532(법흥왕 19)	신 라	금관가야 병합
	고구려	양에 2회, 위에 1회 사신 파견
536(법흥왕 23)	신 라	건원(建元) 연호 사용
	고구려	동위(東魏)에 사신 파견
538(법흥왕 25)	백 제	사비로 천도, 남부여(南扶餘)라 칭함
541(진흥왕 2)	신 라	백제가 화친 청함
	고구려	양에 사신 파견
	백 제	양에 사신 파견
545(진흥왕 6)	신 라	이사부 『國史』편찬
	고구려	동위에 사신 파견
547(진흥왕 8)	고구려	백암성 개축, 신성 수즙
548(진흥왕 9)	신 라	고구려가 예인(穢人)과 백제 독산성(獨山城) 공격하여 파병함
	고구려	동예(東濊)와 함께 백제 독산성 공격, 신라가 구원하여 패함
	백 제	고구려와 예가 독산성 공격, 신라가 구원함
550(진흥왕 11)	신 라	정월 백제가 고구려 도살성 함락, 3월 고구려가 백제 금현성 함락, 이사부가 두 성을 모두 취함
	고구려	정월 백제가 도살성 함락, 3월 백제 금현성을 공격했으나 신라가 두 성을 취함
	백 제	고구려가 금현성 공격

551(진흥왕 12)	신 라	개국(開國) 연호 사용, 거칠부 등 고구려 10개 군 얻음
	고구려	9월 돌궐(突厥)이 신성과 백암성을 공격, 신라가 10개 성을 취함
	백 제	한강유역 회복
553(진흥왕 14)	신 라	황룡사 착공, 백제의 동북지방 취하여 신주(新州) 설치, 김무력 군주로 임명
	백 제	신라가 동북지역을 취하여 신주 설치
554(진흥왕 15)	신 라	7월 백제 성왕이 관산성을 공격하다 전사함
	고구려	겨울에 백제 웅천성(熊川城) 공격
	백 제	신라와 관산성 전투에서 성왕 전사
555(진흥왕 16)	신 라	정월 비사벌에 완산주(完山州) 설치, 10월 왕이 북한산에 순행하여 강역 정함
	고구려	북제(北齊)에 사신 파견
556(진흥왕 17)	신 라	비열홀주(比列忽州) 설치
557(진흥왕 18)	신 라	국원(國原)을 소경으로, 사벌주를 폐하고 감문주를 둠, 신주를 폐하고 북한산주 설치
	고구려	환도성에서 간주리(干朱理)가 모반하여 사형
558(진흥왕 19)	신 라	귀족 자제와 6부 부호(富豪)를 국원(國原)에 이주
562(진흥왕 23)	신 라	7월 백제가 침략, 9월 대가야 병합
564(진흥왕 25)	신 라	북제(北齊)에 조공
	고구려	북제에 사신 파견
565(진흥왕 26)	신 라	완산주 폐하고 대야주(大耶州) 설치
	고구려	북제에 사신 파견
566(진흥왕 27)	신 라	황룡사 완공
	고구려	진(陳)에 사신 파견
567(진흥왕 28)	신 라	진(陳)에 사신 파견
	백 제	진에 사신 파견
568(진흥왕 29)	신 라	대창(大昌) 연호 사용, 10월 북한산주를 남천주로, 비열홀주를 달홀주로 옮김
572(진흥왕 33)	신 라	홍제(鴻濟) 연호 사용
577(진지왕 2)	신 라	백제가 서변의 주군지역을 침략
	고구려	북주(北周)에 사신 파견
	백 제	7월 진에 사신 파견, 10월 신라 서변 공격
578(진지왕 3)	신 라	백제가 알야산성(閼也山城) 공격

584(진평왕 6)	신 라	건복(建福) 연호 사용
	고구려	수(隋)에 사신 파견
586(진평왕 8)	고구려	장안성(長安城)으로 천도
	백 제	진에 사신 파견
591(진평왕 13)	신 라	남산성(南山城) 축조
598(진평왕 20)	고구려	말갈과 함께 수(隋) 요서지역 공격, 수의 1차 침략, 백제 공격
600(진평왕 22)	고구려	수에 사신 파견, 『新集』편찬
	백 제	왕흥사(王興寺) 창건
602(진평왕 24)	신 라	백제가 아막성(阿莫城) 공격
	백 제	신라 아막산성을 공격
603(진평왕 25)	신 라	고구려가 북한산성 공격
	고구려	신라 북한산성 공격
604(진평왕 26)	신 라	남천주를 폐하고 북한산주로 옮김
605(진평왕 27)	신 라	백제를 공격
607(진평왕 29)	고구려	백제 송산성(松山城), 석두성(石頭城) 공격
608(진평왕 30)	신 라	2월 수에 군사 요청, 고구려가 북쪽지역을 침략, 4월 고구려가 우명산성(牛鳴山城) 함락
	고구려	2월 신라 북변을 공격, 4월 신라 우명산성 함락
611(진평왕 33)	신 라	수에 출병을 요청, 백제가 가잠성(椵岑城) 함락
	백 제	신라 가잠성 함락
612(진평왕 34)	고구려	수 2차 침략(살수대첩-영양왕 23))
613(진평왕 35)	고구려	수 3차 침략
614(진평왕 36)	신 라	사벌주를 폐하고 일선주(一善州) 설치
	고구려	수 4차 침략
616(진평왕 36)	신 라	백제가 모산성 공격
	백 제	신라 모산성 공격
618(진평왕 40)	신 라	백제 가잠성 함락
	백 제	신라가 가잠성 회복
621(진평왕 43)	신 라	당(唐)에 사신 파견
	고구려	당에 사신 파견
623(진평왕 45)	신 라	백제가 늑노현(勒弩縣) 침략
	고구려	당에 사신 파견
	백 제	신라 늑노현 공격

624(진평왕 46)	신 라	백제가 속함(速含) 등 6성을 공격하여 함락
	고구려	당에 사신 파견
	백 제	신라 6성을 함락
625(진평왕 47)	신 라	당에 사신 파견
	고구려	당에 사신 파견
626(진평왕 48)	신 라	당에 사신 파견, 백제가 주재성(主在城) 공격
	고구려	신라와 백제가 당에 사신 파견
	백 제	신라 주재성 공격
627(진평왕 49)	신 라	백제가 서변의 두 성을 함락
	백 제	신라 서변 두 성 공격
628(진평왕 50)	신 라	백제가 가잠성 공격
	고구려	당에 사신 파견
	백 제	신라 가봉성 공격
629(진평왕 51)	신 라	고구려 낭비성(娘臂城) 함락
	고구려	신라가 낭비성 함락
633(선덕왕 2)	신 라	백제가 서변을 침략
	백 제	신라 서곡성(西谷城) 함락
634(선덕왕 3)	신 라	인평(仁平) 연호 사용, 분황사 창건
	백 제	왕흥사 준공
636(선덕왕 5)	신 라	백제가 독산성을 공격
	백 제	신라 독산성 공격
638(선덕왕 7)	신 라	고구려가 칠중성(七重城) 공격
	고구려	신라 칠중성 공격
639(선덕왕 8)	신 라	하슬라주(何瑟羅州)를 북소경(北小京)으로 함
642(선덕왕 11)	신 라	7월 백제가 40여 성 함락, 8월 백제 · 고구려가 당항성 함락, 백제가 대야성 공격
	고구려	연개소문이 영유왕을 죽임
	백 제	신라 40여 성 함락, 대야성 함락
644(선덕왕 13)	신 라	백제 7개 성을 함락
	백 제	신라가 7개 성을 함락
645(선덕왕 14)	신 라	정월 백제가 침략, 3월 황룡사 목탑 준공
	고구려	당 1차 침략
	백 제	신라의 7개 성을 공격

647(진덕왕 1)	신 라	7월 태화(太和) 연호 사용, 10월 백제가 무산(茂山) 등 3개 성을 공격
	고구려	당 2차 침략
	백 제	신라 무산 등 3개 성을 공격
648(진덕왕 2)	신 라	3월 백제가 요차성 등 10여 성 함락, 김춘추 당에 보내어 중국 의복 가져와 입음
	고구려	당 3차 침략
	백 제	신라 서변의 요차성 등 10여 성 함락
649(진덕왕 3)	신 라	백제가 석토(石吐) 등 7개 성을 공격
	백 제	신라 석토성 등 7성을 함락
650(진덕왕 4)	신 라	중국 연호 영휘(永徽)로 바꿈
653(진덕왕 7)	백 제	왜와 우호를 맺음
655(무열왕 2)	신 라	고구려가 백제, 말갈과 함께 북변 33성을 함락
	고구려	정월 백제, 말갈과 함께 신라 33성을 함락, 2월 당이 침략
	백 제	고구려, 말갈과 신라 30여성 공격
658(무열왕 5)	신 라	하슬라를 경(京)에서 주(州)로 삼음, 실직을 북진(北鎭)으로 함
	고구려	당이 침략
659(무열왕 6)	신 라	한산주에 장의사(莊義寺) 창건
	고구려	당이 침략
	백 제	신라 독산(獨山) · 동잠성(桐岑城) 공격
660(무열왕 7)	신 라	7월 백제 항복, 11월 고구려가 칠중성 공격
	고구려	당이 침략
	백 제	신라와 당에 항복(의자왕 20)
661(문무왕 1)	신 라	2월 백제 잔적이 사비성 공격, 5월 고구려가 말갈과 함께 술천성 · 북한산성 침략, 9월 백제 우술성(雨述城) 함락
	고구려	5월 말갈과 함께 신라 북한산성 공격, 8월 당이 평양성 공격
662(문무왕 2)	신 라	탐라국 항복, 8월 백제 내사지성(內斯只城) 함락
	고구려	당과 사수(蛇水)에서 격전, 당 평양성에서 철수
	백 제	부여풍(扶餘豊) 왜에서 귀국하여 백제 왕 즉위
663(문무왕 3)	신 라	두릉윤성(豆陵尹城) · 주류성(周留城) 함락, 임존성(任存城) 공격
	백 제	백강(白江) 전투에서 패하고, 주류성 함락
664(문무왕 4)	신 라	3월 백제 사비산성 공격,7월 고구려 돌사성(突沙城) 함락
	백 제	웅진도독부 설치
665(문무왕 5)	신 라	왕이 당 유인원, 부여융과 함께 웅진 취리산에서 화친 회맹

666(문무왕 6)	신 라	당에 파병 요청, 고구려 연정토(淵淨土)가 투항
667(문무왕 7)	신 라	9월 왕이 한산정에 도착
	고구려	당이 신성 · 남소 · 목저 · 창암성 등을 함락
668(문무왕 8)	신 라	6월 고구려 대곡(大谷) · 한성(漢城) 등 12성 항복, 9월 고구려 항복
	고구려	2월 당이 부여성 함락, 9월 당에 항복(보장왕 27), 안동도호부 설치
670(문무왕 10)	신 라	당과 말갈군이 아군과 전투, 안승(安勝)을 고구려 왕으로 삼음, 백제 80여 성을 함락
	고구려	고연무, 검모잠 부흥운동 전개
	백 제	왜가 국호를 일본(日本)이라 함
671(문무왕 11)	신 라	당과 석성(石城)에서 전투, 소부리주 설치, 당이 평양에 이르고 대방을 침략
	백 제	웅진도독부 폐지, 소부리주 설치
672(문무왕 12)	신 라	8월 당이 한시성(韓始城) 등 3개 성을 함락, 한산주에 주장성(晝長城) 축조
673(문무왕 13)	신 라	2월 서형산성 증축, 8월 사열산성 증축, 9월 국원성 등 8개 성 축성, 당과 말갈, 계단병이 북변을 침략
675(문무왕 15)	신 라	1월 동(銅)으로 백사(百司) 및 주군(州郡)의 인(印) 만듬, 2월 당이 칠중성 공격, 9월 당과 매초성(買肖城)에서 싸워 승리, 말갈이 아달성(阿達城) 공격
676(문무왕 16)	신 라	부석사(浮石寺) 창건, 당이 도림성(道臨城) 공격, 소부리주 기벌포에서 당과 싸워 승리
678(문무왕 18)	신 라	선부(船府) 설치, 북원(北原)에 소경(小京) 설치
679(문무왕 19)	신 라	사천왕사(四天王寺) 창건, 남산성 증축
680(문무왕 20)	신 라	금관소경(金官小京) 설치
681(신문왕 1)	신 라	김흠돌 등이 모반하여 사형
682(신문왕 2)	신 라	국학(國學) 설치, 감은사(感恩寺) 창건
683(신문왕 3)	신 라	안승을 경주에 머물게 함
684(신문왕 4)	신 라	금마저(金馬渚)에서 안승 아들 대문(大文)이 모반하여 사형
685(신문왕 5)	신 라	9주 5소경 정비, 3월 봉성사(奉聖寺), 4월 망덕사(望德寺) 창건
687(신문왕 7)	신 라	일선주를 폐하고 사벌주를 복치(復置)
689(신문왕 9)	신 라	서원경성(西原京城) 축성, 왕이 달구벌(達句伐)로 천도계획했으나 실현하지 못함
694(효소왕 3)	신 라	송악(松岳) · 우잠(牛岑) 2성 축성

695(효소왕 4)	신 라	서시전 · 남시전 설치
698(효소왕 7)	발 해	대조영이 나라를 건국(국호는 진(震)이라 함)
700(효소왕 9)	신 라	이찬 경영(慶永)이 모반하여 사형
703(성덕왕 2)	신 라	일본 사신 방문
713(성덕왕 12)	신 라	개성(開城) 축성
	발 해	국호를 발해(渤海)로 고치고, 도읍을 동모산에서 상경으로 천도
718(성덕왕 17)	신 라	한산주 관내의 제성(諸城)을 축성
721(성덕왕 20)	신 라	하슬라도(何瑟羅道) 북변에 장성(長城)을 축성
722(성덕왕 21)	신 라	일본군 침략을 막고자 모벌군성(毛伐郡城) 축성
726(성덕왕 25)	발 해	흑수말갈과 당의 침략을 격퇴
727(성덕왕 26)	발 해	일본과 교류 개시
731(성덕왕 30)	신 라	일본 병선 3백척이 동변을 침략
732(성덕왕 31)	발 해	당 등주(登州) 공격
735(성덕왕 34)	신 라	당(唐)이 대동강 이남지역 영유권 인정
740(효성왕 4)	신 라	파진찬 영종(永宗)이 모반하여 사형
742(경덕왕 1)	신 라	일본 사신의 입국을 거부
748(경덕왕 7)	신 라	대곡성(大谷城) 등 14군 · 현을 설치
753(경덕왕 12)	신 라	일본 사신 방문
768(혜공왕 4)	신 라	김대공과 김대렴이 반란하여 사형
770(혜공왕 6)	신 라	김융(金融)이 모반하여 사형
775(혜공왕 11)	신 라	이찬 김은거(金隱居)가 모반하여 사형, 이찬 염상(廉相) · 시중 정문(正門)이 모반하여 사형
780(선덕왕 1)	신 라	이찬 김지정(金志貞)이 혜공왕을 죽이고, 김양상(金良相)이 즉위함
782(선덕왕 3)	신 라	왕이 한산주에 순행하고 민호를 패강진으로 옮김, 패강진 설치
786(원성왕 2)	발 해	도읍을 동경(東京)으로 천도
790(원성왕 6)	신 라	발해에 사신 파견
791(원성왕 7)	신 라	이찬 제공(悌恭)이 모반하여 사형
794(원성왕 10)	발 해	도읍을 상경으로 다시 천도
802(애장왕 3)	신 라	해인사 창건
803(애장왕 4)	신 라	일본과 교빙
806(애장왕 7)	신 라	일본 국사 내빙
808(애장왕 9)	신 라	일본 국사 내빙, 지방에 사신을 보내어 군읍(郡邑)의 경계를 정함
809(헌덕왕 1)	신 라	김언승(金彦昇) · 김제옹(金悌邕) 등이 반란하여 왕을 죽이고, 김언승이

		왕이 됨
812(헌덕왕 4)	신 라	발해에 사신 파견
815(헌덕왕 7)	신 라	서변의 주 · 군에 기근으로 인한 민란발생
819(헌덕왕 11)	신 라	지방의 주 · 군에서 민란 발생
822(헌덕왕 14)	신 라	김헌창의 난-국호를 장안(長安), 연호를 경원(慶元)이라 함, 김헌창 자살
825(헌덕왕 17)	신 라	김헌창의 아들 범문(梵文)이 반란
826(흥덕왕 1)	신 라	패강에 장성 300리 축성
828(흥덕왕 3)	신 라	장보고 청해진 설치
832(흥덕왕 7)	신 라	각지에서 기근으로 인한 민란 발생
836(희강왕 1)	신 라	흥덕왕 사망후 김명(金明) 등이 김균정을 살해하고, 제융(悌隆)을 왕을 옹립
837(희강왕 2)	신 라	김균정의 아들 김우징이 청해진으로 피신
838(민애왕 1)	신 라	김명 등은 모반하여 희강왕을 자진케 하고, 스스로 왕이 됨, 김양(金陽)은 청해진에 망명, 김양 · 김우징 군사동원
839(신무왕, 문성왕)	신 라	김양 · 김우징 달구벌에서 정부군 격파, 경주 입성, 민애왕 피살, 김우징 왕이 됨, 장보고 감의군사(感義軍使) 봉함, 총관을 도독으로 개칭
841(문성왕 3)	신 라	장보고 염장에게 피살, 홍필 모반
842(문성왕 4)	신 라	장보고 부장(副長) 이창진(李昌珍) 반란
844(문성왕 6)	신 라	혈구진(穴口鎭) 설치
847(문성왕 9)	신 라	이찬 양순(良順) · 흥종(興宗) 등이 모반하여 사형
849(문성왕 11)	신 라	김식(金式) · 대흔(大昕) 모반하여 사형
851(문성왕 13)	신 라	청해진 혁파, 주민을 벽골군으로 옮김
864(경문왕 4)	신 라	일본 사신 방문
866(경문왕 6)	신 라	이찬 윤흥(允興) · 숙흥(叔興) 등 모반하여 사형
868(경문왕 8)	신 라	김예(金銳) · 김현(金鉉) 등이 모반하여 사형
874(경문왕 14)	신 라	근종(近宗)이 반역하여 사형
879(헌강왕 5)	신 라	신홍(信弘)이 모반하여 사형
887(진성왕 1)	신 라	김요(金蕘)가 모반하여 사형
888(진성왕 2)	신 라	『三代目』편찬
889(진성왕 3)	신 라	원종(元宗) · 애노(哀奴) 등이 사벌주에서 농민봉기를 일으킴
891(진성왕 5)	신 라	양실, 구예 명주 관내 10여 군현을 장악
892(진성왕 6)	신 라	견훤 완산주를 근거로 반란, 무진주 점령

894(진성왕 8)	신 라	최치원 진성여왕에게 시무십조를 올림
895(진성왕 9)	신 라	궁예 인제 · 화천 및 한산주 관내 10여 군현 장악
898(효공왕 2)	신 라	궁예 패서도와 한산주 관내 30여 성 공취, 송악에 도읍 정함
899(효공왕 3)	신 라	양길이 궁예와 격전
900(효공왕 4)	신 라	왕건이 충주 · 청주 등 평정
901(효공왕 5)	신 라	궁예 왕으로 자칭 후 고려 건국
904(효공왕 8)	신 라	궁예 국호를 마진(摩震)으로 개칭, 연호를 무태(武泰)라 함, 패서도 10여 주현이 궁예에 투항, 견훤 대야성 공격
905(효공왕 9)	신 라	궁예 도읍을 철원으로 옮김, 연호를 성책(聖册)이라 함
906(효공왕 10)	신 라	왕건이 견훤과 격전
907(효공왕 11)	신 라	견훤 일선군 이남의 10여 성 공취
910(효공왕 14)	신 라	왕건 나주에서 견훤군 격파
911(효공왕 15)	신 라	궁예 국호를 태봉(泰封)이라 개칭, 연호를 수덕만세(水德萬歲)라 함
918(경명왕 2)	신 라	왕건 고려 건국, 연호 천수(天授)라 함, 청주 장수 진선과 선장이 모반하여 사형, 임춘길 반역하여 사형
919(경명왕 3)	신 라	도읍을 송악으로 천도, 법왕사(法王寺) 등 10개 사찰 창건, 10월 평양성 축조
920(경명왕 4)	신 라	1월 왕이 고려에 파병 요청, 10월 왕건이 군사 파병
925(경애왕 2)	신 라	왕건 신라의 거창 등 20여 성 공취
	발 해	발해 유민 귀순
926(경애왕 3)	신 라	견훤 고려 공격
	발 해	발해 멸망
927(경순왕 1)	신 라	강주의 왕봉규가 왕건에 귀부, 견훤 경주 공격하여 경애왕 자진시키고, 경순왕 옹립후 퇴각
934(경순왕 8)	신 라	후백제의 웅진 이북 30여 성 고려에 투항
	발 해	왕자 대광현(大光顯)이 고려에 투항
935(경순왕 9)	신 라	견훤 고려에 투항, 경순왕 고려에 항복

※ 이 연표는 『三國史記』를 바탕으로 정리하였다.

찾아보기

㉨